Gerhard Zeeb   Fußballtraining

Fußballtraining

Gerhard Zeeb

Planung
Durchführung
144 Trainingsprogramme

Limpert

Die Ratschläge in diesem Buch sind von dem Autor und dem Verlag sorgfältig erwogen und geprüft, dennoch kann keine Garantie übernommen werden. Eine Haftung des Autors bzw. des Verlages und seiner Beauftragten für Personen-, Sach- und Vermögensschäden ist ausgeschlossen.

Bibliografische Information Der Deutschen Bibliothek
Die Deutsche Bibliothek verzeichnet diese Publikation in der Deutschen Nationalbibliografie; detaillierte bibliografische Daten sind im Internet über http://dnb.ddb.de abrufbar.

7., aktualisierte Auflage 2003
© 1984, 2003, by Limpert Verlag GmbH, Wiebelsheim

Umschlagfoto: Imago
Zeichnungen: Simone Ulm
DTP: IATROS Verlag & Services, Nierstein
Druck und Verarbeitung: AZ Druck und Datentechnik, Kempten
Printed in Germany/Imprimé en Allemagne
ISBN 3-7853-1683-6

Inhalt

Vorwort

zur 4. neu bearbeiteten und erweiterten Auflage

In Deutschland wird eine Vielzahl ausgezeichneter Fußball-Lehrbücher angeboten. Diese Schrift erhebt nicht den Anspruch, diesen ein weiteres hinzuzufügen.

Sie stellt vielmehr eine Art Leitfaden und Handbuch sowohl für den Anfänger als auch den Praktiker unter den Fußballtrainern dar, um einen Trainingsplan für eine Spielsaison zu erarbeiten und in Form von Trainingseinheiten auf dem Platz umzusetzen.

Dieses Buch soll Anregungen vermitteln, den vorhandenen Ideenreichtum erweitern und zur Ergänzung selbst erarbeiteter Trainingsprogramme beitragen. Es versucht, insbesondere da Hilfen für den Trainer und Übungsleiter zu geben, wo die Zeit nicht ausreicht, um die in Hülle und Fülle angebotene Fachliteratur „Fußball" auszuwerten und für die eigene praktische Arbeit anzuwenden.

Die nachfolgend beschriebene Trainingsplanung mit den dazugehörigen Trainingseinheiten basiert
- auf persönlichen Erfahrungen als Spieler in der obersten Amateurklasse,
- auf den im Rahmen des Erwerbs der B-Lizenz und den entsprechenden Fortbildungsveranstaltungen beim Südbadischen Fußballverband unter Verbandstrainer Klaus Niemuth erworbenen methodischen Kenntnissen,
- auf einem gründlichen Studium der Fachliteratur
- und auf den in langjähriger Trainertätigkeit bei Amateurvereinen erworbenen Erkenntnissen und Erfahrungen.

Dieses Buch richtet sich in erster Linie an die Trainer und Übungsleiter aller Amateurklassen, die im Seniorenbereich arbeiten und nach Anregungen suchen, ihre Trainingsabende planvoll, systematisch und abwechslungsreich zu gestalten.

Seit Erscheinen der 1. Auflage dieses Buches im Jahr 1984 ist die Entwicklung im Fußball stetig vorangeschritten. Die Einführung der verlängerten Winterpause hat eine neue Periodisierung des Trainings erforderlich werden lassen. Neue Erkenntnisse der Sportmediziner und Sporttherapeuten zum Ausdauertraining, zur Beweglichkeitsschulung, zur Ernährung usw. gilt es ebenso zu berücksichtigen wie auch den Umstand, daß mehr und effektiver trainiert wird. Auch in taktischer Hinsicht wurden weitere Fortschritte sichtbar, indem neue Spielsysteme, Zonen-/Raumdeckung, Pressing u. a. m. eingeführt und angewendet wurden.

Die erfreuliche Resonanz, die dieses Buch auf dem Markt gefunden hat, beweist, daß die Fußballtrainer an praktischen Hilfen für die Trainingsgestaltung in starkem Maße interessiert sind. Verlag und Autor haben sich daher entschlossen, die neuen Entwicklungen und Erkenntnisse in einer vollständig neu bearbeiteten und erweiterten Auflage zu berücksichtigen.

Ich möchte mich an dieser Stelle bei den vielen Trainerkollegen und Rezensenten für die wertvollen und hilfreichen Anregungen und Hinweise bedanken, die ich gerne in diese Auflage eingearbeitet habe.

Mein Dank gilt insbesondere den Vereinen, dem FV Kehl, den Spfrd. Goldscheuer, dem TuS Legelshurst, dem FV Zell-Weierbach sowie dem VfR Elgersweier, die es mir ermöglichten, meine Erfahrungen zu sammeln, zu vertiefen und anzuwenden.

Darüber hinaus bedanke ich mich ganz herzlich beim Südbadischen Verbandstrainer, Herrn Klaus Niemuth, der mich zu dieser Ausarbeitung ermunterte und mir mit vielen guten Ratschlägen zur Seite stand. Bedanken möchte ich mich außerdem bei meinem Sportfreund und Präsidenten der Union Schweizer Fußball-Trainer, Herrn Kurt Schadegg, für seine fachliche Unterstützung.

Im ersten Teil des Buches werden die Voraussetzungen, Grundsätze, Vorgehensweisen und anderes mehr der Trainingsplanung und -durchführung beschrieben. Im zweiten Teil sind 144 Trainingseinheiten, beginnend mit der Vorbereitung, der ersten Wettkampfperiode, über die Zwischenperiode hinweg bis zum Abschluß der zweiten Wettkampfperiode vorgegeben.

Kehl-Goldscheuer,
im August 1992

Vorwort

zur 7., aktualisierten Auflage

Das Fußballspiel und sein Regelwerk entwikkeln sich weiter. An der grundsätzlichen Spielidee, Tore zu erzielen und Tore zu verhindern, wird sich nichts ändern. Allerdings wird die Diskussion anhalten, welche Systeme als modern bzw. zeitgemäß gelten und welche nicht. Der Trainer von heute muß sich auch im Amateur- und Jugendbereich mit Themen wie der Viererkette, der ballorientierten Gegnerdeckung, dem Spiel ohne Libero und dergleichen beschäftigen. Bei näherem „Hinsehen" wird er feststellen, daß alles schon einmal da war. Und dennoch kommt er nicht umhin, sich mit den angeblichen Neuerungen auseinander zu setzen. Er wird dabei zur Erkenntnis kommen, daß die Weiterentwicklung des Fußballspiels folgendes bewirkt hat: Die den Spielern zur Verfügung stehenden Handlungsräume haben abgenommen – die Handlungsschnelligkeit hat zugenommen.

Verlag und Autor haben sich entschlossen, die Entwicklung und die neuen Erkenntnisse in dieser neu bearbeiteten Auflage zu berücksichtigen. Am grundsätzlichen Ziel, dem Trainer eine Hilfestellung für die Trainingsplanung und -gestaltung zu geben und zur Ergänzung der selbst erarbeiteten Trainingsprogramme beizutragen, hat sich nichts geändert. Der bisherige Erfolg dieses Buches hat uns darin bestärkt.

Bedanken möchte ich mich bei meinen Trainerkollegen für die anregenden Diskussionen und die daraus gewonnenen Anregungen. Mein Dank gilt aber auch dem Lektor des Limpert Verlages, Herrn Christian Becker, der mich in fachlich kompetenter Weise unterstützt hat.

Kehl-Goldscheuer,
im Sommer 2003

Einleitung

Das Trainingsumfeld und die Trainingsbedingungen im Amateurfußball haben sich in den
letzten Jahren wesentlich verändert. Wurde in
den 50er und selbst in den 60er Jahren in den
oberen Amateurklassen meistens nur zweimal
wöchentlich trainiert, so arbeitet man heute unter Bedingungen, die denen der Bundesliga bereits sehr nahekommen.

Aber auch in den unteren Amateurklassen,
den Kreis- und Bezirksligen, hat sich einiges
geändert. Zweimaliges wöchentliches Training
und mehr ist hier die Regel geworden, wo früher
allenfalls einmal trainiert wurde.

Wer mehr erreichen will (beispielsweise in den
Landes- und Verbandsligen), kommt an einem
drei- bis viermaligen wöchentlichen Training nicht
vorbei, während in der Amateuroberliga tägliches
Training fast schon zur Selbstverständlichkeit
geworden ist. Gebessert haben sich aber auch
die Trainingsbedingungen, da heute bereits fast
jede kleinere Gemeinde mit berechtigtem Stolz
über großzügig angelegte und gepflegte Platz-
anlagen verfügt.

Geblieben sind allerdings einige Probleme,
die gerade in den unteren Amateurklassen ty-
pisch sind:
- Unregelmäßiger Trainingsbesuch der Spieler
  infolge beruflicher, privater und anderweitiger
  Interessen und Inanspruchnahme, aber auch
  aufgrund wechselhafter Leistungsbereit-

schaft. Der Fußball hat hier nicht den Stellen-
wert und den Öffentlichkeitsbezug wie in den
oberen Spielklassen.
- Schlechte Witterungsverhältnisse und Niederlagen lichten zusätzlich die Reihen der Trai-
  ningsbesucher.
- Unzureichende bzw. in nicht ausreichender
  Zahl vorhandene Trainingsgeräte schränken
  die Vielfalt der Übungen ein.
- Der Trainer hat vielfach nicht die Zeit, die
  Trainingseinheiten zielgerichtet, methodisch
  und abwechslungsreich zu planen. Spontan
  durchgeführtes Training und aus dem Ge-
  samtzusammenhang gerissene Trainingsbe-
  lastungen lassen keine klare Linie erkennen.
- Die Spieler sind kritischer und mündiger geworden, akzeptieren nicht mehr einfach alles,
  was der Trainer sagt und verlangt. Sie wollen
  überzeugt und motiviert werden, wollen Ziel
  und Sinn von Übungen wissen und möchten
  auch ihre eigene Kreativität gefordert sehen.

Aber gerade unter solchen Bedingungen kann
sich ein Trainer bewähren. Mit einem abwechs-
lungsreichen und systematischen Trainings-
programm, unter optimaler Nutzung der vorhandenen Trainingsgeräte, muß der Trainer ständig
bestrebt sein, die Spieler zu motivieren, ihren Leistungswillen zu fördern und damit die Leistungsfähigkeit zu verbessern. Und damit wird auch die
Basis für den Erfolg geschaffen.

Zeichenerklärung und Abkürzungen

⟶	Laufweg des Spielers ohne Ball	MST	Mittelstürmer
– – – ⟶	Weg des Balles	PB	Platzbreite
〰〰⟶	Dribbling	PD	Platzdiagonale
〰〰⟶	Dribbling mit Täuschung	PH	Platzhälfte
⟶	Flanke	PL	Platzlänge
===⟶	Torschuß	PV	Platzviertel
● O X	Spieler, Gegenspieler	RA	Rechtsaußen
●● O● X●	Spieler am Ball	re	rechts
AWSP	Abwehrspieler	rw	rückwärts
DP	Doppelpaß	SPM	Spielmacher
FL	Flanke	ST	Sturm, Stürmer
LA	Linksaußen	sw	seitwärts
li	links	TE	Trainingseinheit
LIB	Libero	TH	Torhüter
MD	Manndecker	TR	Trainer
MFSP	Mittelfeldspieler	VST	Vorstopper, Innenverteidiger
MIFE	Mittelfeld	VT	Verteidiger
ML	Mittellinie	vw	vorwärts

Entwicklung der Spielsysteme

Die Entwicklung des Fußballspiels wird in zutreffender Weise durch den oft zitierten Satz umschrieben: „Raum in Tiefe und Breite sowie Zeit haben abgenommen!" Oder mit anderen Worten: „Die Handlungsräume haben ab- und die Handlungsschnelligkeit zugenommen!"

Das bedeutet, daß die Anforderungen stetig gewachsen sind und weiter steigen werden. Das schnelle Erkennen der Situation, das umgehende Umsetzen in Aktionen, das Durchsetzen auf engstem Raum, die Vielseitigkeit sowie der Einfallsreichtum verlangen ein hohes technisches und taktisches Niveau der Spieler.

Mancher Trainer wird sich die Frage stellen: „Ist mein System noch modern, ist es noch zeitgemäß?" Wie beziehe ich die Schlagworte der Gegenwart in meine Überlegungen und Planungen ein und wie setze ich das Ganze in der praktischen Trainingsarbeit um:
- mit Libero, ohne Libero?
- Libero hinter, vor oder auf gleicher Höhe mit der Abwehr?
- Vorlibero?
- 4er-Kette oder 3er-Kette?
- Ball- und gegnerorientierte Abwehr?
- Verschieben und Einrücken?
- Überzahl herstellen?
- Pressing?

Nach wie vor liegt die Grundidee und der Reiz des Fußballspiels in der einfachen und für jedermann verständlichen Zielsetzung, selbst Tore zu erzielen und gegnerische Treffer zu verhindern.

Revolutionäre Veränderungen bei den Spielsystemen hat es in den letzten Jahren nicht gegeben: 4-4-2, 3-5-2, 4-5-1, 4-3-3 oder 3-4-3 werden noch immer praktiziert, allerdings in verfeinerter Form und flexibler angewendet. Alles, was als angeblich „neu" bezeichnet wird, war im Grunde schon einmal da. Unverkennbar ist allerdings der Trend zu mehr mannschaftlicher Flexibilität, d.h. der situationsbedingten Abkehr von starren Systemen.

Denn zu den Ausnahmen zählt leider immer noch – und gerade in den unteren Amateurklassen wird sich hieran aufgrund der zeitaufwendigen taktischen Schulung wohl kaum etwas ändern – die einstudierte, planmäßige Anpassung (Wechsel) des Spielsystems aufgrund der aktuellen Spielanforderung.

Wenn es allerdings gelingt, die Flexibilität und Vielseitigkeit der Spieler zu verbessern, dann sollten auch im Amateurbereich Fortschritte zu erzielen sein. Denn es ist beispielsweise nicht einzusehen, daß eine Mannschaft weiterhin stur mit einer Vierer- oder Dreier-Abwehrreihe agiert, wenn der Gegner nur mit einer Spitze spielt.

Auch beim Angriffsverhalten der Mannschaften sind keine grundlegenden Neuerungen ersichtlich. Sowohl im Amateur- wie auch im Spitzenfußball wird nach wie vor mit einer, zwei und drei Angriffsspitzen gespielt. Allerdings auch hier nicht starr, sondern flexibel angepaßt an die Anforderungen des Spiels. Einigkeit besteht darüber, daß das Spiel über die Außenpositionen eines der wirkungsvollsten taktischen Mittel ist, eine kompakte Deckung zu überwinden.

Die Frage der Modernität stellt sich im Grunde überhaupt nicht – es gibt keine veralteten Spielsysteme. Zeitgemäß ist, was den größten Erfolg verspricht. Und da wird der Trainer, nicht nur im Amateurbereich, seine Grundordnung nach den Spielern und ihren technischen bzw. taktischen Fähigkeiten ausrichten und das System mit den größten Erfolgsaussichten wählen.

Individualtaktik

Allgemeines

Fußball-Technik beinhaltet den Grad der Fähigkeit, den Ball in jeder Spielsituation richtig zu beherrschen, d. h. die sichere An- und Mitnahme des Balles, Ballführen, Dribbeln, Abspielen und Torschuß.

Unter Taktik versteht man den der Wettkampfsituation angepaßten Einsatz der körperlichen und technischen Mittel, unter Berücksichtigung der Umwelteinflüsse, um zum bestmöglichen Erfolg zu kommen.

Kondition, Technik, Taktik und nicht zuletzt die Form sind die bestimmenden Faktoren für die Leistungsfähigkeit von Spielern und Mannschaften.

Während der Konditionsarbeit im unteren Amateurklassenbereich vielfach zu viel Bedeutung beigemessen wird, kommt die Schulung der Technik und der Taktik in der Regel zu kurz. Dies ist verständlich, da die geringe Zahl der wöchentlichen Trainingstage eine spezielle Schulung der technischen und taktischen Grundlagen nur bedingt zuläßt.

Bei der Trainingsplanung wird diesem Umstand dadurch Rechnung getragen, daß die zu schulenden technischen und taktischen Elemente in spielgerechte, komplexe Übungsteile der Trainingseinheiten eingebaut werden. Dies geschieht beispielsweise dadurch, daß bei Kleinen Spielen Annahme und Abspiel des Balles nur mit dem „schwachen" Fuß erlaubt ist. Ebenso können taktische Aufgabenstellungen, z.B. beim Abschlußspiel ist Torschuß nur nach Rückpaß möglich, Schwerpunkte in den entsprechenden Übungen bilden.

Bereits im Kindesalter entscheidet vielfach die Physionomie, aber auch die vorhandenen technischen Fähigkeiten darüber, auf welcher Position ein Fußballer im Lauf der Zeit heranreift. Auf die technischen Anforderungen an Torhüter, Abwehrspieler, Mittelfeldspieler und Stürmer soll an dieser Stelle nicht eingegangen werden, da sie ohnehin bekannt sind.

Einige Anmerkungen scheinen aber angebracht zu den taktischen Anforderungen an die einzelnen Mannschaftspositionen, da hier jeder Trainer bestimmte Erwartungen hat, die er den Spielern mitteilen sollte.

Torhüter

Der gute Torhüter zeichnet sich zunächst durch sein Stellungsspiel aus, indem er scheinbar die Ecke erahnt, rechtzeitig den Winkel verkürzt und den Strafraum beherrscht. Jeder notwendig gewordenen Parade ist ein Stellungsfehler vorausgegangen, lautet eine alte Torhüterweisheit.

Es fällt auf, daß selbst in den Bundesligen die Torhüter bei hohen, weiten Flanken und Ecken auf der Linie kleben und als Folge Kopfballtreffer in Torraumnähe bei weitem keine Seltenheit sind. Und oft gelten dann diese Tore als unhaltbar, obwohl der Kopfball durch entschlossenes Herauslaufen und sicheres Fangen bzw. gekonnte Faustabwehr hätte vermieden werden können. Hier ist der Trainer gefordert, der die (anscheinend rückläufige) Strafraumbeherrschung auch unter Bedrängnis im Torhüter-Training fordert und durch entsprechende Übungen fördert.

Ein Torhüter sollte aber auch Abwehrdirigent sein, da er die beste Übersicht über das vor ihm liegende Spielgeschehen hat. Er sollte auf diese Weise in der Lage sein, Stellungsfehler bzw. taktisches Fehlverhalten in der Abwehr zu erkennen und zu korrigieren.

Mit der Einführung der Rückpaßregel sind die Anforderungen an die fußballtechnischen Fähigkeiten der Torhüter gewachsen. Er muß jetzt „mitspielen" können. Kommt er in Ballbesitz, stellt er die erste, einen Angriff einleitende Position dar. Dies verlangt, daß er die Ballkontrolle sowie das genaue Zuspiel beherrscht, die Notwendigkeit einer Spielverlagerung erkennt und nicht einfach den Ball „blind" nach vorne drischt. Daß er dabei – je nach Erfordernis – auch das Spiel auf Zeit können sollte, sei nur am Rande vermerkt.

Das ausschließlich auf die Torhüter-Position bezogene Training gehört daher der Vergangenheit an. Der Torhüter übernimmt im modernen Fußball, unabhängig vom Spielsystem, quasi die Rolle eines Liberos. Er muß Feldspielerqualitäten aufweisen, um diesen Anforderungen gerecht zu werden. Die gezielte Verbesserung der fußballerischen Fähigkeiten des Torhüters setzt voraus, daß er regelmäßig am Techniktraining (z.B. in Kleinfeldspielen) sowie an der taktischen Schulung (z.B. Zusammenspiel mit Defensivspielern) teilnimmt.

Außenverteidiger

Zeitgemäße Defensivkonzepte sind dadurch gekennzeichnet, daß der Abwehrspieler für den Gegenspieler verantwortlich ist, der sich in seinen Deckungsraum hinein bewegt. Die taktischen Zwänge, nur einem ganz bestimmten Gegner hinterher zu laufen und bei Positionswechsel zu verfolgen, sind auch im Amateurbereich immer seltener zu beobachten. Diese reine Form der Manndeckung wird kaum noch praktiziert.

Ziel muß die Deckung des Gegners im Raum sein, wobei die vom ballführenden Gegner weiter entfernten Abwehrspieler in Richtung Ballbesitzer auf- und einrücken bzw. verschieben (um die Räume „eng zu machen") und den Raum nach hinten und zur Seite abschirmen. Diese ballorientierte Gegnerdeckung erfordert in den vielen 1:1-Situationen ein schnelles Erkennen und erfolgreiches Lösen der Zweikampfsituation, d.h. Schnelligkeit, Tackling und ein gutes Auge für das taktische Zusammenwirken mit den übrigen Abwehrspielern.

Hinzu kommt, daß die Einstellung auf einen festen Gegenspieler und dessen Spielweise nicht mehr möglich ist und damit das Attackieren eines ständig wechselnden Gegners eine schnelle Beobachtungsgabe und viel Flexibilität erfordert.

Es gilt zunächst, den Gegner sofort zu bedrängen und dann verzögernd zurück zu weichen. Dabei bietet er durch sein nach innen versetztes Stellungsspiel dem Gegenspieler den ungefähr-licheren Weg nach außen an, um direkte Angriffe auf das Tor zu verhindern.

Neben den defensivtaktischen Anforderungen kommt dem schnellen Umschalten bei Ballbesitz der eigenen Mannschaft eine hohe Bedeutung zu: Mitspielbereitschaft, der sichere Spielaufbau, das situationsangepaßte Kurz- oder Langpaßspiel, das Einschalten über die Außenbahnen bis hin zum Abschluß durch Zuspiel, Flanke oder Torschuß.

Innenverteidiger

Die taktische Aufgabenstellung unterscheidet sich vom Außenverteidiger insofern, daß der Innenverteidiger für den gegnerischen Angreifer zuständig ist, der sich in dem ihm zugewiesenen inneren Abwehrraum hinein bewegt. Dabei kommt es häufig zu 1:1-Situationen, bei denen er aus dem Rücken des Gegners angreifen muß. Je näher das Tor, je weniger Risiko darf er eingehen. Erstes Ziel muß es daher sein, sich so zu Gegner und Ball zu stellen, daß das Zuspiel abgefangen werden kann. Dabei hat er die sogenannte „innere Linie" einzuhalten, d.h. dem eigenen Tor näher als der Gegner zu sein. Um die unumgänglichen Zweikämpfe erfolgreich zu bestehen, muß er antrittsschnell, kopfballstark, schlagsicher sein und das Tackling beherrschen.

Beim Spiel ohne Libero, z.B. in der Viererkette, kann es erforderlich werden, daß ein Innenverteidiger die „Chefrolle" übernimmt, der das Verschieben in der Abwehrkette zur ballnahen Seite hin und die Abseitsfalle organisiert.

Beim offensiven Spielverhalten sind die Anforderungen identisch mit denen des Außenverteidigers: Ein konstruktiver Spielaufbau basiert auf guter Technik, Kreativität und Spielübersicht.

Libero

„Der Libero ist tot – es lebe der Libero!", so etwa kann man die kontroversen Diskussionen der Fußballexperten umschreiben. Ob mit oder ohne Libero ist keine Frage der modernen Spielauffassung, sondern eine Frage, welche Abwehr-Organisation aufgrund der vorhandenen Spieler und ihrer individuellen Fähigkeiten den größten Erfolg verspricht.

Libero hinter, in oder vor der Abwehrkette? Auch das ist keine Glaubensfrage, sondern hängt ebenso von den personellen Möglichkeiten, der Spielsituation und sehr oft auch vom Spielstand ab.

Der klassische Libero spielt hinter den Verteidigern, hat keinen speziellen Gegenspieler und schließt im Regelfall zur Absicherung als eine Art „Feuerwehr" die sich ergebenden Lücken.

Eine weitere Variante stellt die Position des Liberos vor der Abwehr dar, der aus dieser Stellung heraus bessere Impulse für das Angriffsspiel geben kann, dafür aber in der Verteidigung häufig gegen die zweite Angriffsspitze des Gegners spielen muß. Hierbei werden wesentlich höhere Anforderungen an das individual- und gruppentaktische Verhalten in der Defensive gestellt. Nicht zu vergessen, die Kombinationsform dieser beiden Varianten: Mit einem Libero hinter und einem zusätzlichen freien Mann vor der Abwehr.

Spielt der Libero innerhalb der Viererkette, dann trifft die Libero-Bezeichnung eigentlich nicht mehr zu. Er ist als ein Element von vieren in den Abwehrverbund integriert, organisiert das Verschieben bzw. Einrücken, die Abseitsfalle und schaltet sich bei Ballbesitz mit in den Angriff ein.

Mittelfeldspieler

Je nach taktischem Grundkonzept sind verschiedene Mittelfeldspielertypen zu unterscheiden, die eher defensiv oder eher offensiv ausgerichtet sind. Das ändert jedoch nichts an der grundsätzlichen Anforderung, daß die Spieler beide Aufgaben wahrnehmen müssen. Flexibilität und Vielseitigkeit sind gefordert. Schnelles Umschalten von Abwehr auf Angriff und umgekehrt erfordert ständige Mitspiel- und Laufbereitschaft, sicheres Kombinationsspiel, Paßgenauigkeit auch unter Bedrängnis, Durchsetzungsvermögen im Zweikampf, aber auch Spielwitz und Kreativität für die Spielgestaltung. Aufgrund ihrer Kernaufgabe, Abwehr und Angriff zu verbinden, ist ganz besonders die technische und taktische Vielseitigkeit gefordert.

Um gut eingespielte gegnerische Abwehrreihen in Verlegenheit zu bringen, müssen schnelle und häufige Positionswechsel vorgenommen, das kombinationssichere Kurzpaßspiel, spielverlagernde Pässe und das Dribbling beherrscht werden. Der einzelne Spieler ist häufiger, aber immer nur kurz am Ball. Der Gegner soll gezwungen werden, die eigenen Positionen und Stellungen immer wieder verschieben zu müssen und wenig Handlungszeit zu haben. Hohes Spieltempo soll Abwehrfehler provozieren und das Risiko eines Foulspiels im Kampf um den Ball erhöhen.

Stürmer

Angreifer benötigen für ihr Durchsetzungsvermögen hohe Fertigkeiten am Ball. Ballan- und -mitnahme, Schnelligkeit, Finten, Kurz- und Doppelpaßspiel sind Grundvoraussetzungen ebenso körperliche Robustheit und mentale Stärke, gepaart mit Übersicht und Entschlossenheit.

Von ihnen werden vornehmlich Vollstreckerqualitäten gefordert, d.h. sie müssen dribbel-, schuß- und kopfballstark sein. Die Fähigkeit, torreife Situationen zu antizipieren, macht ihre Torgefährlichkeit aus. Das setzt aber auch Mut und Risikobereitschaft voraus, denn sie müssen dahin (in den Strafraum), wo es „weh tut".

Eine weitere Voraussetzung ist das Spiel ohne Ball, d.h. das permanente Freilaufen und die ständige Anspielbereitschaft. Es gilt nach Möglichkeit zu vermeiden, daß sich Abwehrspieler auf sie einstellen können, und anzustreben, kurzfristige Zuordnungslücken beim Übergeben innerhalb der gegnerischen Abwehr zu nutzen. Hohe Anforderungen werden auch an die Spielübersicht und das Spielverständnis gestellt, wenn Räume zum Tor hin für ballbesitzende Mittelfeldspieler geschaffen werden sollen (z.B. durch Ausweichen, Hinterlaufen, Zurückfallenlassen).

Bei Ballverlust und defensiven Standardsituationen übernehmen sie die ihnen zugewiesenen Aufgaben (z.B. beim Pressing, bei Eckbällen und Freistößen) im Abwehrkonzept.

Mannschaftstaktik

Allgemeines

Die Mannschaftstaktik umfaßt das Spielsystem (Grundordnung), das Abwehr- (z. B. Mann-/Raumdeckung, Pressing) und das Angriffsverhalten (z. B. Konterspiel) einer Mannschaft.

Hier muß der Trainer von den personellen Möglichkeiten seiner Spieler ausgehen und darauf aufbauend die geeigneten mannschaftstaktischen Ziele und Konzepte festlegen, die den größten Erfolg versprechen.

Dabei sind folgende Faktoren zu beachten:
- Sind neue Spieler in die Mannschaft einzubauen, und wo liegen ihre Stärken und Schwächen?
- Welches Deckungssystem kommt der Mannschaft am besten gelegen; kann sie die angestrebte Form der kombinierten Mann-/Raumdeckung in der Praxis umsetzen?
- Welche Zielsetzungen gelten für das gewünschte Angriffsverhalten; sind hierfür die geeigneten Spieler vorhanden?
- Ist der Einbau einer Abseitsfalle vorgesehen, und gibt es hierfür einen „Organisator" in der Abwehr?
- Ist die Mannschaft in psychischer und physischer Hinsicht in der Lage, das Pressing anzuwenden?
- Eignen sich bestimmte Spieler für bestimmte Standard-Situationen?

Wahl des geeigneten Spielsystems

Das Spielsystem legt eine Grundordnung fest, die sich bei Ballbesitz bzw. Ballverlust entsprechend dem angestrebten Angriffs- oder Abwehrverhalten ändert.

Spielpositionen, -aufgaben und -räume werden so auf die Spieler entsprechend ihrer Fähigkeiten verteilt, daß eine optimale Mannschaftsleistung, d. h. die höchstmögliche Effektivität in Angriff und Abwehr zu erwarten ist.

Dabei müssen jedoch genügend Freiräume für die Spieler eingeplant werden, damit sie ihre eigenen Ideen einbringen und intuitive Anpassungen an die jeweilige Spielsituation durch Positions- und Aufgabenwechsel selbst vornehmen können.

Die Spieler müssen sich im System wohl fühlen und von den Möglichkeiten überzeugt sein. Das Spielsystem darf kein starres Korsett darstellen, sondern soll eine Hilfestellung zur Erreichung des bestmöglichen Mannschaftserfolges bieten.

Zeitgemäße Spielsysteme sind gekennzeichnet durch:
- Eine optimale Raumaufteilung (Verteilung der Spielzonen und Laufwege);
- die Beteiligung aller Spieler an Abwehr- und Angriffsaufgaben;
- situationsangepaßtes schnelles Umschalten von Abwehr auf Angriff und umgekehrt;
- gruppentaktisches Verhalten, das dem Gegner Aktionen aufdrängt und ihn zum Reagieren zwingt;
- Freiheitsgrade für die Spieler, um situationsangepaßte Entscheidungen und Handlungen im Spiel herbeizuführen.

Das Spielsystem als die Grundordnung einer Mannschaft bestimmt demnach die individual- und gruppentaktischen Aufgaben der Spieler in Abwehr, Mittelfeld und Angriff. Bei der Auswahl und Entscheidung für ein Spielsystem wird sich der Trainer in erster Linie an den Möglichkeiten und Fähigkeiten der ihm zur Verfügung stehenden Spieler orientieren, wobei im Idealfall je nach Spielsituation (z.B. Spiel in Unter- oder Überzahl) ein Wechsel des Systems einstudiert werden sollte.

Zwei Spielsysteme werden nachfolgend beispielhaft näher behandelt, die sich je nach Voraussetzungen und Erfordernissen abwandeln lassen: Das 4-4-2- und das 3-5-2-System.

4-4-2-System – Die Viererkette

Grundmerkmale der Viererkette in einem 4-4-2-System sind zwei Vierreihen (in Abwehr und Mittelfeld), die sich in der Defensive zur ballnahen

Seite verschieben. Die ballorientierte Gegnerdeckung im Raum erfordert ein gutes taktisches
Verständnis untereinander und setzt einen hohen
Zeitaufwand für das Einspielen (z.B. im Trainingslager für die Saisonvorbereitung) voraus. Kommen dann noch häufige personelle Veränderungen (Verletzungen, Sperren) hinzu, dann muß
das regelmäßige Üben dieser Spielform auch im
Trainingsalltag praktiziert werden.

Eine gut gespielte Viererkette weist folgende
Vorteile auf:

– den meist mit 2 Angriffsspitzen operierenden
  Gegnern steht eine personelle Überzahl von
  Verteidigern gegenüber, so daß oft zwei Abwehrspieler einen gegnerischen Stürmer attackieren und dessen Spielraum so einschrän-
  ken können, daß es zu einem unkontrollierten
  Abspiel oder Ballgewinn kommen kann;

– die Verteidiger verrichten durch das Übergeben weniger Laufarbeit als die häufig die Position wechselnden Gegenspieler;

– bei Ballverlust der eigenen Mannschaft besetzt jeder Spieler sofort den ihm zugewiesenen Raum, ohne sich zuerst um einen direkten Gegenspieler kümmern zu müssen;

– die Abseitsfalle läßt sich durch das Spiel in
  einer Linie effektiver und schneller praktizieren, setzt aber ein hohes Maß an Verständnis
  voraus;

– bei Ballbesitz ist durch die besser abgestimmte Raumaufteilung ein schnelles Umschalten
  möglich.

Aber auch über die Nachteile muß sich der Trainer im Klaren sein:

– bei Ballverlust und schnellem Umschalten der
  gegnerischen Mannschaft kann die Viererkette nicht schnell genug geschlossen werden, da die in den Angriff einbezogenen Abwehrspieler nicht rechtzeitig in die Kette zu-
  rückkehren können; es kommt zu Lücken;

– ist die verteidigende Viererkette ausgespielt,
  gibt es außer dem Torhüter keine Sicherung
  mehr dahinter;

– es gibt eine Reihe spieltaktischer Mittel, um
  eine Viererkette auszuspielen: Paß in die Gas-
  se (Tiefe), schnelle Spielverlagerungen (die
  das Verschieben erschweren), Hinterlaufen

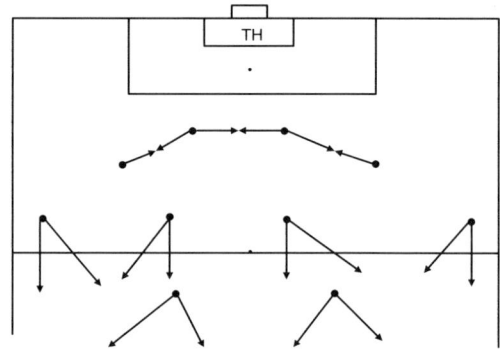

Abb. 1: Mögliche Grundordnung des 4-4-2

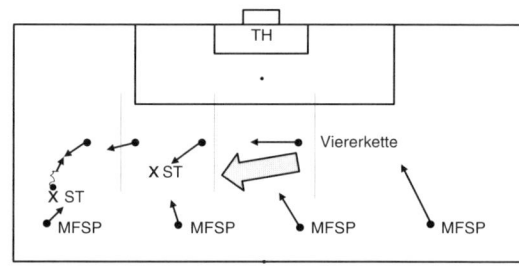

*Abb. 1a: 4-4-2 mit ballorientierter Gegner-
deckung*

am Flügel mit anschließender weiter Flanke
oder scharfem Paß hinter den Rücken der
Abwehr und gekonntes Kurzpaßspiel.

Beispielhafte Formen zum Üben der Viererkette:
Zunächst in Kleingruppen: Spiel 4 gegen 4 auf
je 2 kleine Tore im Feld 20 x 30 m. Mannschaft
verteidigt mit 3 Spielern (vierter Spieler passiv
hinter der eigenen Grundlinie) und verschiebt
sich ballorientiert gegen die 4 Angreifer.

Ein Tor ist erzielt, wenn es einem Angreifer
gelingt, durch eines der beiden Tore durch zu
dribbeln.

Variation: Um einen Treffer zu erzielen, müssen die Angreifer eines der beiden Tore mit einem
genauen Paß zu einem Mitspieler durchspielen.

Spiel 2 gegen 3 / 3 gegen 4 / 4 gegen 5 im Kleinfeld bis hin zum 11 gegen 11. Weitere Übungsformen in den nachfolgenden Trainings-einheiten in Verbindung mit Pressing.

3-5-2-System

Dieses oft als traditionell bezeichnete Spiel-system hat immer noch seine Berechtigung und wird nach wie vor sehr häufig angewendet. Die beiden Verteidiger spielen gegen die Spitzen, ein dritter Abwehrspieler unterstützt als Libero und sichert nach hinten ab. Dabei kann der Libero sowohl hinter als auch auf einer Höhe mit, aber auch vor den Verteidigern agieren.

Das zahlenmäßig stark besetzte Mittelfeld macht in der Defensive die Räume eng und stört bereits an der Mittellinie den Spielaufbau des Gegners. Jeder Mittelfeldspieler hat den Gegner in seinem Raum zu decken. Die äußeren Mittel-feldspieler decken die Räume an der Seitenlinie ab, wobei sich die ballentfernteren Spieler zum ballführenden Gegner hin verschieben und in Ballnähe möglichst eine Überzahl, d.h. ein 2:1-Verhältnis, herbeiführen. Spieler, die in dieser Si-tuation keinen direkten Gegenspieler haben, bewegen sich in Richtung Ballbesitzer bzw. zum eigenen Tor, um entweder den angreifenden Mit-spieler zu unterstützen oder nach hinten abzu-schirmen. In Verbindung mit einem Pressing soll der Gegner zeitlich und räumlich so unter Druck gesetzt werden, daß er sich nicht aus der Be-drängnis lösen kann und zu einem ungenauen Abspiel oder gar Ballverlust gezwungen wird.

Hohe Anforderungen werden an das Spiel-verständnis und an die Abstimmung untereinan-der gestellt. Beim Spiel nach vorn bieten sich variantenreiche Möglichkeiten an, indem die frei-en Räume in der Spitze besetzt werden und über das Flügelspiel die gegnerische Abwehr ausein-andergezogen wird. Schnelles Umschalten soll bei Kontern auch im Angriff zu einer Überzahl führen. Hierbei darf nicht an den starren Spiel-zonen festgehalten werden, sondern durch häu-fige Positionswechsel muß der Gegner in seiner Abwehrorganisation zur ständigen Neuausrich-tung und zu Übergaben gezwungen werden.

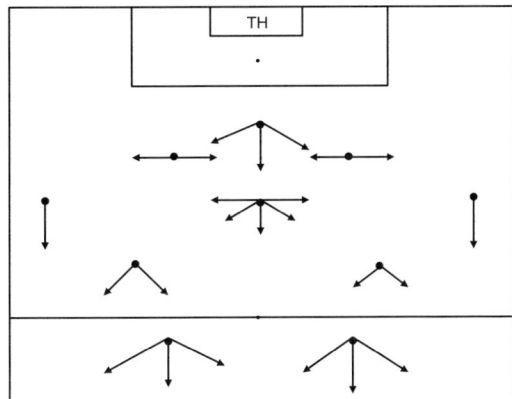

Abb. 1b: Mögliche Grundordnung des 3-5-2 (Libero hinter Abwehr)
Variation: Zentraler Mittelfeldspieler als „Vor-libero"

Eine interessante Variation dieses Systems ist das Spiel mit einem zweiten Libero, eine Art Vor-libero, in zentraler Position vor den Verteidigern. Er hat zum einen die Funktion einer defensiven Zusatzsicherung vor der Abwehr wahrzunehmen und zum anderen als Spielgestalter von hinten heraus zu agieren. Diese Rolle kann nur ein Spie-ler wahrnehmen, der taktisch vielseitig, technisch versiert und spielerisch kreativ ist.

Ballorientierte Gegnerdeckung

Das Defensivkonzept ist Bestandteil des Spiel-systems und beschreibt die Abwehrorganisation. Die derzeitige Spielauffassung favorisiert die „ballorientierte Gegnerdeckung" (auch als Raum- bzw. Zonendeckung bezeichnet) und geht davon aus, daß kein Spieler nur für einen be-stimmten Gegenspieler zuständig ist, sondern für den Gegner, der sich in seinen Deckungsraum hinein bewegt. Der Ballbesitzer wird sofort von dem Spieler – unabhängig ob Verteidiger oder Mittelfeldspieler – attackiert, der sich ihm am nächsten befindet. Die ballentfernten Abwehr-spieler verschieben sich in Richtung Ballbesitzer und schirmen den Raum nach hinten und zur Seite ab. Verlagert der Gegner sein Spiel auf die andere Angriffsseite, dann verschiebt sich die komplette Abwehr dorthin.

Ein Vorteil ist, daß die Deckung im Raum ökonomischer ist, d.h. von der verteidigenden Mannschaft wird weniger Laufarbeit verlangt als beim Verfolgen der ständig die Räume wechselnden Gegner. Nachteilig kann sein, daß sich die Abwehrspieler bei ständig rochierenden Angreifern nicht auf die Spielweise bestimmter Spieler einstellen können, daß vor allem in den Zonengrenzbereichen beim Übergeben Zuständigkeitsprobleme entstehen und die Ordnung verloren geht.

Von Manndeckung wird dann gesprochen, wenn feste Zuordnungen erfolgen, d.h. immer gegen einen bestimmten Gegner gespielt werden muß. Diese Variante bietet sich dann an, wenn eine Mannschaft über sehr gute Abwehrspezialisten verfügt.

Im Amateurbereich ist häufig die gemischte Mann-/Raumdeckung vorzufinden, um die bekannten Vor- und Nachteile auszugleichen. Beispielsweise werden die Spitzen manngedeckt und im Mittelfeld die gegnerorientierte Raumdeckung praktiziert. Noch mehr Effektivität ist zu erwarten, wenn diese Mischform mit einem gekonnten Pressing kombiniert wird.

Auch hierbei sind dem Einfallsreichtum des Trainers keine Grenzen gesetzt, und deshalb ist auch die nachfolgend dargestellte Grundform eines gemischten Mann- und Raumdeckungssystems im 3-5-2-System nur eine von vielen Möglichkeiten: Die beiden gegnerischen Spitzen werden manngedeckt; der Libero spielt hinter der Abwehr. Durch die gedankliche Aufteilung des Mittelfeldes in 5 Längsräume entstehen Zonen (Räume), die jeweils durch einen Spieler besetzt sind. Abhängig davon, auf welcher Seite des Spielfeldes der Gegner seinen Angriff aufbaut, verschiebt sich die 5er-Kette parallel zur Grundlinie, wobei sich die Spieler zur ballnahen Grenze ihrer Deckungszone hin bewegen. Jeder Spieler ist für eine Zone verantwortlich und hat den Gegner zu decken, der in seiner Zone auftaucht, wobei der ballführende Gegner sofort attackiert wird. Ist die Kette nicht vollzählig, z.B. ein Mittelfeldspieler hat am gegnerischen Strafraum den Ball verloren, verschiebt sich die Kette in die 4

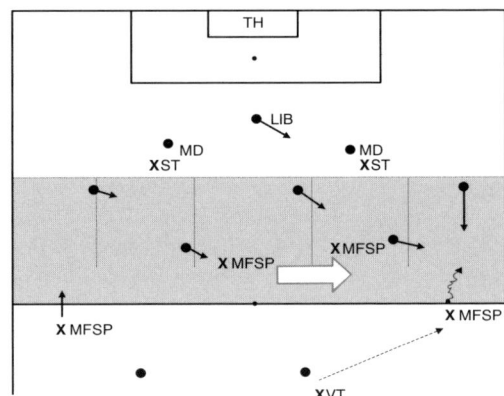

Abb. 1c: Grundform einer kombinierten Mann-/Raumdeckung im 3-5-2-System

ballnahen Deckungszonen und besetzt als letzte die fünfte ballentfernte Zone.

Voraussetzung für das Funktionieren der Raumdeckung im Mittelfeld ist das konsequente Übergeben und Übernehmen der Gegner an den Nahtstellen der angrenzenden Deckungszonen. Dies erfordert ein hohes Maß an Abstimmung und Zusammenarbeit. In den später folgenden Trainingseinheiten werden hierfür entsprechende Übungsformen angeboten.

Ziel ist, in der Defensive wie auch in der Offensive, im entscheidenden Moment mit einem Spieler mehr als der Gegner in der Nähe des Balls zu sein.

Pressing – eine Form des offensiven Abwehrverhaltens

Allgemeines

Pressing hat die Bedeutung von (englisch „to press") „drücken, bedrängen, pressen" und wurde vom Basketball übernommen.

Im Fußball stellt Pressing die taktische Verhaltensweise einer Mannschaft dar, die soeben den Ball in der gegnerischen Hälfte verloren hat und nun versucht, den Ball möglichst schnell wieder zurückzuerobern, indem sie den Gegner in Raum- und Zeitnot bringt.

Lernen können wir dabei von den Kleinsten beim Fußballspielen, deren Spiel- und Verhaltensweise (noch) so ausgerichtet ist, daß dort, wo der Ball im Spiel ist, sich auch die Mehrzahl der Spieler tummelt. Das ist Pressing in seiner Urform.

Wir Trainer bringen „Ordnung" ins Spiel, lehren die Jüngsten, wie sie Aufgaben und Räume aufteilen sollen: Wir bringen System in ihr Spiel.

Mit Pressing versuchen wir dann später, die „organisierte Unordnung" wieder herbeizuführen.

Formen des Pressing

Abhängig davon, in welcher Zone des Spielfeldes das Pressing angewendet wird, unterscheidet man zwischen Angriffspressing und Mittelfeldpressing.

Das Angriffspressing hat das Ziel, die gegnerische Mannschaft in ihrer eigenen Spielhälfte unter Druck zu setzen, den systematischen Spielaufbau zu behindern und zu stören, um möglichst schnell den Ball wieder zurückzuerobern.

Der Gegner soll dabei in Richtung Grund- und Seitenlinie zurückgedrängt werden.

Das Angriffspressing bietet sich vor allem dann an, wenn der Gegner in der Abwehr technisch schwächere Akteure stehen hat, wenn bei Heimspielen eine Gastmannschaft offensichtlich auf ein torloses Unentschieden aus ist und mit risikolosem Ballhinundhergeschiebe in der eigenen Hälfte versucht, Zeit zu gewinnen.

Nachteilig ist, daß in Ballnähe von der eigenen Mannschaft ein aggressives Forechecking bzw. Zweikampfverhalten verlangt wird, so daß im Vergleich zum Gegner eine höhere Laufleistung erforderlich wird.

Gelingt es dem Gegner, durch eine gute Raumaufteilung in der Abwehr, durch eine geschickte Spielverlagerung oder durch ein gekonntes Dribbling das Pressing zu überwinden, dann findet er sicherlich viel Platz zum Kontern.

Beim Mittelfeldpressing zieht sich die eigene Mannschaft bei Ballverlust in die Nähe der Mittellinie zurück und versucht dort, den Spielauf-

bau des Gegners zu verzögern und gleichzeitig die eigene Abwehr zu organisieren.

Die Mannschaft nimmt zunächst eine abwartende Haltung ein und agiert dann, wenn sich eine für das Pressing günstige Spielsituation ergibt bzw. wenn durch Forechecking eine solche herbeigeführt werden kann: Beispielsweise zwingt ein Stürmer durch sofortiges Attackieren den ballführenden Libero zu einem Querpaß zum Außenverteidiger. Auch Einwürfe an der Seitenlinie in der Nähe der Mittellinie sowie Handabwürfe des Torhüters zu einem Außenverteidiger stellen eine günstige Ausgangssituation für das Pressing dar.

Der Gegner soll gegen die Seitenlinie „gepreßt" und derart unter Druck gesetzt werden, daß er zu einem riskanten Abspiel (z. B. Querpaß nach innen), gewagten Dribbling oder einfach zu einem ungenauen Befreiungsschlag genötigt wird.

Diese Form des Pressing wird des öfteren bei Auswärtsspielen praktiziert, wobei allerdings zu den hierbei abgemilderten Risiken des Angriffspressing hinzukommt, daß der Gegner in seinem Abwehrdrittel unbehelligt bleibt.

Wenn das Pressing konsequent und systematisch angewendet wird, wenn die Voraussetzungen in der eigenen Mannschaft hierfür gegeben sind, dann überwiegen die Vorteile die Risiken des Pressing.

Und da es das erklärte Ziel einer jeden Mannschaft ist, nach Ballverlust das Leder möglichst schnell wieder in den eigenen Reihen zu besitzen, sollte dieses offensive Verteidigungssystem zum vorhandenen taktischen Rüstzeug einer jeden Mannschaft gehören.

Für den Trainer gilt es, Vor- und Nachteile der beiden grundsätzlichen Pressingformen – es sind ja den Variationsmöglichkeiten und dem Einfallsreichtum keine Grenzen gesetzt – gegeneinander abzuwägen. Natürlich wäre ideal, wenn eine Mannschaft je nach Spielstand und abhängig vom Austragungsort (Heim-/Auswärtsspiel) beide Pressingformen zur Anwendung bringen kann.

Voraussetzungen für das Pressing

Der leider viel zu früh verstorbene Hennes Weisweiler hat zum Pressing folgende Aussagen gemacht: „Um Pressing zu spielen, muß ich vor allem das Mittelfeld in der Breite und in der Länge verkürzen und verengen. Das geschieht vor allem durch das Aufrücken der Viererabwehr auf eine Linie bis zur gegnerischen Hälfte. Das gibt mir die Möglichkeit, selbst bei 2 Stürmern, einen Mittelfeldspieler an den gegnerischen Strafraum zu lancieren.

Das Mittelfeld bleibt durch einen Innenverteidiger (Stopper oder Libero) weiter gut aufgeteilt. Überhaupt ist der Schlüssel für das Pressing die Raumdeckung im Mittelfeld."

Pressing stellt an eine Mannschaft hohe Anforderungen in athletischer und mentaler Hinsicht: Neben einer guten Kondition und Zweikampfstärke sind vor allen Dingen schnelles Umdenken und Umschalten zu nennen. Das Erkennen, wann eine für das Pressing günstige Spielsituation vorliegt, oder noch besser, das Vorausahnen des möglichen Eintretens, setzt gute Übersicht, schnelle Auffassungsgabe, hohe Konzentrationsfähigkeit sowie mannschaftsdienliches Verhalten voraus.

Hinzu kommt eine gewisse Lernbereitschaft und – was vor allem im unteren Amateurbereich Schwierigkeiten bereitet – ausreichend Zeit, um eine Mannschaft auf das Pressing vorzubereiten und im laufenden Trainingsprozeß den erreichten Stand weiter zu verbessern und zu perfektionieren.

Eine mögliche Grundform für Angriffspressing

Mit einer Raum-/Zonendeckung lassen sich die erforderlichen Verschiebungen innerhalb der Mannschaft in Länge und Breite des Spielfeldes am besten durchführen.

Gedanklich wird dabei das Spielfeld in 4 Längsräume (s. Abb. 2) unterteilt, wobei der ballentfernteste Längsraum von der pressenden Mannschaft gänzlich aufgegeben wird und eine

sofortige „Verschiebung" der Spieler in die ballnahen Längsräume erfolgt.

Der Einfachheit halber wird das Spielsystem 4:4:2 unterstellt, wobei allerdings das Pressing auch mit jedem anderen System praktiziert werden kann, also systemunabhängig ist.

In das Pressing wird die gesamte Mannschaft einbezogen. Auch der Torhüter, indem er an der Strafraumgrenze bei weiten Befreiungsschlägen auf dem Posten sein muß.

Der Libero spielt mit der Abwehr auf einer Linie, rückt im Bedarfsfall ins Mittelfeld nach oder schließt die Lücken in der Abwehr, die sich durch einen aufrückenden Abwehrspieler ergeben.

Die beiden gegnerischen Spitzen werden manngedeckt.

Im Mittelfeld deckt jeder Spieler den ihm am nächsten postierten Gegenspieler in Ballrichtung ab.

Ein Stürmer schirmt durch entsprechendes Stellungsspiel den gegnerischen Torhüter ab und lauert auf Rückpässe.

Die zweite Spitze oder ein Mittelfeldspieler verstellt den Raum zur Innenverteidigung und versucht, Querpässe zu verhindern bzw. dadurch in Ballbesitz zu gelangen.

Der ballführende Gegner wird vom nächststehenden Spieler sofort aggressiv attackiert und in Raum- und Zeitnot gebracht.

Ziel ist die Pressing-Situation, daß 2 Stürmer und 2 Mittelfeldspieler gegen 4 Abwehrspieler agieren.

Ausgangssituation für Mittelfeldpressing

Das Mittelfeldpressing setzt im Gegensatz zum Angriffspressing erst in der Nähe der Mittellinie ein, der Gegner bleibt in seinem Abwehrdrittel unbehelligt.

Ansonsten vollzieht sich der gleiche Ablauf wie beim Angriffspressing mit dem Unterschied, daß das Mittelfeld durch einen Stürmer zusätzlich massiert werden kann, da die Abschirmung des gegnerischen Torhüters entfällt.

Tritt die Pressing-Situation ein (s. Abb. 3) – und das ist in der Regel immer dann der Fall, wenn der Gegner an der Seitenlinie in der Nähe der Mittellinie in Ballbesitz ist –, wird die Verschiebung der Mannschaft in die 3 ballnahen Längsräume in Länge und Breite organisiert.

Training des Pressing

In den später folgenden Trainingseinheiten der Vorbereitungsperiode sind einige beispielhafte Übungsformen beschrieben, mit denen eine Mannschaft zum Pressing hingeführt und der erreichte Stand weiterentwickelt werden kann.

Empfehlenswert ist es, zunächst mit Übungsformen in Kleingruppen (z. B. 2:2, 3:2, 3:3, 4:3, 4:4 usw.) zu beginnen und allmählich auf größere Gruppen bis hin zum 11:11 überzugehen. Dabei werden gleichzeitig Kondition und Zweikampfverhalten auf hohem Niveau geschult.

Von Vorteil ist es, wenn der Trainer zunächst in der Theorie an der Tafel darlegt, welche Ziele mit dem Pressing verfolgt werden, welche strukturellen Grundformen es gibt, welche Voraussetzungen geschaffen werden müssen, welche Risiken das Pressing mit sich bringt, und dabei die Spieler motiviert und überzeugt, daß Pressing sich „lohnt".

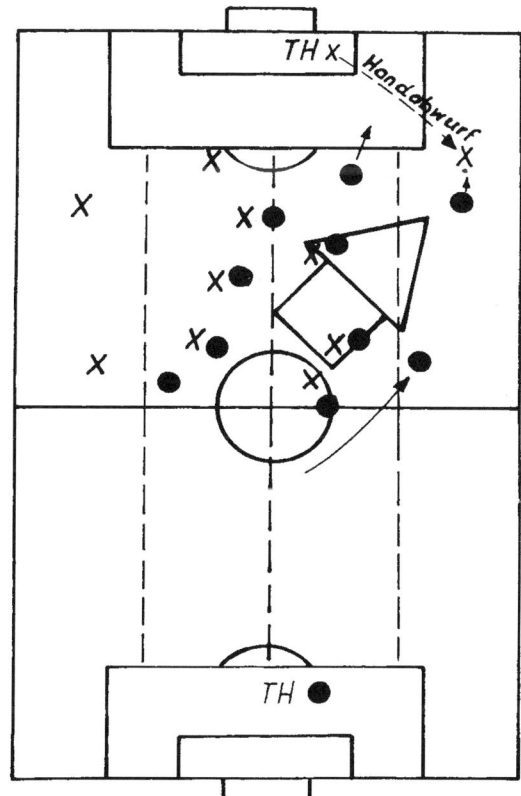

Abb. 2: Angriffspressing

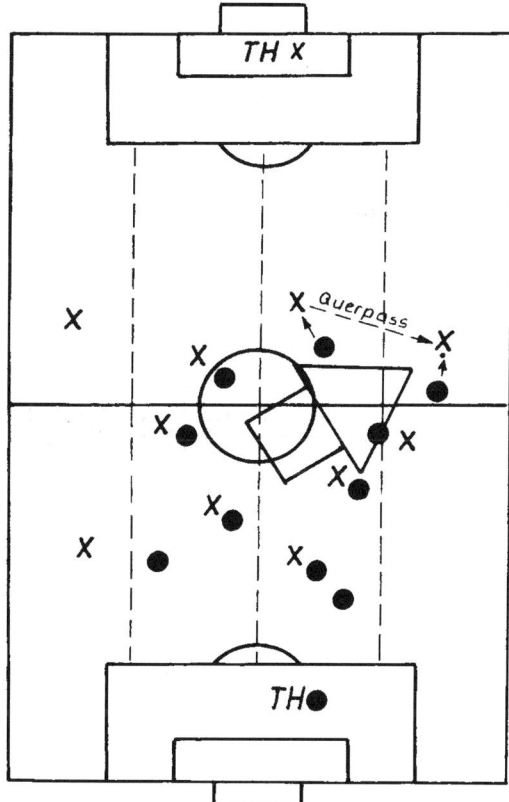

Abb. 3: Mittelfeldpressing

Ziele der Mannschaftsführung

Mannschaftsführung bedeutet Menschenführung und ist eines der schwierigsten Probleme überhaupt. Rezepte hierfür gibt es nicht, allenfalls Grundsätze, die zu beachten sind. Die Mannschaftsführung hat das Ziel, das Klima bzw. das Umfeld zu schaffen, das sich positiv auf die Leistungsbereitschaft und den Leistungswillen der Spieler auswirkt. Sie versucht aus Individualisten ein kampfstarkes, begeisterungsfähiges Team zu formen, das nach Siegen auf dem Boden bleibt und nach Niederlagen eine gute Moral zeigt.

All dies deutet darauf hin, daß ein guter Trainer eben nicht nur ein guter Fußballer und gewiefter Taktiker sein muß, sondern ein bißchen Pädagoge, Psychologe und Soziologe zusätzlich sein sollte, gepaart mit einer natürlichen Autorität, um als Bezugsperson anerkannt zu sein.

Grundsätze für eine erfolgreiche Mannschaftsführung sind u. a.:

- Es sind grundsätzlich Ziele abzustecken, und zwar so, daß sie erreichbar sind.
  Am Grad der Zielerreichung werden Mannschaft und Trainer gemessen.
- Gleichbehandlung aller Spieler – keine Privilegien einräumen, unabhängig von Herkunft, unterschiedlichen Auffassungen und Charakteren.
- Ausreichend Distanz halten, dennoch ein partnerschaftliches Vertrauensverhältnis herbeiführen.
- Ständig miteinander reden – den Dialog mit den Spielern suchen.
- Nicht nur reden – auch zuhören können.
- Alles fördern, was der Kameradschaft und dem Mannschaftsgeist zuträglich ist.

Vor dem Spiel

Eine ausreichende psychische und physische Vorbereitung für ein Spiel erfordert, daß sich die Mannschaft mindestens eine Stunde vor Spielbeginn einfindet. Bei Auswärtsspielen sollte darauf geachtet werden, daß die Spieler nach Möglichkeit nicht selbst mit dem Pkw fahren müssen. Die geistige Einstimmung und die Konzentration auf die bevorstehende Begegnung beginnt in der Kabine mit einer kurzen Aussprache zwischen Trainer und Spielern, wobei nochmals an die Taktik und die einzelne Aufgabenverteilung erinnert wird.

Wenn möglich, sollte der Trainer zu diesem Zeitpunkt im Besitz der gegnerischen Mannschaftsaufstellung sein, um evtl. letzte Umstellungen innerhalb der Mannschaft vorzunehmen oder taktische Maßnahmen (z. B. Pärchenbildung) im Hinblick auf auffällige gegnerische Spielerpersönlichkeiten und auch Schwachstellen beim Namen nennen zu können.

Zur weiteren Förderung der Leistungsbereitschaft trägt aber auch bei, daß sich der Trainer besonders der nervösen und sensiblen Spieler annimmt, Mut zuspricht, beruhigenden Einfluß ausübt und die aufgestauten Spannungen auf das Maß herunterschraubt, das für eine gute Leistung eben erforderlich ist.

Vor Beginn des Aufwärmens sollte eine Abstimmung hinsichtlich Seitenwahl mit Spielführer und Torhüter erfolgen:
- Wo steht die Sonne?
- Woher weht der Wind?
Eine weitere wichtige Frage:
- Wie sind die Bodenverhältnisse?
Bei der Stollenfrage sollte der Spieler die letzte Entscheidung selbst treffen, der Trainer aber durchaus Überprüfungen der Fußballschuhe vornehmen.

Zum Abschluß kümmert sich der Trainer darum, daß zur Halbzeit die passenden Getränke bereitstehen.

Auf ausreichendes Aufwärmen achten!

Gerade in den unteren Amateurklassen ist des öfteren zu beobachten, daß dem Aufwärmen nicht die richtige Bedeutung beigemessen wird, daß die Spieler oft kalt und damit schlecht vorbereitet ins Spiel gehen.

Viele Spielfehler, aber auch Zerrungen, Muskelfaser- und Muskelabrisse haben ihre Ursache in der unzureichenden Aufwärmarbeit vor dem Spiel. Das Aufwärmen stellt eine wichtige Phase der körperlichen Vorbereitung auf das Spiel dar. Insbesondere der richtigen und zeitlich ausreichenden Lockerung der Muskulatur muß mehr Beachtung geschenkt werden. Der Zeitraum hierfür sollte etwa 20–30 Minuten betragen. Da die Bereitschaft der Spieler zum intensiven Aufwärmen unterschiedlich ist, empfiehlt sich eine gemeinsame Aufwärmarbeit.

Gute Erfahrungen wurden damit gemacht, jedem Spieler mindestens einmal im Rahmen einer Trainingseinheit während der Vorbereitungsphase das Aufwärmen zu übertragen, ihm dabei Anregungen zu geben, ohne dabei seinen Ideenreichtum allzusehr einzuengen. Damit kann das Aufwärmen sonntags abwechselnd einem Spieler übertragen werden.

Während des Spiels

Der ideale Standort für einen Trainer am Spielfeldrand ist in der eigenen Hälfte in der Nähe der Mittellinie. Hier ist die beste Übersicht gegeben und ein ausreichender akustischer und visueller Kontakt mit der Mannschaft möglich. Von Vorteil ist es, wenn mit dem Spielführer vereinbart ist, des öfteren Blickkontakt zum Trainer zu suchen, um die gegenseitige Verständigung zu erleichtern.

Anweisungen und Gesten während des Spiels müssen knapp, verständlich und beherrscht erfolgen – es darf keine Hektik aufkommen, die sich negativ auf das Spiel auswirken kann. Ein Spiel verlangt auch vom Trainer vollste Konzentration, schnelle Entscheidungen und wirkungsvolle Maßnahmen, denn es gilt

- eigene und gegnerische Schwachpunkte zu erkennen
- und entsprechende Positions- und Rollenwechsel zu veranlassen;
- sachliche taktische Anweisungen zu geben;
- durch Zurufe die Spieler aufzumuntern;
- sich um verletzte Spieler zu kümmern
- und die verbleibende Spielzeit zu signalisieren.

In der Halbzeit

Halbzeitpausen dienen der Erholung und Besinnung, aber auch der psychischen und taktischen Vorbereitung auf die zweite Halbzeit. Aussagen wie: „Die Spieler kamen wie umgewandelt aus der Kabine!" belegen, daß entscheidende Spielverläufe oft in den Pausen ihren Anfang nehmen. Was vor dem Spiel noch an Annahmen und sonstigen Informationen zum Gegner vorlag, ist jetzt durch 45 Minuten Spielpraxis entweder belegt oder widerlegt.

Je nach Pausenstimmung können aufkommende (unbewußt geförderte) Lässigkeiten und Überheblichkeiten eine Wende zum Mißerfolg herbeiführen; gelungene Anstachelung und wirkungsvolle taktische Umstellungen ein Spiel noch aus dem Feuer reißen.

Auch hier spielt der Trainer eine entscheidende Rolle! Er hat
- zunächst für Ruhe zu sorgen, die aufgestauten Gefühlsregungen und Spannungen abklingen zu lassen;
- veranlaßt (vor dem Spiel), daß Erfrischungen bereitstehen; hierfür bieten sich an: Nach Möglichkeit sollten aufgrund der individuellen Geschmacksvorstellungen der Spieler mindestens zwei Pausengetränke bereitgestellt werden, die leicht verdaulich, schmackhaft und leicht temperiert sein sollten. Besonders geeignet sind:
  - kohlensäurearmes Mineralwasser
  - Tee, zubereitet aus kohlesäurearmem Mineralwasser und mit Honig oder Glukose gesüßt.
- Verletzte zu behandeln bzw. die Behandlung zu veranlassen;
- kurze und sachliche Anweisungen zu geben;

– die Mannschaft und die evtl. neu einzu-
wechselnden Spieler neu motiviert in die
2. Halbzeit zu schicken.

Abwärmen nach dem Spiel

Allmählich setzt sich auch beim Fußball die Erkenntnis durch, daß das Spiel zwar mit dem
Schlußpfiff endet, der gesamte Organismus jedoch immer noch in einem Zustand höchster
Leistungsbereitschaft verharrt. Wie in anderen
Sportarten schon länger üblich, sollte sofort
nach dem Spiel noch auf dem Spielfeld die Phase der aktiven Regeneration eingeleitet werden.

Aus dem Englischen hat sich hier der Begriff
des „Cool down" eingebürgert, wobei hiermit
das „Abwärmen", d. h. das aktive Entmüden ge-
meint ist. Es gilt, die Anspannungen in Muskulatur und Psyche abzubauen und dem Organismus Gelegenheit zu geben, zum Normalzustand
zurückzukehren.

Aus sportmedizinischer Sicht fördert ein lok-
keres Auslaufen verbunden mit Gymnastik und
Dehnübungen die Entschlackung (Laktatabbau)
und trägt damit zu einer kürzeren Erholungsphase bei.

Sicher ist es aus psychologischer Sicht für die
Aktiven nicht ganz leicht, z. B. nach einem ver-
lorenen Spiel, sich auf dem Spielfeld noch etwa
10–15 Minuten aktiv zu bewegen, sind sie doch
der Kritik und möglichen hämischen Bemerkungen der Zuschauer ausgesetzt.

Aber ebenso wie das Aufwärmen als fester
Bestandteil der Vorbereitung auf das bevorstehende Spiel gilt, so wird auch das Abwärmen
nach dem Spiel nach einem gewissen
Gewöhnungsprozeß für Aktive und Zuschauer
seinen festen Platz eingenommen haben.

Nach dem Spiel

„Nach dem Spiel ist vor dem Spiel!", hat Sepp
Herberger einmal gesagt. Deshalb sollte sich
jeder Trainer nach dem Spiel bei seiner Mannschaft in der Kabine aufhalten.

Denn es gilt in dieser Phase nach dem Spiel
– Spannungen abzubauen,

– abfällige Bemerkungen über Mitspieler, Gegner oder Schiedsrichter zu vermeiden,
– keinerlei Kritik aufkommen zu lassen (dabei
selbst beispielhaft vorangehen),
– sich um Verletzte zu kümmern,
– Trost in der Niederlage zu vermitteln
– und Erfrischungen bereitzustellen,

um die Harmonie so zu fördern, daß erste Voraussetzungen für das nächste Spiel geschaffen
werden.

Nachdem genügend Abstand vom Spiel ge-
wonnen wurde, der Spielverlauf mit seinen entscheidenden Szenen jedoch noch in bester Er-
innerung ist – also einige Stunden später –, sollte der Trainer Stärken und Schwächen des Gegners stichwortartig notieren. Die Aufzeichnungen
sollten so gehalten sein, daß sie im Rückspiel
verwertbare Informationen darstellen.

Zum Beispiel:
– Spielsystem des Gegners (4:4:2, 3:5:2 oder
4:3:3)
– Spielanlage
– Spielerpersönlichkeiten, Spielmacher
– Eck-, Freistoß- und Strafstoßausführung
– Beherrschung Raum- und Manndeckung
– Umschalten Defensive/Offensive
– Offensivverhalten der Abwehrspieler
– Strafraumbeherrschung des TH
– Raumaufteilung im MIFE
– Positionswechsel
– Taktik der einzelnen Mannschaftspositionen
– usw.

Mannschaftsbesprechungen

Die regelmäßigen Mannschaftsbesprechungen
stellen eine wichtige Einrichtung zur Förderung
der Kommunikation und des Verständnisses zwischen Trainer und Spieler dar und bilden somit
einen wesentlichen Bestandteil der Mannschaftsführung.

Mannschaftsbesprechungen beinhalten einen
kritischen Rückblick auf das vergangene Spiel,
eine Vorschau auf die kommende Begegnung
und informieren darüber hinaus über das sonsti-
ge Vereinsgeschehen.

Dabei bietet sich an, die rückblickende Spielbetrachtung im Anschluß an die erste Trainingseinheit der nachfolgenden Woche durchzuführen, da dann der Abstand zum vergangenen Spielgeschehen groß genug ist und andererseits korrektive Maßnahmen und gewünschte Verhaltensweisen besprochen und in den folgenden Trainingseinheiten eingeplant werden können.

Entsprechend wird für die Spielvorausschau der Abend nach dem Abschlußtraining gewählt, da dann die kommende Begegnung nahe bevorsteht.

Aufgrund der Tatsache, daß nach einem Training die Konzentrations- und Aufnahmefähigkeit der Spieler begrenzt ist, sollte eine Mannschaftsbesprechung nie länger als maximal 20–30 Minuten dauern.

Spielanalyse und Spielerkritik

– Positives zuerst – danach Negatives.
– Von der Mannschafts- zur Gruppen- (z. B. Abwehrverhalten, Mittelfeld- und Sturmspiel, Spielverlagerungen usw.) und anschließend zur Einzelkritik (Einstellung zum Spiel und Gegner, Erfüllungsgrad der taktischen Aufgaben usw.) übergehen.
– Entscheidende Szenen an der Tafel nachvollziehen.
– Lob und Tadel sollten ausgewogen sein.
– Kritik soll aufbauend sein, das Selbstvertrauen stärken und neu motivieren – aus Fehlern soll gelernt und die Wiederholungsrate verringert werden.
– Zur Stellungnahme herausfordern, den Dialog mit den Spielern herbeiführen.
– Besonders sensible Spieler besser in Einzelgesprächen kritisieren.
– Auch kurzzeitig eingesetzte Spieler erwähnen und einbeziehen.
– Nicht eingesetzte Reservespieler neu motivieren.

Spielvorausschau

– Das nächste Spiel ist immer das schwerste (Sepp Herberger).

– Erwartungen an Mannschaft und die einzelnen Spieler bekanntgeben.
– Eigene Taktik und die zu erwartende Taktik des Gegners erläutern.
– Erkenntnisse aus der Spielbeobachtung einfließen lassen.
– ballorientierte Gegnerdeckung
– Spezialaufgaben (z. B. Pärchenbildung) verteilen.
– Äußere Umstände (z. B. kleines Spielfeld) berücksichtigen.
– Anreize für das kommende Spiel setzen (Spieler auf den Gegner motivieren).

Theoriestunde

Der theoretische Unterricht führt, obwohl als Notwendigkeit allgemein anerkannt, immer noch ein Schattendasein.

Einer der Gründe dürfte sicherlich darin zu suchen sein, daß viele Trainer Hemmungen haben, frei vor den Spielern zu sprechen. Aber gerade die Wandtafel kann eine gute Hilfe bei der Kunst der freien Rede sein, indem man die Stichworte der anzusprechenden Themen (auch z. B. als Vorbereitung für eine Spielerbesprechung) niederschreibt.

Für den theoretisch-taktischen Unterricht sind es hauptsächlich Spielszenen, Raumaufteilung, Spielsysteme, Stellungsspiel usw., die angesprochen werden sollten und wo sicherlich jeder Trainer viel vorzutragen weiß.

Es empfiehlt sich zu Beginn einer Saison an drei bis vier Abenden im Anschluß an ein Training die grundlegenden taktischen Erwartungen und Verhaltensweisen zu skizzieren und im Verlaufe einer Saison mehrmals zu wiederholen und mit den bisherigen Erfahrungen anzureichern.

Länger als 20 bis 30 Minuten sollte die Theorie nie dauern, da die Konzentrations- und Aufnahmefähigkeit der Spieler nach einem Training und zudem noch am späten Abend naturgemäß sehr begrenzt ist. Folgende Themen eignen sich u. a. für den theoretischen Unterricht:
– Die Spielsysteme 4:4:2, 3:5:2 und 4:3:3 und ihre Konsequenzen für die Aufgabenverteilung innerhalb einer Mannschaft/Laufverhalten und Raumaufteilung

- Wann Mann-, wann Raumdeckung?
  - ballorientierte Gegnerdeckung
  - ballnahe/ballentfernt
  - freier Verteidiger
  - innere Linie
- Abwehrverhalten beim Eckball
  - Torsicherung
  - Stellung der Abwehrspieler
  - Einbeziehung MIFE und Sturm
- Angriffsverhalten beim Eckball
  - Absprachen für Ausführungsvarianten
  - Stellung der Angreifer
  - Besetzung des Rückraumes
- Bildung einer Mauer
  - wer steht in Mauer
  - Organisation und Stellung der Mauer und einbezogenen Spieler (seitlich, frontal)
- Ausführung von Freistößen
  - Varianten
  - Einbeziehung der übrigen Mitspieler
- Stellung der Mitspieler bei Strafstößen
  - zugesprochener Strafstoß
  - verhängter Strafstoß
- Verhalten beim Spielerausfall (z. B. Platzverweis)
  - eigener Spieler
  - gegnerischer Spieler
- Taktik gegen eine verstärkte Abwehr
- Spielverhalten in Unter-/Überzahl

Die Gegnerbeobachtung

Neben der Auswertung von Presseberichten ist die Gegnerbeobachtung durch den Trainer selbst oder einen beauftragten Spielbeobachter ein wichtiges Mittel zur Vorbereitung auf einen künftigen Gegner. Die gewonnenen Erkenntnisse fließen im Rahmen der Mannschaftsbesprechung in die Spielvorausschau ein und dienen der Information sowie Einstellung des eigenen Teams.

Für die Stärken-/Schwächenanalyse bietet sich eine Checkliste an, die zum einen die Informationssammlung erleichtert und zum anderen auch der Dokumentation dient.

Von Bedeutung sind zunächst die äußeren Umstände, d.h. die Wetter- und Bodenverhältnisse, Platzgröße sowie die Ausgangssituation, d.h. die Tabellensituation der beobachteten Mannschaft und des Gegners. Neben der namentlichen Aufstellung der Anfangsformation sind die erkennbare Grundordnung (in Defensive und Offensive) sowie auffällige Änderungen bzw. Umstellungen bei Rückstand/Vorsprung bzw. Unter-/Überzahl von Interesse. Ebenso die vorgenommenen Auswechslungen, Verletzungen, gelbe und rote Karten. Fehlen bestimmte „spieltragende" Spieler (Stammspieler), mit denen aber in Zukunft wieder zu rechnen ist?

Für die einzel-, gruppen- und mannschaftstaktische Analyse sind folgende Fragen hilfreich:
- Wie organisiert die Mannschaft eine Abseitsfalle, spielt sie Pressing, mit/ohne Libero, praktiziert sie Raum- und/oder Manndeckung?
- Sind einstudierte Laufwege bestimmter Spieler erkennbar?
- Wie schnell schaltet sie auf Angriff bzw. Abwehr um?
- Hat sie auffällige Spielerpersönlichkeiten (Spielgestalter, Kopfballspezialisten) oder auch Schwachpunkte in ihren Reihen?
- Spielt der Torhüter gut mit und wo liegen seine spezifischen Stärken und Schwächen?
- Wie verhält und organisiert sich die Mannschaft bei den Standardsituationen, z.B Eckbälle offensiv bzw. defensiv: kurzes Torraumeck, kurzer Pfosten, hinteres Torraumeck, hinterer Pfosten, Ausführungsvarianten, Anlaufwege, Laufwege, Kopfballspezialisten, Torhüterposition und -verhalten?
- Ebenso bei Freistößen offensiv bzw. defensiv: Mauerformation und -stellung, Torhüterposition, Ausführungsvarianten, Anlaufwege, Laufwege usw.?
- Wer führt wie Elfmeter aus – wie reagiert der Torhüter (bietet er eine Ecke an)?
- Hat sie einen Einwurfspezialisten?
- Sind konditionelle Probleme erkennbar, wie ist das Verhalten untereinander und gegenüber dem Schiedsrichter?

Checkliste zur Gegnerbeobachtung:

Spiel: . . . . **Datum:** . . . . **Zeit:** . . . .

❑ Heimspiel   ❑ Rasenplatz

❑ Auswärtsspiel   ❑ Hartplatz

❑ Pflichtspiel   ❑ Kunstrasen

❑ Freundschaftsspiel   ❑ Platzgröße . . . .

❑ Flutlichtspiel

❑ Wetter, Bodenverhältnisse . . . .

❑ Schiedsrichter/Linienrichter . . . .

Grundformation/Spielsystem/Laufwege

❑ Anfangsformation Nr. 1 –11 (s. Rückseite) . . . . . . ❑ Auswechselspieler (wer für wen? - s. Rückseite)

❑ Verwarnungen gelb Nr.: . . . . ❑ Platzverweise rot Nr.: . . . .

❑ Verletzungen Nr.: . . . . ❑ Bemerkungen . . . .

❑ Tore . . . .

❑ Kurze Spielanalyse . . . .

❑ Eckbälle in Defensive (Positionsverhalten, Torhüter) . . . .

❑ Freistöße in Defensive (Mauerbildung) . . . .

❑ Eckbälle in Offensive (Ausführung, Stellungsspiel) . . . .

❑ Freistöße in Offensive (Ausführung, Laufwege) . . . .

❑ Elfmeter zugesprochen . . . .

❑ Elfmeter verhängt . . . .

❑ Abseitsfalle . . . . ❑ Pressing

❑ Spiel in Überzahl . . . . ❑ Spiel in Unterzahl . . . .

❑ Auffällige Spielerpersonen, Spezialisten . . . .

❑ Auffällige Schwächen . . . .

Der Umgang mit den Medien

Umfang und Schnelligkeit der Sportberichterstattung haben sich derart verändert, daß bereits an dem dem Punktspiel folgenden Tag Spielergebnisse, Berichte und Kommentare bis in die untersten Spielklassen vorliegen. Die Präsenz der lokalen Zeitung, des Radios und sogar des Fernsehens (mit ihren Regionalprogrammen) auf dem Fußballplatz bringt neue Erwartungen mit sich und erhöht die Rollenvielfalt des Trainers. Neben den „klassischen" Beziehungsfeldern zu den Spielern, dem Vorstand, Verein und dem Publikum muß sich auch der Amateurtrainer in einer für ihn oft neuen und ungewohnten Umgebung bewähren.

Im Regelfall kann von einer fairen und ehrlichen Zusammenarbeit zwischen Trainer und Journalisten bzw. Reportern ausgegangen werden. Vor dem Spiel werden Informationen über die Erwartungen und Konzepte gewünscht, in der Halbzeitpause nach Maßnahmen, Umstellungen, Hoffnungen gefragt und nach dem Spiel Urteile zur Mannschaft sowie einzelnen Spielern verlangt. Hier gilt es von vornherein zu vermeiden, daß Konflikte mit Spielern oder mit dem Verein ausgebreitet werden.

- Nicht provozieren lassen – ruhig und sachlich bleiben.
- Selbstbewußt auftreten (wir waren gut vorbereitet, haben gut trainiert).
- Humor nicht verlieren.
- Das Positive in den Vordergrund stellen.
- Nicht einzelne Spieler an den Pranger stellen, sondern in Schutz nehmen.
- Einzellob gut abwägen, besser Mannschaft oder Mannschaftsteil hervorheben.
- Die Spielkritik versachlichen und negative Details ausklammern (intern regeln).
- Nach Siegen auf dem Boden bleiben und auch die Leistung des Gegners anerkennen.
- Bei Niederlagen daran denken, daß immer das gesamte Team verloren hat, auch eigene Fehler eingestehen und nicht die Schuld beim Schiedsrichter suchen.
- Optimismus wahren und Perspektiven aufzeigen.

Ernährung des Fußballers

Ernährungsgrundsätze

Die Ernährung des Fußballers spielt eine wichtige Rolle für die Leistungsbereitschaft und die Leistungsfähigkeit. Ihr Einfluß als trainings- bzw. wettkampfbegleitende Maßnahme wird allzuoft noch unterschätzt.

Der Organismus benötigt in ausreichendem Maße
- Nährstoffe (Kohlenhydrate, Fett, Eiweiß)
- Wirkstoffe (Vitamine und Mineralien)
wobei die Kohlehydrate beim Fußballer im Vordergrund stehen.

Kohlehydrate gelten als das „Muskel-Benzin", d. h. die im Muskel gespeicherten Kohlehydrate haben entscheidende Wirkung für die Leistungsfähigkeit.

Sportmedizinische Untersuchungen haben ergeben, daß es z. B. bei normaler Ernährung bis zu 72 Stunden dauern kann, bis die Kohlehydratspeicher des Körpers wieder gefüllt sind. Bei spezieller kohlehydratreicher Kost kann die Zeitdauer auf etwa 24 Stunden verkürzt werden. Dieses Beispiel beweist, daß die richtige sportartspezifische Ernährung zu einer schnelleren Wiederherstellung der nach einer Belastung verminderten Leistungsfähigkeit beitragen kann.

Besonders kohlehydratreich sind die bei den meisten Spielern ohnehin beliebten Gerichte in Form von Spaghetti, Makkaroni, Nudeln (aber auch Reis), die mit Eiweißzutaten wie Eiern, Käse usw. angereichert werden.

Mit dieser Zusammenstellung läßt sich bspw. die Empfehlung der Ernährungswissenschaftler in etwa erfüllen, die für die ausdauerbetonten Sportarten – also auch den Fußball – eine Nahrungszusammensetzung von

55 % – 60 % Kohlenhydrate
25 % – 30 % Fette
10 % – 15 % Eiweiße

befürworten.
Im Amateurbereich wird die Ernährung fast ausschließlich vom Speiseplan der Kantine bzw. den

Koch- und Eßgewohnheiten innerhalb der Familie bestimmt, so daß Nahrungszusammensetzung und -inhalte in den meisten Fällen natürlich nicht ausschließlich auf den Fußballer als Leistungssportler ausgerichtet sein können. Daher sei an dieser Stelle lediglich kurz auf die Ernährung vor dem Spiel eingegangen, da hier gewisse Einflußnahmemöglichkeiten gegeben sind.

Wichtigster Grundsatz ist, daß die letzte Nahrung mindestens 3 Stunden vor dem Spiel eingenommen sein sollte.

Die Verweildauer der Speisen im Magen ist recht unterschiedlich, hängt von der Nahrungszusammensetzung ab und steigt mit der aufgenommenen Menge und ihrem Fettgehalt.

Flüssige Nahrung belastet den Magen nicht so lange wie grobe, schlecht gekaute Speisen. Ein leerer Magen ist genauso leistungsschädlich wie ein voller.

Die von Ernährungswissenschaftlern festgestellten Zusammenhänge zwischen Nahrung und Verweildauer im Magen sind in der Tabelle unten dargestellt.

Getränke

Die früher vorherrschende Auffassung, daß ein Fußballer „trocken" sein muß, ist falsch. Die mit der sportlichen Betätigung in Form von Schweiß verlorene Flüssigkeit soll vor (z. B. nach dem Aufwärmen), während und nach dem Spiel dem Organismus wieder zugeführt werden.

Hierfür werden auf dem Markt eine Vielzahl von Sportgetränken (Elektrolytgetränke) angeboten, die dem Körper die Mineralien wieder zuführen, die beim Sport verlorengehen.

Damit sie sofort vom Blut aufgenommen werden können, sollten sie in etwa die gleiche Konzentration an Mineralien enthalten wie das Blut. In diesem Fall wird das Getränk als isotonisch bezeichnet.

Wie die Illustrierte „Stern" in einer Untersuchung festgestellt hat, weichen jedoch die Inhaltsstoffe vieler Hersteller in ihrer Menge und Zusammensetzung von den isotonischen Werten z. T. erheblich ab, so daß der Fußballer nicht unbedenklich zu jedem Getränk greifen sollte.

Folgende Richtwerte (Anteile an Mineralstoffen in einem Liter Blut) sind zu beachten:

Natrium:	3219 mg
Chlorid:	3669 mg
Kalium:	166 mg
Magnesium:	22 mg
Calcium:	95 mg
Phosphat:	109 mg

Vorsicht, so der „Stern", ist insbesondere bei Natrium und Chlorid geboten, die in den meisten

Nahrung	durchschnittliche Verweildauer in Stunden
Fleischbrühe, Suppen, gekochter Fisch, weichgekochte Eier, Kartoffelpüree, gekochter Reis, Nudeln, Spaghetti, Makkaroni	1–2
Rühreier, hartgekochte Eier, gekochtes mageres Fleisch, Pellkartoffeln, Salzkartoffeln, Möhren, Weißbrot, Bananen	2–3
Gekochtes Geflügel, gekochtes Rindfleisch, Kalbsbraten, Beefsteak, Schinken, Bratkartoffeln, grüner Salat, Schwarzbrot, Käse, Äpfel	3–4
Rindfleisch, Rinderfilet, Beefsteak, Rauchfleisch, Bohnen, Erbsen, Linsen	4–5
Gebratenes Geflügel, Schweinebraten, Speck, Lachs, Thunfisch in Öl, Pilze, Gurkensalat	5–6

Produkten in großen Mengen enthalten sind und die sich bekanntlich zu Kochsalz verbinden, das bei vielen Menschen zu Bluthochdruck und Arteriosklerose führt.

Neben den Elektrolytgetränken bieten sich vor allem im Sommer die handelsüblichen Mineralwasser (mindestens Raumtemperatur) an, ohne Kohlensäure (und Kochsalz), die mit Zitrone angereichert werden können.

Im Winter sollte das Getränkeangebot um warmen Tee, mit Honig gesüßt, entsprechend erweitert werden.

Von der Einnahme von Calcium- oder Magnesium-Tabletten vor dem Spiel zur Vorbeugung gegen Muskelkrämpfe wird aus sportmedizinischer Sicht abgeraten, da diese Mineralstoffe ein antriebsminderndes Müdigkeitsgefühl auslösen können.

Die Periodisierung des Fußball-Trainings

Allgemeines

Ein Spieljahr im Fußball wird in der Trainingslehre in 5 Zeitabschnitte (auch Perioden oder Makrozyklen genannt) unterteilt:
1. Vorbereitung
2. Erste Wettkampfperiode
3. Zwischenperiode
4. Zweite Wettkampfperiode
5. Übergangsperiode (Nachsaison)

Diese Periodisierung hat folgende Gründe:
– Ein Spieler kann aus biorhythmischen und anderen Gründen (Stimmungstiefs, Verletzungen usw.) seine sportliche Bestform niemals während eines Jahres konstant halten.
Mit der Periodisierung versucht man die Formkurve im Verlauf einer Saison positiv an die Leistungsanforderungen anzupassen.
– Die vom Spielplan vorgegebenen Termine mit den entsprechenden Spielpausen erfordern eine darauf abgestimmte Trainingsplanung. Die Perioden unterscheiden sich einerseits durch ihre zeitliche Länge und andererseits durch unterschiedliche Trainingsstrukturen und -inhalte.
– Der geforderte systematische Wechsel zwischen Belastung und Erholung gilt nicht nur für einzelne Trainingseinheiten, sondern auch für längere Zeiträume, so daß die Trainingsplanung auch den Periodisierungsaspekt berücksichtigen muß.

Ein für alle Leistungsbereiche des Fußballs gültiges Periodisierungsmodell kann es allerdings nicht geben, da viele Vereine über das Ende der ersten Wettkampfperiode hinaus im Einsatz sind und die Urlaube der Spieler nicht immer in dem hierfür vorgesehenen Zeitraum genommen werden können.

Bleiben einem Trainer beispielsweise nur 4–5 Wochen Zeit für die Saisonvorbereitung, so müssen bestimmte Elemente der Vorbereitungsperiode in die Trainingsplanung der laufenden Wettkampfperiode einfließen.

Unabhängig hiervon gilt, daß neben dem ganzjährigen Training von Technik und Taktik auch die konditionellen Fähigkeiten laufend im Trainingsprozeß geschult werden sollen, damit die Leistungsfähigkeit der Spieler während einer ganzen Saison auf hohem Niveau stabilisiert werden kann.

Mit der Einführung der verlängerten Winterpause – sie beginnt vielfach Mitte Dezember und dauert bis Ende Februar – haben sich die herkömmlichen Planungsperioden und damit auch die Inhalte geändert.

Dies trifft in erster Linie den Zeitraum und die Gestaltung der Übergangsperiode im Winter und die anschließende Vorbereitung auf den noch zu absolvierenden Teil der Rückrunde.

In der Regel beginnt die Punktspielrunde bei den Amateuren etwa Mitte August und schließt mit der Vorrunde und einigen Rückrundenspielen Mitte bis Ende Dezember ab.

Danach folgt eine mehrwöchige Spielpause, ehe dann Ende Februar bzw. Anfang März die Rückrunde fortgesetzt wird, die gegen Ende Mai abgeschlossen ist.

Im Juni ruht im allgemeinen der Fußball – abgesehen von den Vereinen, die in dieser Zeit ihre Sportfeste veranstalten –, so daß die Nachsaison der aktiven Erholung der Spieler vorbehalten bleibt.

Und Anfang Juli wird bereits wieder mit der Vorbereitung auf die neue Saison begonnen.

Für die **Periodisierung** wird untenstehendes **Zeitraster** zugrunde gelegt.

Zum Zwecke der Trainingsplanung sind die im Zeitraster dargestellten Perioden weiter zu untergliedern, wobei man hier von Makro- und Mikrozyklen spricht.

Ein **Makrozyklus** umfaßt das Training mehrerer Wochen, wird in seiner Dauer bestimmt durch die jeweiligen vorrangigen **mittelfristigen Trainingsziele** und ist in der Regel 4–6 Wochen lang. Mehrere Makrozyklen aneinandergereiht ergeben eine Periode – z.B. Wettkampfperiode.

Der **Mikrozyklus** beschreibt die Trainingsplanung und -durchführung für **eine Woche** mit den einzelnen Trainingseinheiten. Mehrere Mikrozyklen bilden demnach einen Makrozyklus.

Die systematische Gestaltung des Trainingsprozesses basiert auf dem Wechsel und der angemessenen Dosierung zwischen Belastung und Erholung. Dieser Grundsatz gilt sowohl für die Gliederung des Trainingsjahres als auch für die Makro- und Mikrozyklen sowie für jede einzelne Trainingseinheit.

Ziel ist die Erreichung des **Höhepunktes der Leistungsfähigkeit** sowohl in der **ersten** als auch in der **zweiten Wettkampfperiode.** Da zwischen den beiden Wettkampfperioden nahezu 3 Monate liegen, wird eine **doppelte Periodisierung** notwendig, um innerhalb eines Spieljahres zwei Höhepunkte zu erreichen.

Welche Konsequenzen ergeben sich hieraus?

Von Mitte Dezember bis Mitte Januar ist eine zweite Übergangsperiode entstanden, die, wie die Sommerpause (Nachsaison), der Regeneration – also der passiven und aktiven (alternative Sportarten) Erholung dient.

Für die Vorbereitung auf die zweite (etwas kürzere) Wettkampfperiode steht ein Zeitraum von 5–6 Wochen zur Verfügung – hier Zwischenperiode genannt –, der eine vergleichbare Zielsetzung wie die Saisonvorbereitung aufweist.

Diese Phase hat jedoch in besonderem Maße die jahreszeitlich bedingten winterlichen Witterungsverhältnisse bei der Planung und Durchführung der Trainingseinheiten zu berücksichtigen.

Vorbereitungsperiode	1. Wettkampfperiode	Übergangsperiode	Zwischenperiode	2. Wettkampfperiode	Nachsaison
Juli bis Mitte August	Mitte August bis Mitte Dezember	Mitte Dezember bis Mitte Januar	Mitte Januar bis Ende Februar	Ende Februar bis Ende Mai	Juni
6 Wochen	ca. 18 Wochen	3–4 Wochen	5–6 Wochen	ca. 14 Wochen	4 Wochen

Trainingsplanung in konditioneller Hinsicht

Die leistungsbestimmenden Faktoren des Fußballs sind bekanntlich Kondition, Technik und Taktik.

In der **Vorbereitungsperiode** wird zunächst schwerpunktmäßig mit dem Ausdauertraining die Grundlage für die Erarbeitung der anderen konditionellen und der technisch-taktischen Fähigkeiten geschaffen.

Der Spieler soll in die Lage versetzt werden, im Spiel konstant ein möglichst hohes Tempo durchzuhalten, ohne daß die fußballspezifische Technik darunter leidet und daß er nach Antritten, Spurts und Sprüngen schnell wieder zur normalen Leistungsfähigkeit zurückkehrt, d. h. schnell regeneriert.

Daher stehen in den ersten 3–4 Wochen, mindestens zweimal wöchentlich, Läufe mit niederer Intensität (so, daß man sich dabei noch unterhalten kann) im Vordergrund.

Die Laufzeiten sollten insgesamt einen Umfang von 30 bis 40 Minuten aufweisen, können jedoch alle 10 Minuten durch gymnastische Übungen aufgelockert werden.

Da man hier nicht auf das Spielfeld angewiesen ist, bietet es sich an, aus Gründen der Abwechslung und der ozonhaltigeren Luft den Wald aufzusuchen.

Nach diesen 3 Wochen Grundlagenausdauer-Training wird das Ausdauertraining mit wechselnder Intensität durchgeführt, d. h. das Tempo wird angezogen bis zur Atemnot – jedoch nicht bis zur Erschöpfung – und anschließend wieder abgesenkt bis zur Atemberuhigung.

Auch in dieser Phase sollten die Laufzeiten etwa 30 bis 40 Minuten betragen.

In der Fachsprache wird dieses Training als Maßnahme zur Verbesserung der **aeroben Ausdauer** bezeichnet, d. h. die Sauerstoffaufnahme während des Laufes entspricht dem Sauerstoffverbrauch. Da demnach kein Sauerstoffdefizit entsteht, spricht man auch vom Zustand des „steady state" (Gleichgewicht der Energiebereitstellung und des Energieverbrauches).

Als überholt – besser noch: Als falsch – gilt die Auffassung, daß die Ausdauer am besten dadurch trainiert werde, wenn man eine längere Strecke (z. B. 5 km) mit maximaler Geschwindigkeit bewältige. Nach den neueren Erkenntnissen führt eine solche Belastung zwar zu einer kurzfristigen Leistungsverbesserung, mittel- und langfristig jedoch zu einer Reduzierung der Ausdauerfähigkeit.

In der 4. bis 6. Woche der Vorbereitung werden zusätzlich zum Ausdauer-Training die Grundlagen der **Schnelligkeit** erarbeitet.

Dies geschieht durch Spurts mit möglichst maximaler Intensität über die beim Fußball häufigste Strecke von 15–20 Meter, z. B. in 10er-Serien, wobei zwischen den Läufen Pausen von 1–2 Minuten vorzusehen sind. Nach mehreren Trainingseinheiten können dann auch 2 bis 3 Serien eingeplant werden.

Dabei ist zu beachten, daß die Schnelligkeitsübungen am Anfang des Trainings stehen sollten, wo die Spieler noch relativ frisch sind.

Zum Training der Schnelligkeit gehört auch die **Schnellkraft** (Sprungkraft), um schnell antreten und beschleunigen zu können: Dies wird erreicht bspw. durch Übungen mit ein- und zweibeinigen Absprüngen und verbunden mit kurzen Starts, wobei 8 bis 10 Sprünge bei 2 bis 3 Serien je Trainingseinheit mit ausreichenden Pausen die gewünschten Effekte herbeiführen.

Ein Umdenken ist beim Training der Schnelligkeitsausdauer (anaerobe Ausdauer) erforderlich geworden, das allenfalls noch aus psychologischen Gründen (evtl. zur Willensschulung) gerechtfertigt ist, da die starke Belastung beim Spieler ein Zufriedenheitsgefühl (mit sich selbst) auslöst, da oft nur ein hartes Training als ein gutes Training empfunden wird.

Längere Läufe mit hoher Intensität (z. B. über 100, 200 oder 400 Meter) haben erwiesenermaßen nachteilige Auswirkungen auf die Ausdauerfähigkeit und die Antrittsschnelligkeit.

Diese Leistungseinbußen haben ihre Ursache darin, daß der Spieler durch diese Art der Belastung „sauer" wird, die Pausen nicht mehr ausreichen und die nächste Belastung dann zur weiteren Übersäuerung (die hohen Laktatwerte können nicht ausreichend abgebaut werden) beiträgt.

Auf das **Training der Schnelligkeitsausdauer** kann daher **verzichtet** werden.

Die Verbesserung der Beweglichkeit (Gelenkigkeit) nimmt nicht nur in der Vorbereitung einen breiten Raum ein, wobei sowohl Dehn- als auch kräftigende Übungen fester Bestandteil des Konditions-Trainings sind.

Die **Zwischenperiode** dient der Vorbereitung auf die zweite Wettkampfperiode, weist damit eine vergleichbare Zielsetzung und damit auch ein ähnliches Belastungsprofil wie die Saisonvorbereitung auf.

Allerdings werden bei der Durchführung des Trainingsprogrammes hohe Anforderungen an die Flexibilität und Kreativität des Trainers gestellt, da die winterlichen Platz- und Wetterverhältnisse mitunter alle Planungen über den Haufen werfen können.

Beginnt beispielsweise der Boden während des Trainings zu frieren (und vielfach passiert dies erst in den frühen Abendstunden), müssen selbstverständlich Sprungübungen vermieden werden (Gefährdung der Gelenke und Bänder), bei vereistem Gelände verbieten sich Übungen zur Zweikampfschulung fast von selbst, und ein balltechnisches Training im Tiefschnee bringt natürlich auch nicht die gewünschten Effekte.

Hier besteht natürlich ein grundsätzlicher Unterschied zur Saisonvorbereitung im Sommer, die normalerweise entsprechende sommerliche Temperaturen, gute Rasenqualitäten, Ausweichmöglichkeiten für Wald- und Wiesenläufe (Grundlagenausdauer) sowie ein langes Tageslicht als positive Trainingsbedingungen vorweisen kann.

Da Trainingsgelände mit Rasenheizung wohl noch lange Wunschdenken bleiben wird, muß eben der Einfallsreichtum die plötzlichen Lücken schließen, die Schnee und Eis bei der Trainingsdurchführung verursachen.

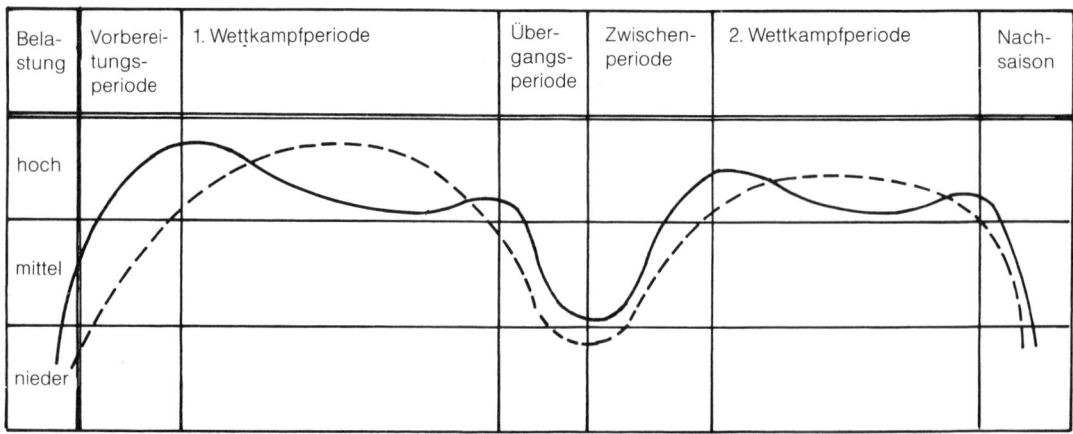

Abb. 4: Angestrebtes Belastungsprofil ——— *Belastungsumfang* – – – – *Belastungsintensität*

Auch die Verlegung des gesamten Trainingsbetriebes in die Halle stellt keine umfassende Lösung dar, da die Punktspiele auch in dieser Jahreszeit auf dem Feld ausgetragen werden, so daß vor allem der Anpassung des technisch-taktischen Spielverhaltens an die winterlichen Bodenverhältnisse eine große Bedeutung zukommt. Aus dem gleichen Grund, aber natürlich auch aufgrund des hohen Zeit- und Kostenaufwandes, scheidet bei den Amateuren eine Verlegung des Trainings in südliche Gefilde weitgehend aus.

Trainingsbelastung im Verlaufe einer Spielsaison

Das Sportzentrum der Technischen Universität München — Fachgebiet Fußball — hat vor einigen Jahren eine Untersuchung bei Bundesliga- und Amateurvereinen hinsichtlich der Trainingsgestaltung und Trainingsbelastung durchgeführt.

Dabei wurde u. a. aufgezeigt, daß die Belastungskurve wellenförmig verläuft, wobei **Trainingsumfang** und **Trainingsintensität** zu unterscheiden sind.

Diese Faktoren machen in ihrem Zusammenwirken zusammen mit der Trainingshäufigkeit die Trainingsbelastung aus. Allerdings galten zum Untersuchungszeitpunkt die Verhältnisse der kurzen Winterpause, so daß der Spielsaison noch die einfache Periodisierung zugrunde lag.

Der Umfang der Belastung resultiert aus der Summe der Einzelbelastungen des Trainings.

Die Intensität einer Belastung wird z. B. durch die Laufgeschwindigkeit in Meter/Sekunde oder Zahl der Sprünge/Minute ausgedrückt.

Unter Berücksichtigung der verlängerten Winterpause wird das in Abbildung 4 dargestellte Belastungsprofil angestrebt, das eine **doppelte Periodisierung** beinhaltet.

Trainingsziele und -methoden in den Perioden

Vorbereitungsperiode

In der 5–7 Wochen dauernden Vorbereitungsperiode wird zunächst die allgemeine Leistungsfähigkeit verbessert, wobei der

Trainingsmethoden und -maßnahmen in der **Vorbereitungsperiode**

Kondition	Technik	Taktik
Waldläufe	Balltechnik	Theorie an der Tafel
Fahrtenspiele	Pendelarbeit	Trainingsspiele mit taktischen Aufgabenstellungen
Intervallarbeit	Kleinfeldspiele	Taktische Übungsformen
Zirkeltraining	Fußballtennis	Erprobung Spielsysteme
Staffelläufe	Dribbling	Angriffs- und Abwehrspiel
Medizinballarbeit	Kopfballarbeit	Konterspiel
Konditionsgymnastik	Torschuß	Mann- und Zonendeckung
Sprungübungen		Pressing
Kleine Spiele		Abseits
		Standard-Situationen

Schwerpunkt in der ersten Hälfte auf der Entwicklung und Festigung der **Grundlagenausdauer, Schnelligkeit, Kraft und Beweglichkeit** liegt.

In der zweiten Hälfte der Vorbereitung wird die spezifische Leistungsfähigkeit in Form von technisch-taktischen Übungen, neben den konditionellen Elementen, geschult. Hinzu kommt, daß gerade während der Vorbereitungsperiode

der **passende Stil,**

das **geeignete System**

und die **optimale Mannschaftsformation** gefunden werden müssen, die einen erfolgreichen Punktestart erwarten lassen.

Erste Wettkampfperiode

In der etwa 4 Monate dauernden 1. Wettkampfperiode werden vor allen Dingen die **Stabilisierung der Spielfähigkeit auf hohem Niveau,** die **technischen und taktischen Fertigkeiten** sowie Sprung- und Schußkraft **verbessert** und die **Erreichung der höchstmöglichen Aktions- und Reaktionsschnelligkeit** angestrebt.

Übergangsperiode

Die 4wöchige Übergangsperiode dient in erster Linie der **Regeneration der Spieler** und kann mit einer Woche der passiven Erholung eingeleitet werden. Danach folgen 3 Wochen der aktiven Erholung, die mit alternativen Sportarten (z. B. Hallentennis, Squash, Schwimmen, Saunieren, lockere Lauftreffs usw.) genutzt werden.

Die in dieser Jahreszeit üblichen, oft unvermeidlichen (und von den Spielern geliebten) Hallenfußballturniere sollten ebenfalls unter dem Aspekt der aktiven Erholung gesehen werden.

Diese derart gestaltete Erholungsphase kommt der Forderung der Trainingslehre nach ganzjährlichen sportlichen Aktivitäten in vollem Umfang nach und ermöglicht es, die sportliche Leistungsfähigkeit auf einem bestimmten Niveau zu stabilisieren und gleichzeitig die Leistungsbereitschaft für die anschließende Zwischenperiode zu fördern.

Zwischenperiode

Die Zwischenperiode dient der **Vorbereitung auf den restlichen Teil der Rückrunde,** wo

Trainingsmethoden und -maßnahmen in der **1. Wettkampfperiode**

Kondition	Technik	Taktik
Fußballspezifische Übungen im Höchsttempo	Verbesserung Balltechnik	Schulung taktischer Varianten aufgrund zurückliegender Punktspiele (Stärken/Schwächen)
Zirkelarbeit mit Schwerpunkt Schnelligkeit, Tempofestigkeit, Schnellkraft und Beweglichkeit	Spiele mit wechselnden Aufgaben	Spiele mit Tempo- und Aufgabenwechsel
Medizinballarbeit	Torabschluß	Spiele gegen Über-/Unterzahl
	Kopfballtraining	Sturm gegen Abwehr
	Tackling	Taktik der speziellen Spielsituation (Freistoß, Eckstoß, Spielverlagerung, Pressing, Zonendeckung)
	Passen und Flanken	
	Kleine Spiele	
	Direktspiel	
	Doppelpaß	
	Dribbling	

bekanntlich Meisterschaft und Abstieg in die entscheidende Phase gehen.

Hier steht ein etwa 5–6wöchiger Zeitraum zur Verfügung, der der **Wiederherstellung der konditionellen Fähigkeiten** sowie der **technisch-taktischen Spielanpassung** an die winterlichen Bodenverhältnisse dient.

Die Zielsetzung gleicht in etwa der Vorbereitungsperiode, wobei jetzt die Erfahrungen (Stärken/Schwächen) der ersten Wettkampfperiode vorliegen und darüber hinaus die jahreszeitlichen Umstände bei der Trainingsplanung und -durchführung zu berücksichtigen sind.

Zweite Wettkampfperiode

Die 2. Wettkampfperiode dauert knappe 3 Monate und beinhaltet Höhepunkt und Abschluß des Spieljahres zugleich.

Jetzt erweist es sich, ob die angestrebten Ziele erreicht werden können. In dieser Phase kommt der Motivation der Spieler große Bedeutung zu, gilt es, neue Ziele (bzw. Anreize) zu setzen, insbesondere dann, wenn der Aufstieg nicht mehr erreicht werden kann und der Klassenerhalt gesichert ist.

Die Trainingsziele und damit auch die Trainingsmethoden und -maßnahmen ent-sprechen der ersten Wettkampfperiode. Im taktischen Bereich werden zusätzlich die Erkenntnisse aus den Hinspielen zu den kommenden Gegnern durch spielgemäße Übungsformen eingeplant und umgesetzt.

Nachsaison

Diese Phase steht unter dem Motto der aktiven Erholung, der Gewinnung neuer Kräfte sowie der Herstellung einer gewissen Vorfreude und Anreizsituation im Hinblick auf die neue Saison.

In dieser Zeit sollten die Spieler nach Möglichkeit ihren Urlaub einplanen, vom Fußball abschalten und sich den alternativen Fremdsportarten widmen, um eine bestimmte Grund-Leistungsfähigkeit zu erhalten.

Planung und Inhalte einer Trainingseinheit

Jede Trainingseinheit stellt ein Element des Gesamt-Trainingsplanes einer Spielsaison dar und ist nach methodischen Grundsätzen zu planen.

Planen heißt in diesem Fall, daß eine Reihe von Faktoren und Einflußgrößen zu be-

Trainingsmethoden und -maßnahmen in der **Zwischenperiode**

Kondition	Technik	Taktik
Ausdauertraining auf Feld und in Halle	Hallenfußball	Theorie
Fahrtenspiele	Koordinationsübungen	Spielanpassung an die winterlichen Bodenverhältnisse (weiträumiges Spiel,
Intervallarbeit	Quer-, Steil- und Diagonalpässe	Ballkontrolle, Abspiel, Dribbling,
Zirkeltraining	Torabschluß	Tackling usw.)
Krafttraining in Halle	Flanken	Forechecking und Pressing
Medizinballarbeit	Dribbling	Kombinationsformen
Konditionsgymnastik	Doppelpaß	Zweikampfverhalten
Staffelläufe		Standard-Situationen
Spiele in Kleingruppen		

achten sind, daß aber auch Improvisation und Spontanität gefordert werden.

Jede Trainingseinheit wird in drei Abschnitte gegliedert, die sich alle am Trainingsziel orientieren:

Was will ich schulen, was will ich erreichen?

Als Grundsatz gilt, daß eine Trainingseinheit grundsätzlich vom Hauptteil aus geplant wird.

1. Einleitung

Dient der physischen und psychischen Einstimmung mit dem Ziel des Aufwärmens sowie der Motivation der Spieler zur Herstellung der Leistungsbereitschaft für die nachfolgenden Belastungsphasen des Trainings.

Die Übungen sollten den Gesamtkörper umfassen, leichte Laufarbeit mit Gymnastik und Dehnen sowie kleine Ballspiele beinhalten.

Die zeitliche Dauer der Einleitung ist abhängig von der Witterung und der anschließenden Belastung und sollte zwischen 20 und 25 Minuten betragen.

2. Hauptteil

Wird inhaltlich bestimmt vom eigentlichen Trainingsziel und umfaßt das Erlernen bzw. die Festigung technisch-taktischer Elemente, des Spielverhaltens sowie die Verbesserung und Erhaltung der Kondition.

Dabei sind folgende Grundsätze zu beachten:
– Richtige Dosierung zwischen Erholung und Belastung.
– Sinnvolle Reihenfolge der einzelnen Übungsteile: Technische Übungsformen, die hohe Konzentration erfordern, sind an den Anfang des Hauptteils zu stellen. Gleiches gilt für die Schnelligkeits- und Schnellkraftübungen, wenn die gewünschten Effekte erzielt werden sollen. So wurde bspw. das Torschuß-Training, das unter dem technischen Aspekt einzustufen ist, an den Anfang des Hauptteils gestellt. Torschuß-Übungen hingegen, wo taktische Schwerpunkte überwiegen, zum Ende des Hauptteils eingeplant.
– Das Training nicht überladen, d. h. nicht zu viele Elemente trainieren wollen.

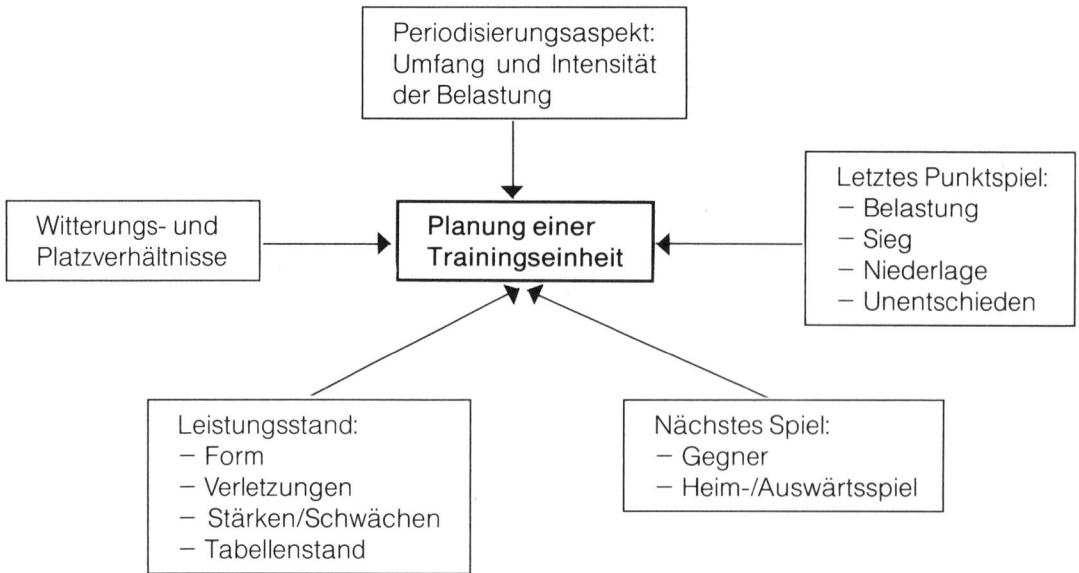

Für diesen Teil sind ca. 60% der Gesamttrainingszeit, also etwa 40–50 Minuten vorzusehen.

3. Abschluß

Hier wird versucht, die im Hauptteil geschulten Belange spielkonform anzuwenden, das Gelernte zu demonstrieren und für eine Entmüdung (Abwärmen) des Organismus zu sorgen.

In erster Linie eignet sich hierfür das Spiel auf 2 Tore oder aber Kleine Spiele mit bestimmten Aufgabenschwerpunkten an deren Ende das obligatorische Auslaufen steht.

Zeitdauer: ca. 20–30 Minuten.

Bei der Planung der Belastung und der Inhalte orientiert sich der Trainer einerseits am angestrebten Belastungsprofil aus der Periodisierung (s. Abb. 4, S. 30) und andererseits am augenblicklichen Leistungsstand der Mannschaft, wobei allerdings noch nebenstehende Einflußfaktoren zu beachten sind. Nach Niederlagen bspw. sollten Übungsformen eingeplant werden, die von den Spielern gerne durchgeführt und gut beherrscht werden, um die Stimmung aufzubessern und das evtl. gesunkene Selbstvertrauen zu heben.

Nach Siegen hingegen kann man dann dafür sorgen, daß Überheblichkeiten vermieden werden und die Mannschaft auf dem „Boden bleibt".

Trainingslager im Rahmen der Vorbereitung

Eine immer größer werdende Zahl von Vereinen geht dazu über, ein mehrtägiges Trainingslager als festen Bestandteil der Vorbereitung einzuplanen.

Grund: Trainingslager im Rahmen der Vorbereitungszeit erfreuen sich zunehmender Beliebtheit bei Spielern und Trainern. Bedeuten sie doch eine willkommene Abwechslung in der ansonsten bei den Aktiven nicht gerade geschätzten Vorbereitungsperiode und ermöglichen über mehrere Tage die ausschließliche Konzentration auf den Fußball.

Der meistens mit einem Trainingslager verbundene Ortswechsel, die neue Umgebung, der ganz auf Training und Spiel abgestimmte Tagesablauf sowie die Möglichkeit des besseren Kennenlernens untereinander bewirken bei allen Beteiligten eine zusätzliche Stimulation und Motivation.

Allerdings wird die zeitliche Dauer eines Trainingslagers bei den Amateuren weniger von den fußballspezifischen Notwendigkeiten als von der zur Verfügung stehenden Zeit (vielfach muß hier ein Teil des Jahresurlaubs geopfert werden) und den vorhandenen finanziellen Mitteln bestimmt.

Aber unabhängig davon, ob nur ein verlängertes Wochenende oder 8 Tage eingeplant werden können, bedürfen Trainingslager einer sorgfältigen und systematischen Planung.

Ziele eines Trainingslagers

Die Frage nach der Zielsetzung
„Was soll mit dem Trainingslager erreicht werden?"
bestimmen die Inhalte desselben.

Folgende Ziele sind u. a. denkbar, wobei die nachfolgende Reihenfolge keinerlei Gewichtung darstellt:
- Förderung der zwischenmenschlichen Beziehungen und die soziale Integration neuer Spieler in die Mannschaft.
- Verbesserung der konditionellen Fähigkeiten.
- Verfeinerung der individuellen und mannschaftlichen technisch-taktischen Fertigkeiten und Fähigkeiten.
- Einspielen der stärksten Mannschaftsformation im Hinblick auf den Rundenauftakt.

Bei der Programmgestaltung sind aber auch genügend Freiräume für die Spieler fest einzuplanen, da eine bis ins kleinste Detail gehende Zeitplanung eines Trainingslagers die Aktiven übermäßig einengt und dadurch möglicherweise die Stimmung schnell getrübt wird.

Die Wahl des richtigen Zeitpunktes

Neben der Zielsetzung ist die unterschiedliche physische Ausgangssituation der Spieler zu berücksichtigen — je nachdem, zu welchem Zeitpunkt der Saison das Trainingslager stattfindet:

Am Anfang, in der Mitte oder am Ende der Vorbereitung.

Vorteilhaft ist es, den Zeitpunkt für das Trainingslager in den Beginn oder besser in die Mitte der Vorbereitung zu legen, da die Spieler dann bereits gute Grundlagen im Ausdauerbereich aufweisen. Das Ende der Vorbereitungsperiode eignet sich erfahrungsgemäß nicht so gut, da sich die Spieler nach einem Trainingslager zumeist in einem Leistungstief befinden.

Auch in der Zwischenperiode werden vielfach Trainingslager eingeplant mit allerdings anderen Schwerpunkten, da ein Teil der Spielsaison bereits absolviert ist.

Seltener sind Trainingslager in der Nachsaison, wobei dann eigentlich nicht mehr von einem Trainingslager gesprochen wird, da die Regeneration, die physische und psychische Erholung in Verbindung mit der Ausübung alternativer Sportarten im Vordergrund steht.

Das richtige Verhältnis zwischen Belastung und Erholung

Die moderne Trainingslehre fordert den systematischen Wechsel zwischen Belastung und Erholung. Während eines Trainingslagers besteht aber die Gefahr, daß die Belastungsphasen zu intensiv, die Erholungsphasen dagegen unangemessen – zu kurz und eventuell mit ungeeigneten Trainingsinhalten – gestaltet werden.

Die Erholungsphase dient aber einmal der notwendigen Regeneration und leitet darüber hinaus eine Leistungssteigerung ein. Denn die sportliche Belastung hat zur Folge, daß Energie verbraucht wird, was vorübergehend die physische Leistungsfähigkeit vermindert. Der durch diesen Abbau der Energiereserven eingeleitete Ermüdungspro-

zeß veranlaßt den Organismus, sich an die Belastung anzupassen (Adaption). Ist die Erholungsphase ausreichend bemessen, so geht das wiederhergestellte Leistungsniveau über den Ausgangspunkt hinaus.

Folgende Maßnahmen leisten einen wichtigen Beitrag für eine angemessene Erholung zwischen den einzelnen Belastungen:
– Ausreichender Schlaf (Voraussetzung ist eine ruhige und entspannende Umgebung)
– Kurz-Spaziergänge in sauerstoffreicher Luft (Wald)
– Massagen, Bäder, Saunieren
– Richtige Ernährung

Was ist bei der Planung zu beachten?

Trainingslager werden des öfteren als das Kernstück der Vorbereitungsperiode bezeichnet. **Sport – Erholung – Unterbringung – Verpflegung – Freizeit**: Das sind die erfolgsbestimmenden Faktoren für ein Trainingslager.

Trainingslager sind mit vielfältigen, zum Teil unterschiedlichen Erwartungen (Spieler, Trainer und Funktionäre) verknüpft. Diese verschiedenen Erwartungen sollten bekannt sein, damit sie weitgehend erfüllt werden können. Die Spieler messen z.B. neben den Erwartungen in sportlicher Hinsicht dem Gemeinschaftserlebnis eine große Bedeutung bei und sind aufgrund der hohen physischen Anforderungen sehr kritisch gegenüber Unterkunft und Verpflegung. Hier sollten die Vereine nicht am falschen Ende sparen – das Umfeld muß stimmen.

Die besten Trainingsmöglichkeiten und -bedingungen nutzen nichts, wenn es im Hotel zu laut und/oder die Verpflegung schlecht ist.

Eine gute Vorplanung hilft, die negativen Begleitumstände weitgehend auszuschließen und vorhersehbare Probleme von vornherein auszuschalten. Aber dennoch wird die Improvisationskunst d. h. die Fähigkeit des Trainers, unvorhersehbare Probleme spontan und intuitiv zu lösen, gefordert werden, da trotz aller Vorausplanung nicht jede Situation vorherbestimmbar ist.

**Grobplanung
(2 bis 3 Monate vorher)**

- Abstimmung mit der Vorstandschaft und dem Spielausschuß
- Festlegung der Teilnehmerzahl (Aktive, Trainer, Mannschaftsarzt, Masseur, Betreuer, Funktionäre)
- Ermittlung der Zeitdauer und Terminierung (Abstimmung mit anderen Terminen)
- Planung des Trainingslagerortes und der Transportmittel (Pkw, Bus, Bahn, Flugzeug)
- Kostenvoranschlag und Budgetabstimmung (Finanzierung)

**Organisation
(1 bis 2 Monate vorher)**

Nach Möglichkeit sollte diese Phase der Planung mit einer vorherigen Ortsbesichtigung verbunden werden:
- Auswahl des Hotels mit Hotel-Abschluß und Bestätigung. Auswahlkriterien und Abspracheinhalte können sein: Anzahl der Doppelzimmer oder Einzelzimmer mit Dusche/Bad, Anzahl der Mahlzeiten mit einer eventuellen Mitsprachemöglichkeit bei Speiseplan und Essenszeiten, Besprechungsraum mit Tafel, Flip-Chart oder Overhead-Projektor, Sauna und/oder Schwimmbad, Fernsehzimmer, Aufenthaltsraum, Freizeitmöglichkeiten (Tischtennis, Tennis, Fitneßraum).

- Auswahl der Sportstätten mit einer Nutzungsbestätigung durch Verwaltungsbehörden und Vereine.
- Wichtige Elemente des Trainingsumfeldes sind: Rasenplatz, Hartplatz, Kunstrasen, Sporthalle mit/ohne Kraftraum, Wald- und Wiesengelände.
- Festlegung der Gegner mit einer angemessenen Spielstärke für die Vorbereitungsspiele; Terminfestlegung mit einer Bestätigung der Spiel-Abschlüsse.
- Planung des Rahmenprogrammes: Theater, Kino, Besichtigung, Wanderung, Schwimmbad, alternative Sportarten.
- Entscheidung über Transportmittel und ggf. Ticketbeschaffung oder Bus-Bestellung.
- Information der Spieler (Urlaubsplanung)

**Feinplanung
(2 bis 3 Wochen vorher)**

- Zeitliche und inhaltliche Feinplanung des Trainingslagers: Anreise, Weckzeiten, Bettruhe, Frühstücks- und Essenszeiten, Festlegung des Speiseplans mit dem Hotel, Trainingszeiten, Mannschaftsbesprechungen, Ruhepausen, Freizeitgestaltung, Rahmenprogramm.
- Geräteplanung: Anzahl der Fußbälle, Medizinbälle, Markierungsstangen, Sprungseile, Deuserbänder.
- Trainings- und Spielkleidung: Trainingstrikots, Spieldreß in Abstimmung mit Spielgegnern.
- Getränke-Beschaffung (Mineralwasser und Sportgetränke)
- Zimmerverteilung
- Festlegung der Fahrer und Wagenbesatzungen
- Mündliche und schriftliche Information der Spieler über Ziel, Zeitplan und Ablauf des Trainingslagers.

Tab. 1: Rahmenplan für ein mehrtägiges Trainingslager (Beispiel)

Zeit	1. Tag Mi	2. Tag Do	3. Tag Fr	4. Tag Sa	5. Tag So
7.00		Wecken	Wecken	Wecken	Wecken
7.15		Kleines Frühstück (Joghurt, Quarkspeise)	Kleines Frühstück	Kleines Frühstück	Kleines Frühstück
7.30		Waldlauf	Waldlauf	Waldlauf	Waldlauf
9.00		Ausgiebiges Frühstück	Ausgiebiges Frühstück	Ausgiebiges Frühstück	Ausgiebiges Frühstück
10.30		1. Trainings-einheit (90 Min.)	3. Trainings-einheit (90 Min.)	5. Trainings-einheit (90 Min.)	6. Trainings-einheit (90 Min.)
13.00		Mittagessen	Mittagessen	Mittagessen	Mittagessen
		Zur freien Verfügung	Wald-spaziergang	Stadtbummel	Anschl. Schluß-besprechung und Heimreise
17.00		2. Trainings-einheit (105 Min.)	4. Trainings-einheit (105 Min.)	Spiel	
18.00	Anreise				
19.45	Ankunft, Zimmerver-teilung, Abendessen	Abendessen	Abendessen	Abendessen	
21.00	Mannsch.-besprechung: Ziele Trai-ningslager, Organisation, Spielfüh-rerwahl	Theorie/ Taktik (20 Min.) Filmvor-führung	Theorie/ Taktik (20 Min.) Quiz-Abend	Zur freien Verfügung	
23.00	Bettruhe	Bettruhe	Bettruhe	Bettruhe	

Dehnen als Bestandteil des Auf- und Abwärmens

Dehnen (Stretching) ist zwischen Yoga und Gymnastik einzuordnen und hat mittlerweile neben der herkömmlichen dynamischen Gymnastik (mit Federn, Schwingen und Wippen) einen festen Platz eingenommen.

Dehnen fördert die Elastizität und Geschmeidigkeit von Muskeln und Gelenken und verringert die Verletzungsgefahr durch eine bessere Durchblutung der Muskulatur. Ein starker, bereits gedehnter Muskel ist Belastungen besser gewachsen als ein starker, nicht gedehnter Muskel.

Es werden zwei Stretching-Methoden unterschieden:

1. **Die gehaltene Dehnung:**
   Der betreffende Muskel wird gedehnt, bis es zu einem leichten Ziehen kommt, wobei Schmerz ebenso zu vermeiden ist wie Federn oder Wippen.
   Dieser Dehnzustand wird 15−25 Sekunden (individuell verschieden) gehalten, anschließend 2−3 Sekunden entspannt und danach die Übung 2−3 mal je nach Dehnbarkeit wiederholt.
   Während des Dehnens soll ruhig und entspannt geatmet werden. Diese Form des Dehnens wird bei den Fußballern am häufigsten angewendet.

2. **Das Anspannungs-Entspannungs-Dehnen:**
   Die zweite Methode unterscheidet sich lediglich im Ablauf, indem der Muskel zunächst 8−10 Sekunden angespannt wird, ehe dann eine kurze Entspannungsphase von 1−2 Sekunden erfolgt. Danach wird der Muskel (wie bei der gehaltenen Dehnung) etwa 10−15 Sekunden gedehnt. Anschließend wird der gesamte Vorgang des Anspannens-Entspannens-Dehnens 2−3 mal wiederholt, wobei die Dehnung bei jedem Versuch verstärkt werden kann und die Fortschritte spürbar werden.

Das gesamte Dehnprogramm sollte etwa 10−12 Minuten dauern und den ganzen Körper umfassen.

Aus der Fülle der angebotenen Übungen wurde (in Anlehnung an KNEBEL und ANDERSON) ein entsprechendes Programm für den Fußballer zusammengestellt, wobei in den später folgenden Trainingseinheiten hierauf nur noch stichwortartig verwiesen wird.

Übungsformen für das Dehnen

Empfohlen wird der Beginn in der Körpermitte, dann abwärts zu den Beinen und anschließend Nacken, Schultern, Arme.

Rumpfmuskulatur

Leichte Grätschstellung, Arme hinter dem Genick verschränkt. Ellbogen nach hinten und Rumpfdrehung (rechts und links ausführen)

Abb. 5: Rumpfmuskulatur

Seitliche Rumpfmuskulatur

Leichte Grätschstellung, linker Ellbogen im Nacken. Rechte Hand drückt auf Ellbogen und verstärkt die Seitwärtsbeugung (rechts und links ausführen)

Abb. 6: Seitliche Rumpfmuskulatur

Rumpfmuskulatur

Leichte Grätschstellung, linker Arm in Seitwärtshalte, rechten Arm nach links strecken, Rumpfdrehung (rechts und links ausführen)

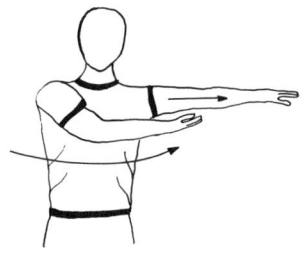

Abb. 7: Rumpfmuskulatur

Rückenmuskulatur

Oberkörper aus Kniestand bis zur Waagrechten aufrichten und Wirbelsäule strecken

Abb. 8: Rückenmuskulatur

Rückenmuskulatur

Rechten Arm und linkes Bein bis zur Waagrechten strecken (rechts und links ausführen)

Abb. 9: Rückenmuskulatur

Gesäßmuskel

Mit den Händen die Knie zur Brust ziehen

Abb. 10: Gesäßmuskulatur

Adduktoren

Aus Sitzstellung Knie mit den Armen nach außen drücken, Oberkörper bleibt aufrecht

Abb. 11: Adduktoren

Adduktoren

Aus Grätschstellung Körpergewicht auf ein Bein verlagern und in Kniebeuge gehen. Anderes Bein strecken (rechts und links ausführen)

Abb. 12a: Adduktoren

Abb. 12b: Adduktoren

Wadenmuskulatur

Ausfallschritt und Körpergewicht nach vorne verlagern. Beide Fußspitzen zeigen nach vorn, Fersen ganz auf dem Boden, hinteres Bein strecken (rechts und links ausführen)

Abb. 13: Wadenmuskulatur

Vorderer Oberschenkel (Kniestrecker)

Ferse zum Gesäß ziehen, aufrechter Stand (rechts und links ausführen)

Abb. 14: Vorderer Oberschenkel (Kniestrecker)

Hinterer Oberschenkel (Kniebeuger)

Ein Bein auflegen (Partner oder Spielfeld-Begrenzung), Fußspitze anziehen und Knie strecken. Mit Hand Druck verstärken (rechts und links ausführen)

Abb. 15: Hinterer Oberschenkel (Kniebeuger)

Wadenmuskulatur

Grätschstellung, Knie durchdrücken und Oberkörper absenken

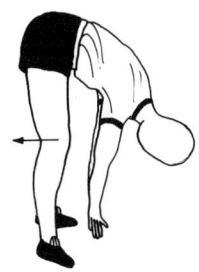

Abb. 16: Wadenmuskulatur

Kniestrecker/Hüftbeuger

Aus Schrittkniestellung Ferse des nach hinten gestreckten Beines zum Gesäß ziehen (rechts und links ausführen)

Abb. 17: Kniestrecker/Hüftbeuger

Nackenmuskulatur

Leichte Grätschstellung, beide Hände hinter Nacken verschränken und Kopf nach vorne drücken

Abb. 18: Nackenmuskulatur

Seitliche Hals-/Nackenmuskulatur

Leichte Grätschstellung, rechte Hand zieht Kopf zur Seite, linker Arm wird zum Boden hin gestreckt (rechts und links ausführen)

Abb. 19: Seitliche Hals-/Nackenmuskulatur

Rumpf-/Schultermuskulatur

Leichte Grätschstellung, Hände verschränken und Handflächen nach oben drehen. Mit Rumpf und Armen so lang wie möglich machen.

Abb. 21: Rumpf-/Schultermuskulatur

Schultermuskulatur

Leichte Grätschstellung, Arme nach vorne schieben bis Ellbogen gestreckt sind

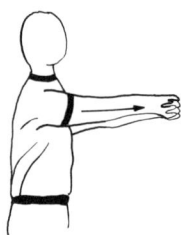

Abb. 20: Schultermuskulatur

Schultermuskulatur

Leichte Grätschstellung, einen Ellbogen hinter Nacken legen und mit anderer Hand Ellbogen Richtung Rücken ziehen (rechts und links ausführen)

Abb. 22: Schultermuskulatur

Trainingseinheiten für ein Spieljahr

Allgemeines

Nachfolgend ist ein komplettes Trainings-
programm für ein Spieljahr, gegliedert nach
– Vorbereitung
  TE   1–TE 24 (6 Wochen)
– 1. Wettkampfperiode
  TE 25–TE 78 (18 Wochen)
– Zwischenperiode
  TE 79–TE 102 (6 Wochen)
– 2. Wettkampfperiode
  TE 103–TE 144 (14 Wochen),
mit den einzelnen Trainingseinheiten vorge-
geben.

Bei der Planung und Gestaltung der Trainingseinheiten wurde davon ausgegangen,
daß (wie im oberen Leistungsbereich üblich)
in der Vorbereitung viermal, ansonsten drei-
mal wöchentlich trainiert wird.

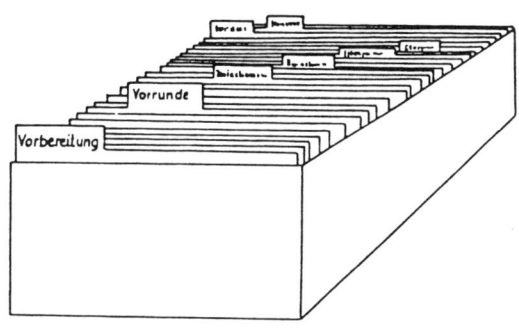

Abb. 23: Trainingskartei

Die Belastung soll als eine Art Mittelwert
verstanden werden, dessen Umfang und Intensität sich an der in Abb. 4 dargestellten
Kurve orientiert und den jeder Trainer entsprechend dem Leistungsstand seiner Mannschaft nach oben oder unten variieren kann.

Die in den nachfolgenden Trainingseinheiten aufgeführten Inhalte und Zeiten sind
daher als Richtwerte zu verstehen, die jeder
Trainer nach eigenem Ermessen und aufgrund persönlicher Erfahrungen verändern
kann.

Dabei gilt es auch, die individuellen Lei-
stungsvoraussetzungen (Belastbarkeit, Trai-
ningszustand usw.) der Spieler zu berücksichtigen. Was dem einen zumutbar ist, kann
den anderen bereits überfordern. Es würde
jedoch den Rahmen dieser Ausarbeitung
sprengen, spezielle Vorgaben für bestimmte
Leistungsgruppen zu machen.

Es hat sich in der Praxis bewährt, das We-
sentliche dieser Trainingseinheiten jeweils
auf ein im DIN-A6-Format gehaltenes Kartei-
kärtchen zu übertragen und damit die
Grundlage für eine Trainingskartei zu schaffen.

Zusammen mit anderen Aufzeichnungen
(aus Fachliteratur, Trainingsbetrieb oder
Spiel usw. entnommen) wird die Grundlage
für eine ständig wachsende Informationssammlung geschaffen, die alles Wissens-
und Speicherungswertes über Training,
Mannschaftsführung, Taktik, Gegner usw.
enthält.

Die zur besseren Übersicht benötigten Register sowie leere Karteikarten sind in jedem Schreibwarengeschäft zu haben.

Als Anregung sei folgende Gliederungsmöglichkeit vorgegeben:

1. Vorbereitung
2. 1. Wettkampfperiode
3. Zwischenperiode
4. 2. Wettkampfperiode
5. Nachsaison
6. Sondertraining
7. Krafttraining
8. Schnelligkeit
9. Ausdauer
10. Gymnastik, Dehnen
11. Doppelpaß-Übungen
12. Pendelarbeit
13. Kopfball-Training
14. Seilübungen
15. Torschuß-Übungen
16. Freistoß-Varianten
17. Kleine Spiele
18. Aufwärmformen
19. Staffeln
20. Medizinballarbeit
21. Zirkeltraining
22. Spezielles Technik-Training
23. Hallentraining
24. Spezialtraining TH
25. Spezialtraining AWSP
26. Spezialtraining MIFE
27. Spezialtraining ST
28. Taktik
29. Mannschaftsführung
30. Aufzeichnung Stärken/Schwächen Gegner

Trainingseinheiten der Vorbereitungsperiode

Woche	TE	Lfd. TE-Nr.	Seite	Trainingsziel
01	1	001	47	Saisoneröffnung, Ballgewöhnung
	2	002	49	Erarbeitung Grundlagenausdauer
	3	003	49	Erarbeitung Grundlagenausdauer
	4	004	51	Verbesserung Balltechnik, Eckbälle in Offensive
02	1	005	52	Erarbeitung Grundlagenausdauer
	2	006	53	Verbesserung Sprungkraft und Beweglichkeit
	3	007	54	Verbesserung Konterspiel
	4	008	56	Verbesserung Balltechnik, Eckbälle in Defensive/Offensive
03	1	009	57	Erarbeitung Grundlagenausdauer
	2	010	58	Verbesserung Schnelligkeit und Flügelspiel
	3	011	60	Verbesserung Zweikampfverhalten und Forechecking
	4	012	61	Verbesserung Abwehrorganisation in der Raumdeckung, Zweikampfverhalten und Konterspiel
04	1	013	63	Verbesserung Schnelligkeit
	2	014	64	Verbesserung Schnellkraft und Kraftausdauer
	3	015	66	Verbesserung Torabschluß nach Flanken
	4	016	67	Schulung Spielverlagerung

TE 1   Lfd. TE-Nr.: 001   Dauer: 95 Min.   Woche: 01

Trainingsziel: Saisoneröffnung, Ballgewöhnung

Trainingsgeräte: Jeder Spieler 1 Ball, 4 Markierungsstangen

Trainings-Inhalt:

Aufwärmen (25 Min.): Einlaufen ohne Ball über die Platzbreite
- Lockerer Trab
- Hopserlauf mit Rumpfdrehungen, beidarmigem Armekreisen vw/rw
- Knieheberlauf, Anfersen
- Seitwärtslauf, Überkreuzlauf
- Kopfballsprünge aus der tiefen Hocke heraus
- Alle 15 m in Zehenstand, Körper und Arme gestreckt, 5 Sek. halten, weitergehen (5 Wiederholungen)
- Kurze Antritte aus Vw- und Rw-Lauf mit Körpertäuschungen und plötzlichen Richtungsänderungen
- TR stellt ein komplettes Dehnprogramm vor und korrigiert die Ausführung

Technik (35 Min.): Wiederherstellung des Ballgefühles durch Kombination von balltechnischen Übungen mit Laufformen (Abb. 24)
Die Spieler haben je einen Ball und bewegen sich in und zwischen den vier abgesteckten Spielfeldern A−D.

Woche: 01   TE 1   Lfd. TE-Nr.: 001   Dauer: 95 Min.

Durchgang 1:
- Feld A: Ballführen (30 Sek.)
- Auf Pfiff: Dribbling in Feld B
- Feld B: Ballführen (30 Sek.)
- Auf Pfiff: Dribbling in Feld C
- Feld C: Bälle ablegen, vw/rw laufen und Bällen sowie Mitspielern ausweichen
- Auf Pfiff: Dribbling in Feld D
- Feld D: Sw-Lauf ohne Ball, Bällen und Mitspielern ausweichen

Anschließend 3 Min. „Schattenlaufen" paarweise mit Ball über das ganze Spielfeld.

Durchgang 2:
- Feld A: Ball jonglieren (1 Min.)
- Dribbling in Feld B
- B: Ball unter Sohle vw/rw führen sowie mit re/li dribbeln (30 Sek.)
- Dribbling in Feld C
- C: Ball jonglieren (1 Min.)
- Dribbling in Feld D
- D: Verschiedene Finten am Ball

Anschließend 4 Min. Lauf paarweise (ohne Ball) mit wechselnder Führungsarbeit.

Durchgang 3:
- Feld A: Dribbling mit Täuschungen (1 Min.)
- Mit Balljonglieren in Feld B wechseln
- B: Ball hin- und wieder hochspielen und mit Innen- oder Außenseite in Lauf weiterleiten (1 Min.)
- Mit Balljonglieren in Feld C wechseln
- C: Ball hin und wieder hochspielen und mit Kopf oder Oberschenkel kontrollieren (1 Min.)
- Mit Balljonglieren in Feld D wechseln
- D: Ball hin und wieder hochspielen, vorlegen und nachspurten, Mitspielern ausweichen (1 Min.)

Anschließend 2 Min. Gehpause.

Durchgang 4: 2 Spieler mit einem Ball
- Feld A: Spieler 1 bedient laufend Spieler 2, der in den Lauf von 1 „abtropfen" läßt (Wechsel nach 1 Min.)
- Wechsel der Spielerpaare in Feld B mit Direktspiel
- B: Spieler 1 bedient mit Handzuwurf laufend 2, der mit Kopf zurückspielt (Wechsel nach 1 Min.)
- Wechsel der Spielerpaare in Feld C mit Direktpässen
- C: Spieler 1 bedient mit Handzuwurf laufend 2, der mit Innenseite zurückspielt (Wechsel nach 1 Min.)
- Wechsel der Spielerpaare in Feld D mit Direktpässen

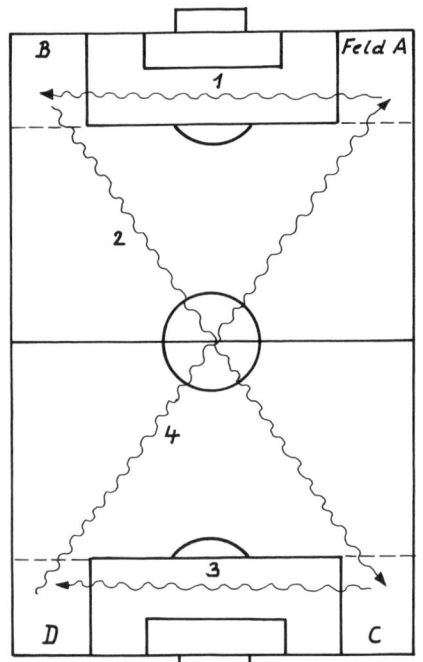

Abb. 24: Balltechnische Übungen und Laufformen in und zwischen 4 Feldern

---

TE 1   Lfd. TE-Nr.: 001   Dauer: 95 Min.   Woche: 01

- D: Spiel 1:1 mit teilaktivem Gegenspieler (Wechsel nach 1 Min.)
Anschl. 3 Min. Gehpause mit Dehnübungen.

Abschluß: (25 Min.): Spiel über den ganzen Platz (ohne feste Aufgabenstellung)
Einteilung:
- Neuzugänge gegen den bisherigen Stamm;
- Alt gegen Jung oder
- Ledige gegen Verheiratete usw.

Abwärmen (10 Min.): Auslaufen zum Zwecke der systematischen Entmüdung (Cool down) mit gymnastischen Lockerungsübungen

---

TE 2   Lfd. TE-Nr.: 002   Dauer: 95 Min.   **Woche: 01**

Trainingsziel: Erarbeitung Grundlagenausdauer

Trainingsgeräte: Keine

Trainings-Inhalt:

Aufwärmen (5 Min.): Lockeres Traben

Kondition (80 Min.): Erarbeitung Grundlagenausdauer durch Wald- (Wiesen-)Lauf über Rundkurs von ca. 2500 m. Das Tempo soll so gewählt werden, daß die Spieler nicht in Atemnot kommen. Temporichtlinie: 4 Schritte einatmen – 4 Schritte ausatmen.
1. Lauf: 2500 m im lockeren Trab. Sollzeit 16 Min. Anschließend 5 Min. Gehen.
2. Lauf: 2500 m im lockeren Trab. Sollzeit 15 Min. Anschließend 10 Min. Dehnen.
3. Lauf: 2500 m im lockeren Trab. Sollzeit 14 Min. Ein Spieler übernimmt jeweils für 200 m die Führungsarbeit. Anschließend 5 Min. Gehen.
4. Lauf: 2500 m im lockeren Trab. Die Spieler starten paarweise im 20 Sekunden-Abstand. Sollzeit 13 Min.

Abschluß (10 Min.): Abwärmen durch lockeres Auslaufen mit gymnastischen Übungen.

TE 3   Lfd. TE-Nr.: 003   Dauer: 95 Min.   **Woche: 01**

Trainingsziel: Erarbeitung Grundlagenausdauer

Trainingsgeräte: 10 Bälle, 8 Markierungsstangen

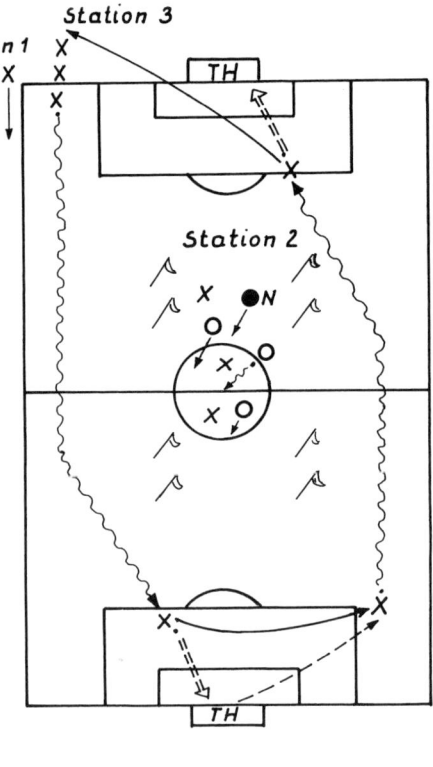

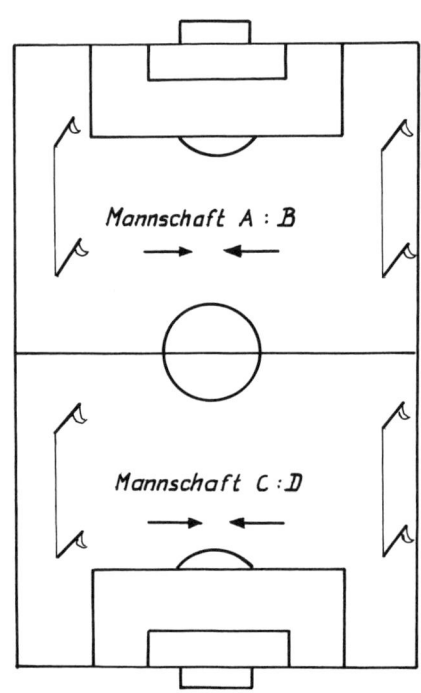

Woche: 01   TE 3   Lfd. TE-Nr.: 003   Dauer: 95 Min.

Trainings-Inhalt:

Aufwärmen (25 Min.): Spiel 5:2 direkt. Anschl. Dehnübungen, wobei TR ein wettkampfspezifisches Dehnprogramm vorstellt.

Kondition (40 Min.): Erarbeitung Grundlagenausdauer durch Stationen-Training. Spieler in 3 Gruppen eingeteilt. 1 Min. Pause zwischen den Stationswechseln (Abb. 25).

Station 1 (12 Min.): Lauf im lockeren Trab um das Spielfeld, wobei sich die Spieler in der Führungsarbeit laufend abwechseln.

Station 2 (12 Min.): Spiel 3:3+1 auf 4 Offentore (3 m breit) in der Platzmitte. Freies Spiel, wobei der neutrale Spieler jeweils mit der ballbesitzenden Mannschaft spielt.

Station 3 (12 Min.): Torschuß auf die beiden Normaltore (mit TH).
Seite 1: Von der GL beginnend schnelles Ballführen und mit Torschuß an der anderen Strafraumgrenze abschließen. Anschl. Ball holen bzw. nach Zuwurf des TH auf die andere Seite wechseln.
Seite 2: Ball-Jonglieren über die PL und am zweiten Tor mit Drop-Kick abschließen.

Abschluß (30 Min.): Spiel über 2 Linien (25 m breit) in PH (2 Spielfelder – 4 Mannschaften) (Abb. 26).
Ablauf: Ein Tor ist erzielt, wenn es einer Mannschaft gelingt, einen Mitspieler hinter der gegnerischen Torlinie anzuspielen. Die Mannschaft bleibt in Ballbesitz und kontert sofort auf das andere Tor.
Schwerpunkt: Konterspiel, möglichst direkt spielen.
Anschließend Auslaufen mit gymnastischen Übungen

Abb. 25: Erarbeitung Grundlagenausdauer durch Stationen-Training

Abb. 26: Spiel über 2 Linien

TE 4   Lfd. TE-Nr.: 004   Dauer: 90 Min.   **Woche: 01**

Trainingsziel: Verbesserung Balltechnik, Eckbälle in Offensive

Trainingsgeräte: Jeder Spieler 1 Ball, Ausrüstung Fußballtennis

Trainings-Inhalt:

Aufwärmen (25 Min.): Spiel 3:1 direkt (15 Min.)
Anschließend Dehnübungen (10 Min.) – 10 Spieler machen jeweils eine Dehnübung vor.

Technik (10 Min.): Schulung des weiten Einwurfes
Zur Ermittlung des (der) Einwurfspezialisten werfen die Spieler abwechselnd, beginnend am Elfmeterpunkt, den Ball regelgerecht über die Querlatte des Tores. Entfernung nach jedem Durchgang meterweise steigern. Spieler, die nicht mehr überwerfen, scheiden aus und jonglieren mit dem Ball.
Wer hat den weitesten Einwurf?

Technik (30 Min.): Verbesserung der Ballbehandlung
Fußballtennis auf mehreren Feldern. 5–6 Spieler bilden eine Mannschaft. Ball darf nur einmal im Feld aufspringen, jeder Spieler nur einmal berühren. Ansonsten: Anspielen mit dem Fuß, punkten und Positionswechsel nach Volleyballregeln (Abb. 27).

Taktik:(25 Min.): Schulung des Eckballs in Offensive (ohne Gegenspieler, jedoch mit TH) (Abb. 28)
An der Eckballausführung sind zusammen mit dem Ausführenden 7 Spieler beteiligt. Ein Spieler postiert sich an der kurzen Ecke am 5-Meterraum und soll die kurzen Bälle nach hinten verlängern. Ein zweiter Spieler steht vor dem gegnerischen TH und lauert auf Fangfehler. Der dritte Spieler steht an der entgegengesetzten Strafraumgrenze und soll die über die Abwehr hinweggehenden Bälle verwerten. Zwei kopfballstarke Spieler postieren sich an der Strafraumgrenze auf der Höhe des kurzen bzw. langen Pfostens. Der sechste Spieler (schußstark) hält sich etwa 25 m vom Tor entfernt auf und soll die kurz abgewehrten Bälle aus der zweiten Reihe verwandeln.
Der TR benennt 2 Ausführende (Ermittlung des Eckstoßspezialisten), welche die Ecken im Wechsel von re und li schlagen. Vor beiden Toren ausführen.
Variante: Auf ein verabredetes Zeichen hin wird die Ecke kurz ausgeführt, d.h. der Spieler am 5-Meterraum startet dem Ausführenden entgegen, wird flach angespielt und läßt den Ball zurückprallen. Anschließend folgt eine weite

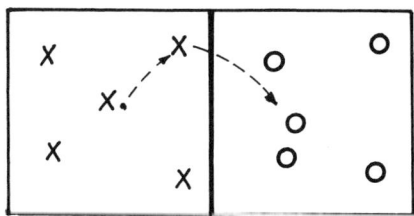

Abb. 27: Fußball-Tennis; Spielfeld ca. 20 × 10 m; Netz 1,5 m hoch

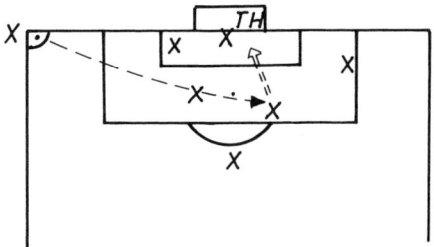

Abb. 28: Eine mögliche Grundformation für den Eckstoß in der Offensive

| Woche: 01 | TE 4　Lfd. TE-Nr.: 004　Dauer: 90 Min. |

Flanke über die Abwehr hinweg auf den äußersten Spieler, der für die Mitte auflegt. Die nicht an dieser Übung beteiligten Spieler spielen im anderen Strafraum 5:3 mit 2 Ballkontakten.
Abschließend Auslaufen

Woche: 02　　　　**TE 1　Lfd. TE-Nr.: 005　Dauer: 105 Min.**

Trainingsziel: Erarbeitung Grundlagenausdauer

Trainingsgeräte: 4 Bälle, 16 Markierungsstangen

Trainings-Inhalt:

Aufwärmen (25 Min.): Einlaufen mit und ohne Ball in 2er-Gruppen
– lockerer Lauf paarweise über den ganzen Platz
– Gymnastik in 2er-Gruppen: 1 Spieler macht jeweils eine Übung vor
– In 2er-Gruppen Pässe aus dem Lauf heraus spielen, wobei Distanz ständig verändert wird
Anschließend Dehnübungen, wobei jeweils ein Spieler die Übung vormacht und TR die korrekte Ausführung überwacht.

Kondition (55 Min.): Erarbeitung Grundlagenausdauer in 5er-Gruppen

Übung 1 (10 Min.): Ausdauerlauf über das gesamte Sportgelände
Temporichtlinie: 4 Schritte einatmen – 4 Schritte ausatmen

Übung 2 (5 Min.): Balljonglieren in der Gruppe mit 2 Pflichtkontakten

Übung 3 (10 Min.): Ausdauerlauf über das gesamte Sportgelände

Übung 4 (5 Min.): Spiel 4:1 direkt im abgegrenzten Feld (10×10 m)

Übung 5 (10 Min.): Ausdauerlauf über das gesamte Sportgelände

Übung 6 (5 Min.): Lockerungsgymnastik: Der älteste (jüngste) Spieler in jeder Gruppe macht die Übungen vor.

Übung 7 (10 Min.): Ausdauerlauf über das gesamte Sportgelände

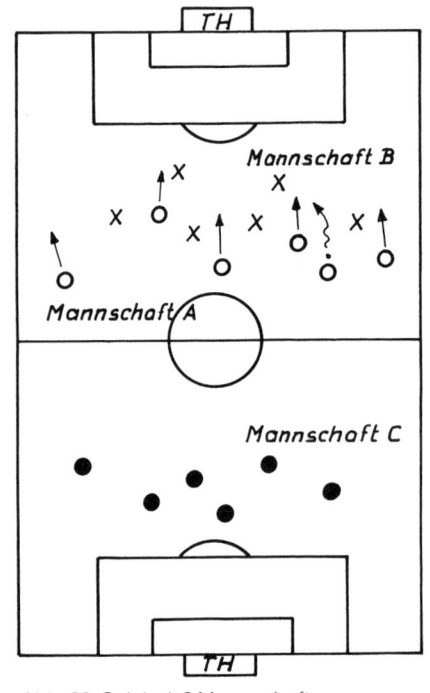
Abb. 29: Spiel mit 3 Mannschaften

TE 1   Lfd. TE-Nr.: 005   Dauer: 105 Min.   Woche: 02

Abschluß (25 Min.): Spiel mit 3 Mannschaften über den ganzen Platz (Abb. 29)
Mannschaft A stürmt gegen die abwehrende Mannschaft B, während C pausiert. Kommt B in Ballbesitz, versucht die Manschaft A durch aggressives Forechecking bis zur ML erneut in Ballbesitz zu kommen. Erreicht B die ML, versucht die Mannschaft gegen C zum Torerfolg zu kommen, während nun A pausiert.
Anschließend Auslaufen

TE 2   Lfd. TE-Nr.: 006   Dauer: 85 Min.   Woche: 02

Trainingsziel: Verbesserung Sprungkraft und Beweglichkeit

Trainingsgeräte: Jeder Spieler 1 Ball, 30 Markierungsstangen

Trainings-Inhalt:

Aufwärmen (25 Min.): Einlaufen mit Ball
- Ballführen mit Innen-, Außenspann und unter Sohle
- Balljonglieren, hochspielen und mit Drop-Kick vorlegen und nachstarten
- Leichte Grätschstellung: Ball in Hüfthöhe um Körper kreisen lassen
- Leichte Grätschstellung: Aus Rumpfbeuge Ball in Achterform durch Beine reichen
- Ball mit beiden Händen hinter Körper halten, nach vorne über Kopf werfen und fangen
- Ballführen mit Finten und Körpertäuschungen
Anschließend Dehnen

Kondition (50 Min.): Verbesserung Sprungkraft und Beweglichkeit durch Stationentraining in 2er- (4er-)Gruppe
Belastung: 2 Min./Station
Pause: 1 Min. (Stationenwechsel)
2 Durchgänge (3 Min. lockerer Trab zwischen 1. und 2. Durchgang)

Station 1: Kräftigung Bauch- und Rückenmuskulatur (Abb. 30 a; Abb. 30 b)
- Ball zwischen Beine klemmen, li und re mit gestreckten Beinen über Stange führen (1 Min.)
- in Bauchlage, Ball in beiden Händen mit ausgestreckten Armen re und li über Stange führen (1 Min.)

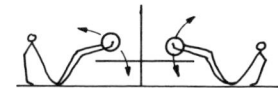

Abb. 30 a: Kräftigung Bauch- und Rückenmuskulatur

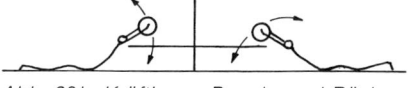

Abb. 30 b: Kräftigung Bauch- und Rückenmuskulatur

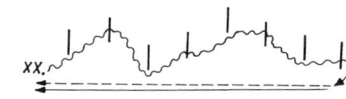

Abb. 31: Ballführen im Slalom

Woche: 02   TE 2   Lfd. TE-Nr.: 006   Dauer: 85 Min.

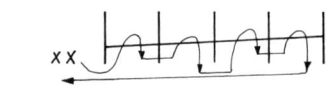

Abb. 32: Verbesserung Sprungkraft

Abb. 33: Paßspiel mit Kehrtwende

Abb. 34: Verbesserung Sprungkraft durch Hürdenlauf

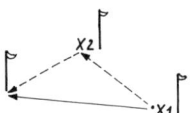

Abb. 35: Paßspiel im Dreieck

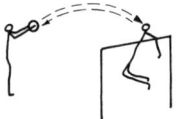

Abb. 36: Verbesserung der Sprungkraft

Station 2: Ballführen im Slalom (Abb. 31)
– erster Spieler führt Ball im Slalom durch die im 2-m-Abstand versetzt aufgestellten Stangen. Körper immer zwischen Ball und Stange. Nach Durchlaufen Rückpass auf den wartenden zweiten Spieler und Ball nachspurten.

Station 3: Verbesserung Sprungkraft (Abb. 32)
– Seitliches (einbeiniges) Überspringen li/re der Stangenreihe mit steigender Belastung

Station 4: Paßspiel mit ganzer Kehrtwende (Abb. 33)
– jeweils 1 Spieler ist 1 Min. aktiv, danach der andere. Spieler 1 spielt aus 15 m Spieler 2 an, der dem Ball entgegenläuft, abtropfen läßt, umdreht und um die Stange herum das nächste Zuspiel anläuft.

Station 5: Verbesserung Sprungkraft (Abb. 34)
– Beidbeiniges Überspringen der im 2 m-Abstand aufgestellten Hürden (Trainingshilfen) mit steigender Höhe

Station 6: Paßspiel im Dreieck (Abb. 35)
– Spieler 1 paßt flach zu Spieler 2, der auf die freie Ecke abprallen läßt, wo Spieler 1 das Zuspiel erläuft. Wechsel jeweils nach 5 Pässen

Station 7: Verbesserung Sprungkraft (Abb. 36)
– Kopfball über Hürde (stellt Gegner dar) nach Handzuwurf

Station 8: Spiel 1:1 auf 2 Offentore (2 m breit, 15 m entfernt)

Abschluß (10 Min.): Lockeres Auslaufen (Abwärmen) über den ganzen Platz

---

Woche: 02   **TE 3   Lfd. TE-Nr.: 007   Dauer: 105 Min.**

Trainingsziel: Verbesserung des Konterspiels

Trainingsgeräte: 10 Bälle, tragbares Normaltor, 8 Markierungsstangen

Trainings-Inhalt:

Aufwärmen (25 Min.): Einlaufen ohne Ball über Platzbreite
– lockerer Trab über mehrere PB
– Trab mit eingestreuten Skippings (3 PB)

TE 3   Lfd. TE-Nr.: 007   Dauer: 105 Min.   Woche: 02

- Gehen mit Armekreisen vw/rw (2 PB)
- Anfersen (1 PB)
- Knieheberlauf (1 PB)
- Gehen und alle 10 m für 10 Sek. in Zehenstand, Arme gestreckt (1 PB)
- Seitwärtslauf (1 PB)
- Überkreuzlauf (1 PB)
- Hopserlauf mit/ohne Rumpfdrehung (2 PB)
- Sprunglauf (lange Schritte – 1 PB)
- lockerer Trab mit Kopfballsprüngen über mehrere PB
Anschließend Dehnen

Taktik (25 Min.): Schulung Spielverlagerung und Doppelpaßspiel (gleichzeitig Ausdauerschulung)

Übung 1 (12 Min.): Spiel 8:8 in PH mit festen Pärchen
Jeder gelungene 30-m-Pass innerhalb einer Mannschaft ergibt 1 Punkt

Übung 2 (12 Min.): Spiel 8:8 in PH mit festen Pärchen
Jeder gelungene DP innerhalb einer Mannschaft ergibt 1 Punkt.

Taktik (40 Min.): Schulung des Konterspiels (schnelles Umschalten)

Übung 1 (20 Min.): Konterspiel nach Eckball in Defensive (Abb. 37)
Mannschaft A (Angreifer) schlägt 10 Eckbälle von re und 10 von li und versucht zum Torabschluß zu kommen. Bei Ballbesitz der abwehrenden Mannschaft B schaltet diese sofort auf Angriff um und versucht die beiden manngedeckten Spitzen anzuspielen und nachzurücken (schneller Raumgewinn).
Mannschaft A darf, mit Ausnahme der beiden Manndekker, nur bis zur ML folgen (stören), danach schließt Mannschaft B den Angriff in Überzahl bis zum Torabschluß am Normaltor am anderen Strafraum ab.
Wechsel der Rollen nach 20 Eckbällen

Übung 2 (20 Min.): Schulung des Konterspiels nach Ballbesitz Abwehr bzw. Abwurf TH
(in beiden PH gleichzeitig ausführen) (Abb. 38)
Mannschaft A versucht Flanken von re/li zu verwandeln. Kommt Mannschaft B in Ballbesitz, versucht die Mannschaft mit schnellem Konter ein Tor an einem der beiden Offentore an der ML zu erzielen.
Wechsel der Rollen nach 10 Min.

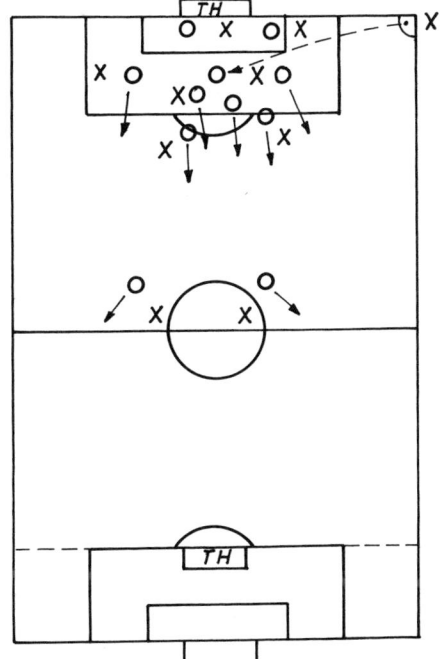

Abb. 37: Konterspiel nach Eckstoß in Defensive

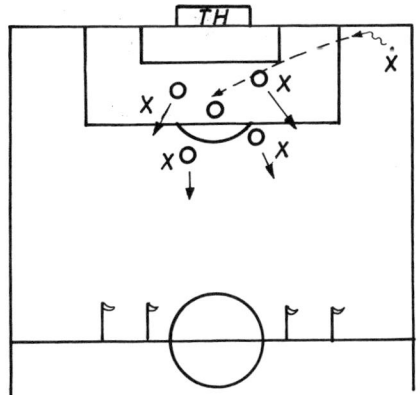

Abb. 38: Konterspiel nach Ballbesitz Abwehr bzw. Abwurf TH

Woche: 02   TE 3   Lfd. TE-Nr.: 007   Dauer: 105 Min.

Abschluß (15 Min.): Spiel über den ganzen Platz mit Anwendung des Konterspiels vor allem bei Eckbällen und Ballbesitz TH.
Anschließend Auslaufen

Woche: 02   **TE 4   Lfd. TE-Nr.: 008   Dauer: 90 Min.**

Trainingsziel: Verbesserung Balltechnik, Eckbälle in Defensive/Offensive

Trainingsgeräte: 20 Bälle, Ausrüstung Fußballtennis

Trainings-Inhalt:

Aufwärmen (25 Min.): Handball 4:4 mit Kopfball-Zuspiel (15 Min.)
Im abgesteckten Feld 20 × 20 m wird Handball 4:4 gespielt. Ein Punkt ist erzielt, wenn ein Spieler der ballbesitzenden oder der abwehrenden Mannschaft einen Zuwurf mit dem Kopf zu einem anderen Mitspieler weiterleiten kann. Anschließend folgt ein 10minütiges Dehnprogramm.

Technik (25 Min.): Verbesserung der Ballbehandlung
Fußballtennis auf mehreren Feldern. 5–6 Spieler bilden eine Mannschaft. Ball darf nur einmal im Feld aufspringen, jeder Spieler nur einmal berühren.
Ansonsten: Anspielen mit dem Fuß, punkten und Positionswechsel nach Volleyballregeln (s. Abb. 27, S. 51)

Taktik (30 Min.): Schulung des Eckballs in Defensive/Offensive (Abb. 39)
Grundformation der Angreifer (s. Abb. 28. S. 51)
Bei Eckbällen in Defensive zieht sich die abwehrende Mannschaft mit 9 Feldspielern an bzw. in den eigenen Strafraum zurück. Eine Spitze bleibt vorne, orientiert sich vom gegnerischen LIB weg, um mindestens 2 AWSP zu binden.
Beide Torecken werden besetzt und gedeckt. Jeder Spieler übernimmt einen Gegenspieler, während der LIB den gefährdeten Raum deckt.
Die angreifende Mannschaft führt im Wechsel die Eckbälle jeweils von re bzw. li durch. Die abwehrende Mannschaft kontert bei Balleroberung auf die beiden 3 m breiten Offentore an der ML (schnelles Umschalten, d. h. Lösen vom Gegner bei Ballbesitz). Gespielt wird jeweils bis zum Torabschluß auf einer der beiden Seiten.
Anschließend Auslaufen

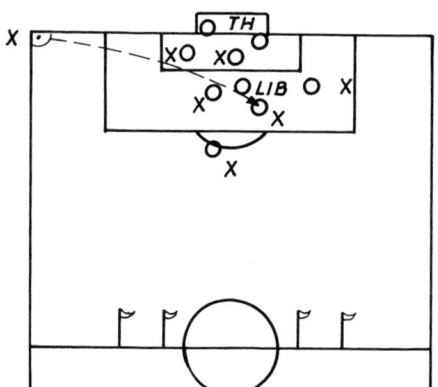

Abb. 39: Eine mögliche Grundformation für den Eckstoß in der Defensive

---

TE 1 Lfd. TE-Nr.: 009 Dauer: 100 Min. Woche: 03

Trainingsziel: Erarbeitung Grundlagenausdauer

Trainingsgeräte: Jeder Spieler 1 Ball, 1 tragbares Normaltor, 12 Markierungsstangen

Trainings-Inhalt:

Aufwärmen (25 Min.): Spiel 6:3 direkt
Spieler bilden 3 Trios, bei Fehler eines Mitspielers wechselt immer das gesamte Trio in die Mitte.
Anschließend Dehnen

Kondition (45 Min.): Erarbeitung Grundlagenausdauer mittels Fußballrundkurs

Übung 1 (20 Min.): Rundkurs in PH mit technisch-taktischen Übungsformen (Abb. 40)
Spieler bewegen sich mit Ball (Jonglieren, Ballführen, Gymnastik) in Wartezone und absolvieren im 20-m-Abstand den Rundkurs.
1. Paß durch Mittelkreis, um den Kreis spurten, Ball mitnehmen
2. Slalom (enge Ballführung) um Stangen
3. Scharfen Schuß aus spitzem Winkel antäuschen und mit Heber auf die lange Ecke abschließen
4. Auf andere Seite wechseln und Zuwurf TH übernehmen
5. Antritt und DP mit TR und mit Torschuß auf das 2. Normaltor an ML abschließen
6. Ballarbeit in Wartezone
   Anschließend 2 Min. Dehnen

Übung 2: (20 Min.): Rundkurs über den ganzen Platz mit technisch-taktischen Übungsformen (Abb. 41)
Spieler mit Ballarbeit in Wartezone, absolvieren im 20 m-Abstand den Rundkurs
1. Tempodribbling über 30 m
2. 15 m Balljonglieren (Kopf, Fuß)
3. Tempodribbling um Mittelkreis
4. An Markierungsstangen Ball hochspielen, mit Drop-Kick vorlegen und nachspurten. Nach der 3. Markierung mit Drop-Kick aus der Drehung auf das Tor schießen

---

Abb. 40: Rundkurs in Platzhälfte mit technisch-taktischen Übungsformen

Abb. 41: Rundkurs über den ganzen Platz mit technisch-taktischen Übungsformen

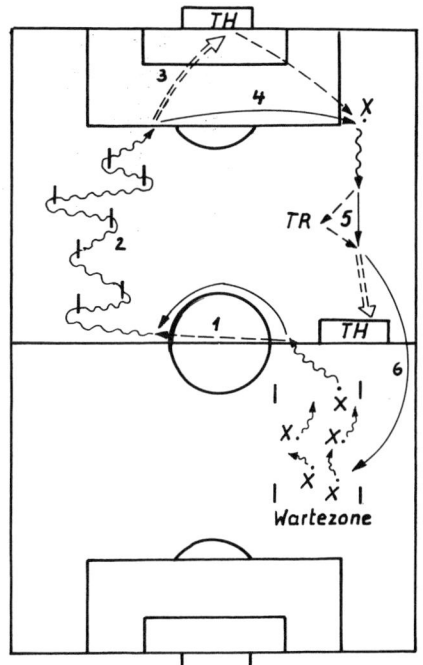

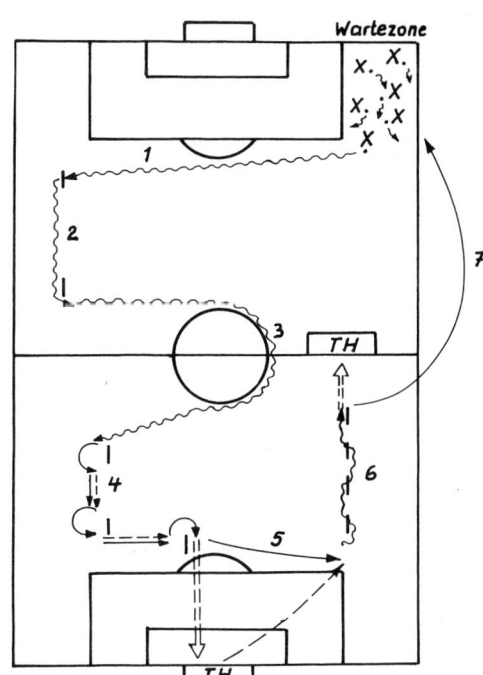

Woche: 03   TE 1   Lfd. TE-Nr.: 009   Dauer: 100 Min.

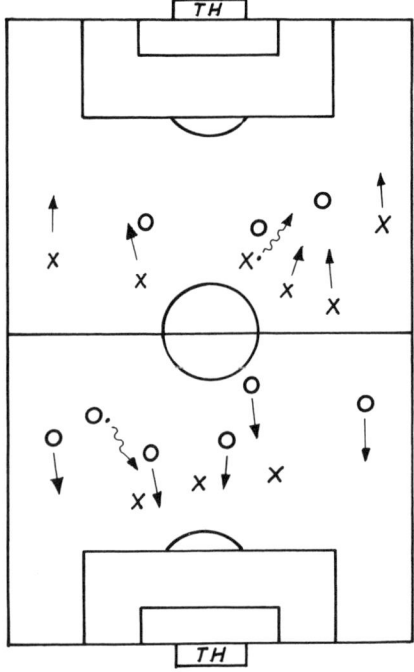

5. Seite wechseln und Zuwurf TH übernehmen
6. Tempodribbling um Stangen und mit Torschuß am 2. Normaltor an ML abschließen
7. Ballarbeit in Wartezone

Anschließend 3 Min. lockerer Trab

Abschluß (30 Min.): Schulung des Überzahl-/Unterzahlspiels durch Spiel 6:3 (6:4) in beiden PH (Abb. 42)
Die 6er-Mannschaften starten ihre Angriffe jeweils von der ML, dürfen nur mit 2 Ballkontakten spielen. Bei Ballbesitz der abwehrenden Unterzahl wenden diese das Spiel auf Zeit (Ballhalten) an mit freiem Spiel. Nach 10 Min. jeweils wechseln 3 Spieler in die Unterzahlmannschaft. Welches ist die erfolgreichste Abwehr?
Anschließend Auslaufen

Abb. 42: Schulung des Über-/Unterzahlspiels durch das Spiel 6:3

Woche: 03   **TE 2   Lfd. TE-Nr.: 010   Dauer: 105 Min.**

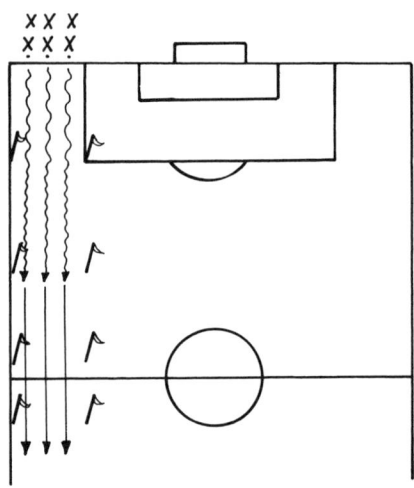

Trainingsziel: Verbesserung der Schnelligkeit und des Flügelspiels

Trainingsgeräte: Jeder Spieler 1 Ball, 12 Markierungsstangen, tragbares Normaltor

Trainings-Inhalt:

Aufwärmen (25 Min.): Spiel Fußball-Handball-Kopfball mit 2 Mannschaften auf 2 Normaltore (2. Tor an ML)
Das Spiel muß zwingend in der vorgeschriebenen Reihenfolge Fuß, Hand, Kopf durchgeführt werden, wobei Torerfolg nur mit Kopf oder Fuß möglich ist.

Abb. 43: Verbesserung der Schnelligkeit mit und ohne Ball

TE 2   Lfd. TE-Nr.: 010   Dauer: 105 Min.   Woche: 03

Spieler 1 führt den Ball mit dem Fuß und paßt den Ball einem Mitspieler so zu, daß dieser ihn fangen kann. Der Handzuwurf muß vom nächsten Spieler mit dem Kopf weitergeleitet werden, wobei dann das Spiel mit dem Fuß fortgesetzt wird.
Die verteidigende Mannschaft darf den Ball nur mit der gleichen Spielart abwehren.
Anschließend Dehnen

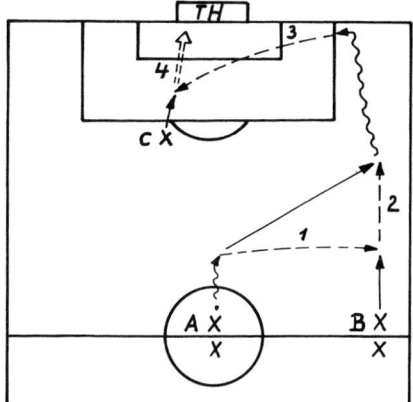

Kondition (20 Min.): Verbesserung der Schnelligkeit mit und ohne Ball in 3er-Gruppen (Abb. 43)
Belastung: 2 Serien mit je 8 Läufen / 1 Min. Pause zwischen den Sprints
2 Min. Dehnpause zwischen beiden Serien
Strecke 1: Ballführen in mäßigem Tempo (16 m)
Strecke 2: Ballführen in höchstem Tempo (25 m) und Ball ablegen
Strecke 3: Traben ohne Ball (20 m)
Strecke 4: Spurt (10 m) mit anschließendem Auslaufen bis zur anderen GL

Taktik (45 Min.): Schulung des Flügelspiels als Voraussetzung für Torabschluß

Übung 1 (15 Min.): Paß nach außen mit Positionswechsel (Abb. 44)
Spieler A paßt nach außen zu Spieler B (1), der sofort für A steil weiterleitet (2). Spieler erläuft das Zuspiel und flankt von GL auf Spieler C (3), der die Flanke direkt verwandelt (4).
A wechselt anschließend auf die Position von C, C wechselt zu B und B zu A.
Von beiden Seiten ausführen

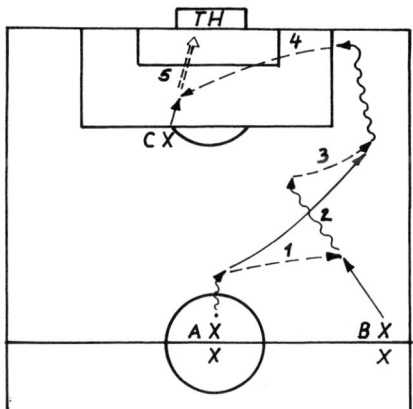

Übung 2 (15 Min.): Paß nach außen mit Hinterlaufen (Abb. 45)
Spieler A paßt nach außen zu B, der Ball nach innen führt und anschließend den hinterlaufenden Spieler A außen anspielt. A flankt von GL auf C, der mit Torschuß abschließt.
A wechselt auf die Position von C, C zu B und B zu A.
Von beiden Seiten ausführen

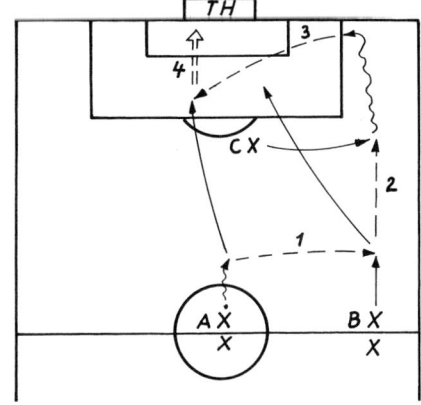

Abb. 44: Paß nach außen mit Positionswechsel

Abb. 45: Paß nach außen mit Hinterlaufen

Abb. 46: Spitze wechselt auf Außenposition

Woche: 03   TE 2   Lfd. TE-Nr.: 010   Dauer: 105 Min.

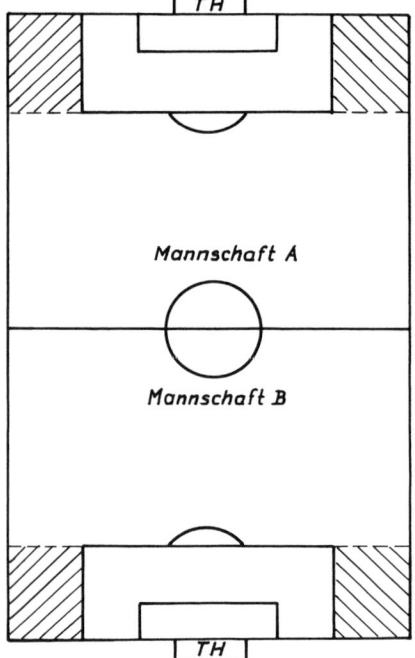

Übung 3 (15 Min.): Spitze wechselt auf Außenposition (Abb. 46)
Spieler A paßt nach außen zu B (1), der sofort steil weiterleitet (2) auf die auf den Flügel wechselnde Spitze C. C führt den Ball bis zur GL und flankt (3) auf die mitgelaufenen Spieler, wobei A die lange Ecke und B die kurze Ecke anläuft.
Anschließend wechselt B mit C, C mit A und A mit B. Von beiden Seiten ausführen

Abschluß (20 Min.): Spiel über den gesamten Platz mit Förderung des Flügelspiels durch Tabu-Räume auf beiden Spielfeldseiten (Abb. 47)
Im Tabu-Raum darf der ballführende Spieler nicht angegriffen werden, so daß er unbedrängt flanken kann. Tore, die im Anschluß an eine Flanke erzielt werden, zählen doppelt.
Anschließend Auslaufen

Abb. 47: Förderung des Flügelspiels durch Tabu-Räume auf beiden Spielfeldseiten

---

Woche: 03   **TE 3   Lfd. TE-Nr.: 011   Dauer: 100 Min.**

Trainingsziel: Verbesserung Zweikampfverhalten und Forechecking

Trainingsgeräte: 15 Bälle, tragbares Normaltor, 8 Markierungsstangen

Trainings-Inhalt:

Aufwärmen (25 Min.): Einlaufen ohne Ball in der Zweiergruppe
– Schattenlaufen: Ein Spieler führt verschiedene Laufformen vor, die der „Schatten" nachvollzieht
– Bocksprünge (Überspringen – Unterkriechen)
– Banksprünge: Mehrmaliges ein-/zweibeiniges Überspringen des am Boden kauernden Partners
– Schattenboxen
– Fangspiel: 2 Spieler fassen sich an der Hand und versuchen andere Paare abzuschlagen
Anschließend Dehnübungen

TE 3   Lfd. TE-Nr.: 011   Dauer: 100 Min.   Woche: 03

Taktik (60 Min.): Verbesserung Zweikampfverhalten und Forechecking in 4 Stationen/2 Min. Dehnpause bei Stationenwechsel (Abb. 48)

Station 1: Spiel 2:2 auf 2 Normaltore mit 2 TH im doppelten Strafraum (12 Min.)
Bedingt durch die räumliche Nähe der beiden Tore kommt es zu vielen Zweikämpfen, wobei Angriffs- und Abwehrverhalten ständig wechseln. Ersatzbälle bereithalten. 3 Durchgänge mit je 4 Min.

Station 2: Dribbling 1:1 (12 Min.)
3 Spieler mit Ball in Dreiecksformation gegen 1 AWSP. Aus etwa 15 m Entfernung versuchen die 3 Spieler mit Dribbling im Wechsel gegen den AWSP die andere Seite zu erreichen. Wechsel des AWSP nach 3 Min.

Station 3: Spiel 1:1 (12 Min.)
3 Spieler mit Ball dribbeln im abgesteckten Feld (15 × 15 m) gegen einen störenden AWSP.
Wechsel des AWSP nach 3 Min.

Station 4: Spiel 2:2 (12 Min.)
2 Spieler mit Ball dribbeln im abgesteckten Feld (15 × 15 m) gegen 2 störende AWSP.
Rollenwechsel nach 6 Min.

Abschluß (15 Min.): Spiel über den ganzen Platz mit Schwerpunkt Forechecking
Der ballführende Spieler der angreifenden Mannschaft muß sofort von 2 Spielern der abwehrenden Mannschaft attackiert werden.
Anschließend Auslaufen

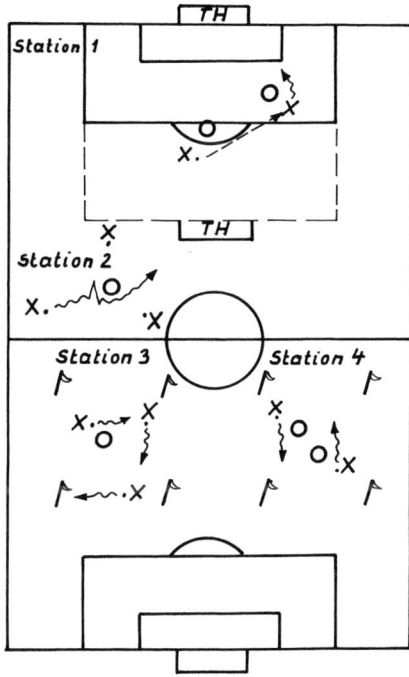

Abb. 48: Verbesserung Zweikampfverhalten und Forechecking in 4 Stationen

---

TE 4   Lfd. TE-Nr.: 012   Dauer: 95 Min.   **Woche: 03**

Trainingsziel: Verbesserung Abwehrorganisation in der Raumdeckung, Zweikampfverhalten und Konterspiel

Trainingsgeräte: 5 Bälle, 12 Markierungsstangen

Trainings-Inhalt:

Aufwärmen (25 Min.): Einlaufen ohne Ball
– Ein vom TR bestimmter Spieler führt eine wettkampfgerechte Aufwärmarbeit ohne Ball durch. TR macht nach Abschluß auf evtl. Fehler aufmerksam und gibt Hinweise.

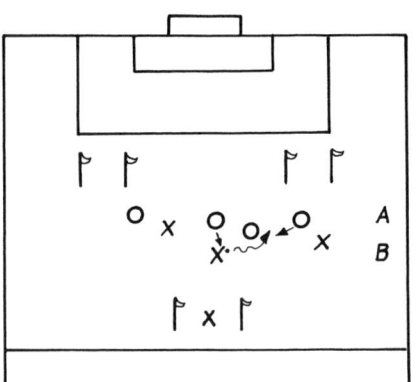

Taktik: Abwehrverhalten in der Raumdeckung, Zweikampfverhalten, Konterspiel (35 Min.)

Übung 1: Spiel 4:3 + 1 auf 3 Offentore (18 Min.)
In 25 m-Abstand sind 3 Offentore in Dreiecksformation aufgebaut. Mannschaft A verteidigt mit 4 Spielern zwei 3 m breite Offentore. Mannschaft B verteidigt ein 5 m breites Offentor, das von einem Feldspieler bewacht wird, der nicht mit den Händen abwehren darf und bei jedem Angriff mit einem Mitspieler wechselt.
Im Feld ist damit das Überzahlverhältnis 4:3 gegeben. Die abwehrende Mannschaft soll torentfernt abschirmen, tornahe jedoch aggressiv angreifen und auf Dribblings und Abspiele entsprechend reagieren. Nach 10 Min. wechseln die Mannschaften die Seiten. (Abb. 49)
2 Min. Dehnpause

Übung 2: Spiel 4:4 über 2 Linien im Feld 40 × 30 m (13 Min.)
Ein Tor ist erzielt, wenn es der ballbesitzenden Mannschaft gelingt, einen Mitspieler hinter der gegnerischen GL so anzuspielen, daß dieser direkt zu einem Mitspieler im Feld weiterleiten kann. Die Manschaft bleibt in Ballbesitz und kontert sofort auf die andere GL. Die abwehrende Mannschaft versucht durch Verzögern bzw. Forechecking den schnellen Konter zu verhindern und selbst in Ballbesitz zu kommen. (Abb. 50)
2 Min. Dehnpause

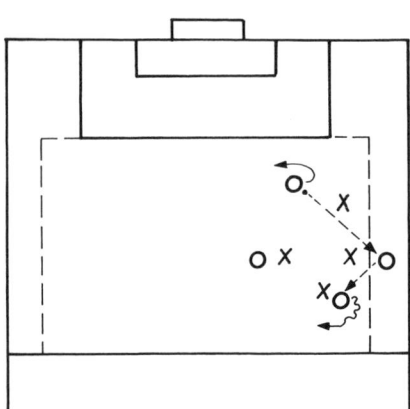

Abschluß (35 Min.): Spiel 6 + 6 Angreifer gegen 4 Abwehrspieler + TH
Vom Mittelfeldkreis starten 6 Angreifer den Angriff gegen AWSP, die eine 4er-Kette bilden. Die Abwehrkette soll sich dahin verschieben, wo der Gegner seinen Angriff aufbaut, d. h. tornah aggressiv angreifen und torentfernt lediglich abschirmen. Gelingt es der Abwehr den Ball zu erobern, soll sie sofort einen Spieler der anderen 6er-Mannschaft anspielen, die sich im Mittelkreis aufhält. Gelingt ihr dies gegen den Widerstand der bisherigen Angreifer, erhalten diese einen Minuspunkt.
Anschließend greift die zweite 6er-Mannschaft an. (Abb. 51)
Abschließend Auslaufen

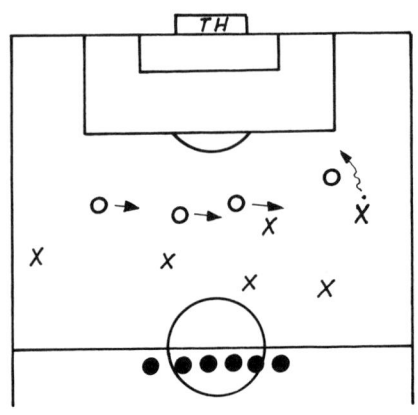

Abb. 49: Spiel 4:3 + 1 auf 3 Offentore

Abb. 50: Spiel 4:4 über 2 Linien

Abb. 51: Spiel 6 + 6 Angreifer gegen 4 Abwehrspieler + TH

TE 1   Lfd. TE-Nr.: 013   Dauer: 100 Min.   **Woche: 04**

Trainingsziel: Verbesserung der Schnelligkeit

Trainingsgeräte: 10 Bälle, 4 Markierungsstangen

Trainings-Inhalt:

Aufwärmen (25 Min.): Spiel 5:3 mit 2 Ballkontakten im Feld 25 × 25 m
Anschließend individuelle Laufarbeit mit Dehnübungen

Kondition (30 Min.): Verbesserung der Reaktion und der Schnelligkeit durch Verfolgungsläufe in der 2er-Gruppe (1 Min. Pause zwischen den Sprints)

Übung 1: Reaktionsstarts und Verfolgung aufgrund eines optischen Signals (12 Wiederholungen) (Abb. 52)
2 Spieler stehen im Abstand von 1 m nebeneinander mit Blickkontakt zum TR. Jeweils seitlich von den Spielern ist eine Strecke von 15 m abgesteckt.
Die Spieler reagieren auf ein Signal des TR, der mit dem Daumen plötzlich die Laufrichtung angibt. Gelingt es einem Spieler seinen Partner vor dem Streckenende abzuschlagen, muß dieser noch einen Extralauf absolvieren.
Anschließend 3 Min. Traben mit Lockerungsübungen.

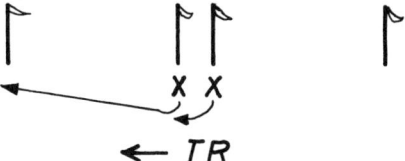

Abb. 52: Reaktionsstarts über 15 m nach Daumenzeichen TR

Übung 2: Reaktionsstarts und Verfolgung aufgrund eines optischen Signals (12 Wiederholungen) (Abb. 53)
2 Spieler stehen im Abstand von 1 m hintereinander mit Blickkontakt zum TR. In Laufrichtung der Spieler ist eine Strecke von 15 m abgesteckt.
Die Spieler reagieren auf ein Signal des TR, der einen Ball in beiden Händen hält und diesen plötzlich fallen läßt. Gelingt es dem hinteren Spieler seinen Partner vor dem Streckenende abzuschlagen, muß dieser noch einen Extralauf absolvieren. Beim nächsten Start wechselt der Hintermann auf die vordere Position.
Anschließend 3 Min. Traben mit Lockerungsübungen.

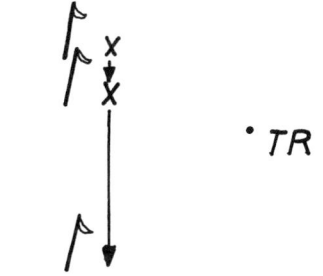

Abb. 53: Reaktionsstarts über 15 m nach Ballsignal TR

Taktik: (25 Min.): Verbesserung des Zweikampfverhaltens durch Spiel 4:4 im PV (gleichzeitig Schulung der Ausdauer)

Übung 1 (12 Min.): Spiel 4:4 mit beliebig vielen Ballkontakten. Gelingt es einer Mannschaft über mehr als 5 Stationen den Ball in den Reihen zu halten, erhält sie einen Punkt.
1 Min. Pause

Übung 2 (12 Min.): Spiel 4:4 mit beliebig vielen Ballkontakten. Jeder gelungene DP innerhalb einer Mannschaft ergibt einen Punkt

Woche: 04   TE 1   Lfd. TE-Nr.: 013   Dauer: 100 Min.

Abschluß (20 Min.): Training der Standardsituationen (Freistoß und Eckstoß in Offensive und Defensive, Strafstoß, Einwurf)
Anschließend Auslaufen

Woche: 04   **TE 2   Lfd. TE-Nr.: 014   Dauer: 90 Min.**

Trainingsziel: Verbesserung der Schnellkraft und Kraftausdauer

Trainingsgeräte: 3 Fußbälle, 1 Medizinball, 1 Deuserband, 9 Markierungsstangen, je Spieler 1 Sprungseil

Trainings-Inhalt:

Aufwärmen (25 Min.): Fangspiele im Strafraum
– Spieler mit Sprungseil hinten am Hosenbund, Seilende liegt auf Boden auf. 1 Fänger versucht in 1 Min. möglichst viele Seile durch Darauftreten zu ergattern
– 1 Fänger jagt, abgeschlagener Spieler wird seinerseits zum Fänger
– 1 Fänger jagt, Spieler kann sich durch 5 Liegestütze vor dem Abschlagen befreien
– 1 Fänger jagt, abgeschlagener Spieler muß mit der linken Hand die Stelle am Körper fassen, wo er getroffen wurde und so versuchen, den Nächsten abzuschlagen
Anschließend Dehnen

Kondition (35 Min.): Verbesserung Schnellkraft und Kraftausdauer durch Stationen-Training in 2er-Gruppe
Belastung: 45 Sek., Pause 60 Sek., wobei 1 Spieler jeweils aktiv ist, während der 2. pausiert (unterstützt)

Station 1: Seilspringen (ein-/zweibeiniger Absprung)
Beide Spieler üben gleichzeitig

Station 2: Spurt ohne Ball um 2 Markierungsstangen im 6 m-Abstand. Passiver Spieler zählt Anzahl Spurts laut mit.

Station 3: Kopfballsprünge
Passiver Spieler hält Ball mit beiden Händen ca. 30 cm über dem Kopf des Partners. Dieser stellt mit kräftigen Kopfballsprüngen mit der Stirn den Kontakt zum Ball her. Passiver zählt mit.

Station 4: Achterlauf mit Ball
Die im 4 m-Abstand stehenden Markierungsstangen müssen möglichst oft umlaufen werden. Passiver zählt.

TE 2   Lfd. TE-Nr.: 014   Dauer: 90 Min.   Woche: 04

Station 5: Medizinball-Einwurf
Mit regelgerechtem Einwurf den Ball auf den pausierenden Mitspieler (zählt mit) werfen, der den Ball am Boden
zurückrollt.

Station 6: Angedeutetes Sliding Tackling (Grätsche)
An 2 im 3-m-Abstand aufgestellten Markierungsstangen
wird im Wechsel ein Sliding Tackling ohne Ball praktiziert.
Der Passive zählt die Versuche mit.

Station 7: Lauf im Deuserband
An der Seitenbegrenzung des Platzes ist Deuserband befestigt und im Feld eine Markierungsstange postiert, die
der Spieler (Band um Brust) bei höchster Spannung gerade noch erreichen kann. Wie oft schafft er den Weg von
der Stange bis zur Markierung?

Station 8: Zielstoß von der Strafraumgrenze
In der Mitte des Normaltores ist mit 2 Markierungsstangen
(einschließlich Querstange) ein 2 m breites Kleintor aufgestellt, in dem der Spieler möglichst viele Treffer unterbringen muß. Es ist nur 1 Ball im Spiel, so daß der aktive Spieler jeden Ball zurückholen muß. Wieviel Treffer schafft er?

Station 9: Auf Ball absitzen
Im Abstand von 3 m liegen 2 Bälle. Der aktive Spieler bewegt sich möglichst schnell von Ball zu Ball, wobei er jeweils mit dem Gesäß den Ball berühren muß.
Wieviele Ballberührungen werden geschafft?

Station 10: Überspringen/Unterkriechen der Seitenbegrenzung
Der aktive Spieler flankt über die Seitenbegrenzung (Barriere) und taucht auf dem Rückweg darunter durch.
Wieviele Übersprünge schafft er?
Anschließend 10minütiger Trab mit Lockerungsübungen
über das gesamte Sportgelände.

Abschluß (30 Min.): Spiel mit 3 Mannschaften 6:6:6
(7:7:7) auf 2 Tore über den ganzen Platz (Abb. 54)
Mannschaft A pausiert, B greift gegen die abwehrende
Mannschaft C an und versucht zum Torabschluß zu kommen.
Kommt Mannschaft C in Ballbesitz, soll die Mannschaft B
bis zur ML das Angriffspressing anwenden, um erneut in
Ballbesitz zu kommen. Nach der ML versucht C zum Torerfolg gegen die abwehrende Mannschaft zu kommen,
während B jetzt pausiert.
Anschließend Auslaufen

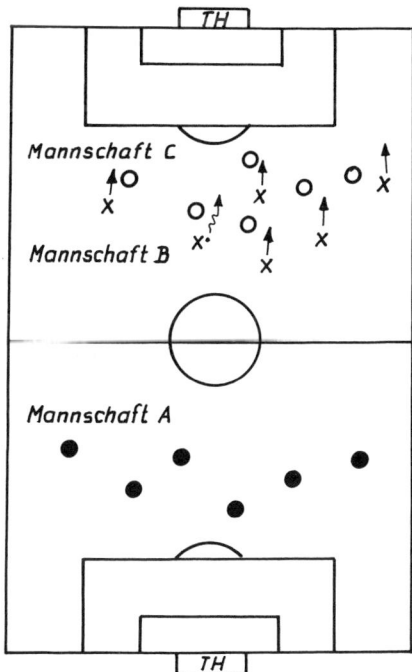

*Abb. 54: Spiel 6:6:6 mit Anwendung des An-
griffspressing*

Woche: 04   **TE 3   Lfd. TE-Nr.: 015   Dauer: 100 Min.**

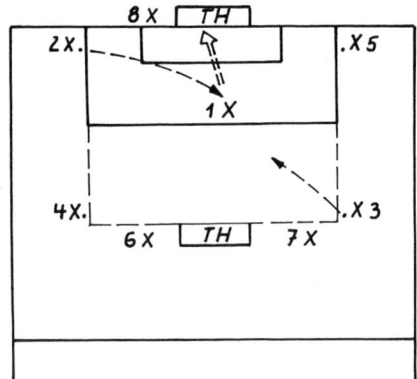

Trainingsziel: Verbesserung des Torabschlusses nach Flanken

Trainingsgeräte: 20 Bälle, tragbares Normaltor, 12 Markierungsstangen

Trainings-Inhalt:

Aufwärmen (25 Min.):
– Spiel 5:3 mit 2 Ballkontakten im abgegrenzten Feld (15 Min.).
– Trab über PB (Hopserlauf, Anfersen, Knieheberlauf, Armekreisen vw/rw, kurze Antritte mit Oberkörpertäuschungen); Dehnübungen für die Bein-, Bauch- und Rückenmuskulatur (10 Min.)
Anm.: TH wärmen sich individuell auf

Torabschluß (65 Min.): Verwandeln von Flanken

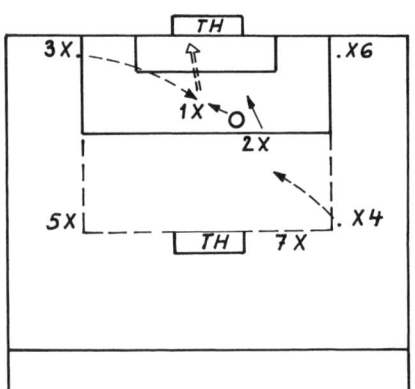

Übung 1: Doppelter Strafraum mit 2 Normaltoren, 8 Feldspieler und 2 TH (Abb. 55).
Die Spieler 2, 3, 4 und 5 flanken in dieser Reihenfolge ruhende Bälle auf Spieler 1, der mit Torschuß (möglichst direkt) abschließt.
Die 3 nicht beteiligten Spieler holen die Bälle und wechseln nach 90 Sek. ein.
Wieviele Tore erzielt Spieler in 90 Sek.?
Die zweite Gruppe (8 Spieler) absolviert zeitgleich einen 12minütigen Dauerlauf. Danach wechselt sie mit Gruppe 1.

Übung 2: Wie Übung 1, jedoch sind am Torschuß 2 Spieler beteiligt gegen 1 AWSP (Abb. 56).
Die Spieler 3, 4, 5 und 6 flanken in dieser Reihenfolge auf Spieler 1 und 2, die jeweils abwechselnd die kurze bzw. lange Ecke anlaufen.
Wieviel Tore erzielen die 2 Spieler gegen 1 ASWP in 90 Sek.?
Die zweite Gruppe spielt zeitgleich in der anderen PH 4:4 auf 4 Kleintore mit Schwerpunkt Spielverlagerung (12 Min.). Danach wechselt sie mit Gruppe 1.

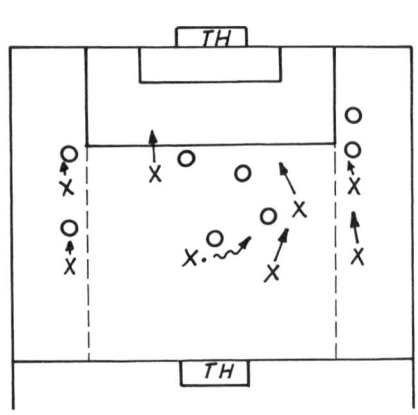

Abb. 55: Verwandeln von Flanken im doppelten Strafraum

Abb. 56: Verwandeln von Flanken im doppelten Strafraum gegen Abwehrspieler

Abb. 57: Spiel 4:4 mit jeweils 4 Auswechselspielern

TE 3   Lfd. TE-Nr.: 015   Dauer: 100 Min.   Woche: 04

Übung 3: Halber Platz mit 2 Normaltoren, Seitenabgrenzung durch verlängerte Strafraumlinie (Abb. 57). Spiel 4:4 mit jeweils 4 Auswechselspielern
Die Auswechselspieler nehmen ihre Position an den Seitenlinien ein. Sie können jederzeit ins Spiel einbezogen werden, dürfen jedoch nur direkt spielen. Auf Zuruf wechselt Auswechselspieler ins Feld. Nach Zuspiel eines Auswechselspielers erzielte Tore zählen doppelt (15 Min.)

Abschluß (10 Min.): Abwärmen durch lockeres Auslaufen über den ganzen Platz

---

TE 4   Lfd. TE-Nr.: 016   Dauer: 90 Min.   **Woche: 04**

Trainingsziel: Schulung der Spielverlagerung

Trainingsgeräte: 4 Bälle, 20 Markierungsstangen

Trainings-Inhalt:

Aufwärmen (25 Min.): Zuspielformen in der 4er-Gruppe mit Ball
– Zuspiel aus dem Lauf in PH
– Angespielter leitet direkt in den Lauf des nächsten Spielers weiter
– Ballübernahme (hin zum Mann am Ball)
– nur direktes Spiel
– nach Abspiel spurtet Spieler in den freien Raum
– Spieler fordert den Ball durch Spurt in den freien Raum
Anschließend Dehnübungen

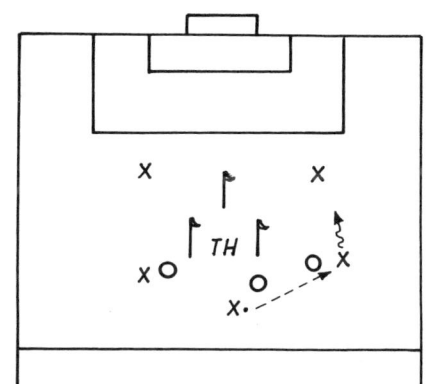

Abb. 58: Spiel 5:3 auf Dreieckstor

Taktik (45 Min.): Schulung der Spielverlagerung

Übung 1: (Spiel 5:3 auf Dreieckstor mit TH in Platzmitte (15 Min.) (Abb. 58)
Tore können nur direkt erzielt werden. Die Abwehrarbeit soll dadurch erschwert werden, daß die angreifende Überzahlmannschaft häufige Spielverlagerungen anwendet.

Übung 2: Spiel 5:3 auf 2 Offentore (6 m breit) mit TH in PH mit seitlich markierten Zonen (15 Min.) (Abb. 59)
Tore der Überzahlmannschaft zählen nur, wenn der Ball vor dem Torabschluß je einmal in die re und li Zone gespielt wurde. Die Unterzahlmannschaft kontert auf das andere Tor, wobei die Überzahlmannschaft nur mit 3 Spielern abwehren darf.
Wird ohne TH gespielt, werden die Offentore auf 3 m Breite verkleinert.

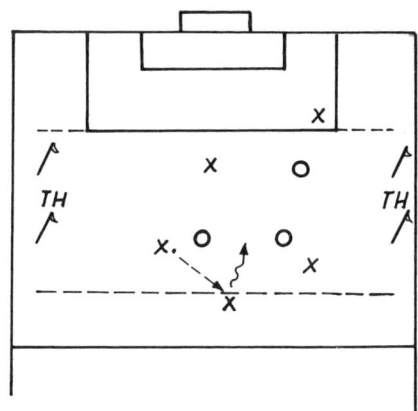

Abb. 59: Spiel 5:3 auf 2 Offentore

Woche: 04   TE 4   Lfd. TE-Nr.: 016   Dauer: 90 Min.

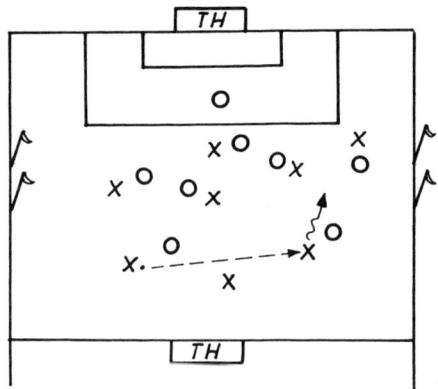

Abb. 60: Spiel 8:8 auf 4 Tore

Übung 3: Spiel 8:8 auf 4 Tore (2 Normaltore mit TH + 2 Offentore 3 m breit an der Seitenlinie) in PH (15 Min.) (Abb. 60)
Die angreifende Mannschaft soll durch schnelle Spielverlagerung vor einem der beiden Tore (Normaltor oder Offentor) eine Überzahl herbeiführen und abschließen. Torerfolg nach Spielverlagerung zählt doppelt.

Abschluß (20 Min.): Spiel 8:8 auf 4 Tore
Wie Übung 3, jedoch kann die angreifende Mannschaft Tore in allen 4 Toren erzielen, wobei nach Torerfolg anschließend nur die 3 anderen Tore angegriffen werden dürfen.
Anschließend lockeres Auslaufen

Woche: 05   **TE 1   Lfd. TE-Nr.: 017   Dauer: 100 Min.**

Trainingsziel: Verbesserung der Schnelligkeit mit und ohne Ball

Trainingsgeräte: 2 Spieler je 1 Ball, 4 Markierungsstangen

Trainings-Inhalt:

Aufwärmen (25 Min.): Individuelles Einlaufen mit/ohne Ball
Jeder Spieler gestaltet sein Aufwärmprogramm selbst, bestimmt Fortbewegungsart, Laufrichtung und Sprungkombinationen zunächst ohne Ball. Nach 15 Min. wird die Aufwärmarbeit individuell mit Ball fortgesetzt.
Abschließend gemeinsame Dehnübungen

Kondition (50 Min.): Verbesserung der Schnelligkeit mit Ball in der 2er-Gruppe

Übung 1: Spurt nach Pässen
Spieler 1 führt den Ball und paßt flach in den freien Raum, wobei Spieler 2 den Ball mit Spurt erlaufen und zu 1 zurückspielen muß. Rollenwechsel nach 5 Pässen.
Pause (2 Min.): Kopfballspiel

Übung 2: Doppelpässe
Spieler 1 führt Ball und spielt 10 Doppelpässe mit maximaler Intensität mit Spieler 2. Danach Wechsel.
Pause (2 Min.): Kopfballspiel aus Sitzlage

TE 1   Lfd. TE-Nr.: 017   Dauer: 100 Min.   Woche: 05

Übung 3: Ruhenden Ball erlaufen
Spieler 1 führt Ball, 2 folgt als Schatten im 10-m-Abstand.
Spieler 1 stoppt plötzlich Ball mit Sohle ab und läuft sich
frei. Spieler 2 spurtet auf den Ball und spielt zu 1 zurück.
Wechsel nach 2 Min.
Pause (2 Min.): Kopfballspiel aus Kniestand

Übung 4: Spurtzweikampf
Spieler 1 in Grätschstellung. Spieler 2 dribbelt mit Ball auf
1 zu und paßt scharf durch die Beine, wobei anschließend
beide zum Ball spurten. Erreicht 1 den Ball vor Spieler 2,
werden die Rollen gewechselt. Spieler 2 hat bis zu 5 Versuche.
Pause (2 Min.): Balljonglieren

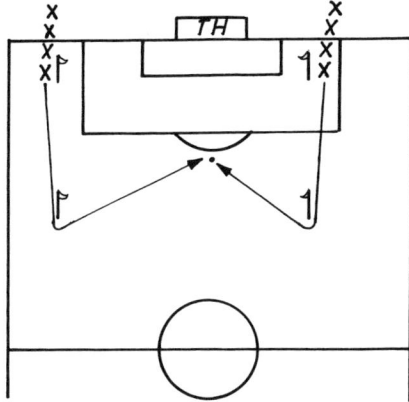

Abb. 61: Schußwettbewerb

Übung 5: Dribbling mit Zweikampf
Spieler 1 dribbelt mit Ball auf den rw laufenden Spieler 2 zu
und paßt plötzlich den Ball vorbei, wobei anschließend
beide zum Ball spurten. Erreicht Spieler 2 den Ball vor 1,
werden die Rollen gewechselt. Spieler 1 hat bis zu 5 Versuche.
Pause (2 Min.): Weite Einwürfe

Übung 6: Spurt nach Flugball
Spieler 1 führt den Ball und spielt 2 mit weitem Flugball an
und spurtet sofort auf den von 2 direkt weitergeleiteten
Ball. Wechsel nach 5 Flugbällen.
Pause (2 Min.): Spieler Rücken an Rücken, Ball mit Rumpf-
drehung übergeben

Übung 7: Schußwettbewerb (Abb. 61)
2 Mannschaften: Je 1 Spieler beider Mannschaften startet
gleichzeitig auf Signal TR auf den 20 m vor dem Tor ruhenden Ball, wobei im Spiel 1:1 ein sofortiger Torabschluß
herbeigeführt werden soll. Welche Mannschaft erzielt die
meisten Tore?
3 Durchgänge. Anschließend Dehn- und Lockerungsübungen

Abschluß (25 Min.): Positionsspiel mit 2 Mannschaften
über den ganzen Platz (Abb. 62)
2 ST : 2 AWSP + 4:4 im MIFE + 2 AWSP : 2 ST
In den gekennzeichneten Räumen des Platzes behalten
die Spieler ihre Positionen bei, wobei es in jedem Raum zu
1:1-Situationen kommt. Die ballbesitzende Mannschaft
versucht über das Spiel aus dem Abwehrraum heraus, einen ihrer Mittelfeldspieler anzuspielen, der nun im Zusammenspiel mit seinen Partnern die beiden manngedeckten

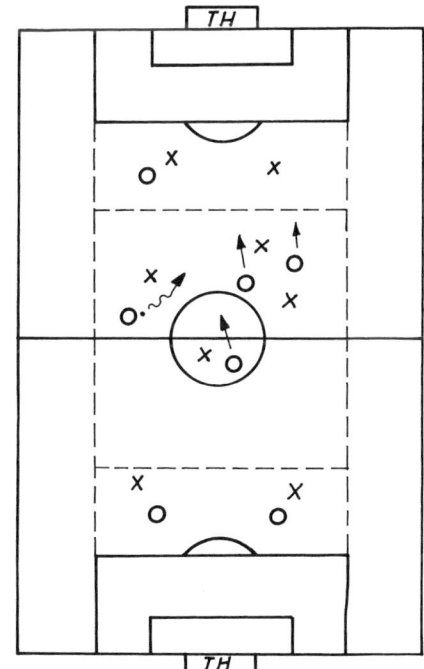

Abb. 62: Positionsspiel 2 ST : 2 AWSP + 4:4
MFSP + 2 ST : 2 AWSP

Woche: 05	TE 1 Lfd. TE-Nr.: 017 Dauer: 100 Min.

Sturmspitzen in Szene setzen soll. Der jeweilige Raum darf nicht verlassen werden.
Nach jeweils 8 Minuten werden die Rollen gewechselt, so daß jeder Spieler einmal die Position eines AWSP, MFSP und eines ST innehat.
Anschließend Auslaufen

Woche: 05	**TE 2 Lfd. TE-Nr.: 018 Dauer: 90 Min.**

Trainingsziel: Schule des Pressing

Trainingsgeräte: 10 Bälle, 8 Markierungsstangen

Trainings-Inhalt:

Aufwärmen (25 Min.): Spiel 4:2 mit 2 Ballkontakten
Spieler bilden 3 Paare, bei Fehler eines Mitspielers wechselt immer das Paar in die Mitte
Anschließend Dehnen

Taktik (25 Min.): Schulung der Raumdeckung, des Zweikampfverhaltens und der Spielverlagerung durch Spiel 5:5 auf jeweils 2 Offentore (3 m breit, 25 m Abstand) in Platzhälfte (Abb. 63).
Die abwehrende Mannschaft deckt mit 2 Spielern den Raum vor den beiden Toren und greift mit einer 3er-Abwehrreihe die ballbesitzende Mannschaft an. Dabei verschiebt sie sich immer ballnahe und versucht, die Angreifer zu Querpässen bzw. Dribblings zu zwingen.
Die angreifende Mannschaft versucht, durch schnelle Spielverlagerung eine Überzahl vor einem der beiden Tore herbeizuführen und mit einem Torerfolg abzuschließen.
(Variante: Torschuß nur direkt)

Taktik: (30 Min.): Schulung des Angriffs- und Mittelfeldpressing
Ziel ist das Herbeiführen von Pressing-Situationen für Angriffs- und Mittelfeldpressing und die Schulung der entsprechenden Abwehrorganisation (Abb. 64)
Spielform: 3 + 3 gegen 4 + 2 auf 1 Normaltor und 2 Offentore an ML (Angriffspressing) bzw. 2 Offentore am entfernten Strafraum (Mittelfeldpressing).

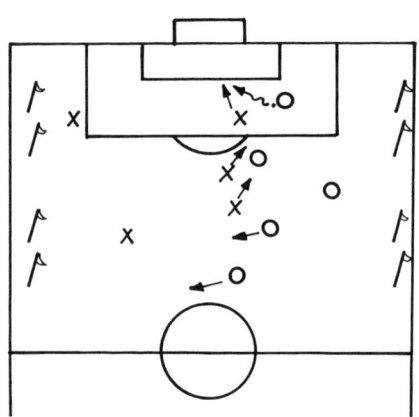

Abb. 63: Spiel 5:5 auf 4 Offentore

TE 2   Lfd. TE-Nr.: 018   Dauer: 90 Min.   Woche: 05

---

15 Min. Angriffspressing
15 Min. Mittelfeldpressing
Die Abwehr spielt in einer 3er-Formation (LIB und 2 AWSP) zusammen mit 3 MFSP auf die 2 Offentore gegen 2 ST und 4 MFSP. Die auf das Normaltor (mit TH) angreifende Mannschaft praktiziert bei Ballverlust das Angriffspressing, indem sie eine entsprechende Spielsituation herbeiführt und dabei die Verschiebung der Räume in der Länge und Breite herbeiführt und den Gegner in Raum- und Zeitnot bringt. Bei einem Torerfolg der Angreifer auf das Normaltor wird ein neuer Angriff von der ML aus gestartet.
Die Abwehr versucht das Pressing abzuwenden und kontert auf die beiden Offentore.
Nach der festgesetzten Zeit werden die beiden Offentore an den entfernten Strafraum zurückgenommen und das Mittelfeldpressing geübt, indem die Pressing-Situation an der ML beginnt.

Abschluß: (10 Min.): Auslaufen mit Dehnübungen

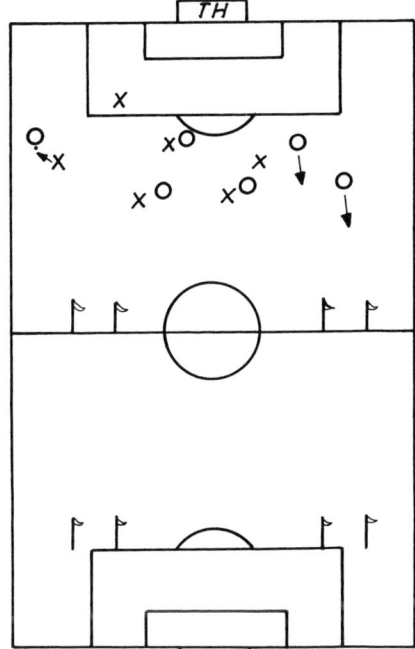

Abb. 64: Spiel 3 + 3 gegen 4 + 2

TE 3   Lfd. TE-Nr.: 019   Dauer: 100 Min.   Woche: 05

Trainingsziel: Verbesserung des Torabschlusses nach Kombinationsformen

Trainingsgeräte: 20 Bälle, tragbares Normaltor, 6 Markierungsstangen

Trainings-Inhalt:

Aufwärmen (25 Min.): Fangspiele im Strafraum
10 Min. lockerer Trab mit Dehnübungen

Übung 1: 1 Spieler als Fänger. Die gejagten Spieler können sich vor dem Abschlagen retten, indem sie 4 Liegestütze ausführen.

Übung 2: 1 Spieler als Fänger. Es sind 2 Bälle im Spiel. Wer einen Ball besitzt, kann nicht abgeschlagen werden. Ziel der Gejagten ist es, dem bedrängten Spieler vor dem Abschlagen einen Ball zuzuwerfen.

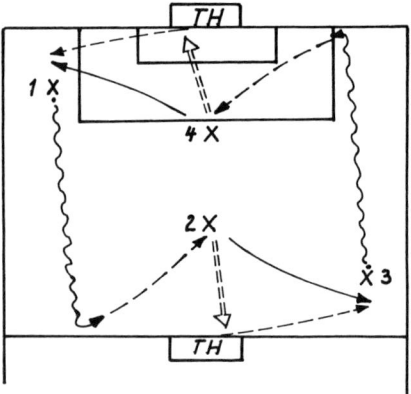

Übung 3: 1 Spieler als Fänger. Bis auf einen weiteren Spieler (den Gejagten) liegen alle Spieler auf dem Bauch im Strafraum verteilt. Der gejagte Spieler kann sich vor dem Abschlagen retten, indem er sich neben einen Spieler legt. Dieser Spieler wird dann zum Jäger, der bisherige Jäger zum Gejagten.
Anschließend gemeinsame Dehnübungen

Torabschluß (65 Min.): Verschiedene Kombinationsformen

Übung 1: Torschuß nach Tempodribbling und Flanke (Abb. 65)
Halber Platz mit 2 Normaltoren, 4 Feldspieler + 2 TH. Gruppe 1 mit 8 Spielern (4 sind jeweils aktiv). Die TH bedienen mit Handabwurf die sich seitlich anbietenden Mitspieler. Diese führen den Ball mit Tempodribbling auf die jeweilige GL und flanken auf die in der Mitte postierten Spieler, die mit Torschuß abschließen.
Anschließend folgt Positionswechsel
Nach 3 Min. wechselt die andere 4er-Gruppe ins Feld.
2. Durchgang: Spiel über den anderen Flügel ausführen.
Die zweite Gruppe (8 Spieler) spielt zeitgleich in der anderen PH 4:4, wobei jeder DP einen Punkt ergibt (12 Min.). Danach wechselt sie mit Gruppe 1

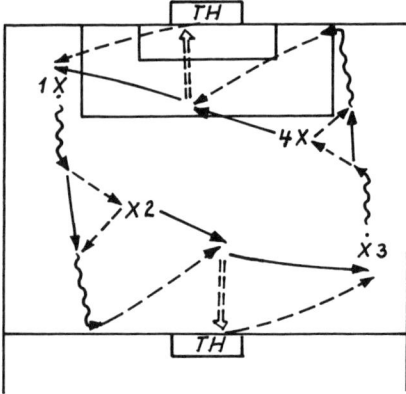

Übung 2: Torschuß nach vorausgegangenem Doppelpaß (Abb. 66)
Wie Übung 1, jedoch wird nach dem Handzuwurf des TH DP mit dem entgegenkommenden Spieler gespielt und anschließend von der GL aus auf den in Position gelaufenen Mitspieler geflankt, der mit Torschuß abschließt.
Anschließend erfolgt Positionswechsel
Nach 3 Min. wechselt die andere 4er-Gruppe ins Feld.
2. Durchgang: Spiel über den anderen Flügel ausführen.
Die zweite Gruppe spielt zeitgleich in der anderen PH 4:4, wobei jeder gelungene Paß über 30 m einen Punkt ergibt (12 Min.). Danach wechselt sie mit Gruppe 1.

Übung 3: Spiel 6:6 mit jeweils 2 Außenstürmern (Abb. 67)
Halber Platz mit 2 Normaltoren und neutralen Zonen (5−6 m breit) an den Seitenlinien

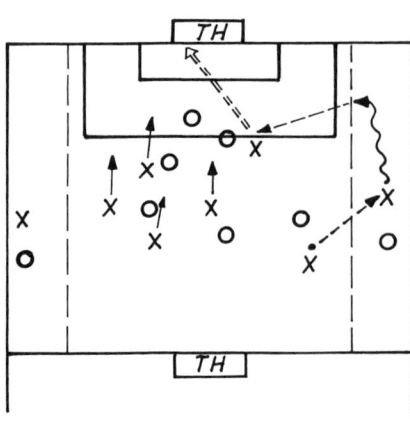

Abb. 65: Torschuß nach Tempodribbling und Flanke

Abb. 66: Torschuß nach Doppelpaß

Abb. 67: Spiel 6:6 mit jeweils 2 Außenstürmern

TE 3 Lfd. TE-Nr.: 019 Dauer: 100 Min. Woche: 05

Auf beiden Seiten des Spielfeldes ist eine neutrale Zone abgesteckt, worin sich jeweils 1 Spieler einer Mannschaft aufhält. Der Spieler in dieser Zone darf nicht angegriffen werden, kann also unbedrängt flanken. Tore nach einer Flanke zählen doppelt. Per Zuruf wechselt dieser Spieler ins Feld (15 Min.).

Abschluß (10 Min.): Abwärmen durch lockeres Auslaufen über den ganzen Platz

---

TE 4 Lfd. TE-Nr.: 020 Dauer: 100 Min. **Woche: 05**

Trainingsziel: Schulung des weiträumigen Spiels

Trainingsgeräte: 10 Bälle, 8 Markierungsstangen

Trainings-Inhalt:

Aufwärmen (25 Min.): Einlaufen ohne Ball über die Platzbreite
- Lockerer Trab mit Dehnübungen
- Zehenspitzenlauf
- Fersenlauf (auf Fersen aufsetzen)
- Hosperlauf auf Höhe und Weite
- Schlittschuhlauf
- Kurze Antritte aus Rw-Lauf
- Lockerungsgymnastik (ein-/zweibeiniges Hüpfen auf der Stelle, Rumpfkreisen, Armekreisen vw/rw, Bein re/li durchschwingen)
- Dehnen

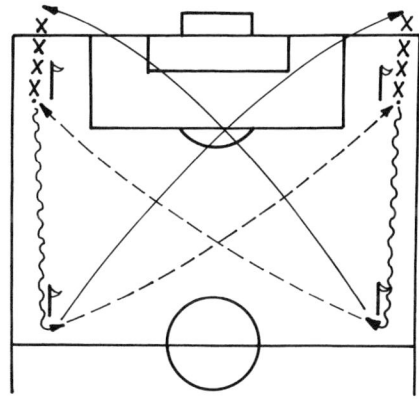

Technik (40 Min.): Verbesserung des weiträumigen Spiels

Übung 1: Weiter Diagonalpaß (10 Min.) (Abb. 68)
Jeweils 8 Spieler üben in einer PH. Die ersten Spieler beider Gruppen dribbeln mit Ball von der Höhe des Strafraumes Richtung ML und spielen jeweils mit einem weiten Diagonalpaß den nächsten Spieler der anderen Gruppe an. Anschließend laufen sie in mittlerem Lauftempo an das Ende der anderen Gruppe.

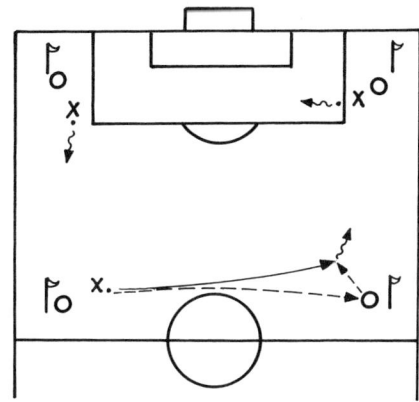

Abb. 68: Weiter Paß, Diagonalpaß

Abb. 69: Weite Pässe zu den Anspielstationen

Woche: 05   TE 4   Lfd. TE-Nr.: 020   Dauer: 100 Min.

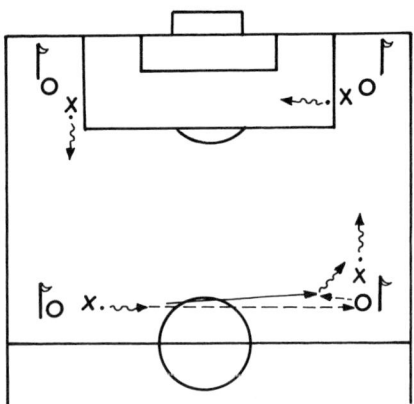

Übung 2: Weite Pässe zu Anspielstationen (20 Min.) (Abb. 69)
4 Spieler stellen sich als Anspielstationen im weiten Viereck der PH auf. Die anderen 4 Spieler mit Ball beginnen gleichzeitig mit einem weiten Paß auf die jeweilige Anspielstation in der nächsten Spielfeldecke. Die Anspielstationen lassen den Paß in den Lauf des Zuspielers abtropfen, der zum Ball startet und nach der Ballkontrolle zur nächsten Anspielstation paßt.
Nach 5 Min. Aufgabenwechsel, 2 Durchgänge

Übung 3: Weites Zuspiel aus dem Lauf heraus (10 Min.) (Abb. 70)
4 Spieler als Anspielstationen im weiten Viereck. Die anderen 4 Spieler schlagen aus dem Lauf einen weiten Paß auf den nächsten Partner und folgen ihrem Ball. Hat die 4er-Gruppe nach 4 Pässen das Viereck umlaufen, pausiert sie und die bisherigen Anspielstationen starten.

Torschuß (20 Min.): Torschußübungen in der 2er-Gruppe

Übung 1: Torschuß nach Flanke (Abb. 71)
Spieler A schlägt aus dem Mittelkreis einen weiten Flugball in den Lauf des sich außen anbietenden Spielers B und spurtet anschließend steil nach außen. B rochiert nach Steilpaß nach innen und verwertet die Flanke von A. Von beiden Seiten ausführen.

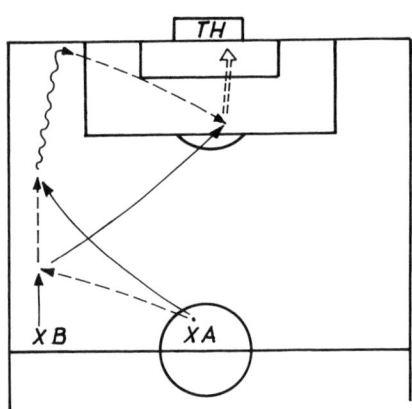

Übung 2: Torschuß nach Doppelpaß (Abb. 72)
Spieler A schlägt von der GL einen weiten Flugball auf den von der ML kommenden Spieler B und bietet sich anschließend zum DP für B an, der mit Torschuß abschließt. Anschließend wechseln beide Spieler ihre Positionen. Von beiden Seiten ausführen.

Abschluß (15 Min.): Spiel über den ganzen Platz mit Schwerpunkt weiträumiges Spiel. Anschließend Auslaufen

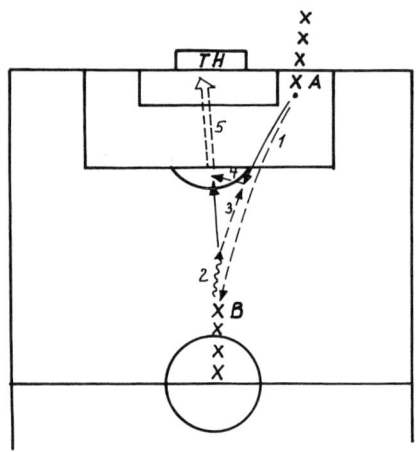

Abb. 70: Weite Zuspiele aus dem Lauf heraus

Abb. 71: Torschuß nach Flanke

Abb. 72: Torschuß nach Doppelpaß

TE 1   Lfd. TE-Nr.: 021   Dauer: 95 Min.   **Woche: 06**

Trainingsziel: Verbesserung konditioneller Fähigkeiten und Balltechnik

Trainingsgeräte: 10 Bälle, 8 Medizinbälle, 2 Deuserbänder, 18 Markierungsstangen

Trainings-Inhalt:

Aufwärmen (25 Min.): Einlaufen ohne Ball über die BP
– Lockerer Trab mit Dehnübungen
– Hopserlauf mit/ohne beidarmigem Armekreisen vw/rw
– Seitwärtslauf, Überkreuzlauf
– Skippings
– Knieheberlauf, Anfersen
– aus Trab in Hocke absitzen, nachfedern und Kopfballsprung
– Kurze Antritte mit/ohne Körpertäuschungen vw/rw
– Dehnübungen

Kondition (45 Min.): Verbesserung der konditionellen Fähigkeiten und der Balltechnik durch Zirkeltraining in der 4er-Gruppe (Abb. 73)
Belastung 45 Sek., Pause 60 Sek., 2 Durchgänge

Station 1: Paß-Spiel zwischen 2 Stangen (15 m Abstand)
2 Spieler passen sich den Ball zwischen 2 Stangen direkt zu. Nach dem Abspiel spurtet jeder um seine Stange und wieder dem Ball entgegen.

Station 2: Medizinball-Umgreifen
Jeder Spieler in breiter Grätschstellung hält den Medizinball zwischen den Beinen, ein Arm von vorne, ein Arm von hinten um das gleiche Bein. Schnelles, wechselseitiges Umgreifen.

Station 3: Spurt-Trab im Viereck (15 m Seitenlänge)
Die Spieler umlaufen ein Viereck, wobei im Wechsel eine Seitenlänge getrabt und eine Seitenlänge gespurtet wird.

Station 4: Im Tor: Kopfballsprünge aus der Hocke gegen die Querlatte.

Station 5: Paß-Spiel mit Positionswechsel
Die Spieler stehen sich paarweise im 10-m-Abstand gegenüber, passen sich den Ball direkt zu und folgen ihrem Abspiel auf die andere Seite.

Station 6: Medizinball-Hochwurf aus Hocke
Die Spieler werfen den Medizinball aus der Hockstellung hoch und fangen ihn im Sprung über dem Kopf.

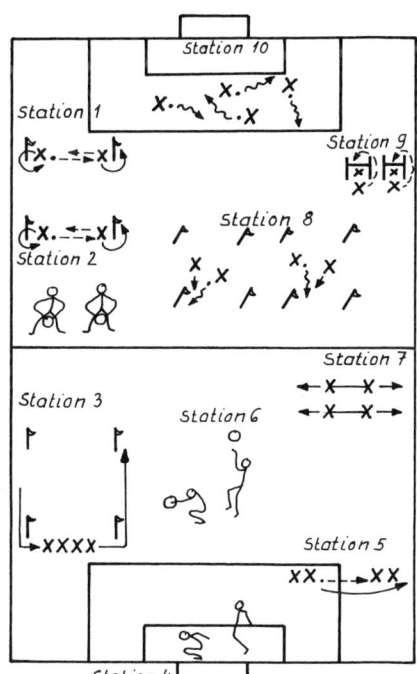

Abb. 73: Verbesserung der konditionellen Fähigkeiten und der Balltechnik durch Zirkeltraining

---

Woche: 06   TE 1   Lfd. TE-Nr.: 021   Dauer: 95 Min.

Station 7: Lauf gegen Deuserband
Die Spieler legen sich paarweise ein Deuserband um die Brust und bewegen sich gegen den Zug des Bandes auseinander.

Station 8: Spiel 1 : 1 im Spielraum 10 × 10 m.

Station 9: Kopfballspiel aus Kniestand über Querstange des Offentores.

Station 10: Einzelarbeit am Ball: Schnelles Ballführen (zurückziehen, drehen usw.) mit Körpertäuschungen und plötzlichen Richtungsänderungen.
Anschließend 5 Min. lockerer Trab mit Dehnübungen

Abschluß (25 Min.): Spiel über den ganzen Platz mit TH
− 10 Min. mit 2 Ballberührungen
− 15 Min. freies Spiel − in eigener Hälfte nur direkt
Abschließend Auslaufen

Woche: 06   **TE 2   Lfd. TE-Nr.: 022   Dauer: 100 Min.**

Trainingsziel: Festigung der Ausdauer durch spielgemäße Übungsformen

Trainingsgeräte: 10 Bälle, 20 Markierungsstangen, 2 Papierkörbe

Trainings-Inhalt:

Aufwärmen (25 Min.): Handball 4:4 im PV mit beweglichem Tor
Ein Spieler der ballbesitzenden Mannschaft trägt einen Papierkorb und versucht die Zuwürfe der Mitspieler darin zu fangen. Jeder Treffer ergibt einen Punkt. Bei Ballverlust wird der Papierkorb von der anderen Mannschaft übernommen.
Anschließend Dehnübungen

Torschuß (20 Min.): Hinterlaufen mit Torabschluß in 2er-Gruppe

Übung 1 (10 Min.): Ballbesitzender dribbelt von der Außenposition nach innen auf den Strafraum zu und paßt quer auf den hinterlaufenden Mitspieler, der mit Torschuß abschließt. Von beiden Seiten ausführen (Abb. 74).

Übung 2 (10 Min.): 1 ST ist im Strafraum postiert und verwertet die Flanken (Wechsel nach 5 Bällen). Spieler paar-

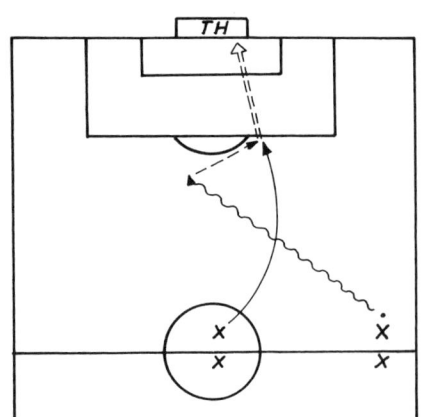

Abb. 74: Hinterlaufen mit Torabschluß

TE 2   Lfd. TE-Nr.: 022   Dauer: 100 Min.   Woche: 06

weise an ML (Mitte und Außenposition besetzt). Der Spieler im Mittelkreis paßt quer nach außen und hinterläuft anschließend den nach innen dribbelnden Mitspieler, der etwa 30 m vor dem Tor in den Lauf des außen hinterlaufenden Mitspielers spielt, der den Ball zur GL führt und nach innen auf den ST flankt. Von beiden Seiten ausführen (Abb. 75).

Kondition (48 Min.): Festigung der Ausdauer durch spielgemäße Übungsformen

Übung 1 (10 Min.): Spiel 4:4 + 1 TH in PH
TH bewegt sich frei in PH. Jeder weite Flugball, den TH fängt ergibt einen Punkt für die ballbesitzende Mannschaft. Spielfortsetzung erfolgt durch TH-Abwurf zu der Mannschaft, die zuletzt die Abwehraufgabe innehatte. Zwischen erneutem Flugball auf TH müssen innerhalb der ballbesitzenden Mannschaft 3 Zuspiele erfolgt sein.
2 Min. Dehnpause

Übung 2 (10 Min.): Spiel 4:4 im Wechsel in PH
Es werden 4 Mannschaften (2 rote und 2 grüne) mit je 4 Spielern gebildet, wobei immer 2 Mannschaften aktiv sind und in PH 4:4 spielen. Die restlichen 8 Spieler traben um das Spielfeld. Ist rot in Ballbesitz, müssen die 4 grünen außen Tempo laufen – ist grün in Ballbesitz, müssen die 4 roten Spieler außen Tempo laufen. Wechsel nach 3 Min.
2 Durchgänge
2 Min. Dehnpause

Übung 3 (10 Min.): Spiel 4:4 + 1 TH auf mehrere Offentore in PH
In PH sind 5 Offentore (4 m breit) verteilt. Tore können von der ballbesitzenden Mannschaft von vorne und hinten erzielt werden, wobei der TH immer das gefährdete Tor abdeckt und je nach Spielgeschehen in ein anderes Tor wechselt. Es darf nicht zweimal hintereinander auf dasselbe Tor geschossen werden. Fängt der TH den Ball, wirft er auf die bisher abwehrende Mannschaft ab.
2 Min. Dehnpause

Übung 4 (10 Min.): Spiel 5:3 in PH auf 3 Offentore (3 m breit) Überzahlmannschaft spielt mit 2 Ballkontakten und verteidigt 2 Offentore. Unterzahlmannschaft mit freiem Spiel verteidigt 1 Offentor. Tore können von vorne und hinten erzielt werden.
2 Min. Dehnpause.
Abschließend Auslaufen

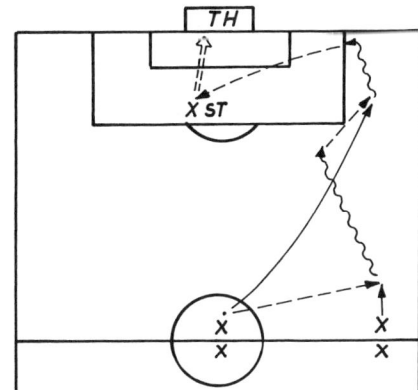

Abb. 75: Hinterlaufen, Flanke, Torschuß

Woche: 06   **TE 3**   **Lfd. TE-Nr.: 023**   **Dauer: 100 Min.**

Trainingsziel: Verbesserung des Torabschlusses nach Kombinationsformen

Trainingsgeräte: 20 Bälle, tragbares Normaltor, 8 Markierungsstangen

Trainings-Inhalt:

Aufwärmen (25 Min.): Handball, Traben, Dehnübungen

Übung 1: Handball 8:8 auf 2 Normaltore in PH ohne TH Abschluß nach Zuwurf mit Kopf oder Fuß. Es sind keine Schritte mit Ball erlaubt.

Übung 2: Lockeres Traben über die PB mit Dehnübungen. Die TH wärmen sich individuell auf.

Torabschluß (65 Min.): Torabschluß nach Kombinationsformen

Übung 1: Halber Platz mit 2 Normaltoren, 8 Feldspieler + 2 TH. Gruppe 1 mit 8 Spielern (4 sind jeweils aktiv) (Abb. 76)
Die TH bedienen mit Handzuwurf die sich seitlich anbietenden Mitspieler. Diese passen den Ball auf den entgegenstartenden Mittelstürmer und spurten auf dessen Position. Der MST rochiert mit Tempodribbling nach außen und flankt auf seinen Mitspieler, der mit Torschuß abschließt.
Anschließend Positionswechsel.
Nach 3 Min. wechselt die andere 4er-Gruppe ins Feld.
2. Durchgang: Spiel über den anderen Flügel.
Die zweite Gruppe (8 Spieler) spielt zeitgleich in der anderen PH 4:4 auf 2 Kleintore (12 Min.). Danach wechselt sie mit Gruppe 1.

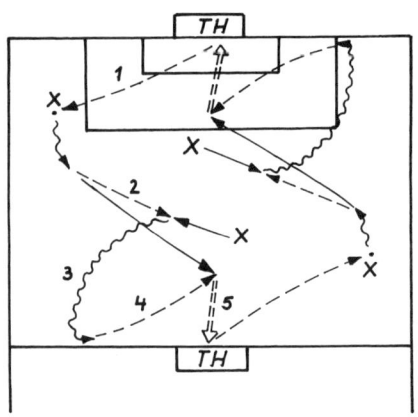

Abb. 76: Torschuß nach Rochade

Übung 2: Torschuß nach Überflanken eines Abwehrspielers und Auflegen für Rückraumspieler (Abb. 77)
Halber Platz mit 2 Normaltoren, 8 Felspieler + 2 TH. Die TH bedienen mit Handzuwurf die sich seitlich anbietenden Mitspieler. Diese führen den Ball, spielen DP mit dem entgegenstartenden MST und flanken über den AWSP auf den im hinteren Torraum postierten Mitspieler, der für den aus dem Rückraum kommenden Spieler abtropfen läßt.
Nach jeder Min. Rollenwechsel.
Nach 12 Min. wechselt die andere 8er-Gruppe ins Feld.
Die zweite Gruppe spielt zeitgleich in der anderen PH 5:3 mit 2 Ballkontakten im abgegrenzten Raum.

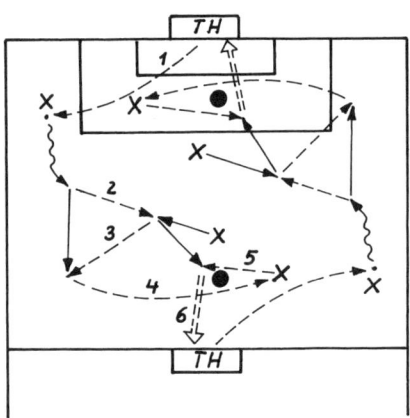

Abb. 77: Torschuß nach Überflanken eines Abwehrspielers und Auflegen für Rückraumspieler

Übung 3: Spiel 4:4:4 mit jeweils 2 Anspielstationen (Abb. 78)

TE 3   Lfd. TE-Nr.: 023   Dauer: 100 Min.   Woche: 06

Halber Platz mit 2 Normaltoren, 3 Mannschaften mit je 6 Feldspielern + 2 TH. Spiel 4 gegen 4 gegen 4 mit jeweils 2 Anspielstationen in der neutralen Zone (5–6 m breit). Auf beiden Seiten des Spielfeldes ist eine neutrale Zone abgesteckt, in der sich jeweils 1 Spieler jeder Mannschaft aufhält. Der Spieler in dieser Zone darf nicht angegriffen werden und wechselt nach jedem Angriff. Mannschaft A greift B an, während Mannschaft C pausiert. Anschließend stürmt Mannschaft B gegen die abwehrende Mannschaft C, während A pausiert. In der neutralen Zone darf nur direkt gespielt werden. Ein erfolgreicher Torschuß nach einem vorausgegangenen Zuspiel aus der neutralen Zone zählt doppelt. Jeder Angriff muß spätestens nach 20 Sek. abgeschlossen sein.

Abschluß (10 Min.): Torschuß-Wettbewerb (Abb. 79)
2 Mannschaften mit je 8 Spielern. Die Spieler der Mannschaft A schießen abwechselnd von der Strafraumgrenze in schneller Reihenfolge auf das Tor. Dann schießt Mannschaft B (TH-Wechsel).
2. Durchgang: Nur mit „schwachem" Fuß. Nach jedem Fehlschuß (neben oder über das Tor) muß die gesamte Mannschaft innerhalb von 10 Sek. um das Tor herum bis zur Strafraumgrenze spurten. Ansonsten 1 Tor Abzug.
Abschließend Auslaufen

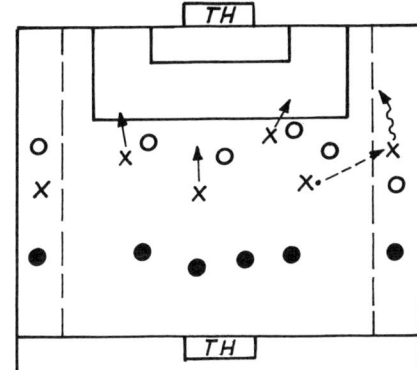

Abb. 78: Spiel 4:4:4 mit jeweils 2 Anspielstationen

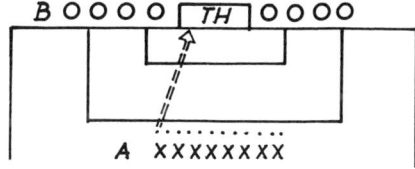

Abb. 79: Torschußwettbewerb

TE 4   Lfd. TE-Nr.: 024   Dauer: 100 Min.   **Woche: 06**

Trainingsziel: Schulung des Pressing

Trainingsgeräte: 10 Bälle, 4 Markierungsstangen

Trainings-Inhalt:

Aufwärmen (25 Min.): Einlaufen ohne Ball über die Platzbreite
– Lockerer Trab (mehrere PB)
– Hopserlauf auf Höhe und Weite
– Zehenspitzenlauf
– Traben mit Skipping-Serien
– Kurze Antritte aus Rw-Lauf
– Fersenlauf (auf Fersen aufsetzen)
– Traben mit Kopfballsprüngen
– Kurze Antritte aus Vw-Lauf
Anschließend Dehnen

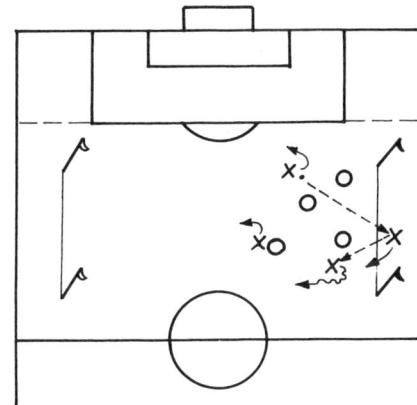

Abb. 80: Spiel 4:4 über 2 Linien

Woche: 06	TE 4	Lfd. TE-Nr.: 024	Dauer: 100 Min.

Taktik (15 Min.): Spiel 4:4 über 2 Linien im Feld 40 × 30 m in PB (Abb. 80)
Ziel ist das schnelle Konterspiel sowie die Verbesserung des Zweikampfverhaltens. Ein Tor ist erzielt, wenn es der ballbesitzenden Mannschaft gelingt, einen Mitspieler hinter der gegnerischen Grundlinie so anzuspielen, daß dieser direkt zu einem Mitspieler im Feld weiterleiten kann. Die Mannschaft bleibt in Ballbesitz und kontert sofort auf die andere GL. Die abwehrende Mannschaft versucht durch Tackeln (verzögern) bzw. Forechecking den schnellen Konter zu vermeiden und selbst in Ballbesitz zu kommen.

Taktik (30 Min.): Torabschluß bzw. Herbeiführen einer Pressing-Situation und Pressing durch Spiel 6:4 + TH auf Normaltor in PI I (Abb. 81)
Die angreifende Mannschaft beginnt an der ML und versucht zu einem schnellen Torabschluß zu kommen. Bei Ballverlust wendet sie das Angriffspressing an. Die Abwehr versucht den Ball in ihren Reihen zu halten, wobei TH einbezogen werden kann. Nach 7 Min. wechseln jeweils 2 Angreifer mit 2 Abwehrspielern.

Abschluß (30 Min.): Spiel über den ganzen Platz auf 2 Tore mit Schwerpunkt Pressing
Mannschaft A praktiziert für 15 Min. ein Angriffspressing, während Mannschaft B ihr Pressing erst an der ML ansetzt (Mittelfeldpressing). Nach 15 Min. werden die Rollen gewechselt. Der TR achtet darauf, ob die Spieler die Pressing-Situation richtig erkennen, schnell reagieren und sich entsprechend organisieren.
Abschließend Auslaufen

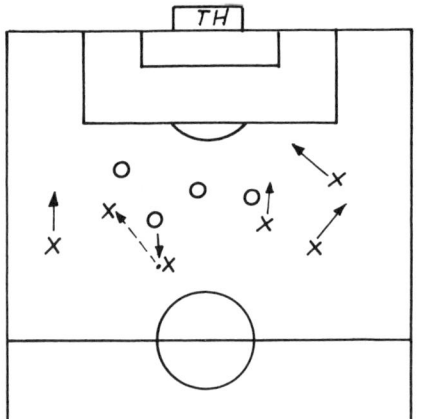

Abb. 81: Spiel 6:4 mit Torabschluß bzw. Herbeiführen einer Pressing-Situation

Trainingseinheiten der 1. Wettkampfperiode

TE 1   Lfd. TE-Nr.: 025   Dauer: 100 Min.   **Woche: 01**

Trainingsziel: Verbesserung Antrittsschnelligkeit und Konterspiel

Trainingsgeräte: 5 Bälle, 8 Markierungsstangen

Trainings-Inhalt:

Aufwärmen (25 Min.): Einlaufen ohne Ball in 2er-Gruppen Im Wechsel bestimmt jeweils 1 Spieler für 2 Min. die Laufwege, Laufart, Sprungübungen sowie die Übungsform der Bewegungsgymnastik.
Anschließend gemeinsame Dehnübungen

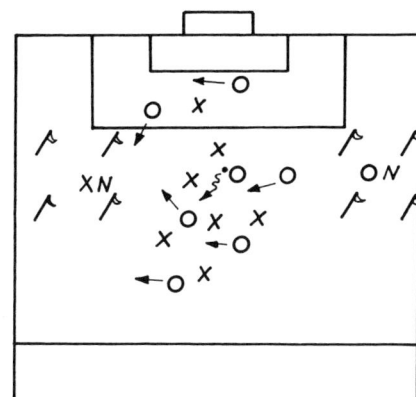

Abb. 82: Verbesserung des Konterspiels durch Spiel 7:7 + 2 Neutrale

Kondition (25 Min.): Verbesserung der Antrittsschnelligkeit in 4er-Gruppen durch Spurts aus verschiedenen Bewegungsformen heraus
16 Starts, 2 Wiederholungen je Laufform, 1 Min. Pause zwischen den Starts
− Vw-Trab von GL bis 16 m, Spurt über 15 m, 2 ×
− Rw-Trab von GL bis 16 m, Spurt über 15 m, 2 ×
− Skipping von GL bis 16 m, Spurt über 15 m, 2 ×
− Hopserlauf von GL bis 16 m, Spurt über 15 m, 2 ×
− Sw-Steps von GL bis 16 m, Spurt über 15 m, 2 ×
− Überkreuzlauf von GL bis 16 m, Spurt über 15 m, 2 ×
− Vw-Weitsprünge von GL bis 16 m, Spurt über 15 m, 2 ×
− Wedelsprünge sw von GL bis 16 m, Spurt über 15 m, 2 ×
Anschließend 5 Min. lockerer Trab über den ganzen Platz

Taktik (25 Min.): Verbesserung des Konterspiels (schnelle Änderung der Angriffsrichtung) über die PB durch Spiel 7:7 + 2 Neutrale (Abb. 82)
Auf beiden Seiten der PB ist ein Spielraum 10 × 10 m markiert, in dem sich jeweils 1 neutraler Spieler aufhält. Ziel der ballbesitzenden Mannschaft ist es, den Neutralen in seinem Spielraum (der nicht betreten werden darf) anzuspielen. Gelingt dies, erhält die Mannschaft einen Punkt, wobei der neutrale Spieler sofort mit dem Zuspieler wechselt und die gesamte Mannschaft sofort die Angriffsrichtung ändert und zum anderen Spielraum angreift.

Abschluß (25 Min.): Anwendung des schnellen Konterspiels durch Spiel 5:5:5 + 1 Neutraler über den ganzen Platz mit TH (Abb. 83)
Der neutrale Spieler (Wechsel alle 5 Min.) spielt mit der ballbesitzenden Mannschaft, wobei jeder Angriff in maximal 30 Sek. abgeschlossen sein muß.
Abschließend Auslaufen

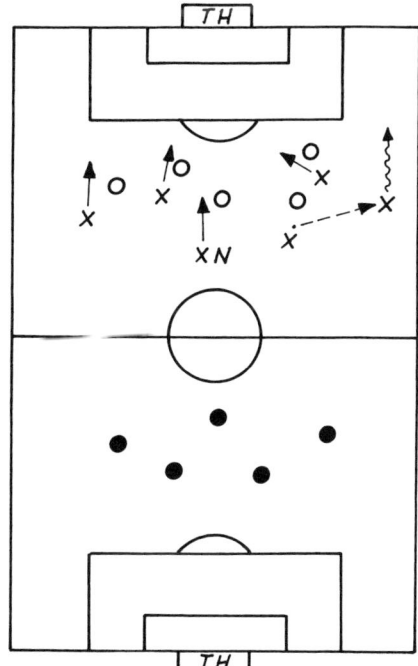

Abb. 83: Anwendung des schnellen Konterspiels durch Spiel 5:5:5 + 1 Neutraler

Woche: 01   **TE 2   Lfd. TE-Nr.: 026   Dauer: 95 Min.**

Trainingsziel: Schulung Zusammenspiel und Zweikampf-verhalten

Trainingsgeräte: Jeder Spieler 1 Ball, 20 Markierungs-stangen

Trainings-Inhalt:

Aufwärmen (25 Min.): Ballarbeit in der 4er-Gruppe im Spielraum 10 × 10 m
- Ballführen mit Innen-/Außenspann, unter Sohle, zurück-ziehen, drehen usw.
- Ballführen, auf ein Zeichen innerhalb der Gruppe Ball mit Sohle abstoppen und Ball eines Mitspielers über-nehmen
- Übersteiger: Spieler schwingt mit re (li) Fuß über den Ball, täuscht so einen Paß an, nimmt den Ball aber mit der Außenseite des li (re) Fußes in die andere Richtung mit
- Matthews-Trick: Ball mit der Innenseite des re (li) Fußes führen, kurzer Ausfallschritt nach li (re) und den Ball mit dem Außenspann des Spielbeins an der re (li) Seite des Mitspielers vorbeiziehen
- Spiel 3:1 direkt
Anschließend Dehnübungen in der 4er-Gruppe, wobei je-der Spieler mindestens 2 Übungen vormacht

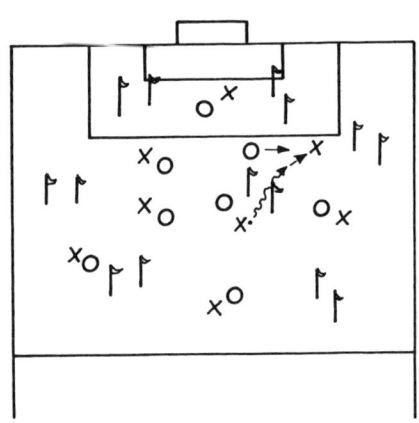

Abb. 84: Schulung Zusammenspiel, Spiel ohne Ball und Zweikampfverhalten durch Spiel 8:8 auf viele Offentore

Taktik (40 Min.): Schulung Zusammenspiel, Spiel ohne Ball und Zweikampfverhalten durch Spiel 8:8 in PH auf 8−10 Offentore (3 m breit) (Abb. 84) (gleichzeitig Festi-gung der Ausdauer)
In der PH werden etwa 10 Offentore gleichmäßig verteilt. TR bildet bei beiden Mannschaften feste Pärchen unter bestimmten Aspekten (z. B. AWSP: ST oder Konkurrenten um eine bestimmte Mannschaftsposition). Ein Tor ist er-zielt, wenn ein Spieler mit Ball durch ein Offentor dribbeln und anschließend einen erfolgreichen Paß zu einem Mit-spieler anbringen kann.
3 Durchgänge mit je 12 Min.

Taktik (20 Min.): Spiel 5:3 + TH in PH auf Normaltor mit Kontermöglichkeit auf 2 Offentore an ML (Abb. 85)
Die angreifende Mannschaft spielt mit 2 ST + 3 MFSP ge-gen 2 MD + LIB.
Ziel der Angreifer ist es, durch laufende Positionswechsel die Deckungsarbeit zu erschweren, mit überraschenden Pässen in die Tiefe und häufigem Doppelpaß-Spiel zum Torerfolg zu kommen

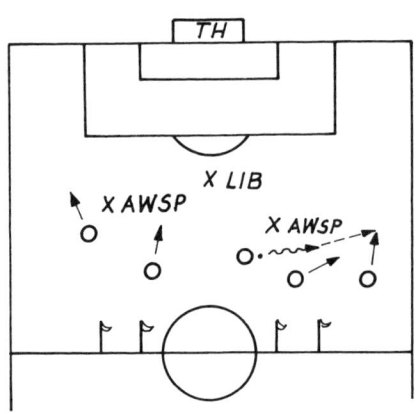

Abb. 85: Spiel 5:3 + TH auf Normaltor mit Kontermöglichkeit auf 2 Offentore

---

TE 2   Lfd. TE-Nr.: 026   Dauer: 95 Min.   Woche: 01

Die Abwehr beginnt mit einem 2:0-Vorsprung und versucht durch Ballhalten und Ballsicherung das Zeitspiel zu praktizieren bzw. durch schnelle Konter ein Tor an einem der beiden Offentore an der ML zu erzielen.
Abschließend Auslaufen

TE 3   Lfd. TE-Nr.: 027   Dauer: 100 Min.   **Woche: 01**

Trainingsziel: Schulung Zusammenspiel, Torabschluß und Raumdeckung

Trainingsgeräte: 16 Bälle, 12 Markierungsstangen

Trainings-Inhalt:

Aufwärmen (25 Min.):
– Lockeres Laufen verbunden mit Dehnübungen (10 Min.)
– Spiel 6:2 direkt (Feld 15 × 15 m): Spieler bilden feste Paare; bei Fehler eines Partners wechselt immer das betreffende Paar in die Mitte (15 Min.)

Taktik (40 Min.): Schulung des Zusammenspiels in 4er-Gruppen

Übung 1 (10 Min.): 4:4 freies Spiel. 2 Spieler bieten sich dem Ballbesitzenden für kurzes Abspiel an (hin zum Mann), der 3. Spieler für den weiten Paß (Spielverlagerung)

Übung 2 (12 Min.): 4:4, in jeder Mannschaft wird 1 Spieler benannt, der jeweils nur direkt spielen darf (4 × 3 Min.)

Übung 3 (8 Min.): 4:4, nur Direktspiel erlaubt

Übung 4 (10 Min.): 1 + 3:3 + 1, jeweils 1 Spieler jeder Mannschaft hält sich an der Längsseite des Spielfeldes auf. Wird er angespielt, wechselt er für den Zuspieler in die Mitte (Abb. 86)

Torschuß (20 Min.): Verwerten von Flanken nach vorherigem Hinterlaufen, Spielverlagerung und Doppelpaß (Abb. 87)
Spieler A führt Ball von GL und paßt quer zum mitgelaufenen Spieler B, der Ball nach innen führt. Vor der Markierung paßt B nach außen zum hinterlaufenden A, der an der ML einen weiten Flugball auf Spieler C schlägt. C drib-

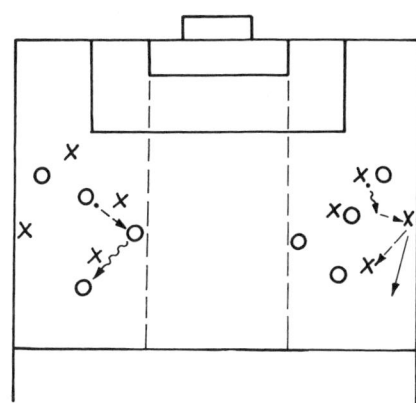

Abb. 86: Spiel 1 + 3:3 + 1

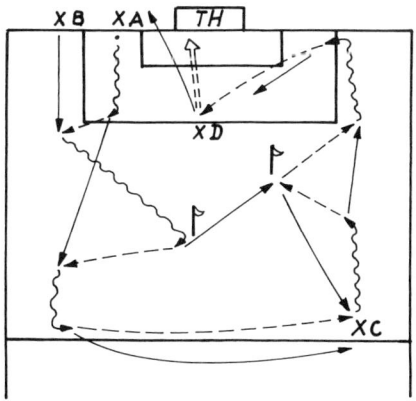

Abb. 87: Verwerten von Flanken nach Hinterlaufen, Spielverlagerung und Doppelpaß

Woche: 01   TE 3   Lfd. TE-Nr.: 027   Dauer: 100 Min.

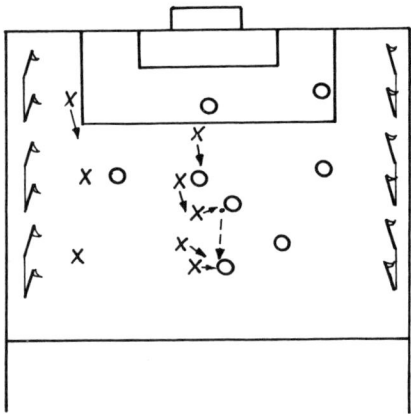

belt mit dem Ball, spielt DP mit B und flankt von der GL auf D, der direkt verwandelt. C wechselt anschließend mit D. Übung von re und li ausführen.

Abschluß (15 Min.): Schulung der Raumdeckung durch Spiel 8:8 in PH auf 6 Offentore (3 m breit) (Abb. 88) Mannschaften spielen in der Formation 3−4−1, d.h. 3 Spieler decken die Torräume, eine 4er-Kette bildet das MIFE, ein Spieler in der Spitze. Die Spitze stört den Spielaufbau des Gegners, die 4er-Kette verschiebt sich dahin, wo der Gegner seinen Angriff aufbaut.
Abschließend lockeres Auslaufen

Abb. 88: Schulung der Raumdeckung durch Spiel 8:8

Woche: 02   **TE 1   Lfd. TE-Nr.: 028   Dauer: 100 Min.**

Trainingsziel: Verbesserung der Schnelligkeit und des Konterspiels

Trainingsgeräte: 10 Bälle, 7 Markierungsstangen

Trainings-Inhalt:

Aufwärmen (25 Min.): Einlaufen mit Ball in der 2er-Gruppe über die PB
− Querpaß-Spiel aus Trab heraus
− Steil-steil im Wechsel: Spieler legen sich gegenseitig den Ball mit kurzen Steilpässen vor
− Spieler 1 mit Ball treibt Spieler 2 vor sich her und wendet Finten an. Spieler 2 bleibt passiv
− Spieler 1 führt den Ball nach Finte mit schnellem Antritt an Spieler 2 vorbei
− Spieler 1 bedient mit Handzuwurf den rw laufenden Spieler 2, der zurückköpft
− Spieler 1 bedient mit Handzuwurf den rw laufenden Spieler 2, der mit Innenseite zurückspielt
Abschließend gemeinsame Dehnübungen

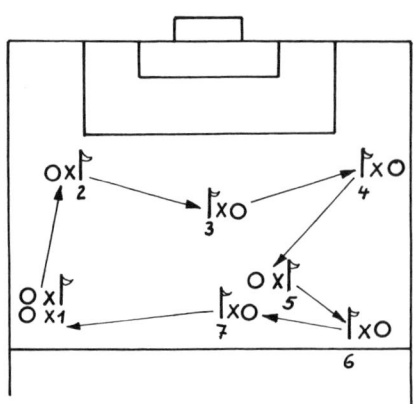

Kondition (25 Min.): Verbesserung der Schnelligkeit durch Endlos-Staffel (Abb. 89)

Abb. 89: Endlos-Staffel

TE 1   Lfd. TE-Nr.: 028   Dauer: 100 Min.   Woche: 02

In der PH ist eine Strecke mit unterschiedlich langen Laufwegen markiert. Es werden 2 Mannschaften gebildet, wobei jede Markierung eine Wechselmarke darstellt und mit
je einem Spieler beider Mannschaften, die Startmarkierung jedoch mit 2 Pärchen besetzt ist. Durch Abschlagen
auf den Rücken startet jeweils das nächste Paar.
Sieger ist die Mannschaft, die als erste alle Strecken
durchlaufen hat.
Belastung: 4 Durchgänge mit Starts aus verschiedenen
Ausgangssituationen, 2 Min. Pause nach jedem Durchgang.
Lauf 1: Stehend
Lauf 2: Aus Liegestütz
Lauf 3: Aus Bauchlage
Lauf 4: Aus Sitzposition

Taktik (30 Min.): Verbesserung des Konterspiels durch
Spiel 5:3 (Abb. 90)
5 Angreifer gegen 3 Abwehrspieler im Spielraum 20 × 20 m
an der ML. Die Abwehr in Unterzahl hat Ballbesitz. Bei
Ballgewinn der Überzahl kontern die 5 Angreifer sofort auf
das Normaltor in der anderen PH. Spätestens nach 6 Pässen muß der Angriff abgeschlossen sein. Kommt die Abwehr vor dem Torabschluß in Ballbesitz, wechselt der
Spieler aus der Überzahlmannschaft in die Abwehr, der
den Ball verloren hat. Nach einem Torabschluß wird das
Spiel 3:5 fortgesetzt.

Abschluß (20 Min.): Anwendung des schnellen Konterspiels durch Spiel 8:8 über den ganzen Platz (Abb. 91)
In jeder PH spielen 5 Angreifer gegen 3 AWSP. Jede Mannschaft muß spätestens nach 8 Zuspielen ihren Angriff abgeschlossen haben. Ziel der in Unterzahl spielenden Abwehrformationen ist es, bei Ballbesitz mit weiten Pässen
die 5 Angreifer in der anderen PH anzuspielen.
Abschließend Auslaufen

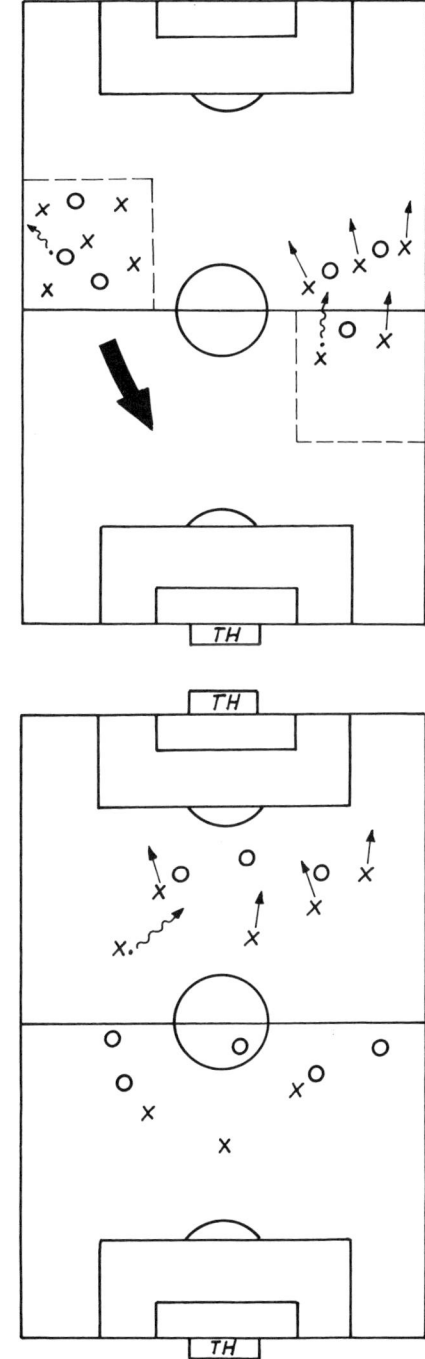

Abb. 90: Verbesserung des Konterspiels durch Spiel 5:3

Abb. 91: Anwendung des schnellen Konterspiels durch Spiel 8:8

Woche: 02   **TE 2   Lfd. TE-Nr.: 029   Dauer: 110 Min.**

Trainingsziel: Verbesserung Paß-Technik und der konditionellen Fähigkeiten

Trainingsgeräte: 10 Bälle, 12 Markierungsstangen

Trainings-Inhalt:

Aufwärmen (25 Min.): Handball 4:4 mit Kopfballzuspiel
Im PV wird 4:4 Handball gespielt. Jeder Zuwurf innerhalb der Mannschaft, der mit dem Kopf zu einem Mitspieler weitergeleitet werden kann, ergibt einen Punkt.
Anschließend Dehnübungen

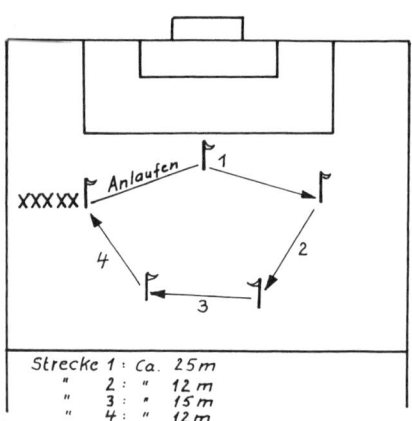

Abb. 92: Verschiedene Laufformen auf abgesteckter Laufstrecke

Technik (25 Min.): Paß-Technik in der 3er-Gruppe
– Weite Pässe aus dem Lauf heraus spielen
– Spieler 1 paßt zu 2, der für den entgegenkommenden Spieler 3 ablegt
– Spieler 1 paßt zu 2, der direkt in den Lauf von Spieler 3 weiterleitet
– Spieler 1 paßt halbhoch (hoch) zu 2, der mit Fuß oder Kopf direkt zu Spieler 1 zurückspielt, der anschließend einen weiten Paß auf den sich freilaufenden Spieler 3 schlägt
– Spieler 1 führt den Ball, spielt anschließend DP mit Spieler 2, dann mit Spieler 3. Dann übernimmt 2 den Ball (4 Durchgänge)

Kondition (20 Min.):
Verbesserung der allgemeinen konditionellen Fähigkeiten auf abgesteckter Laufstrecke (jeder Spieler einzeln – 1 Min. Pause nach jedem Durchgang) (Abb. 92)

Durchgang 1 (3 Min.):
1. Strecke: Traben
2. Strecke: Beschleunigen
3. Strecke: Sprint
4. Strecke: Auslaufen

Durchgang 2 (3 Min.):
1. Strecke: Hopserlauf
2. Strecke: Seitwärtslauf
3. Strecke: Anfersen
4. Strecke: Knieheberlauf

Durchgang 3 (3 Min.):
1. Strecke: Rückwärtslauf
2. Strecke: Einbein-Weitsprünge
3. Strecke: Kopfballsprünge
4. Strecke: Sprint

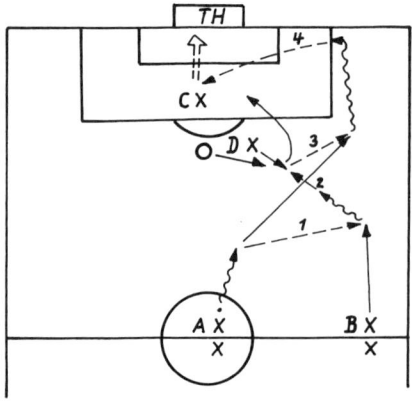

Abb. 93: Angriffskombination mit Hinterlaufen und Torabschluß

TE 2   Lfd. TE-Nr.: 029   Dauer: 110 Min.   Woche: 02

Durchgang 4 (3 Min.):
1. Strecke: Wedelsprünge
2. Strecke: Skipping
3. Strecke: Zweibein-Weitsprünge
4. Strecke: Traben

Durchgang 5 (3 Min.):
1. Strecke: Traben
2. Strecke: Klassisches Gehen − Beschleunigen
3. Strecke: Klassisches Gehen − Höchsttempo
4. Strecke: Klassisches Gehen − Auslaufen

Toschuß (20 Min.): Angriffskombination mit Hinterlaufen und Torabschluß (Abb. 93)
Am Strafraum sind 2 ST (C, D) gegen 1 AWSP postiert. Spieler A führt von der ML aus den Ball und paßt nach außen zu B (1). B führt den Ball nach innen und spielt den entgegenstartenden Spieler D an (2), der direkt nach außen für den hinterlaufenden Spieler A weiterleitet (3).
A flankt (4) aus vollem Lauf auf die beiden ST C und D, die gegen den abwehrenden Spieler versuchen, zum Torerfolg zu kommen.
Wechsel der beiden ST und des AWSP nach 5 Bällen.
Von beiden Seiten ausführen

Abschluß (20 Min.): Kleinfeld-Turnier auf 2 Spielfeldern mit Dreiecks-Offentoren (Abb. 94)
4 Mannschaften mit je 4 Spielern. In den beiden PH sind 2 Spielfelder mit Dreiecks-Offentoren (3 m breit) markiert. Die Mannschaften werden ausgelost. Tore können von allen Seiten, jedoch nur direkt erzielt werden.
Nach 10 Min. spielen die beiden Sieger und die beiden Verlierer gegeneinander.
Abschließend gemeinsames Auslaufen

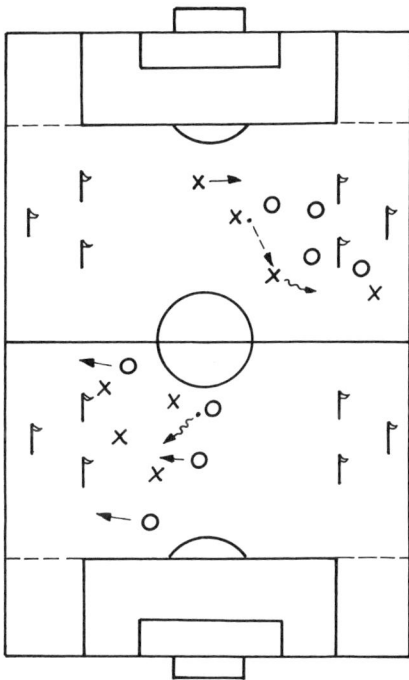

Abb. 94: Kleinfeld-Turnier auf Dreiecks-Offentore

TE 3   **Lfd. TE-Nr.: 030   Dauer: 100 Min.**   **Woche: 02**

Trainingsziel: Schulung Balltechnik, Zweikampfverhalten und Torabschluß

Trainingsgeräte: 20 Bälle, 12 Markierungsstangen

Trainings-Inhalt:

Aufwärmen (25 Min.): Einlaufen ohne/mit Ball über die PB − Traben, Hopserlauf, Knieheberlauf und Anfersen

Woche: 02   TE 3   Lfd. TE-Nr.: 030   Dauer: 100 Min.

– Zehenspitzenlaufen, Fersenlauf
– Beinschwingen: Stand auf li (re) Bein, re (li) Bein
  schwingt am Standbein von re (li) außen nach li (re)
– Hocksprünge aus Trab: Knie zur Brust hin anziehen
– Gehen, alle 5 m Standwaage: Oberkörper abbeugen,
  Arme seitlich strecken, freies Bein bis zur Waagrechten
  anheben und ca. 5 Sek. halten
– Ball aus Lauf hochwerfen und im Sprung fangen
– Ball aus Lauf hochwerfen, hochköpfen und fangen
– Sw-Läufe, dabei Ball mit re/li Hand prellen
– Ball aus Lauf hochwerfen, mit Dropkick vorlegen und
  nachspurten
– Balljonglieren über die PB
– Dehnübungen

Technik/Taktik (55 Min.): Schulung der Balltechnik, des
Zweikampfverhaltens und des Torabschlusses durch Stationentraining in der 4er-Gruppe (Abb. 95)
Belastung: 12 Min./Station, 1 Min. Pause (Stationswechsel)

Station 1: Spiel 3:1 mit Torabschluß auf Normaltor
TH spielt mit Handabwurf die 3er-Gruppe an. Diese versucht gegen 1 AWSP zum Torerfolg zu kommen, wobei
nur direkt gespielt werden darf und der Torschuß ausschließlich außerhalb des Strafraums erlaubt ist. Bei Ballbesitz des AWSP muß Rückspiel zum TH erfolgen, wobei
dann den Angreifern 1 Tor abgezogen wird. Wer ist der erfolgreichste AWSP?
Wechsel AWSP nach 3 Min.

Station 2: Balltechnik
– Flachpaß mit Positionswechsel: Direktes Spiel, wobei je-
  der Spieler seinem Paß folgt (3 Min.)
– Ballführen mit Übergabe (3 Min.)
– Dreiecksspiel: Direktes Spiel, wobei jeder Spieler seinem
  Paß in die Mitte folgt (3 Min.)
– Spielen und freilaufen im Dreieck: Nach re (li) passen
  und nach li (re) freilaufen (3 Min.)

Station 3: Zweikampfverhalten
– Spiel 2:2 im Spielraum 15 × 15 m (3 Min.)
– Spiel 1:1 + 2 im Spielraum 15 × 15 m. Die 2 Anspielsta-

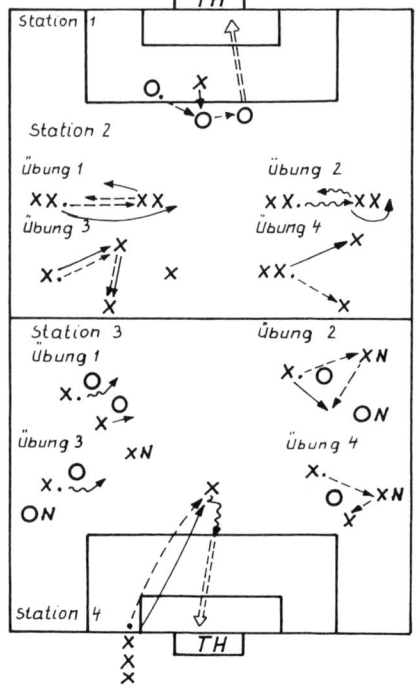

*Abb. 95: Schulung der Balltechnik, des Zweikampfverhaltens und
des Torabschlusses durch Stationentraining in der 4er-Gruppe*

TE 3   Lfd. TE-Nr.: 030   Dauer: 100 Min.   Woche: 02

tionen spielen jeweils mit dem Ballbesitzenden, jedoch
nur direkt (3 Min.)
− Spiel 1 : 1 + 2 (Wechsel der Rollen − 3 Min.)
− Spiel 2 : 1 + 1 (3 Min.). Der Neutrale darf nur direkt spie-
len. Bei Ballbesitz des AWSP erfolgt Wechsel mit dem
Spieler, der Ball verloren hat

Station 4: Torschuß nach Dribbling
Spieler A schlägt von der GL einen weiten Flugball auf den
30 m vor dem Tor postierten Spieler B, folgt sofort seinem
Paß und greift B an. Spieler A versucht gegen den verteidigenden Spieler B zum Torerfolg zu kommen

Abschluß (20 Min.): Spiel durch 2 auf 3 Tore über den
ganzen Platz mit TH (Abb. 96)
Schwerpunkt: Peripheres Sehen − Spielverlagerung
Neben jedem Normaltor wird auf beiden Seiten auf der GL
10 m vom Pfosten entfernt ein 3 m breites Offentor markiert. Diese Tore werden von Feldspielern abgedeckt, wobei die Abwehr des Balles mit den Händen nicht erlaubt
ist.
Zwei weitere Offentore (4 m breit) sind an der ML abgesteckt, wobei das Eindringen in die gegnerische Hälfte immer durch eines dieser beiden Tore erfolgen muß.
Ein Torerfolg im Normaltor erbringt 2 Punkte, in einem der
beiden Offentore an der GL 1 Punkt.
Abschließend Auslaufen

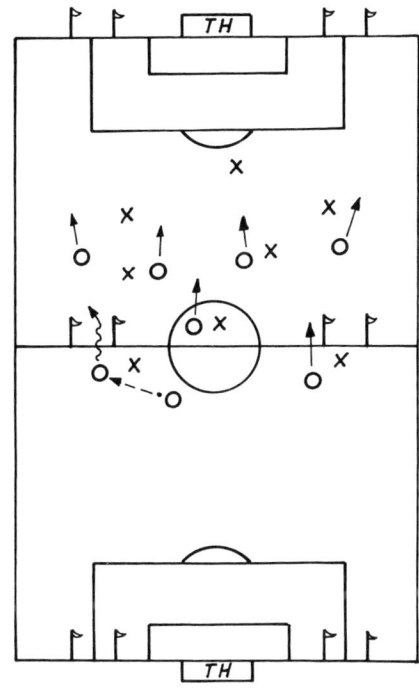

Abb. 96: Spiel durch 2 auf 3 Tore

TE 1   Lfd. TE-Nr.: 031   Dauer: 90 Min.   **Woche: 03**

Trainingsziel: Verbesserung Zusammenspiel und Zweikampfverhalten

Trainingsgeräte: Jeder Spieler 1 Ball, 16 Markierungsstangen

Trainings-Inhalt:

Aufwärmen (25 Min.): Alle Spieler mit Ball im Strafraum
− Ballführen mit Innen-/Außenseite
− Ballführen mit Blickkontakt zum TR, der jeweils die ge-
forderte Laufrichtung anzeigt
− Ballführen und auf Zeichen TR kurz auf Ball absitzen
− Ballführen und auf Zeichen TR Ball eines Mitspielers
übernehmen
− Ball unter der Sohle im Wechsel re/li, vw und rw treiben

Woche: 03   **TE 1   Lfd. TE-Nr.: 031   Dauer: 90 Min.**

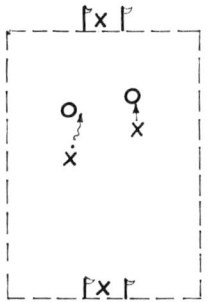

Abb. 97: Spiel 2 : 2 + 2

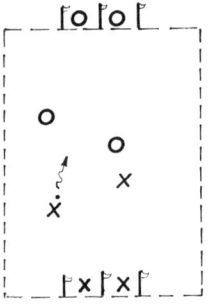

Abb. 98: Spiel 2 + 2 : 2 + 2

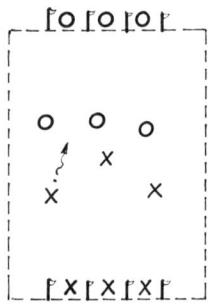

Abb. 99: Spiel 3 + 3 : 3 + 3

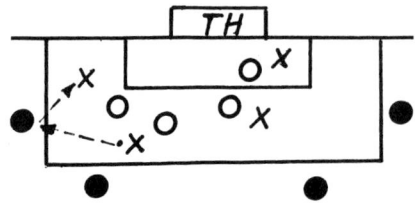

Abb. 100: Spiel 4 : 4 + 4

– Ballführen, hochspielen und mit Innenseite-Dropkick in den Lauf vorlegen
– Balljonglieren in der Reihenfolge Spann, Oberschenkel, Kopf und wieder mit Spann usw.
Anschließend Dehnübungen

Taktik (35 Min.): Verbesserung Zusammenspiel und Zweikampfverhalten in 2er-, 3er- und 4er-Gruppen

Übung 1 (6 Min.): Spiel 2 : 2 + 2 auf 2 Offentore (2 m breit) im Feld 16 × 10 m, Spieldauer 2 Min. (Abb. 97)
Die beiden Offentore sind jeweils mit 1 Feldspieler besetzt, der gleichzeitig Anspielstation für die im Feld 2 : 2 spielenden Akteure ist. Jeder DP mit einem der beiden Anspielstationen ergibt 1 Punkt. Nach Ablauf der 2 Min. wechseln die Anspielstationen für eine der beiden Mannschaften ins Feld. Jede 2er-Gruppe bestreitet so 2 Spiele.
Anschließend 1 Min. Dehnpause

Übung 2 (8 Min): Spiel 2 + 2 : 2 + 2 auf je 2 Offentore (3 m breit) im Feld 16 × 10 m, Spieldauer 2 Min. (Abb. 98)
Jede Mannschaft stellt 2 Feldspieler und 2 TH, die jedoch zur Abwehr des Balles nicht die Hände benutzen dürfen. Nach 2 Min. wechseln die TH ins Feld. 2 Durchgänge.
Anschließend 1 Min. Dehnpause

Übung 3 (12 Min.): Spiel 3 + 3 : 3 + 3 auf je 3 Offentore (3 m breit) im Feld 16 × 10 m, Spieldauer 3 Min. (Abb. 99)
Wie Übung 2. 2 Durchgänge
Anschließend 1 Min. Dehnpause

Übung 4 (12 Min.): Spiel 4 : 4 + 4 (Ajax-Spiel) im Strafraum auf Normaltor mit TH, Spieldauer 4 Min. (Abb. 100)
Jede Mannschaft fungiert für eine Spieldauer jeweils als Angreifer, VT und als Zuspieler. Die Spieler der zuspielenden Mannschaft (C) verteilen sich um den Strafraum herum. Mannschaft A greift gegen B an und nutzt C als Anspielstation zum DP oder Direktpaß. Bei Ballbesitz TH oder der abwehrenden Mannschaft wird der Ball zu einem Zuspieler C gespielt und das Spiel fortgesetzt. Welche Mannschaft erzielt die meisten Tore?
Anschließend 2 Min. Dehnpause

Abschluß (30 Min.): Spiel 8 : 8 über den ganzen Platz mit TH
Direkt erzielte Tore werden doppelt, nach DP dreifach gezählt
Abschließend Auslaufen

TE 2   Lfd. TE-Nr.: 032   Dauer: 90 Min.   **Woche: 03**

Trainingsziel: Schulung des Pressing

Trainingsgeräte: 10 Bälle, 8 Markierungsstangen

Trainings-Inhalt:

Aufwärmen (25 Min.): Spiel 4:2 mit 2 Ballkontakten
Spieler bilden 3 Paare, bei Fehler eines Mitspielers wechselt immer das Paar in die Mitte.
Anschließend Dehnen

Taktik (25 Min.): Schulung der Raumdeckung, des Zweikampfverhaltens und der Spielverlagerung durch Spiel 5:5 auf jeweils 2 Offentore (3 m breit, 25 m Abstand) in PH (Abb. 101)
Die abwehrende Mannschaft deckt mit 2 Spielern den Raum vor den beiden Toren und greift mit einer 3er-Abwehrreihe die ballbesitzende Mannschaft an. Dabei verschiebt sie sich immer ballnahe und versucht, die Angreifer zu Querpässen bzw. Dribblings zu zwingen.
Die angreifende Mannschaft versucht, durch schnelle Spielverlagerung eine Überzahl vor einem der beiden Tore herbeizuführen und mit einem Torerfolg abzuschließen.
(Variante: Torschuß nur direkt)

Taktik (30 Min.): Schulung des Angriffs- und Mittelfeldpressing
Ziel ist das Herbeiführen von Pressing-Situationen für Angriffs- und Mittelfeldpressing und die Schulung der entsprechenden Abwehrorganisation (Abb. 102)
Spielform: Spiel 3 + 3 gegen 4 + 2 auf 1 Normaltor und 2 Offentore an ML (Angriffspressing) bzw. 2 Offentore am entfernten Strafraum (Mittelfeldpressing).

15 Min. Angriffspressing
15 Min. Mittelfeldpressing

Die Abwehr spielt in einer 3er-Formation (LIB und 2 AWSP) zusammen mit 3 MFSP auf die 2 Offentore gegen 2 ST und 4 MFSP. Die auf das Normaltor (mit TH) angreifende Mannschaft praktiziert bei Ballverlust das Angriffspressing, indem sie eine entsprechende Spielsituation herbeiführt und dabei die Verschiebung der Räume in der Länge und Breite herbeiführt und den Gegner in Raum- und Zeitnot bringt. Bei einem Torerfolg der Angreifer auf das Normaltor wird ein neuer Angriff von der ML aus gestartet.
Die Abwehr versucht das Pressing abzuwenden und kontert auf die beiden Offentore.

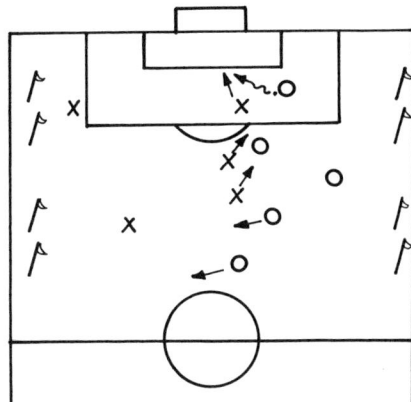

Abb. 101: Spiel 5:5 auf 4 Offentore

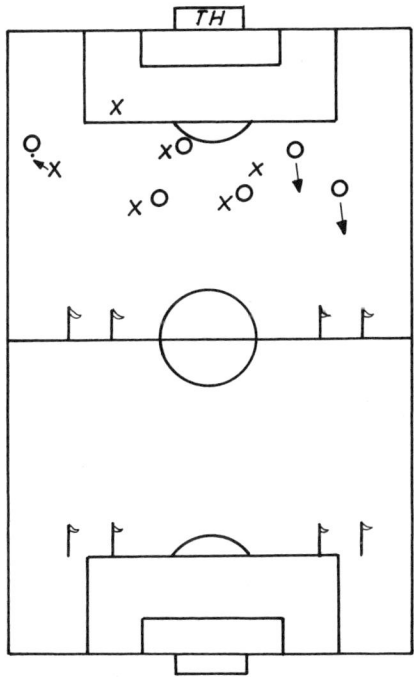

Abb. 102: Spiel 3 + 3 gegen 4 + 2

Woche: 03   TE 2   Lfd. TE-Nr.: 032   Dauer: 90 Min.

Nach der festgesetzten Zeit werden die beiden Offentore an den entfernten Strafraum zurückgenommen und das Mittelfeldpressing geübt, indem die Pressing-Situation an der ML beginnt.

Abschluß (10 Min.): Auslaufen mit Dehnübungen

Woche: 03   **TE 3   Lfd. TE-Nr.: 033   Dauer: 105 Min.**

Trainingsziel: Verbesserung Torabschluß, Kopfballspiel und Dribbling

Trainingsgeräte: 20 Bälle, 12 Markierungsstangen

Trainings-Inhalt:

Aufwärmen (25 Min.): Zuspielformen in der 3er-Gruppe
– nach jedem Abspiel erfolgt eine gymnastische Übung (Hocke, Liegestütz, Kopfballsprung, Armekreisen usw.)
– freies Zusammenspiel mit Wechsel von kurzen und langen Bällen aus dem Trab heraus
– der Angespielte leitet Flugbälle direkt weiter
– Dehnübungen
– nach Abspiel erfolgt 10-m-Spurt
– Ballführen bis ein Mitspieler den Ball durch einen Spurt fordert
– schnelles Kurzpaß-Spiel (hohes Tempo) mit Antritten, Körpertäuschungen und plötzlichen Richtungsänderungen
– Dehnübungen

Taktik (50 Min.): Schulung des Flankens, Torabschlusses, Dribblings und des Kopfballspiels in der 3er-Gruppe
Belastung: 8 Min./Station; 2 Min. Pause (Stationswechsel)
(Abb. 103)

Übung 1: Flanken aus dem Lauf (von re und li ausführen)
Die Spieler führen den Ball im Wettkampftempo von der 20 m von der GL entfernten Markierung auf die Torauslinie und flanken auf den an der Strafraumgrenze postierten Mitspieler, der die Flanke direkt verwertet. Anschließend wechselt der Flankende nach innen auf die Position des Schützen, der die Position außen einnimmt (Ersatzbälle bereithalten)

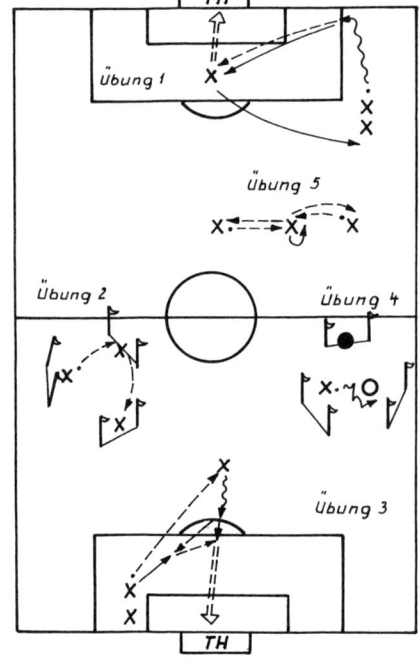

Abb. 103: Schulung des Flankens, Torabschlusses, Dribblings und des Kopfballspiels

---

TE 3   Lfd. TE-Nr.: 033   Dauer: 105 Min.   Woche: 03

Übung 2: Kopfbälle, Hechtkopfbälle
3 Offentore (5 m breit) sind in Dreiecksformation im 10-m-Abstand zueinander aufgestellt. Jedes Tor ist durch einen Spieler besetzt, wobei sich diese den Ball im Wechsel so zuwerfen, daß ein gezielter Kopfstoß möglich ist. Spieler 1 wirft zu 2, der auf das Tor von 3 köpft. Anschließend wirft 3 zu 1, der auf das Tor von 2 köpft usw.
Wer erzielt die meisten Tore?

Übung 3: Torschuß nach DP
Spieler 1 ist ca. 30 m vor dem Tor postiert; Spieler 2 und 3 auf der GL an der Strafraumgrenze. Spieler 2 schlägt einen weiten Flugball auf Spieler 1, folgt seinem Paß und bietet sich zum DP an. Spieler 1 verwandelt den DP direkt und wechselt anschließend auf die GL, während Spieler 2 jetzt die Postition von 1 einnimmt. (Ersatzbälle bereithalten)

Übung 4: Spiel 1 : 1 : 1
3 Offentore (3 m breit) sind in Dreiecksformation im 10-m-Abstand zueinander aufgestellt. Jeder Spieler hat ein Tor zu verteidigen und versucht bei Ballbesitz, ein Tor an den beiden anderen Toren durch Durchdribbeln zu erzielen.

Übung 5: Rückpaß und Kopfball
2 Spieler mit Ball nehmen den dritten Spieler (10 m Abstand) in die Mitte. Zunächst erfolgt ein Flachpaß von außen, den der Spieler in der Mitte direkt zuspielt, sich sofort dreht und den Handzuwurf des anderen Spielers aus dem Sprung in die Hände zurückköpft. Anschließend kommt der nächste Flachpaß usw. Wechsel der Aufgaben nach 2,5 Min.

Torabschluß (20 Min.): Torschuß nach Kombinationsform mit Hinterlaufen (von beiden Seiten ausführen) (Abb. 104)
Spieler A führt den Ball vom Mittelkreis aus und paßt flach (1) auf die entgegenkommende Spitze C, der direkt nach außen zum mitgelaufenen Spieler B weiterleitet (2). Spieler B führt den Ball nach innen (3) und wird dabei von Spieler A hinterlaufen. Spieler B paßt nach außen (4) in den Lauf von A, der den Ball an- und mitnimmt (5) und von der GL aus nach innen flankt (6), wo B den kurzen und C den langen Pfosten angelaufen hat. Nach Torabschluß bleibt B in der Spitze, C wechselt auf die Position von A und Spieler A auf die Position von B.

Abschluß (10 Min.): Auslaufen

Abb. 104: Torschuß nach Kombinationsform mit Hinterlaufen

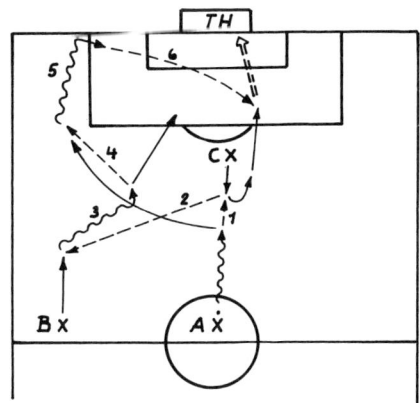

Woche: 04   **TE 1   Lfd. TE-Nr.: 034   Dauer: 100 Min.**

Trainingsziel: Verbesserung der Schnelligkeit

Trainingsgeräte: 10 Bälle, 4 Markierungsstangen

Trainings-Inhalt:

Aufwärmen (25 Min.): Spiel 5:3 mit 2 Ballkontakten im Feld 25 × 25 m
Anschließend individuelle Laufarbeit mit Dehnübungen

Kondition (30 Min.): Verbesserung der Reaktion und der Schnelligkeit durch Verfolgungsläufe in der 2er-Gruppe (1 Min. Pause zwischen den Sprints)

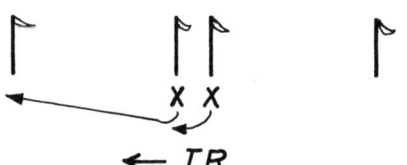

Abb. 105: Reaktionsstarts über 15 m nach Daumenzeichen TR

Übung 1: Reaktionsstarts und Verfolgung aufgrund eines optischen Signals (12 Wiederholungen) (Abb. 105)
2 Spieler stehen im Abstand von 1 m nebeneinander mit Blickkontakt zum TR. Jeweils seitlich von den Spielern ist eine Strecke von 15 m abgesteckt.
Die Spieler reagieren auf ein Signal des TR, der mit dem Daumen plötzlich die Laufrichtung angibt. Gelingt es einem Spieler seinen Partner vor dem Streckenende abzuschlagen, muß dieser noch einen Extralauf absolvieren.
Anschließend 3 Min. Traben mit Lockerungsübungen.

Übung 2: Reaktionsstarts und Verfolgung aufgrund eines optischen Signals (12 Wiederholungen) (Abb. 106)
2 Spieler stehen im Abstand von 1 m hintereinander mit Blickkontakt zum TR. In Laufrichtung der Spieler ist eine Strecke von 15 m abgesteckt.
Die Spieler reagieren auf ein Signal des TR, der einen Ball in beiden Händen hält und diesen plötzlich fallen läßt. Gelingt es dem hinteren Spieler seinen Partner vor dem Streckenende abzuschlagen, muß dieser noch einen Extralauf absolvieren. Beim nächsten Start wechselt der Hintermann auf die vordere Position.
Anschließend 3 Min. Traben mit Lockerungsübungen.

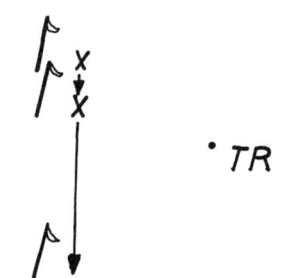

Abb. 106: Reaktionsstarts über 15 m nach: Ballsignal TR

Taktik (25 Min.: Verbesserung des Zweikampfverhaltens durch Spiel 4:4 im PV (gleichzeitig Schulung der Ausdauer)

Übung 1 (12 Min.): Spiel 4:4 mit beliebig vielen Ballkontakten
Gelingt es einer Mannschaft über mehr als 5 Stationen den Ball in den Reihen zu halten, erhält sie einen Punkt.

Übung 2 (12 Min.): Spiel 4:4 mit beliebig vielen Ballkontakten
Jeder gelungene DP innerhalb einer Mannschaft ergibt 1 Punkt.

TE 1   Lfd. TE-Nr.: 034   Dauer: 100 Min.   Woche: 04

Abschluß (20 Min.): Training der Standardsituationen (Freistoß und Eckstoß in Offensive und Defensive, Strafstoß, Einwurf)
Anschließend Auslaufen

TE 2   Lfd. TE-Nr.: 035   Dauer: 100 Min.   **Woche: 04**

Trainingsziel: Verbesserung Zweikampfverhalten und Forechecking

Trainingsgeräte: 15 Bälle, tragbares Normaltor, 8 Markierungsstangen

Trainings-Inhalt:

Aufwärmen (25 Min.): Einlaufen ohne Ball in der Zweiergruppe
- Schattenlaufen: Ein Spieler führt verschiedene Laufformen vor, die der „Schatten" nachvollzieht
- Fangspiel: 2 Spieler fassen sich an der Hand und versuchen andere Paare abzuschlagen
- Bocksprünge (Überspringen – Unterkriechen)
- Banksprünge: Mehrmaliges ein-/zweibeiniges Überspringen des am Boden kauernden Partners
- Schattenboxen
Anschließend Dehnübungen

Taktik (60 Min.): Verbesserung Zweikampfverhalten und Forechecking in 4 Stationen (2 Min. Dehnpause bei Stationenwechsel) (Abb. 107)

Station 1: Spiel 2:2 auf 2 Normaltore mit 2 TH im doppelten Strafraum (12 Min.)
Bedingt durch die räumliche Nähe der beiden Tore kommt es zu vielen Zweikämpfen, wobei Angriffs- und Abwehrverhalten ständig wechseln. Ersatzbälle bereithalten. 3 Durchgänge mit je 4 Min.

Station 2: Dribbling 1:1 (12 Min.)
3 Spieler mit Ball in Dreiecksformation gegen 1 AWSP. Aus etwa 15 m Entfernung versuchen die 3 Spieler mit Dribbling im Wechsel gegen den AWSP die andere Seite zu erreichen. Wechsel des AWSP nach 3 Min.

Station 3: Ballführen gegen störenden AWSP
3 Spieler mit Ball dribbeln im abgesteckten Feld (15 × 15 m) gegen einen störenden AWSP.
Wechsel des AWSP nach 3 Min.

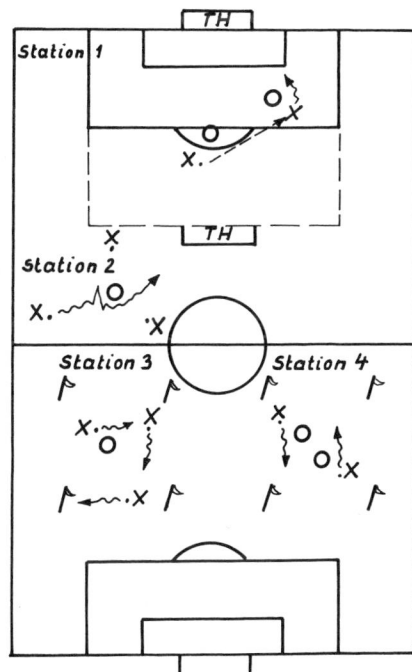

Abb. 107: Verbesserung Zweikampfverhalten und Forechecking in 4 Stationen

---

Woche: 04   TE 2   Lfd. TE-Nr.: 035   Dauer: 100 Min.

Station 4: Spiel 2:2 (12 Min.)
2 Spieler mit Ball dribbeln im abgesteckten Feld
(15 × 15 m) gegen 2 störende AWSP.
Rollenwechsel nach 6 Min.

Abschluß (15 Min.): Spiel über den ganzen Platz mit
Schwerpunkt Forechecking
Der ballführende Spieler der angreifenden Mannschaft
muß sofort von 2 Spielern der abwehrenden Mannschaft
attackiert werden.
Anschließend Auslaufen

Woche: 04   **TE 3   Lfd. TE-Nr. 036   Dauer: 105 Min.**

Trainingsziel: Schulung des Überzahlspiels, Festigung
Ausdauer

Trainingsgeräte: Jeder Spieler 1 Ball

Trainings-Inhalt:

Aufwärmen (25 Min.): Einlaufen ohne Ball über die PB
− Lockerer Trab
− Knieheberlauf, Anfersen
− Hopserlauf mit/ohne beidarmigem Armekreisen vw/rw
− Seitwärtslauf, Überkreuzlauf
− aus Trab kurz in Hocke absitzen, nachfedern
− kurze Antritte mit Körpertäuschungen und Kopfball-
  sprüngen
− Dehnübungen

Taktik (25 Min.): Schulung des Überzahlspiels 4:3 im PV
Die Überzahlmannschaft versucht möglichst lange gegen
3 Angreifer den Ball zu halten, wobei sich als Grundregel
immer 2 Spieler dem Ballführenden für das kurze Zuspiel
anbieten (hin zum Mann) während der 3. Spieler sich für
den langen Paß freiläuft (Spielverlagerung). Jeder Ballbesitz der 3 Abwehrspieler ergibt einen Minuspunkt für die
Überzahlmannschaft.
Welches Team schafft die wenigsten Minuspunkte?
Nach 3 Min. jeweils wechselt 1 Spieler der Überzahlmannschaft in die Unterzahl.

Kondition (25 Min.): Festigung der Ausdauer durch Minu-
tenläufe im Intervall
5 Läufe mit der Dauer von 3−5−7−5−3 Minuten, die je-

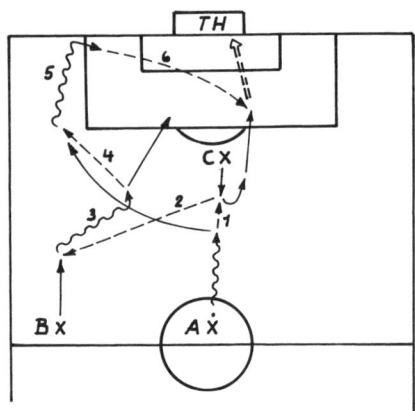

*Abb. 108: Torschuß mit Kombinationsform
mit Hinterlaufen*

weils durch kurze Atempausen (ca. 30 Sek.) mit Dehnübungen unterbrochen werden.

TE 3   Lfd. TE-Nr.: 036   Dauer: 105 Min.   Woche: 04

Torschuß (20 Min.): Kombinationsform zum Herausspielen von Torchancen (Abb. 108)
Spieler A führt vom Mittelkreis den Ball und spielt die entgegenkommende Spitze C flach an. C läßt für den außen mitgelaufenen Spieler B abtropfen, der nach innen antritt und dann plötzlich aus der Drehung heraus den hinterlaufenden Spieler A auf dem Flügel anspielt.
A flankt von der Grundlinie in den Strafraum, wobei B den kurzen und C den langen Pfosten anläuft. Der Spieler, der nicht zum Torschuß kommt, bleibt für den nächsten Angriff in der Spitze.
Übung von re und li ausführen.
Anschließend 10minütiges Auslaufen

TE 1   Lfd. TE-Nr.: 037   Dauer: 95 Min.   **Woche: 05**

Trainingsziel: Verbesserung Schnelligkeit und Zweikampfverhalten

Trainingsgeräte: 15 Bälle, 7 Markierungsstangen, 1 tragbares Normaltor

Trainings-Inhalt:

Aufwärmen (25 Min.): Einlaufen ohne Ball über die PB
− lockerer Trab
− Hopserlauf mit/ohne beidarmigem Armekreisen vw/rw
− aus Trab mit Hand den Boden re/li berühren
− Seitwärtslauf, Überkreuzlauf
− Skippings
− Knieheberlauf, Anfersen
− Dehnübungen
− Kurze Antritte vw/rw mit/ohne Körpertäuschungen
− kurze Steigerungsläufe

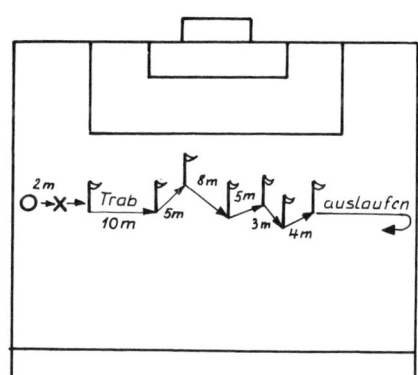

Kondition (25 Min.): Verbesserung der Schnelligkeit durch Verfolgungsläufe (1 Min. Pause zwischen jedem Lauf)

1. Durchgang: 10 Läufe über Strecke von 25 m (Abb. 109)
Die Spieler starten paarweise im Abstand von 2 m, wobei der Hintermann versucht, den Vordermann abzuschlagen.
Anschließend 2 Min. Dehnpause

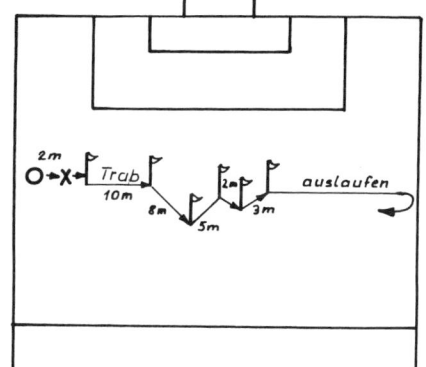

Abb. 109: Verfolgungslauf über 25 m

Abb. 110: Verfolgungslauf über 18 m

Woche: 05

TE 1   Lfd. TE-Nr.: 037   Dauer: 95 Min.

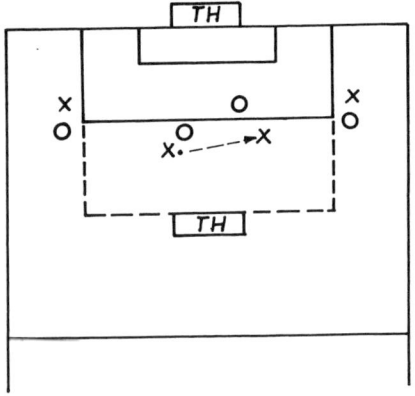

2. Durchgang: 10 Läufe über Strecke von 18 m (Abb. 110)
Ablauf wie bei 1. Durchgang
Anschließend 2 Min. Dehnpause

Taktik (30 Min.): Verbesserung Zweikampfverhalten mit Torabschluß auf 2 Normaltore mit TH im doppelten Strafraum

Übung 1 (4 Min.): Spiel 2 + 2:2 + 2 (Abb. 111)
Im Feld wird 2:2 gespielt, wobei zusätzlich auf beiden Längsseiten je ein Spieler beider Mannschaften postiert ist, der ins Spiel einbezogen werden kann, jedoch nur direkt spielen darf.
Wechsel der Rollen nach 2 Min.
Die nicht beteiligten 8 Spieler spielen 4:4 in der anderen PH

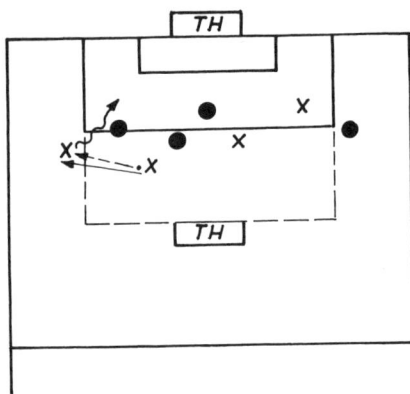

Übung 2 (4 Min.): Spiel 1 + 3:3 + 1 (Abb. 112)
Im Feld wird 3:3 gespielt, wobei zusätzlich auf einer der beiden Längsseiten der vierte Spieler postiert ist. Wer ihn aus der jeweiligen Mannschaft anspielt, wechselt mit ihm.
Die nicht beteiligten 8 Spieler spielen in 2 Gruppen in der anderen PH 3:1

Übung 3 (5 Min.): Spiel 4:4 (Abb. 113)
Die nicht beteiligten 8 Spieler spielen in der anderen PH 5:3 mit 2 Ballkontakten (bei Ballverlust der Überzahl wechselt der verursachende Spieler in die Unterzahl)

Abschluß (15 Min.): Spiel über den ganzen Platz
In der eigenen Hälfte darf nur mit 2 Ballkontakten gespielt werden, freies Spiel in der gegnerischen Hälfte
Abschließend Auslaufen

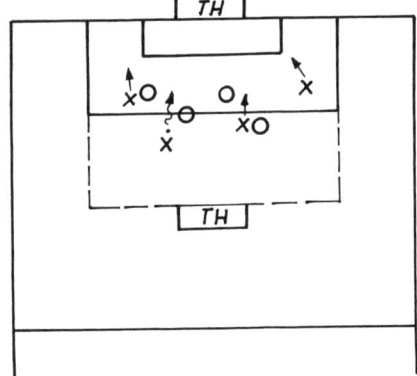

Abb. 111: Spiel 2 + 2:2 + 2

Abb. 112: Spiel 1 + 3:3 + 1

Abb. 113: Spiel 4:4

TE 2   Lfd. TE-Nr.: 038   Dauer: 95 Min.   **Woche: 05**

Trainingsziel: Verbesserung der allgemeinen technisch-taktischen Fähigkeiten

Trainingsgeräte: 20 Bälle, 4 Markierungsstangen, 12 Sprungseile

Trainings-Inhalt:

Aufwärmen (25 Min.): Zuspielformen in der 4er-Gruppe
– Gruppe bewegt sich im Zotteltrab, Ball wird direkt gespielt
– Ballführen und Ballübergabe durch Tempodribbling auf einen Mitspieler
– Freies Zusammenspiel mit Wechsel von kurzen und langen Pässen
– Nach jedem Abspiel erfolgt eine gymnastische Übung
– Angespielter leitet Ball direkt in den Lauf eines Mitspielers weiter
– Jeder Spieler spielt nacheinander 6 DP mit seinen Mitspielern
– Spiel 3:1 direkt
– Dehnen

Technik/Taktik (45 Min.): Schulung der allgemeinen technisch-taktischen Fähigkeiten durch Stationen-Training in der 4er-Gruppe (10 Min./Station; 1 Min. Pause bei Stationswechsel) (Abb. 114)

Station 1: Verwandeln von Rückpässen
Zuspieler spielt vom 11-m-Punkt nach re und li zur Strafraumgrenze Schrägpässe, die von den aus 25 m anlaufenden Mitspielern direkt verwandelt werden.
Zuspieler wechselt nach 6 Bällen

Station 2: Kopfball aus der Drehung heraus
2 Spieler mit Ball nehmen einen dritten Spieler in die Mitte (8 m Abstand), während der vierte Spieler seitlich (ca. 5 m entfernt) vom Mittelspieler postiert ist.
Die beiden äußeren Spieler werfen abwechselnd in schneller Folge dem Mittelspieler den Ball hoch zu, der mit dem Kopf (Drehung in der Luft um 90 Grad) zu dem vierten Spieler weiterleitet. Dieser gibt den Ball an die Zuspieler zurück.
Wechsel nach 20 Kopfbällen

Station 3: Torschuß nach Flanke
2 Spieler mit Ball auf dem Flügel, die restlichen beiden Spieler ca. 25 m vom Tor entfernt.
Der Angriff auf dem Flügel wird eingeleitet durch einen Querpaß nach außen, der direkt steil in den Lauf des Zu-

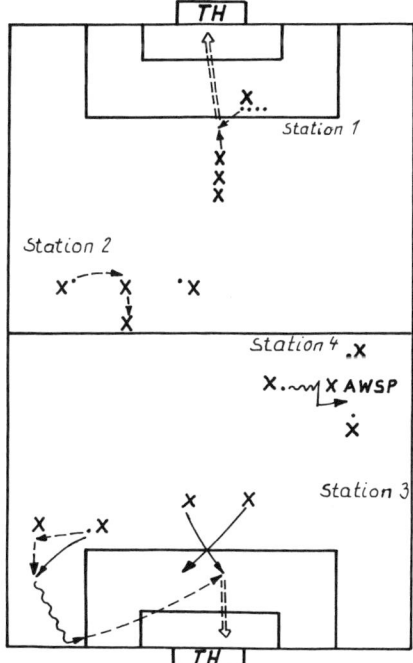

Abb. 114: Schulung der allgemeinen technisch-taktischen Fähigkeiten in der 4er-Gruppe

Woche: 05   TE 2   Lfd. TE-Nr.: 038   Dauer: 95 Min.

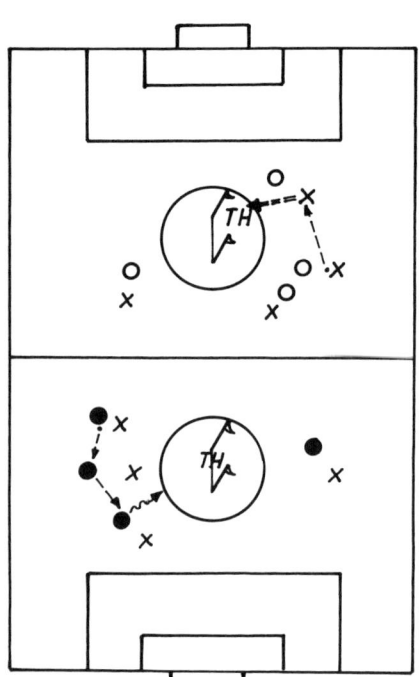

Abb. 115: Spiel 4:4 auf Offentor mit TH

spielers weitergeleitet wird. Dieser flankt aus vollem Lauf in den Strafraum. Die anlaufenden Spieler in der Mitte kreuzen im Strafraum ihre Wege und verwandeln die Flanken direkt.
Wechsel der Rollen nach 6 Flanken. Übung von beiden Seiten ausführen.

Station 4: Dribbling gegen AWSP
3 Spieler mit Ball postieren sich in Dreiecksformation (15 m Seitenabstand) und nehmen den vierten Spieler als AWSP in die Mitte.
Im Wechsel versuchen nun die 3 Spieler den AWSP zu umspielen und auf die andere Seite zu gelangen.
Wechsel des AWSP nach 6 Dribblings

Abschluß (25 Min.): Spiel 4:4 auf Offentor (5 m breit) mit TH in PH in Turnierform (Abb. 115)
In beiden PH ist jeweils in der Platzmitte ein Offentor aufgestellt, um das mit Sprungseilen ein Schußkreis mit 20 m Durchmesser markiert ist.
Torschüsse sind von beiden Seiten des Offentores aus erlaubt, jedoch nur direkt, wobei der Schußkreis nicht betreten werden darf.
Nach 10 Min. spielen Sieger gegen Sieger (Losentscheidung bei unentschiedenem Ausgang) und die beiden Verlierermannschaften gegeneinander (10 Min.)
Abschließend Auslaufen

Woche: 05   **TE 3   Lfd. TE-Nr.: 039   Dauer: 105 Min.**

Trainingsziel: Verbesserung des Konterspiels

Trainingsgeräte: 10 Bälle, tragbares Normaltor, 8 Markierungsstangen

Trainings-Inhalt:

Aufwärmen (25 Min.): Einlaufen ohne Ball über Platzbreite
– lockerer Trab über mehrere PB
– Trab mit eingestreuten Skippings (3 PB)
– Gehen mit Armekreisen vw/rw (2 PB)
– Anfersen (1 PB)
– Knieheberlauf (1 PB)
– Gehen und alle 10 m für 10 Sek. in Zehenstand, Arme gestreckt (1 PB)

TE 3   Lfd. TE-Nr.: 039   Dauer: 105 Min.   Woche: 05

- Seitwärtslauf (1 PB)
- Überkreuzlauf (1 PB)
- Hopserlauf mit/ohne Rumpfdrehung (2 PB)
- Sprunglauf (lange Schritte – 1 PB)
- lockerer Trab mit Kopfballsprüngen über mehrere PB
Anschließend Dehnen

Taktik (25 Min.): Schulung Spielverlagerung und Doppelpaßspiel (gleichzeitig Ausdauerschulung)

Übung 1 (12 Min.): Spiel 8:8 in PH mit festen Pärchen
Jeder gelungene 30-m-Paß innerhalb einer Mannschaft ergibt 1 Punkt

Übung 2 (12 Min.): Spiel 8:8 in PH mit festen Pärchen
Jeder gelungene DP innerhalb einer Mannschaft ergibt 1 Punkt.

Taktik (40 Min.): Schulung des Konterspiels (schnelles Umschalten)

Übung 1 (20 Min.): Konterspiel nach Eckball in Defensive (Abb. 116)
Mannschaft A (Angreifer) schlägt 10 Eckbälle von re und 10 von li und versucht zum Torabschluß zu kommen. Bei Ballbesitz der abwehrenden Mannschaft B schaltet diese sofort auf Angriff um und versucht die beiden manngedeckten Spitzen anzuspielen und nachzurücken (schneller Raumgewinn).
Mannschaft A darf, mit Ausnahme der beiden Manndekker, nur bis zur ML folgen (stören), danach schließt Mannschaft B den Angriff in Überzahl bis zum Torabschluß am Normaltor am anderen Strafraum ab.
Wechsel der Rollen nach 20 Eckbällen

Übung 2 (20 Min.): Schulung des Konterspiels nach Ballbesitz Abwehr bzw. Abwurf TH (Abb. 117) (in beiden PH gleichzeitig ausführen)
Mannschaft A versucht Flanken von re/li zu verwandeln. Kommt Mannschaft B in Ballbesitz, versucht die Mannschaft mit schnellem Konter ein Tor an einem der beiden Offentore an der ML zu erzielen.
Wechsel der Rollen nach 10 Min.

Abschluß (15 Min): Spiel über den ganzen Platz mit Anwendung des Konterspiels vor allem bei Eckbällen und Ballbesitz TH.
Anschließend Auslaufen

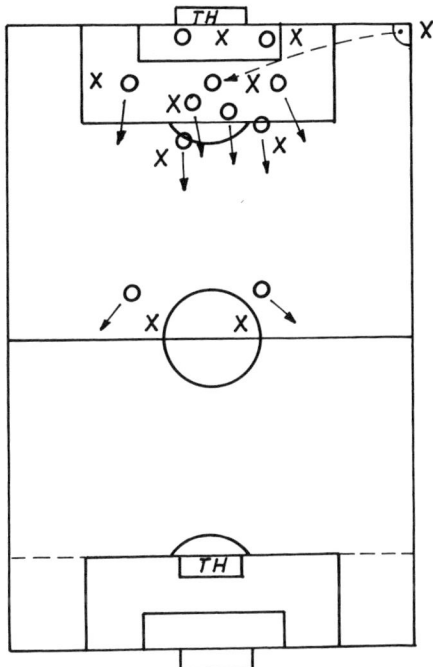

Abb. 116: Konterspiel nach Eckstoß in Defensive

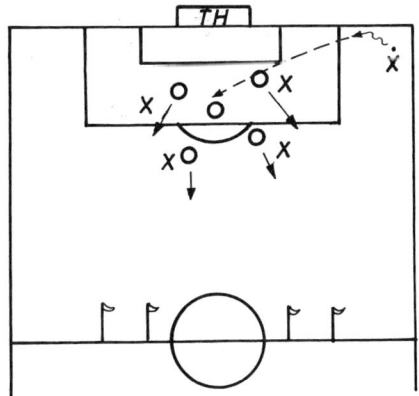

Abb. 117: Konterspiel nach Ballbesitz Abwehr bzw. Abwurf TH

Woche: 06   **TE 1   Lfd. TE-Nr.: 040   Dauer: 100 Min.**

Trainingsziel: Verbesserung Schnelligkeit, Zweikampfverhalten und Torabschluß

Trainingsgeräte: 15 Bälle, 6 Markierungsstangen

Trainings-Inhalt:

Aufwärmen (25 Min.):
– Spiel 6:2 direkt (Feld 15 × 15 m): Spieler bilden feste Paare; bei Fehler eines Partners, wechselt immer das betreffende Paar in die Mitte (15 Min.)
– Lockeres Laufen verbunden mit Dehnübungen (10 Min.)

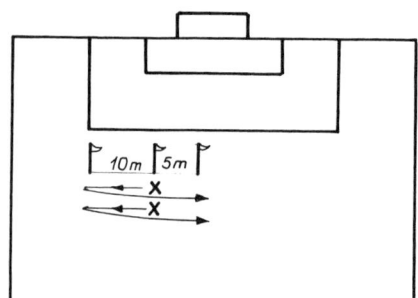

Kondition (25 Min.): Verbesserung der Schnelligkeit in der 2er-Gruppe (Abb. 118)
Belastung: 18 Spurts über 15 m nach Kehrtwende aus verschiedenen Ausgangslaufformen, 9 Durchgänge mit jeweils 2 Läufen (1 Min. Pause zwischen den Spurts)

Durchgang 1: Trab vw, Kehrtwende, Spurt

Durchgang 2: Trab rw, Spurt vw

Durchgang 3: Hochsprünge, Kehrtwende, Spurt

Durchgang 4: Weitsprünge, Kehrtwende, Spurt

Durchgang 5: Skippings, Kehrtwende, Spurt

Durchgang 6: Knieheberlauf, Kehrtwende, Spurt

Durchgang 7: Anfersen, Kehrtwende, Spurt

Durchgang 8: Hopserlauf, Kehrtwende, Spurt

Durchgang 9: Wedelsprünge, Kehrtwende, Spurt
Anschließend 3 Min. Traben

Taktik (30 Min.): Verbesserung Zweikampfverhalten und Torabschluß auf 2 Stationen (Abb. 119)

Station 1 (15 Min.): Spiel 4:4 auf Dreiecks-Tor (6 m Seitenlänge) mit TH in PH
Nur die angreifende Mannschaft darf auf das Tor schießen oder köpfen, wobei der Torabschluß immer direkt erfolgen muß. Tore können von allen Seiten erzielt werden.

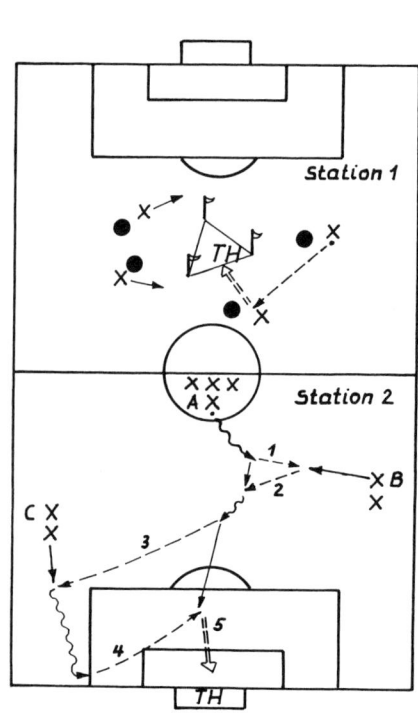

Abb. 118: Spurts nach Kehrtwende aus verschiedenen Ausgangslaufformen

Abb. 119: Verbesserung Zweikampfverhalten und Torabschluß auf 2 Stationen

---

TE 1   Lfd. TE-Nr.: 040   Dauer: 100 Min.   Woche: 06

Kommt die abwehrende Mannschaft in Ballbesitz, müssen vor dem Torabschluß mindestens 2 Zuspiele erfolgen. Nach 15 Min. wechseln beide Mannschaften in die andere PH.

Station 2 (15 Min.): Torschuß nach vorausgegangener Spielverlagerung
Die Flügel sind mit jeweils 2 Spielern (B, C) besetzt. Spieler A führt den Ball von ML und spielt DP mit dem sich anbietenden Flügelstürmer B und schlägt anschließend einen weiten Diagonalpaß auf den anderen Flügel C. A verwertet abschließend die Flanke von C.
Der nächste Angriff erfolgt über den anderen Flügel. Wenn jeder Flügel 5mal geflankt hat, erfolgt Wechsel mit der A-Gruppe. Nach 15 Min. Wechsel zur Station 1

Abschluß (20 Min.): Spiel über den ganzen Platz auf 2 Dreiecks-Tore (7 m Seitenlänge) an den beiden Strafräumen (Abb. 120)
Abschließend Auslaufen

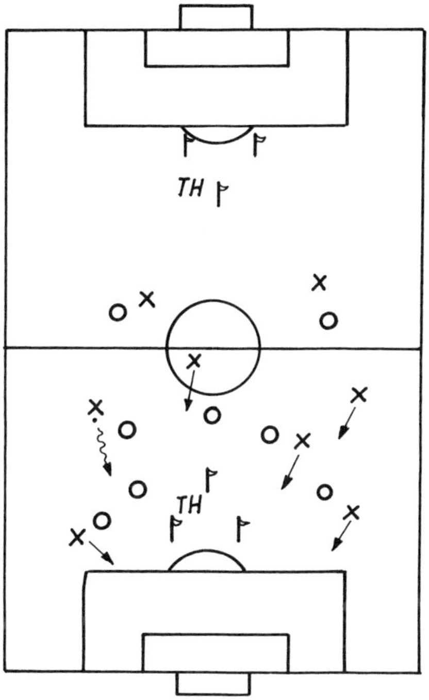

Abb. 120: Spiel über den ganzen Platz auf 2 Dreieckstore

TE 2   Lfd. TE-Nr.: 041   Dauer: 100 Min.   Woche: 06

Trainingsziel: Verbesserung des Torabschlusses nach Flanken

Trainingsgeräte: 20 Bälle, tragbares Normaltor, 12 Markierungsstangen

Trainings-Inhalt:

Aufwärmen (25 Min.):
– Spiel 5:3 mit 2 Ballkontakten im abgegrenzten Feld (15 Min.)
– Trab über PB (Hopserlauf, Anfersen, Knieheberlauf, Armekreisen vw/rw, kurze Antritte mit Oberkörpertäuschungen); Dehnübungen für die Bein-, Bauch- und Rückenmuskulatur (10 Min.)
Anmerkung: TH wärmen sich individuell auf

Torabschluß (65 Min.): Verwandeln von Flanken

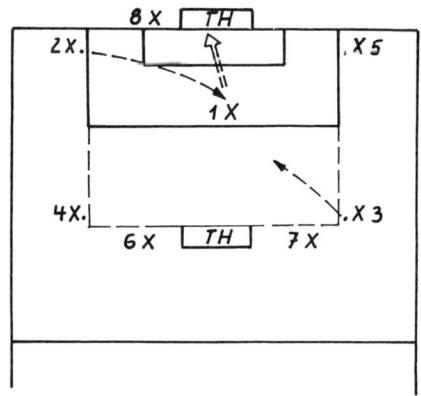

Abb. 121: Verwandeln von Flanken im doppelten Strafraum

Woche: 06   TE 2   Lfd. TE-Nr.: 041   Dauer: 100 Min.

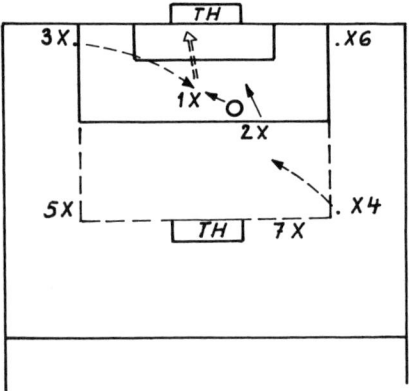

Abb. 122: Verwandeln von Flanken im doppelten Strafraum gegen Abwehrspieler

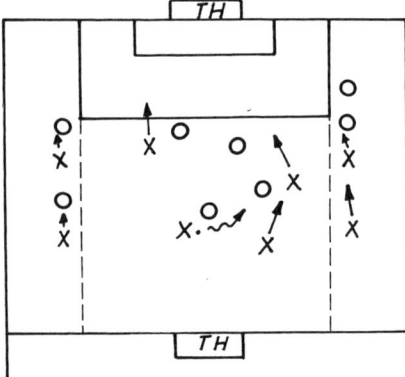

Abb. 123: Spiel mit 4:4 mit jeweils 4 Auswechselspielern

Übung 1: Doppelter Strafraum mit 2 Normaltoren, 8 Feldspieler und 2 TH (Abb. 121)
Die Spieler 2, 3, 4 und 5 flanken in dieser Reihenfolge ruhende Bälle auf Spieler 1, der mit Torschuß (möglichst direkt) abschließt.
Die 3 nicht beteiligten Spieler holen die Bälle und wechseln nach 90 Sek. ein.
Wieviel Tore erzielt Spieler in 90 Sek.?
Die zweite Gruppe (8 Spieler) absolviert zeitgleich einen 12minütigen Dauerlauf. Danach wechselt sie mit Gruppe 1.

Übung 2: Wie Übung 1, jedoch sind am Torschuß 2 Spieler beteiligt gegen 1 AWSP (Abb. 122)
Die Spieler 3, 4, 5 und 6 flanken in dieser Reihenfolge auf Spieler 1 und 2, die jeweils abwechselnd die kurze bzw. lange Ecke anlaufen.
Wieviel Tore erzielen die 2 Spieler gegen 1 AWSP in 90 Sek.?
Die zweite Gruppe spielt zeitgleich in der anderen PH 4:4 auf 4 Kleintore mit Schwerpunkt Spielverlagerung (12 Min.). Danach wechselt sie mit Gruppe 1.

Übung 3: Halber Platz mit 2 Normaltoren, Seitenbegrenzung durch verlängerte Strafraumlinie (Abb. 123)
Spiel 4:4 mit jeweils 4 Auswechselspielern
Die Auswechselspieler nehmen ihre Position an den Seitenlinien ein. Sie können jederzeit ins Spiel einbezogen werden, dürfen jedoch nur direkt spielen.
Auf Zuruf wechselt Auswechselspieler ins Feld. Nach Zuspiel eines Auswechselspielers erzielte Tore zählen doppelt (15 Min.).

Abschluß (10 Min.): Abwärmen durch lockeres Auslaufen über den ganzen Platz

---

Woche: 06   **TE 3   Lfd. TE-Nr.: 042   Dauer: 100 Min.**

Trainingsziel: Verbesserung des Dribblings und des Torschusses nach Flanken

Trainingsgeräte: 20 Bälle

Trainings-Inhalt:

Aufwärmen (25 Min.): Einlaufen in der 2er-Gruppe mit Ball von Strafraum zu Strafraum

TE 3   Lfd. TE-Nr.: 042   Dauer: 100 Min.   Woche: 06

- Querpaßspiel aus Trab heraus
- Steil-steil im Wechsel: Spieler legen sich gegenseitig den Ball mit kurzen Steilpässen vor
- Spieler 1 mit Ball treibt den rw laufenden Spieler 2 vor sich her und wendet Finten an; Spieler 2 bleibt weitgehend passiv
- Spieler 1 führt den Ball nach Finte mit schnellem Antritt an Spieler 2 vorbei
- Spieler 1 bedient mit Handzuwurf den rw laufenden Spieler 2, der kurz dem Ball entgegenstartet und zurückköpft
- Spieler 1 bedient mit Handzuwurf den rw laufenden Spieler 2, der kurz dem Ball entgegenstartet und mit Innenrist re/li zurückspielt
- Spieler 1 spielt flach und scharf den rw laufenden Spieler 2 an, der kurz dem Ball entgegenstartet und zurückprallen läßt

Abschließend Dehnübungen in der 2er-Gruppe

Technik (25 Min.): Täuschungen und Dribblings in der 2er-Gruppe
Belastung: Jede Übung 6×/Durchgang; 2 Durchgänge (2 Min. Dehnpause nach 1. Durchgang)

Übung 1: Spieler A dribbelt auf B zu, täuscht Durchbruch li (re) an und spurtet re (li) vorbei.

Übung 2: A dribbelt auf B zu, tritt überraschend an und verändert die Richtung.

Übung 3: A dribbelt auf B zu, täuscht Dribbling li (re), dann re (li) und spurtet li (re) am Gegner vorbei.

Übung 4: A dribbelt schräg nach innen auf B zu, den Ball mit der Innenseite führend. Ausfallschritt nach li (re), Ball mit Außenrist re (li) am Gegner vorbeilegen und nachspurten (Matthews-Trick)

Übung 5: A dribbelt auf B zu, täuscht Abspiel nach li (re) durch Ausholen an und spurtet re (li) am Gegner vorbei.

Übung 6: A führt Ball, Schulter an Schulter mit B, wobei A den Ball mit dem Körper zu B abdeckt. A schwingt mit dem Spielbein schnell nach hinten und wieder nach vorne und nimmt den Ball mit kurzem Antritt wieder mit.
Anschließend 2 Min. Dehnpause

Torabschluß (40 Min.): Verbesserung der Flankentechnik und des Torschusses (Abb. 124)

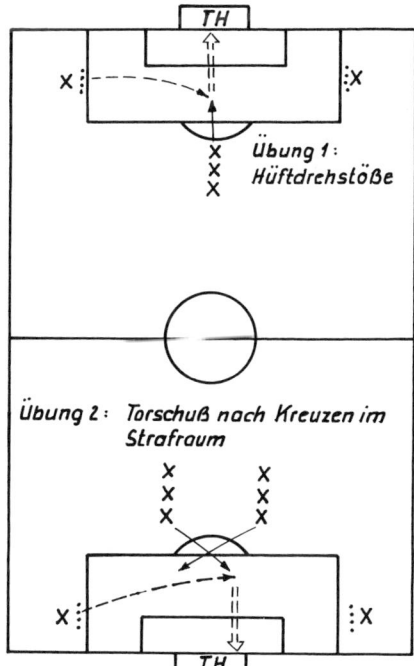

Abb. 124: Verbesserung der Flankentechnik und des Torschusses

Woche: 06   TE 3   Lfd. TE-Nr.: 042   Dauer: 100 Min.

Übung 1 (20 Min.): Hüftdrehstöße nach Flanken von re/li
Auf halber Höhe zwischen GL und Strafraumgrenze sind re und li am Strafraum 2 Spieler mit Bällen postiert.
Sie flanken im Wechsel auf den Elfmeterpunkt, wo der in den Ball startende Spieler versucht, die Flanke direkt mit Hüftdrehstoß zu verwandeln. Der Schütze verwertet immer 2 Bälle hintereinander, d.h. Flanke von re mit li Fuß und von li mit re Fuß.
Nach insgesamt 20 Bällen werden die Flankenden gewechselt.

Übung 2 (20 Min.): Verwandeln von Flanken nach Kreuzen im Strafraum
Zwischen Seitenauslinie und Strafraumgrenze sind re und li auf der Höhe des Torraumes 2 Spieler mit Bällen postiert.
Die übrigen Spieler stehen etwa 30 m vom Tor entfernt, wobei immer 2 Spieler gleichzeitig anlaufen und sich ihre Laufwege im Strafraum kreuzen, d.h. der ballentfernte (äußere) Spieler läuft auf die kurze Ecke, der ballnahe (innere) Spieler auf die lange Ecke.
Die Flanken sollen möglichst direkt mit Kopf oder Fuß verwandelt werden.
Nach insgesamt 20 Bällen werden die Flankenden gewechselt.

Abschluß (10 Min.): Auslaufen (aktives Entmüden)

Woche: 07   **TE 1   Lfd. TE-Nr.: 043   Dauer: 95 Min.**

Trainingsziel: Verbesserung Zusammenspiel sowie Spiel ohne Ball

Trainingsgeräte: 5 Bälle, 12 Markierungsstangen, 1 tragbares Normaltor

Trainings-Inhalt:

Aufwärmen (25 Min.): Handball
– Handball 4:4 im Spielraum 20 × 20 m (10 Min.)
– Handball 8:8 im PH auf 2 Tore (tragbares Normaltor an ML)
  Ein Tor ist dann erzielt, wenn ein Spieler einen Handzuwurf eines Mitspielers mit dem Kopf im Tor unterbringt (10 Min.)
Anschließend Dehnübungen

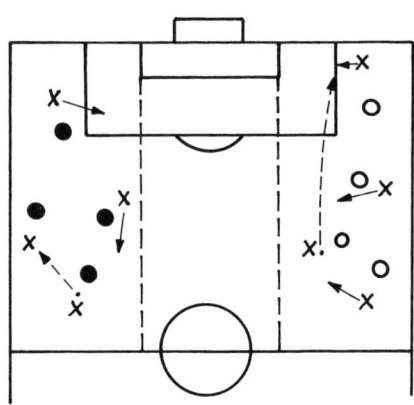

Abb. 125: Spiel 4:4 zur Verbesserung des Zusammenspiels sowie des Spiels ohne Ball

TE 1   Lfd. TE-Nr.: 043   Dauer: 95 Min.   Woche: 07

Taktik (40 Min.): Verbesserung des Zusammenspiels sowie des Spiels ohne Ball durch Spiel 4:4
(gleichzeitig Ausdauerschulung) (Abb. 125)
Schwerpunkt: Jeweils 2 Spieler der ballbesitzenden Mannschaft bieten sich kurz an, der 3. läuft sich für den weiten Paß frei (1 Min. Dehnpause zwischen den Übungen)

Übung 1 (12 Min.): Freies Spiel

Übung 2 (12 Min.): Spielerorientiertes Direktspiel
In jeder Mannschaft wird jeweils für 3 Min. ein Spieler bestimmt, der ausschließlich direkt spielen darf.

Übung 3 (12 Min.): Direktspiel
Anschließend lockerer Trab mit Dehnübungen

Abschluß (30 Min.): Spiel über den ganzen Platz auf 6 Offentore (3 m breit) (Abb. 126)
Die abwehrende Mannschaft deckt mit 3 Spielern den Raum vor den 3 Toren ab und greift mit einer 5er-Abwehrreihe die ballbesitzende Mannschaft an. Dabei verschiebt sie die Abwehrkette hin zum Ball und versucht dort die Räume eng zu machen.
Die angreifende Mannschaft versucht, durch schnelle Spielverlagerung eine Überzahl vor einem der Tore herbeizuführen und mit einem Torschuß abzuschließen.
(Variante: Torschuß nur direkt)
Abschließend Auslaufen

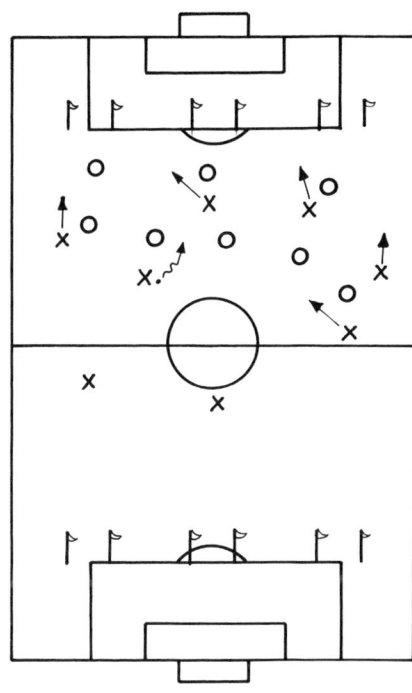

Abb. 126: Spiel auf 6 Offentore

TE 2   Lfd. TE-Nr.: 044   Dauer: 105 Min.   Woche: 07

Trainingsziel: Verbesserung Konterspiel und Torabschluß

Trainingsgeräte: 10 Bälle, 4 Markierungsstangen, 1 tragbares Normaltor

Trainings-Inhalt:

Aufwärmen (25 Min.): Zusammenspiel in 4er-Gruppen (Abb. 127)
In den Ecken einer PH sind vier 15 × 15 m große Spielräume markiert, in denen sich jeweils 4 Spieler mit einem Ball aufhalten

Abb. 127: Zusammenspiel in 4er-Gruppen

Woche: 07   TE 2   Lfd. TE-Nr.: 044   Dauer: 105 Min.

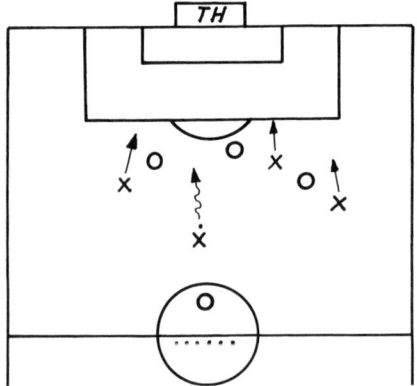

Abb. 128: Spiel 4:3 + 1 auf Normaltor

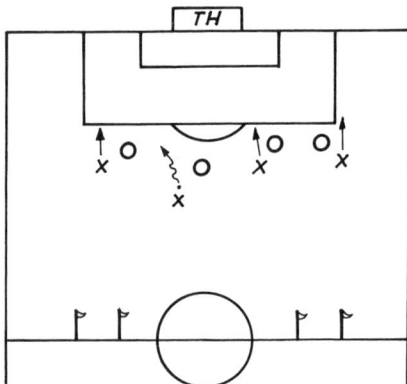

Abb. 129: Spiel 4:4 auf Normaltor mit Kontermöglichkeit auf 2 Offentore

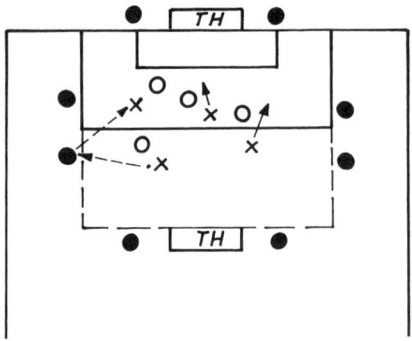

Abb. 130: Spiel 4:4 + 8 im doppelten Strafraum

- Zusammenspiel in der 4er-Gruppe aus lockerem Lauf heraus
- Der angespielte Spieler führt den Ball um eine der Spielfeldbegrenzungen und paßt danach zum nächsten Mitspieler
- Jeder Spieler macht 3 gymnastische Übungen vor – die anderen Gruppenmitglieder machen die Übungen nach
- Spiel 3:1 direkt
- Diagonalspiel: Die Gruppen der jeweils diagonal gegenüberliegenden Spielfelder spielen 4:4 gegeneinander. Ein Tor ist erzielt, wenn es gelingt, einen Mitspieler im gegnerischen Spielraum anzuspielen
- Dehnübungen

Taktik (45 Min.): Verbesserung des Konterspiels aus der Abwehr heraus

Übung 1 (20 Min.): Spiel 4:3 + 1 auf Normaltor mit TH in PH (Abb. 128)
4 Angreifer spielen gegen 3 AWSP auf das Normaltor, wobei der vierte AWSP im Mittelfeldkreis postiert ist.
Ziel der Abwehr ist es, bei Ballbesitz (einschl. Ballbesitz TH) schnell zu kontern und den Mitspieler im Mittelkreis anzuspielen. Gelingt dies, werden die Rollen sofort gewechselt.
Bei einem Torerfolg und bei einem Fehlschuß der Angreifer darf ein neuer Angriff von der ML aus gestartet werden. Nach 10 Min. wechseln die AWSP in die Angreiferrolle.

Übung 2 (20 Min.): Spiel 4:4 auf Normaltor mit TH in PH mit Kontermöglichkeit auf 2 Offentore (4 m breit) an der ML (Abb. 129)
4 Angreifer spielen gegen 4 Abwehrspieler auf das Normaltor. Bei einem Torerfolg und bei einem Fehlschuß der Angreifer darf ein neuer Angriff von der ML aus gestartet werden. Bei Ballbesitz der Abwehr (einschl. Ballbesitz TH) kontern diese mit Tempospiel auf die beiden Offentore, wobei ein Tor dann erzielt ist, wenn ein AWSP mit dem Ball durch eines der beiden Tore dribbelt.
Wechsel der Rollen nach 10 Min.
Anschließend lockerer Trab mit Dehnübungen

Abschluß (30 Min.): Spiel 4:4 + 8 auf 2 Normaltore mit TH im doppelten Strafraum (Abb. 130)
Im doppelten Strafraum wird 4:4 gespielt, während die restlichen 8 Spieler außen an den Längsseiten und den Torauslinien verteilt sind.
Diese Außenspieler spielen mit der ballbesitzenden Mann-

TE 2   Lfd. TE-Nr.: 044   Dauer: 105 Min.   Woche: 07

---

schaft mit maximal 2 Ballkontakten und haben die Aufgabe, die angreifende Mannschaft mit möglichst vielen Flankenbällen und Rückpässen von der Torauslinie in torschußreife Spielsituationen zu bringen, d.h. die Angreifer zu „füttern". Nach einem Torerfolg bleiben die Angreifer in Ballbesitz und kontern sofort auf das andere Tor.
Nach 5 Min. werden die Rollen gewechselt und die Außenspieler wechseln nun zum Spiel 4:4 ins Feld. Es werden 3 Durchgänge gespielt, d.h. jede Mannschaft befindet sich insgesamt 15 Min. auf dem Feld.
Abschließend Auslaufen

TE 3   Lfd. TE-Nr.: 045   Dauer: 95 Min.   **Woche: 07**

Trainingsziel: Verbesserung des Spiels gegen verstärkte Abwehr

Trainingsgeräte: 8 Bälle

Trainings-Inhalt:

Aufwärmen (25 Min.): Einlaufen ohne Ball von Strafraum zu Strafraum
– 6 Läufe in langsamem Tempo
– 1 Strecke gehen und tief durchatmen
– 1 Strecke langsam laufen mit Armekreisen vw und rw
– 1 Strecke Hopserlauf
– 1 Strecke in mittlerem Tempo
– 1 Strecke in langsamem Tempo, dabei 10mal anfersen und 10 Knieheberschritte
– 4 Strecken in langsamem Tempo mit Kopfballsprüngen
– 1 Strecke langsam, dabei abwechselnd mit der re/li Hand den Boden berühren
  1 Strecke langsam, dabei 10mal kurz in die Hocke gehen und zweimal nachfedern
– 1 Strecke langsam, dabei Beine lockern
Anschließend Dehnübungen

Taktik (35 Min.): Angriff gegen Abwehr in Überzahl

Übung 1 (20 Min.): Spiel 2:3 auf Normaltor mit TH (Abb. 131)
Die Angreifer starten an der ML und versuchen gegen die 3 vor dem Strafraum postierten AWSP zum Torerfolg zu kommen, wobei der Spieler am Ball immer von 2 AWSP attackiert wird.
Wechsel der AWSP nach 10 Angriffen.

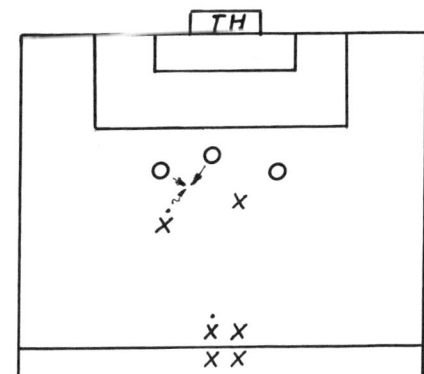

Abb. 131: Spiel 2:3 auf Normaltor mit TH

Woche: 07 | TE 3   Lfd. TE-Nr.: 045   Dauer: 95 Min.

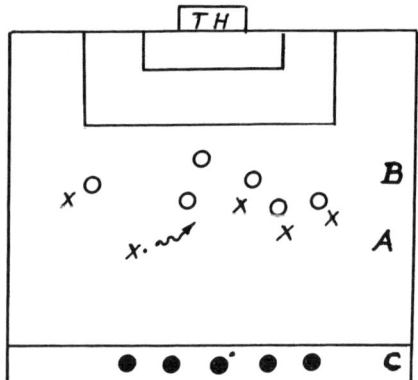

Abb. 132: Spiel 5:6 mit 3 Mannschaften

Übung 2 (20 Min.): Spiel 5:6 mit 3 Mannschaften in PH auf Normaltor mit TH (Abb. 132)
Mannschaft A greift mit 5 Spielern Mannschaft B an, die mit 6 Spielern verteidigt. Die Abwehr deckt eng, der „freie" Abwehrspieler spielt als Libero hinter der Deckung.
Gelingt A ein Tor, laufen die Spieler an der Seitenlinie zur ML zurück, während Mannschaft C von der ML aus den nächsten Angriff startet (gleiches gilt bei Ballbesitz TH).
Kommen die abwehrenden Spieler in Ballbesitz, werden sie zu Angriffsspielern (bis auf den Libero) und wechseln mit der Mannschaft, die den Ball verloren hat.

Abschluß (30 Min.): Spiel 8:8 über den ganzen Platz mit TH und Schwerpunkt Überzahl in der Abwehr
Die abwehrende Mannschaft spielt in der eigenen PH jeweils mit 6 AWSP − 2 Spieler bleiben als Spitzen in der gegnerischen PH.
Die ballbesitzende Mannschaft greift mit maximal 5 Spielern an, so daß die Abwehr grundsätzlich in Überzahl (Libero hinter der Deckung) spielt.
Abschließend Auslaufen

Woche: 08 | **TE 1   Lfd. TE-Nr.: 046   Dauer: 90 Min.**

Trainingsziel: Schulung der Balltechnik und des Konterspiels

Trainingsgeräte: 10 Bälle

Trainings-Inhalt:

Aufwärmen (25 Min.): Fangspiele im Strafraum
− Spieler laufen im Strafraum durcheinander (Laufformen: Vw-Lauf, Hopserlauf, Rw-Lauf, Sw-Lauf) und weichen den Mitspielern mit einer Oberkörpertäuschung aus (5 Min.).
− Dehnübungen
− 1 Spieler als Fänger. Die Gejagten können sich vor dem Abschlagen befreien, indem sie Huckepack auf einen Partner aufspringen.
− 2 Spieler als Fänger (Kettenbildung) fassen sich an der Hand. Jeder abgeschlagene Spieler vergrößert die Kette. Sind 2 weitere Spieler abgeschlagen (also 4 Spieler in der Kette), werden die beiden ersten Spieler wieder frei.
− 1 Spieler als Fänger. Die Gejagten können sich vor dem Abschlagen befreien, indem sie 4 Liegestütze ausfüh-

Abb. 133: Kopfball nach Handzuwurf

TE 1   Lfd. TE-Nr.: 046   Dauer: 90 Min.   Woche: 08

ren. Fängerwechsel nach spätestens 1 Min.
Anschließend Dehnübungen

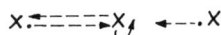

Abb. 134: Kurzpaßspiel

Technik (35 Min.): Ballarbeit in der 3er-Gruppe
(überzähliger Spieler arbeitet jeweils für 5 Min. am Kopfballpendel – Ball am Boden – Paßspiel mit re/li Innenrist).

Übung 1 (5 Min.): Kopfball nach Handzuwurf (Abb. 133)
2 Spieler mit Ball nehmen den dritten Spieler in die Mitte
(Abstand ca. 8 m) und werfen ihm abwechselnd den Ball
zu, den er im Sprung zurückköpfen soll.
Wechsel nach 90 Sek.

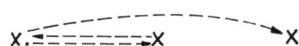

Abb. 135: Wechsel von Kurz- und Lang-
pässen

Übung 2 (5 Min.): Kurzpaß-Spiel (Abb. 134)
2 Spieler mit Ball nehmen den dritten Spieler in die Mitte
(Abstand ca. 12 m) und spielen ihn abwechselnd scharf
und flach an, wobei dieser die Bälle kurz anläuft und mit
dem re/li Innenrist zurückspielt.
Wechsel nach 90 Sek.

Abb. 136: Direktes Weiterleiten von Flugbällen

Übung 3 (6 Min.): Wechsel von Kurzpässen und Flugbällen (Abb. 135)
2 Spieler mit einem Ball nehmen den dritten Spieler in die
Mitte (Abstand ca. 20 m). Das erste Zuspiel von außen erfolgt flach und scharf, wobei der Spieler in der Mitte den
Ball kurz anläuft und zurückspielt. Anschließend erfolgt
ein weiter Flugball über den Spieler in der Mitte hinweg auf
den dritten Partner, der den Ball kontrolliert und dann seinerseits den Mittelspieler flach anspielt.
Wechsel nach 2 Min.

Abb. 137: Doppelpaßspiel

Übung 4 (9 Min): Direktes Weiterleiten von Flugbällen
(Abb. 136)
Die Spieler stehen in Dreiecksformation, ca. 15 m vom Mit-
telspieler entfernt. Der außen postierte Spieler spielt mit ei-
nem Flugball den Mittelspieler an, der direkt mit Kopf oder
Fuß zum dritten Spieler weiterleitet.
Wechsel nach 3 Min.

Übung 5 (6 Min.): Doppelpaß-Spiel (Abb. 137)
1 Spieler spielt abwechselnd DP mit den im Abstand von
25 m postierten Partnern.
Wechsel nach 2 Min.

Übung 6 (4 Min): Ball in der 3er-Gruppe hochhalten mit
3 Pflichtkontakten.

Abschluß (30 Min.): Spiel 8:8 in der Platzmitte über die PB
auf 2 Offentore (3 m breit) mit Kontermöglichkeit auf die
beiden Normaltore (Abb. 138)

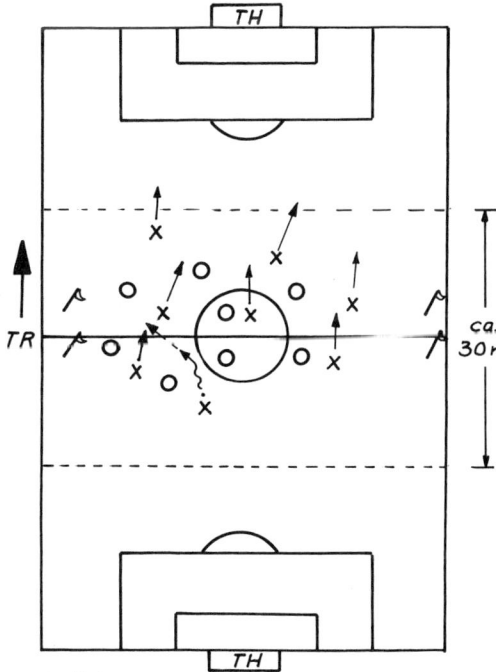

Abb. 138: Spiel 8:8 über die Platzbreite mit
Kontermöglichkeit auf die Normaltore

Woche: 08   TE 1   Lfd. TE-Nr.: 046   Dauer: 90 Min.

An den Seitenlinien in Höhe der Mittellinie sind 2 Offentore markiert. Auf Pfiff des TR wird das Spiel von der ballbesitzenden Mannschaft sofort auf das vom TR angezeigte Normaltor fortgesetzt und ein möglichst schneller Torabschluß herbeigeführt. Kommt die abwehrende Mannschaft in Ballbesitz, kontert sie sofort auf das andere Normaltor. Nach Torabschluß wird das Spiel über die PB fortgesetzt bis zum nächsten Pfiff. Tore am Normaltor zählen doppelt.
Abschließend Auslaufen

Woche: 08   **TE 2   Lfd. TE-Nr.: 047   Dauer: 100 Min.**

Trainingsziel: Verbesserung der Antritts- und der Spielschnelligkeit

Trainingsgeräte: Jeder Spieler 1 Ball, 12 Markierungsstangen

Trainings-Inhalt:

Aufwärmen (25 Min.): Ballarbeit in der 4er-Gruppe im Spielraum 10 × 10 m (jeder Spieler 1 Ball)
– Ballführen mit Innen-/Außenspann, unter Sohle, zurückziehen, drehen usw.
– Ballführen, auf ein Zeichen innerhalb der Gruppe Ball mit Sohle abstoppen und Ball eines Mitspielers übernehmen
– Ballführen, auf ein Zeichen Ball abstoppen und kurz auf Ball absitzen
– Übersteiger: Spieler schwingt mit re (li) Fuß über den Ball, täuscht so einen Schuß an, nimmt den Ball aber mit der Außenseite des li (re) Fußes in die andere Richtung mit
– Matthews-Trick: Ball mit der Innenseite des re (li) Fußes führen, kurzer Ausfallschritt nach li (re) und den Ball mit dem Außenspann des Spielbeins an der re (li) Seite des Mitspielers vorbeiziehen
– Ball jonglieren, hochspielen und mit Drop-Kick in den Lauf vorlegen
– Anschließend Dehnübungen in der 4er-Gruppe

Kondition (25 Min.): Verbesserung der Antrittsschnelligkeit in 4er-Gruppen durch Spurts aus verschiedenen Laufformen heraus
16 Starts (2 Wiederholungen, 1 Min. Pause zwischen den Spurts je Laufform)

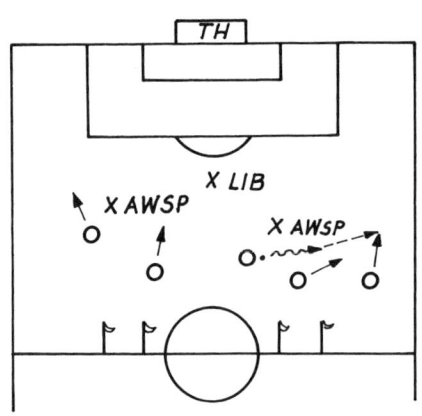

Abb. 139: Spiel 5:3 + TH auf Normaltor mit Kontermöglichkeit auf 2 Offentore

---

TE 2   Lfd. TE-Nr.: 047   Dauer: 100 Min.   Woche: 08

- Vw-Trab von GL bis 16 m, Spurt über 15 m, 2 ×
- Rw-Trab von GL bis 16 m, Spurt über 15 m, 2 ×
- Skipping von GL bis 16 m, Spurt über 15 m, 2 ×
- Hopserlauf von GL bis 16 m, Spurt über 15 m, 2 ×
- Sw-Steps von GL bis 16 m, Spurt über 15 m, 2 ×
- Überkreuzlauf von GL bis 16 m, Spurt über 15 m, 2 ×
- Vw-Weitsprünge von GL bis 16 m, Spurt über 15 m, 2 ×
- Wedelsprünge von GL bis 16 m, Spurt über 15 m, 2 ×

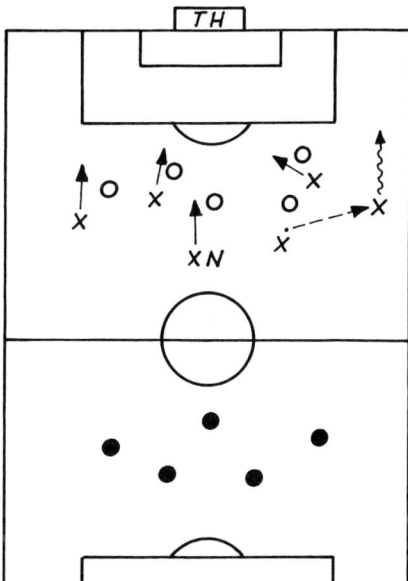

Taktik (20 Min.): Verbesserung der Spielschnelligkeit in der Überzahl und des Spiels auf Zeit in Unterzahl durch Spiel 5:3 + TH in PH auf Normaltor mit Kontermöglichkeit auf 2 Offentore an ML (3 m breit) (Abb. 139)
Die angreifende Mannschaft spielt mit 2 ST + 3 MFSP gegen 2 MD + LIB.
Ziel der Angreifer ist es, durch laufende Positionswechsel die Deckungsarbeit zu erschweren, mit überraschenden Pässen in die Tiefe und häufigem Doppelpaßspiel zum Torerfolg zu kommen. Die Abwehr beginnt mit einem 2:0-Vorsprung und versucht durch Ballhalten und Ballsicherung das Zeitspiel zu praktizieren bzw. durch schnelle Konter ein Tor an einem der beiden Offentore zu erzielen.

Abschluß (30 Min.): Anwendung des schnellen Spiels beim Spiel 5:5:5 + 1 über den ganzen Platz mit TH (Abb. 140)
Der neutrale Spieler (Wechsel alle 5 Min.) spielt mit der ballbesitzenden Mannschaft, wobei jeder Angriff in maximal 30 Sek. abgeschlossen sein muß.
Abschließend Auslaufen

Abb. 140: Anwendung des schnellen Konterspiels durch 5:5:5 + 1 Neutraler

---

TE 3   Lfd. TE-Nr.: 048   Dauer: 100 Min.   Woche: 08

Tralningsziel: Schulung des Pressing

Trainingsgeräte: 10 Bälle, 4 Markierungsstangen

Trainings-Inhalt:

Aufwärmen (25 Min.): Einlaufen ohne Ball über die Platzbreite
- Lockerer Trab (mehrere PB) mit Dehnübungen
- Hopserlauf auf Höhe und Weite
- Zehenspitzenlauf
- Traben mit Skipping-Serien
- Kurze Antritte aus Rw-Lauf
- Fersenlauf (auf Fersen aufsetzen)

Woche: 08   TE 3   Lfd. TE-Nr.: 048   Dauer: 100 Min.

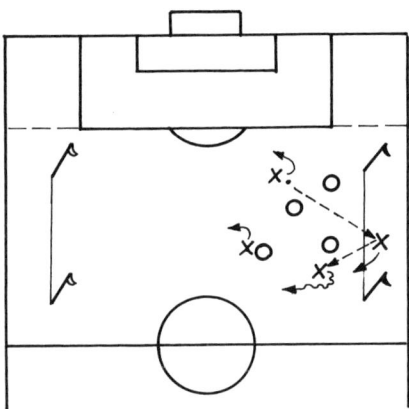

Abb. 141: Spiel 4:4 über 2 Linien

– Traben mit Kopfballsprüngen
– Kurze Antritte aus Vw-Lauf
Anschließend Dehnen

Taktik (15 Min.): Spiel 4:4 über 2 Linien im Feld 40 × 30 m in PB (Abb. 141)
Ziel ist das schnelle Konterspiel sowie die Verbesserung des Zweikampfverhaltens. Ein Tor ist erzielt, wenn es der ballbesitzenden Mannschaft gelingt, einen Mitspieler hinter der gegnerischen Grundlinie so anzuspielen, daß dieser direkt zu einem Mitspieler im Feld weiterleiten kann. Die Mannschaft bleibt in Ballbesitz und kontert sofort auf die andere GL. Die abwehrende Mannschaft versucht durch Tackeln (verzögern) bzw. Forechecking den schnellen Konter zu vermeiden und selbst in Ballbesitz zu kommen.

Taktik (30 Min.): Torabschluß bzw. Herbeiführen einer Pressing-Situation und Pressing durch Spiel 6:4 + TH auf Normaltor in PH (Abb. 142)
Die angreifende Mannschaft beginnt an der ML und versucht zu einem schnellen Torabschluß zu kommen. Bei Ballverlust wendet sie das Angriffspressing an. Die Abwehr versucht den Ball in ihren Reihen zu halten, wobei TH einbezogen werden kann. Nach 7 Min. jeweils wechseln 2 Angreifer mit 2 Abwehrspielern.

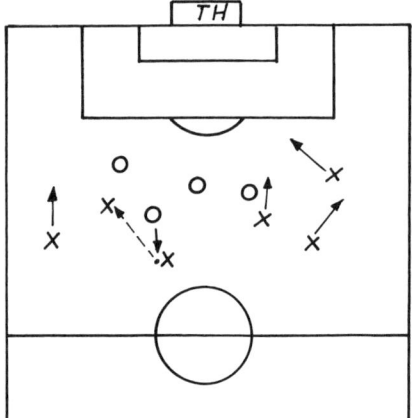

Abb. 142: Spiel 6:4 mit Torabschluß bzw. Herbeiführen einer Pressing-Situation

Abschluß (30 Min.): Spiel über den ganzen Platz auf 2 Tore mit Schwerpunkt Pressing
Mannschaft A praktiziert für 15 Min. ein Angriffspressing, während Mannschaft B ihr Pressing erst an der ML ansetzt (Mittelfeldpressing).
Nach 15 Min. werden die Rollen gewechselt. Der TR achtet darauf, ob die Spieler die Pressing-Situation richtig erkennen, schnell reagieren und sich entsprechend organisieren.
Abschließend Auslaufen

Woche: 09   **TE 1   Lfd. TE-Nr.: 049   Dauer: 100 Min.**

Trainingsziel: Festigung des Ausdauerverhaltens

Trainingsgeräte: Jeder Spieler 1 Ball, 8 Markierungsstangen, 1 tragbares Normaltor

Trainings-Inhalt:

Aufwärmen (25 Min.): Einlaufen ohne und mit Ball (Abb. 143)

TE 1   Lfd. TE-Nr.: 049   Dauer: 100 Min.   Woche: 09

Es sind 2 Quadrate abgesteckt: In einem Quadrat mit 35 m Seitenlänge befindet sich ein weiteres mit 15 m Seitenlänge
– lockerer Trab ohne Ball über die PB
– Alle Spieler führen den Ball in mäßigem Tempo im kleinen Quadrat A
– Es werden 2 Gruppen gebildet, wobei die Gruppen immer jeweils nach 1 Min. in das andere Quadrat wechseln
  – Gruppe 1: Ballführen im Quadrat A
  – Gruppe 2: Balljonglieren im Quadrat B
  – Gruppe 1: Gymnastische Übungen im Quadrat A
  – Gruppe 2: Ballführen mit Körpertäuschungen und Finten im Quadrat B
  – Gruppe 1: Ständige Tempo- und Richtungswechsel im Quadrat A
  – Gruppe 2: Ball hochspielen, an- und mitnehmen im Quadrat B

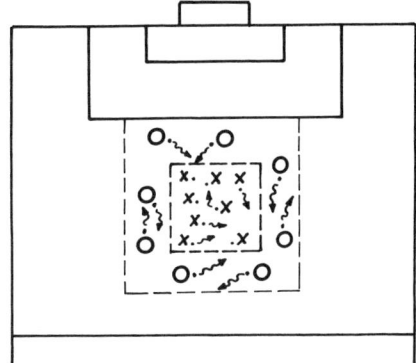

2 Durchgänge insgesamt (je Übung 1 Min.): anschließend Dehnübungen

Kondition (20 Min.): Festigung der Ausdauer durch unterschiedliche Laufformen in der 4er-Gruppe (Abb. 144)
Auf dem Spielfeld sind 5 unterschiedlich lange Laufstrecken abgesteckt, die mit jeweils unterschiedlichen Laufformen hintereinander zu bewältigen sind.
4 Durchgänge, 30 Sek. Pause zwischen jedem Durchgang
Strecke 1: Überkreuzlauf
Strecke 2: Trab mit Armekreisen
Strecke 3: Sw-Lauf
Strecke 4: Hopserlauf
Strecke 5: Trab (um den gesamten Platz)

Taktik (35 Min.): Spiel 4:4 + 4 auf 2 Normaltore mit TH in PH (gleichzeitig Ausdauertraining) (Abb. 145)
Es werden 4 Mannschften gebildet, wobei zunächst Mannschaft A gegen B spielt und C als neutrale Anspielstation an der Seitenlinie fungiert, während Mannschaft D während der Spieldauer von 8 Min. einen Lauf über das gesamte Sportgelände absolviert.
Anschließend spielt C gegen D, A ist Anspielstation und B läuft.

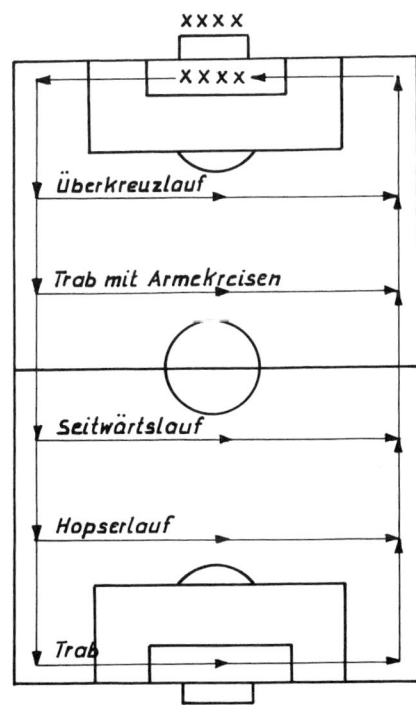

Abb. 143: Übungsformen zum Aufwärmen in 2 Quadraten
Abb. 144: Unterschiedliche Laufformen in der 4er-Gruppe

Woche: 09   TE 1   Lfd. TE-Nr.: 049   Dauer: 100 Min.

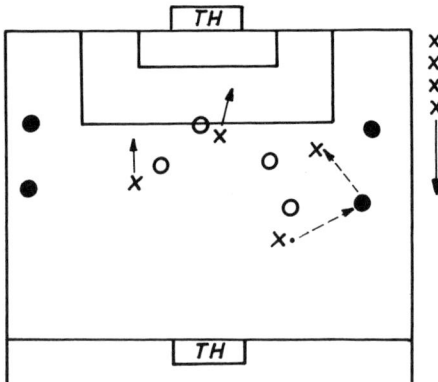

Insgesamt werden folgende Spiele ausgetragen:
1. A:B + C, D läuft
2. C:D + A, B läuft
3. A:B + D, C läuft
4. C:D + B, A läuft

Abschluß (20 Min.): Spiel über den ganzen Platz (ohne Auflagen) Mannschaftsbildung z.B. Alte gegen Junge oder Ledige gegen Verheiratete
Abschließend Auslaufen

Abb. 145: Spiel 1:1 + 4

Woche: 09   **TE 2   Lfd. TE-Nr.: 050   Dauer: 95 Min.**

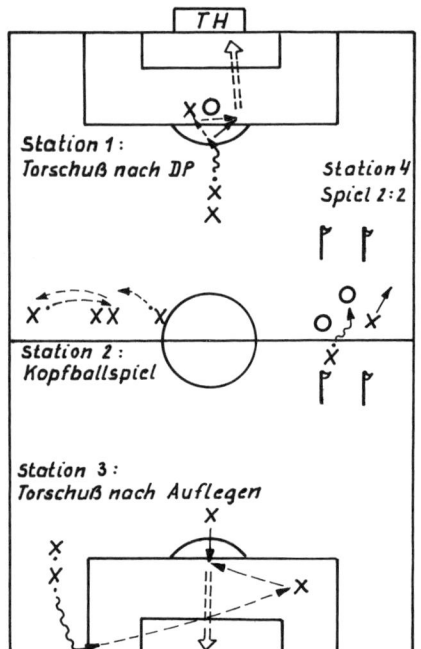

Abb. 146: Schulung der allgemeinen tech-nisch-taktischen Fähigkeiten in der 4er-Gruppe

Trainingsziel: Schulung der allgemeinen technisch-takti-schen Fähigkeiten

Trainingsgeräte: 20 Bälle, 8 Markierungsstangen, 1 trag-bares Normaltor

Trainings-Inhalt:

Aufwärmen (25 Min.): Handball
Handball 8:8 in PH auf 2 Normaltore (tragbares Normal-tor an ML).
Ein Tor ist dann erzielt, wenn ein Spieler einen Zuwurf ei-nes Mitspielers mit dem Kopf im gegnerischen Tor unter-bringen kann.
Anschließend Dehnübungen

Technik/Taktik (45 Min.):
Schulung der allgemeinen technisch-taktischen Fähigkei-ten durch Stationen-Training in der 4er-Gruppe
(10 Min./Station; 1 Min. Stationswechsel) (Abb. 146)

Station 1: Torschuß nach DP gegen AWSP
An der Strafraumgrenze sind 1 ST und 1 AWSP postiert. Die Spieler mit Ball laufen einzeln aus 30 m Entfernung an, der ST löst sich vom AWSP und kommt zum DP dem Ball-führenden entgegen, der anschließend direkt verwandelt. Der Torschütze wechselt anschließend mit dem ST, wäh-rend der bisherige ST die Rolle des AWSP übernimmt.

TE 2   Lfd. TE-Nr.: 050   Dauer: 95 Min.   Woche: 09

Station 2: Kopfballspiel
2 Spieler mit Ball nehmen die beiden anderen Spieler in die Mitte (ca. 8 m Abstand). Der Zuwurf von außen erfolgt auf den hinteren Spieler in der Mitte, der über seinen leicht störenden Partner hinweg zurückköpft. Anschließend drehen sich beide Spieler sofort um und erwarten den nächsten Zuwurf von der gegenüberliegenden Seite, wobei nun der andere Spieler über seinen Gegner hinweg zurückköpft.
Wechsel nach 20 Kopfbällen

Station 3: Torschuß nach Auflegen
1 Spieler (2. in Bereitstellung) schlägt weite Flanken auf den im Strafraum an der langen Ecke postierten Mitspieler, der mit Kopf oder Fuß für den aus dem Rückraum anlaufenden Partner auflegt, der direkt verwandelt.
Anschließend wechselt der Flankende in den Strafraum, während der bisher dort postierte Mitspieler in den Rückraum und der Torschütze auf den Flügel wechselt. Anschließend flankt der zweite Spieler.
Übung von beiden Seiten ausführen

Station 4: Spiel 2:2 auf 2 Offentore (3 m breit) im Spielraum 20 × 15 m

Abschluß (25 Min.): Spiel 4:4 auf 2 Offentore (3 m breit) in PH in Turnierform
In beiden PH wird gleichzeitig 4:4 auf 2 Offentore gespielt, wobei Tore nur direkt erzielt werden können. Nach 10 Min. spielen Sieger gegen Sieger und die beiden Verlierermannschaften (Losentscheidung bei Unentschieden) gegeneinander (10 Min.)
Abschließend Auslaufen

TE 3 Lfd. TE-Nr.: 051 Dauer: 105 Min. Woche: 09

Trainingsziel: Verbesserung der Schnelligkeit und des Flügelspiels

Trainingsgeräte: Jeder Spieler 1 Ball, 12 Markierungsstangen, tragbares Normaltor

Trainings-Inhalt:

Aufwärmen (25 Min.): Spiel Fußball-Handball-Kopfball mit 2 Mannschaften auf 2 Normaltore (2. Tor an ML)

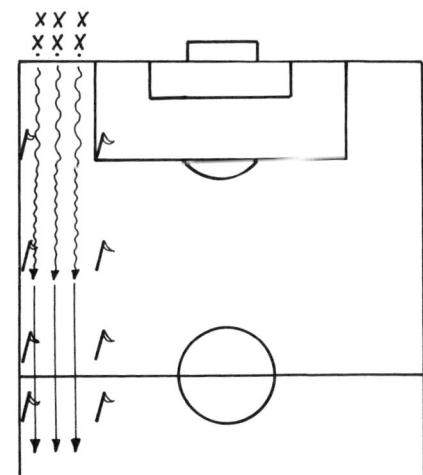

Abb. 147: Verbesserung der Schnelligkeit mit und ohne Ball

Woche: 09   TE 3   Lfd. TE-Nr.: 051   Dauer: 105 Min.

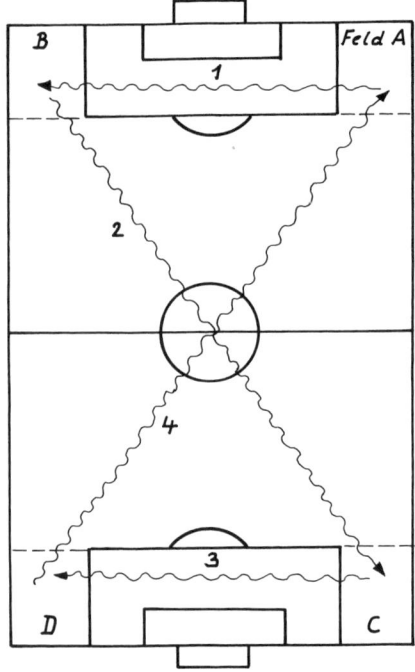

Das Spiel muß zwingend in der vorgeschriebenen Reihenfolge Fuß, Hand, Kopf durchgeführt werden, wobei Torerfolg nur mit Kopf oder Fuß möglich ist.
Spieler 1 führt den Ball mit dem Fuß und paßt den Ball einem Mitspieler so zu, daß dieser ihn fangen kann. Der Handzuwurf muß vom nächsten Spieler mit dem Kopf weitergeleitet werden, wobei dann das Spiel mit dem Fuß fortgesetzt wird.
Die verteidigende Mannschaft darf den Ball nur mit der gleichen Spielart abwehren.
Anschließend Dehnen

Kondition (20 Min.): Verbesserung der Schnelligkeit mit und ohne Ball in 3er-Gruppen (Abb. 147)
Belastung: 2 Serien mit je 8 Läufen/1 Min. Pause zwischen den Sprints, 2 Min. Dehnpause zwischen beiden Serien.
Strecke 1: Ballführen in mäßigem Tempo (16 m)
Strecke 2: Ballführen in höchstem Tempo (25 m) und Ball ablegen
Strecke 3: Traben ohne Ball (20 m)
Strecke 4: Spurt (10 m) mit anschließendem Auslaufen bis zur anderen GL

Taktik (45 Min.): Schulung des Flügelspiels als Voraussetzung für Torabschluß

Übung 1 (15 Min.): Paß nach außen mit Positionswechsel (Abb. 148)
Spieler A paßt nach außen zu Spieler B (1), der sofort für A steil weiterleitet (2). Spieler erläuft das Zuspiel und flankt von GL auf Spieler C (3), der die Flanke direkt verwandelt (4).
A wechselt anschließend auf die Position von C, C wechselt zu B und B zu A.
Von beiden Seiten ausführen

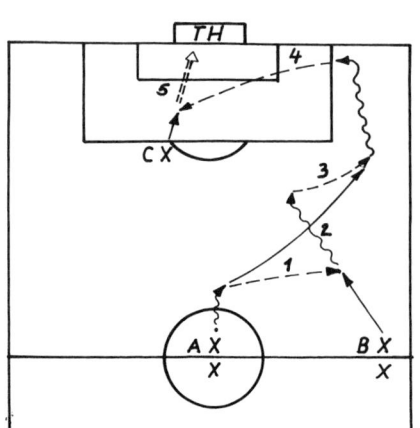

Abb. 148: Balltechnische Übungen und Laufformen in und zwischen 4 Feldern

Abb. 149: Paß nach außen mit Hinterlaufen

TE 3   Lfd. TE-Nr.: 051   Dauer: 105 Min.   Woche: 09

Übung 2 (15 Min.): Paß nach außen mit Hinterlaufen (Abb. 149)
Spieler A paßt nach außen zu B, der Ball nach innen führt und anschließend den hinterlaufenden Spieler A außen anspielt. A flankt von GL auf C, der mit Torschuß abschließt.
A wechselt auf die Position von C, C zu B und B zu A.
Von beiden Seiten ausführen

Übung 3 (15 Min.): Spitze wechselt auf Außenposition (Abb. 150)
Spieler A paßt nach außen zu B (1), der sofort steil weiterleitet (2) auf die auf den Flügel wechselnde Spitze C. C führt den Ball bis zur GL und flankt (3) auf die mitgelaufenen Spieler, wobei A die lange Ecke und B die kurze Ecke anläuft.
Anschließend wechselt B mit C, C mit A und A mit B.
Von beiden Seiten ausführen

Abschluß (20 Min.): Spiel über den ganzen Platz mit Förderung des Flügelspiels durch Tabu-Räume auf beiden Spielfeldseiten (Abb. 151)
Im Tabu-Raum darf der ballführende Spieler nicht angegriffen werden, so daß er unbedrängt flanken kann. Tore, die im Anschluß an eine Flanke erzielt werden, zählen doppelt.
Anschließend Auslaufen

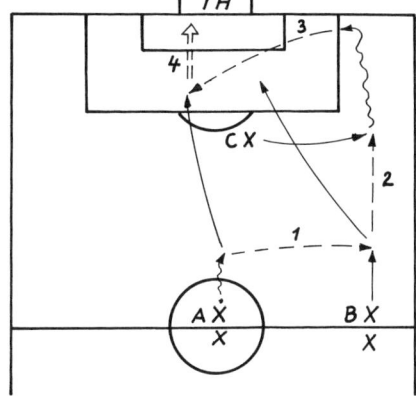

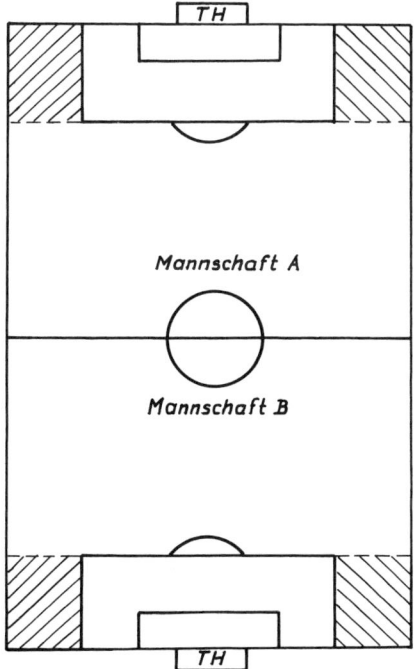

Abb. 150: Spitze wechselt auf Außenposition

Abb. 151: Förderung des Flügelspiels durch Tabu-Räume auf beiden Spielfeldseiten

Trainingsziel: Verbesserung der balltechnischen Fähigkeiten und des Zusammenspiels

Trainingsgeräte: 8 Bälle, 4 Markierungsstangen

Trainings-Inhalt:

Aufwärmen (25 Min.): Einlaufen mit Ball in der 2er-Gruppe über die PB
- Die Spieler passen sich den Ball aus dem Lauf heraus zu; zunächst flach, dann halbhoch, wobei der Ball dann direkt in den Lauf des Zuspielers weitergeleitet wird (ca. 5 Min.)
- Spieler 1 mit Ball treibt Spieler 2 vor sich her und wendet Finten an; Spieler 2 bleibt passiv (Wechsel nach 2 PB)
- Spieler 1 dribbelt mit Ball und schirmt ihn mit dem Körper gegen den verhalten angreifenden Spieler 2 ab (Wechsel nach 1 Min.)
- Spieler 1 spielt den im Abstand von 10 m rw laufenden Spieler 2 an, der kurz den Ball anläuft und zurückprallen läßt (Wechsel nach 2 PB)
- Spieler 1 bedient Spieler 2 mit flachen, halbhohen und hohen Bällen und wechselt nach dem Abspiel sofort die Laufrichtung; Spieler 2 leitet den Ball direkt in den Lauf von Spieler 1 weiter (Wechsel nach 1 Min.)
- Spieler 1 und 2 stehen Rücken an Rücken und übergeben sich den Ball jeweils mit einer Rumpfdrehung
- Spieler 1 und 2 stehen Rücken an Rücken in Grätschstellung und übergeben sich den Ball zunächst durch die gegrätschten Beine und anschließend über den Kopf zurück (Rückwärtsbeuge)
Anschließend gemeinsame Dehnübungen, wobei immer jeweils ein Spieler eine Übung im Wechsel vormacht

Technik/Taktik (40 Min.): Verbesserung des Zusammenspiels mit Torabschluß

Übung 1 (10 Min.): Spiel 4:4 in PH mit einem sich frei im Feld bewegenden TH (Abb. 152)
Ziel der ballbesitzenden Mannschaft ist es, den sich frei im Feld bewegenden TH möglichst oft anzuspielen, wobei jedes gelungene Anspiel auf den TH 1 Punkt ergibt. Der TH wirft anschließend den Ball wieder der Mannschaft zu, die den Punkt erzielt hatte

Übung 2 (10 Min.): Spiel 4:4 in PH mit einem sich frei im Feld bewegenden TH
Wie Übung 1, jedoch darf nur mit 2 Ballkontakten gespielt werden

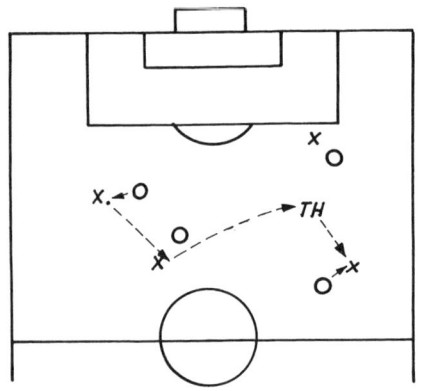

Abb. 152: Spiel 4:4 mit einem sich frei im Feld bewegenden TH

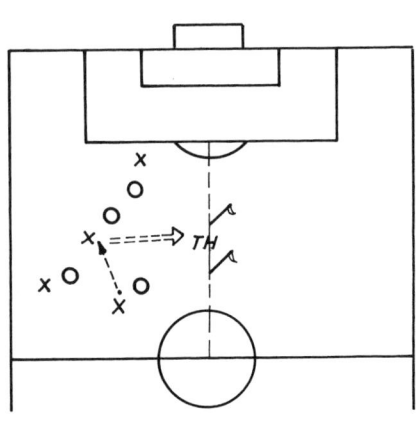

Abb. 153: Spiel 4:4 auf ein Offentor mit TH

TE 1   Lfd. TE-Nr.: 052   Dauer: 90 Min.   Woche: 10

Übung 3 (10 Min.): Spiel 4:4 in PH auf 1 Offentor (6 m breit) mit TH (Abb. 153)
Eine Linie, auf der sich ein 6 m breites Offentor befindet, teilt das Spielfeld (PH) in 2 Zonen. Ein Torerfolg wird dann gewertet, wenn sich alle Spieler der angreifenden Mannschaft in einem Feld hinter der Linie aufhalten. Überquert der Ball also die Linie, müssen alle Angreifer in das andere Feld wechseln, ehe auf das Tor geschossen werden darf. TH setzt das Spiel bei Ballbesitz mit einem Abwurf in den freien Raum fort

Übung 4 (10 Min.): Spiel 8:8 über den ganzen Platz auf 2 Offentore (6 m breit) mit TH (Abb. 154)
Wie Übung 3, jedoch aus den zwei Spielfeldern in den PH wird ein großes Spielfeld gebildet. Ein Torerfolg in einem der beiden Offentore ist nur möglich, wenn sich alle Spieler der angreifenden Mannschaft in einem Feld befinden

Abschluß (25 Min.): Spiel 8:8 über den ganzen Platz auf die Normaltore mit TH
Ein Tor wird nur dann gewertet, wenn sich alle Spieler der angreifenden Mannschaft in der gegnerischen Hälfte aufhalten.
Schwerpunkt: Schnelles Nachrücken der AWSP; Ballhalten im Angriff, um das Nachrücken zu ermöglichen
Abschließend Auslaufen

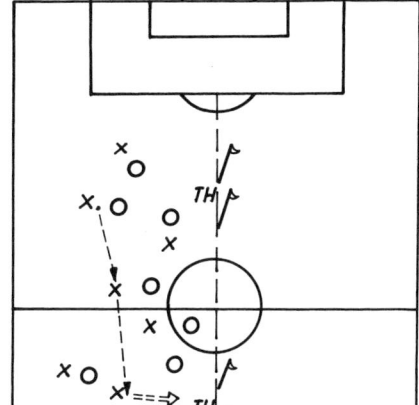

Abb. 154: Spiel 8:8 auf 2 Offentore mit TH

TE 2   Lfd. TE-Nr.: 053   Dauer: 100 Min.   **Woche: 10**

Trainingsziel: Verbesserung des Torabschlusses nach Kombinationsformen

Trainingsgeräte: 20 Bälle, tragbares Normaltor, 6 Markierungsstangen

Trainings-Inhalt:

Aufwärmen (25 Min.): Fangspiele im Strafraum, 10 Min. lockerer Trab mit Dehnübungen

Übung 1: 1 Spieler als Fänger. Die gejagten Spieler können sich vor dem Abschlagen retten, indem sie 4 Liegestütze ausführen.

Übung 2: 1 Spieler als Fänger. Es sind 2 Bälle im Spiel. Wer einen Ball besitzt, kann nicht abgeschlagen werden. Ziel der Gejagten ist es, dem bedrängten Spieler vor dem Abschlagen einen Ball zuzuwerfen.

Woche: 10   TE 2   Lfd. TE-Nr.: 053   Dauer: 100 Min.

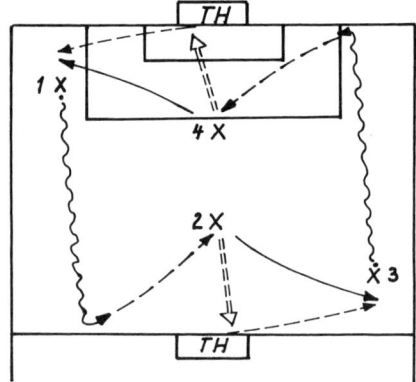

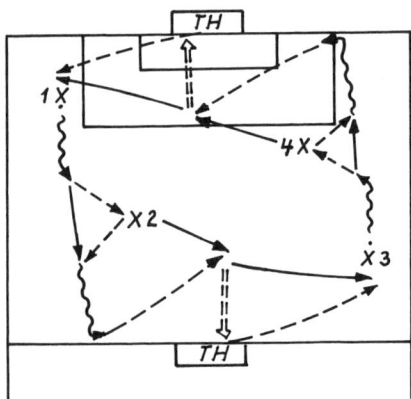

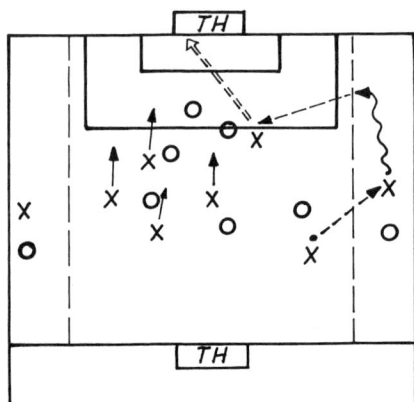

Übung 3: 1 Spieler als Fänger. Bis auf einen weiteren Spieler (den Gejagten) liegen alle Spieler auf dem Bauch im Strafraum verteilt. Der gejagte Spieler kann sich vor dem Abschlagen retten, indem er sich neben einen Spieler legt. Dieser Spieler wird dann zum Jäger, der bisherige Jäger zum Gejagten.
Anschließend gemeinsame Dehnübungen

Torabschluß (65 Min.): Verschiedene Kombinationsformen

Übung 1: Torschuß nach Tempodribbling und Flanke (Abb. 155)
Halber Platz mit 2 Normaltoren, 4 Feldspieler + 2 TH. Gruppe 1 mit 8 Spielern (4 sind jeweils aktiv). Die TH bedienen mit Handabwurf die sich seitlich anbietenden Mitspieler. Diese führen den Ball mit Tempodribbling auf die jeweilige GL und flanken auf die in der Mitte postierten Spieler, die mit Torschuß abschließen.
Anschließend folgt Positionswechsel.
Nach 3 Min. wechselt die andere 4er-Gruppe ins Feld.
2. Durchgang: Spiel über den anderen Flügel ausführen.
Die zweite Gruppe (8 Spieler) spielt zeitgleich in der anderen PH 4:4, wobei jeder DP einen Punkt ergibt (12 Min.). Danach wechselt sie mit Gruppe 1.

Übung 2: Torschuß nach vorausgegangenem Doppelpaß (Abb. 156)
Wie Übung 1, jedoch wird nach dem Handzuwurf des TH DP mit dem entgegenkommenden Spieler gespielt und anschließend von der GL aus auf den in Position gelaufenen Mitspieler geflankt, der mit Torschuß abschließt.
Anschließend erfolgt Positionswechsel
Nach 3 Min. wechselt die andere 4er-Gruppe ins Feld.
2. Durchgang: Spiel über den anderen Flügel ausführen.
Die zweite Gruppe spielt zeitgleich in der anderen PH 4:4, wobei jeder gelungene Paß über 30 m einen Punkt ergibt (12 Min.). Danach wechselt sie mit Gruppe 1.

Übung 3: Spiel 6:6 mit jeweils 2 Außenstürmern (Abb. 157)
Halber Platz mit 2 Normaltoren und neutralen Zonen (5–6 m breit) an den Seitenlinien

Abb. 155: Torschuß nach Tempodribbling und Flanke

Abb. 156: Torschuß nach Doppelpaß

Abb. 157: Spiel 6:6 mit jeweils 2 Außenstürmern

TE 2   Lfd. TE-Nr.: 053   Dauer: 100 Min.   Woche: 10

Auf beiden Seiten des Spielfeldes ist eine neutrale Zone abgesteckt, worin sich jeweils 1 Spieler einer Mannschaft aufhält. Der Spieler in dieser Zone darf nicht angegriffen werden, kann also unbedrängt flanken. Tore nach einer Flanke zählen doppelt. Per Zuruf wechselt dieser Spieler ins Feld (15 Min.)

Abschluß (10 Min.): Abwärmen durch lockeres Auslaufen über den ganzen Platz

TE 3   Lfd. TE-Nr.: 054   Dauer: 95 Min.   Woche: 10

Trainingsziel: Herausspielen von Torchancen, weite Pässe

Trainingsgeräte: 10 Bälle, 10 Markierungsstangen

Trainings-Inhalt:

Aufwärmen (25 Min.): Einlaufen ohne/mit Ball in der 2er-Gruppe
- Dauerlauf paarweise über den ganzen Platz (10 Min.) mit Dehnübungen
- Spieler spielen sich aus dem Lauf weite Flugbälle über mindestens 25 m zu (10 Min.)
- Dehnübungen

Taktik (45 Min.): Übungsformen zum Herausspielen von Torchancen in Verbindung mit weiten Pässen

Übung 1 (20 Min): Spiel 4:4 auf Normaltor mit TH in PH (Abb. 158)
In beiden PH wird 4:4 auf das Normaltor mit TH gespielt. Alle Bälle liegen im Mittelkreis, wobei zunächst eine 4er-Mannschaft für 5 Min. die Angreiferrolle innehat und versucht, möglichst oft zum Torerfolg zu kommen. Bei einem Torerfolg, Fehlschuß oder Ballbesitz TH wird das Spiel mit einem weiteren Angriff von der ML aus fortgesetzt.
Kommt die abwehrende Mannschaft in Ballbesitz, muß der Ball sofort mit einem weiten Paß zum TR in den Mittelkreis geschlagen werden.
Wechsel der Aufgaben nach 5 Min.; 2 Durchgänge

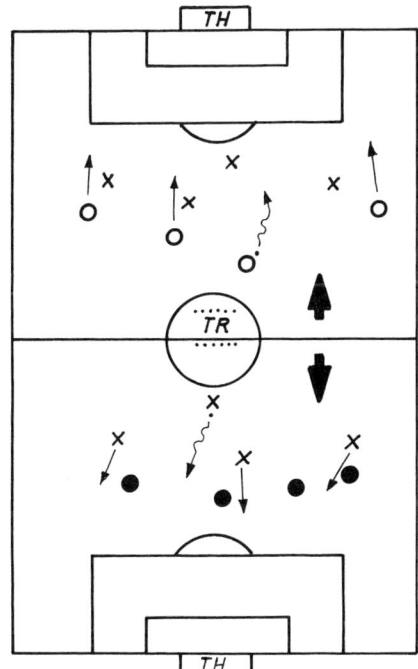

Abb. 158: Spiel 4:4 auf Normaltor mit TH

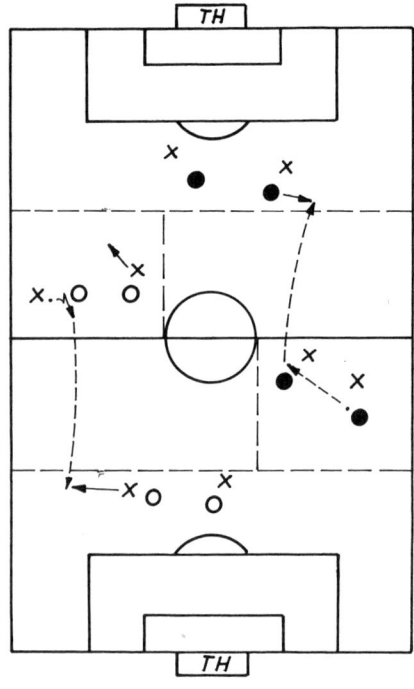

Woche: 10   TE 3   Lfd. TE-Nr.: 054   Dauer: 95 Min.

Übung 2 (20 Min.): Spiel 2:2 + 2:2 auf Normaltor mit TH (Abb. 159)

Vor den beiden Toren wird über die PB und 25 m von der GL entfernt ein Angriffsspielraum markiert.

Der zugehörige Mittelfeldspielraum liegt seitlich hinter der ML und beträgt 25 × 25 m.

Die 4er-Mannschaften werden in 2 Gruppen unterteilt, wobei 2 Spieler im Angriffsspielraum und 2 im Mittelfeldspielraum postiert sind.

Aus dem Spiel 2:2 im Mittelfeldspielraum heraus soll das ballbesitzende Paar versuchen, ihre im Angriffsspielraum sich freilaufenden Mitspieler, die anschließend den Torabschluß herbeiführen sollen, mit langen Bällen anzuspielen. Bei Torerfolg, Fehlschuß oder Ballbesitz TH wird das Spiel im Mittelfeldspielraum durch die Mannschaft fortgesetzt, die zuletzt Abwehraufgaben hatte.

Wechsel der Aufgabe nach 10 Min.

Anschließend lockerer Trab verbunden mit Dehnübungen

Abschluß (25 Min.): Spiel 4 + 4:4 + 4 über den ganzen Platz (Abb. 160)

Auf beiden Längsseiten des Spielfeldes ist ein 10 m breiter Streifen abgesteckt, in dem sich jeweils 2 Spieler beider Mannschaften aufhalten.

Ein Torerfolg ist nur möglich, wenn eine Mannschaft mindestens 1 Mitspieler auf der re und li Seite in das Spiel einbezogen hat. Dabei wechselt der außen angespielte Spieler für den Zuspieler in das Feld, darf jedoch nur direkt und nur mit weiten Pässen (mindestens über 20 m) agieren. Die Spieler außen dürfen nicht angegriffen werden.

Abschließend Auslaufen

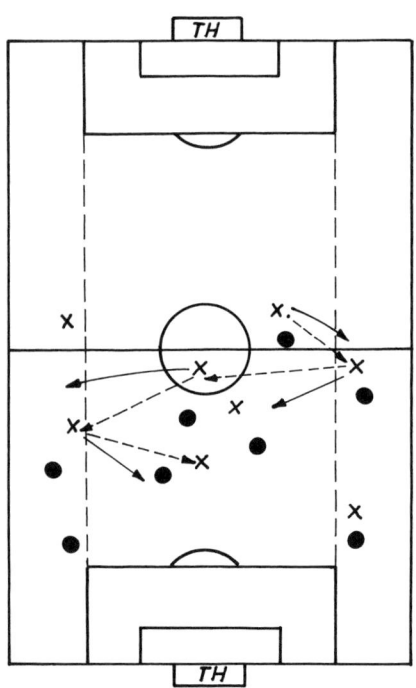

Abb. 159: Spiel 2:2 + 2:2 auf Normaltor mit TH

Abb. 160: Spiel 4 + 4:4 + 4

TE 1   Lfd. TE-Nr.: 055   Dauer: 95 Min.   **Woche: 11**

Trainingsziel: Verbesserung konditionelle Fähigkeiten und Balltechnik

Trainingsgeräte: 10 Bälle, 8 Medizinbälle, 2 Deuserbänder, 18 Markierungsstangen

Trainings-Inhalt:

Aufwärmen (25 Min.): Einlaufen ohne Ball über die BP
- Lockerer Trab mit Dehnübungen
- Hopserlauf mit/ohne beidarmigem Armekreisen vw/rw
- Seitwärtslauf, Überkreuzlauf
- Skippings
- Knieheberlauf, Anfersen
- aus Trab in Hocke absitzen, nachfedern und Kopfballsprung
- kurze Antritte mit/ohne Körpertäuschungen vw/rw
- Dehnübungen

Kondition (45 Min.):
Verbesserung der konditionellen Fähigkeiten und der Balltechnik durch Zirkeltraining in der 4er-Gruppe (Abb. 161)
Belastung 45 Sek., Pause 60 Sek., 2 Durchgänge

Station 1: Paß-Spiel zwischen 2 Stangen (15 m Abstand)
2 Spieler passen sich den Ball zwischen 2 Stangen direkt zu. Nach dem Abspiel spurtet jeder um seine Stange und wieder dem Ball entgegen.

Station 2: Medizinball-Umgreifen
Jeder Spieler in breiter Grätschstellung hält Medizinball zwischen den Beinen, ein Arm von vorne, ein Arm von hinten um das gleiche Bein. Schnelles, wechselseitiges Umgreifen.

Station 3: Spurt – Trab im Viereck (15 m Seitenlänge)
Die Spieler umlaufen ein Viereck, wobei im Wechsel eine Seitenlänge getrabt und eine Seitenlänge gespurtet wird.

Station 4: Im Tor: Kopfballsprünge aus der Hocke gegen die Querlatte

Station 5: Paß-Spiel mit Positionswechsel
Die Spieler stehen sich paarweise im 10-m-Abstand gegenüber, passen sich den Ball direkt zu und folgen ihrem Abspiel auf die andere Seite.

Station 6: Medizinball-Hochwurf aus Hocke
Die Spieler werfen den Medizinball aus der Hockstellung hoch und fangen ihn im Sprung über dem Kopf.

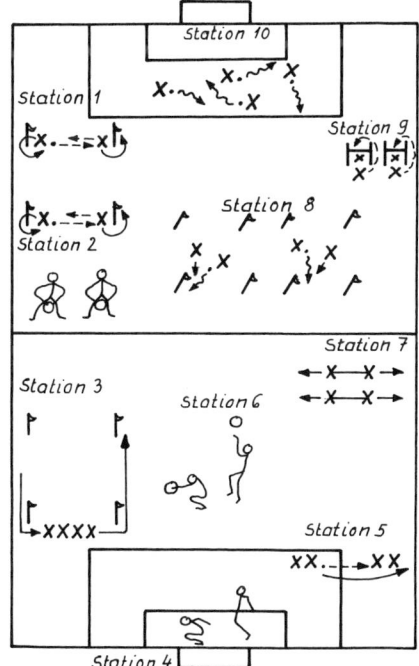

Abb. 161: Verbesserung der konditionellen Fähigkeiten und der Balltechnik durch Zirkeltraining

Woche: 11	TE 1 Lfd. TE-Nr.: 055 Dauer: 95 Min.

Station 7: Lauf gegen Deuserband
Die Spieler legen sich paarweise ein Deuserband um die Brust und bewegen sich gegen den Zug des Bandes auseinander.

Station 8: Spiel 1 : 1 im Spielraum 10 × 10 m

Station 9: Kopfballspiel aus Kniestand über Querstange des Offentores

Station 10: Einzelarbeit am Ball: Schnelles Ballführen (zurückziehen, drehen usw.) mit Körpertäuschungen und plötzlichen Richtungsänderungen
Anschließend 5 Min. lockerer Trab mit Dehnübungen

Abschluß (25 Min.): Spiel über den ganzen Platz mit TH
– 10 Min. mit 2 Ballberührungen
– 15 Min. freies Spiel – in eigener Hälfte nur direkt
Abschließend Auslaufen

Woche: 11	**TE 2 Lfd. TE-Nr.: 056 Dauer: 100 Min.**

Trainingsziel: Festigung der Schnelligkeit mit und ohne Ball

Trainingsgeräte: 2 Spieler je 1 Ball, 4 Markierungsstangen

Trainings-Inhalt:

Aufwärmen (25 Min.): Individuelles Einlaufen ohne/mit Ball
Jeder Spieler gestaltet sein Aufwärmprogramm selbst, bestimmt Fortbewegungsart, Laufrichtung und Sprungkombinationen zunächst ohne Ball. Nach 15 Min. wird die Aufwärmarbeit individuell mit Ball fortgesetzt.
Abschließend gemeinsame Dehnübungen

Kondition (50 Min.): Verbesserung der Schnelligkeit mit Ball in der 2er-Gruppe

Übung 1: Spurt nach Pässen
Spieler 1 führt den Ball und paßt flach in den freien Raum, wobei Spieler 2 den Ball mit Spurt erlaufen und zu 1 zurückspielen muß. Rollenwechsel nach 5 Pässen.
Pause (2 Min.): Kopfballspiel

Übung 2: Doppelpässe
Spieler 1 führt Ball und spielt 10 Doppelpässe mit maxima-

TE 2   Lfd. TE-Nr.: 056   Dauer: 100 Min.   Woche: 11

ler Intensität mit Spieler 2. Danach Wechsel.
Pause (2 Min.): Kopfballspiel aus Sitzlage

Übung 3: Ruhenden Ball erlaufen
Spieler 1 führt Ball, 2 folgt als Schatten im 10-m-Abstand.
Spieler 1 stoppt plötzlich Ball mit Sohle ab und läuft sich
frei. Spieler 2 spurtet auf den Ball und spielt zu 1 zurück.
Wechsel nach 2 Min.
Pause (2 Min.): Kopfballspiel aus Kniestand

Übung 4: Spurtzweikampf
Spieler 1 in Grätschstellung. Spieler 2 dribbelt mit Ball auf
1 zu und paßt scharf durch die Beine, wobei anschließend
beide zum Ball spurten. Erreicht 1 den Ball vor Spieler 2,
werden die Rollen gewechselt. Spieler 2 hat bis zu 5 Versuche.
Pause (2 Min.): Balljonglieren

Übung 5: Dribbling mit Zweikampf
Spieler 1 dribbelt mit Ball auf den rw laufenden 2 zu und
paßt plötzlich den Ball vorbei, wobei anschließend beide
zum Ball spurten. Erreicht Spieler 2 den Ball vor 1, werden
die Rollen gewechselt. Spieler 1 hat bis zu 5 Versuche.
Pause (2 Min.): Weite Einwürfe

Übung 6: Spurt nach Flugball
Spieler 1 führt den Ball und spielt 2 mit weitem Flugball an
und spurtet sofort auf den von 2 direkt weitergeleiteten
Ball. Wechsel nach 5 Flugbällen.
Pause (2 Min.): Spieler Rücken an Rücken, Ball mit
Rumpfdrehung übergeben

Übung 7: Schußwettbewerb (Abb. 162)
2 Mannschaften: Je 1 Spieler beider Mannschaften startet
gleichzeitig auf Signal TR auf den 20 m vor dem Tor ruhenden Ball, wobei im Spiel 1 : 1 ein sofortiger Torabschluß
herbeigeführt werden soll. Welche Mannschaft erzielt die
meisten Tore?
3 Durchgänge. Anschließend Dehn- und Lockerungsübungen

Abschluß (25 Min.): Positionsspiel mit 2 Mannschaften
über den ganzen Platz (Abb. 163)
2 ST : 2 AWSP + 4 : 4 im MIFE + 2 AWSP : 2 ST
In den gekennzeichneten Räumen des Platzes behalten
die Spieler ihre Positionen bei, wobei es in jedem Raum zu
1 : 1-Situationen kommt. Die ballbesitzende Mannschaft
versucht über das Spiel aus dem Abwehrraum heraus, einen ihrer Mittelfeldspieler anzuspielen, der nun im Zusammenspiel mit seinen Partnern die beiden manngedeckten

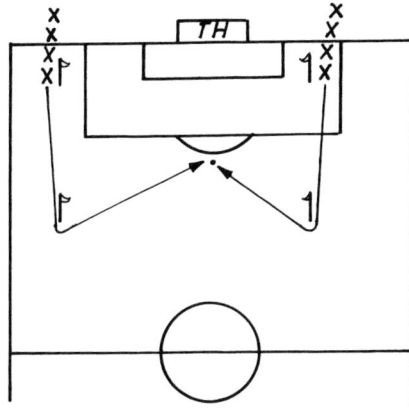

Abb. 162: Schußwettbewerb

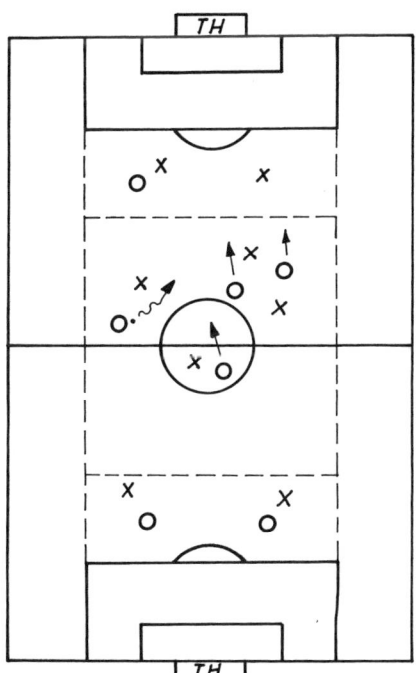

Abb. 163: Positionsspiel 2 ST:2 AWSP +
4:4 MFSP + 2 ST:2 AWSP

Woche: 11	TE 2 Lfd. TE-Nr.: 056 Dauer: 100 Min.

Sturmspitzen in Szene setzen soll. Der jeweilige Raum darf nicht verlassen werden.

Nach jeweils 8 Minuten werden die Rollen gewechselt, so daß jeder Spieler einmal die Position eines AWSP, MFSP und eines ST innehat.

Anschließend Auslaufen

Woche: 11	**TE 3 Lfd. TE-Nr.: 057 Dauer: 95 Min.**

Trainingsziel: Verbesserung Zusammenspiel und Spielschnelligkeit

Trainingsgeräte: 10 Bälle, 1 tragbares Normaltor

Trainings-Inhalt:

Aufwärmen (25 Min.): Spiel 5:3 mit 2 Ballkontakten im Spielraum 25 × 15 m
Jeder Spieler absolviert zunächst ein 10minütiges Lauf- und Dehnprogramm; anschließend Spiel 5:3

Taktik (40 Min.): Verbesserung des Zusammenspiels und der Spielschnelligkeit durch Spiel 4:4 bzw. 5:3 in beiden PH

Übung 1 (10 Min.): Spiel 4:4 in PH auf 2 Normaltore mit TH (2. Normaltor an ML)
Die angreifende Mannschaft muß in jeweils 20 Sek. ihren Angriff abgeschlossen haben, ansonsten geht der Ball in den Besitz der anderen Mannschaft über.
Schwerpunkt: Schnelles und möglichst direktes Spiel.
Nach 10 Min. wechseln die beiden Mannschaften in die andere PH und absolvieren die Übung 2.

Übung 2 (10 Min.): Spiel 4:4 in PH (ohne Tore)
Schwerpunkt: Spiel ohne Ball
Nach 10 Min. wechseln die beiden Mannschaften in die andere PH und absolvieren die Übung 1.

Übung 3 (20 Min.): Spiel 5:3 in PH auf 1 Tor mit TH (in beiden PH gleichzeitig)
Die Überzahlmannschaft startet ihre Angriffe jeweils an der ML und versucht mit schnellem und möglichst direktem Spiel zum Torerfolg zu kommen.
Gelangt die Abwehr in Ballbesitz, versucht sie den Ball in den eigenen Reihen zu halten und praktiziert das Spiel auf Zeit.

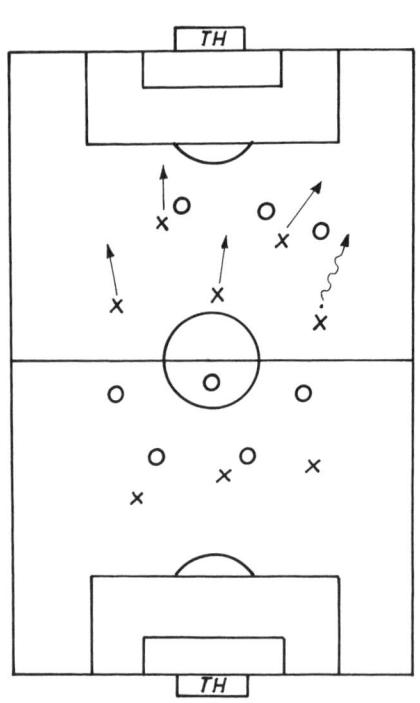

Abb. 164: Spiel 8:8 mit festem 5:3-Überzahlverhältnis in der gegnerischen Platzhälfte

---

TE 3   Lfd. TE-Nr.: 057   Dauer: 95 Min.   Woche: 11

Nach 10 Min. wechseln die Überzahlmannschaften die PH.

Abschluß (30 Min.): Spiel 8:8 über den ganzen Platz (Abb. 164)
Es dürfen sich jeweils nur 3 AWSP einer Mannschaft in ihrer PH aufhalten, denen immer 5 Angreifer gegenüberstehen, so daß es in jeder PH zum Spiel 5:3 kommt. Die abwehrende Unterzahlmannschaft hat freies Spiel, während die angreifende Überzahlmannschaft mit 2 Ballkontakten operiert, dabei schnell und möglichst direkt spielen soll.
Abschließend Auslaufen

TE 1   Lfd. TE-Nr.: 058   Dauer: 100 Min.   **Woche: 12**

Trainingsziel: Festigung der Ausdauer durch spielgemäße Übungsformen

Trainingsgeräte: 10 Bälle, 20 Markierungsstangen, 2 Papierkörbe

Trainings-Inhalt:

Aufwärmen (25 Min.): Handball 4:4 im PV mit beweglichem Tor
Ein Spieler der ballbesitzenden Mannschaft trägt einen Papierkorb und versucht die Zuwürfe der Mitspieler darin zu fangen. Jeder Treffer ergibt einen Punkt. Bei Ballverlust wird der Papierkorb von der anderen Mannschaft übernommen.
Anschließend Dehnübungen

Torschuß (20 Min.): Hinterlaufen mit Torabschluß in 2er-Gruppe

Übung 1 (10 Min.): Ballbesitzender dribbelt von der Aussenposition nach innen auf den Strafraum zu und paßt quer auf den hinterlaufenden Mitspieler, der mit Torschuß abschließt. Von beiden Seiten ausführen (Abb. 165)

Übung 2 (10 Min.): 1 ST ist im Strafraum postiert und verwertet die Flanken (Wechsel nach 5 Bällen). Spieler paarweise an ML (Mitte und Außenposition besetzt). Der Spieler im Mittelkreis paßt quer nach außen und hinterläuft an-

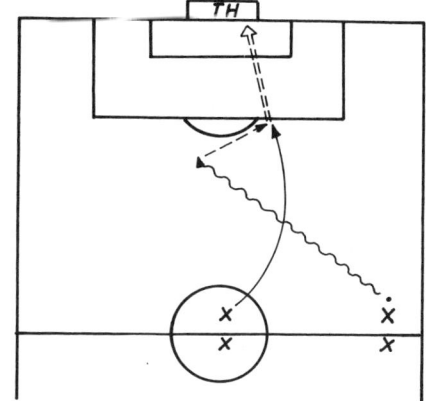

Abb. 165: Hinterlaufen mit Torschuß

Woche: 12

TE 1   Lfd. TE-Nr.: 058   Dauer: 100 Min.

schließend den nach innen dribbelnden Mitspieler, der etwa 30 m vor dem Tor in den Lauf des außen hinterlaufenden Mitspielers spielt, der den Ball zur GL führt und nach innen auf den ST flankt.
Von beiden Seiten ausführen (Abb. 166)

Kondition (48 Min.): Festigung der Ausdauer durch spielgemäße Übungsformen

Übung 1 (12 Min.): Spiel 4:4 + 1 TH in PH
TH bewegt sich frei in PH. Jeder weite Flugball, den TH fängt, ergibt einen Punkt für die ballbesitzende Mannschaft, Spielfortsetzung erfolgt durch TH-Abwurf zu der Mannschaft, die zuletzt die Abwehraufgabe innehatte. Zwischen erneutem Flugball auf TH müssen innerhalb der ballbesitzenden Mannschaft 3 Zuspiele erfolgt sein. 2 Min. Dehnpause

Übung 2 (12 Min.): Spiel 4:4 im Wechsel in PH
Es werden 4 Mannschaften (2 rote und 2 grüne) mit je 4 Spielern gebildet, wobei immer 2 Mannschaften aktiv sind und in PH 4:4 spielen. Die restlichen 8 Spieler traben um das Spielfeld. Ist rot in Ballbesitz, müssen die 4 grünen außen Tempo laufen – ist grün in Ballbesitz, müssen die 4 roten Spieler außen Tempo laufen.
Wechsel nach 3 Min., 2 Durchgänge. 2 Min. Dehnpause

Übung 3 (12 Min.): Spiel 4:4 + 1 TH auf mehrere Offentore in PH
In PH sind 5 Offentore (4 m breit) verteilt. Tore können von der ballbesitzenden Mannschaft von vorne und hinten erzielt werden, wobei der TH immer das gefährdete Tor abdeckt und je nach Spielgeschehen in ein anderes Tor wechselt. Es darf nicht zweimal hintereinander auf dasselbe Tor geschossen werden. Fängt der TH den Ball, wirft er auf die bisher abwehrende Mannschaft ab. 2 Min. Dehnpause

Übung 4 (12 Min.): Spiel 5:3 in PH auf 3 Offentore (3 m breit)
Überzahlmannschaft spielt mit 2 Ballkontakten und verteidigt 2 Offentore. Unterzahlmannschaft mit freiem Spiel verteidigt 1 Offentor. Tore können von vorne und hinten erzielt werden.
Anschließend Auslaufen

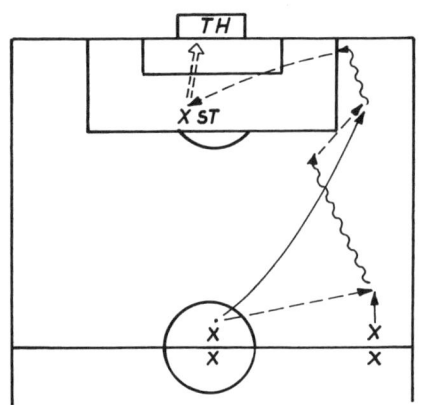

Abb. 166: Hinterlaufen, Flanke, Torschuß

TE 2   Lfd. TE-Nr.: 059   Dauer: 100 Min.   **Woche: 12**

Trainingsziel: Verbesserung des Torabschlusses nach Flanken

Trainingsgeräte: 20 Bälle, tragbares Normaltor, 12 Markierungsstangen

Trainings-Inhalt:

Aufwärmen (25 Min.):
– Spiel 5:3 mit 2 Ballkontakten im abgegrenzten Feld (15 Min.)
– Trab über PB (Hopserlauf, Anfersen, Knieheberlauf, Armekreisen vw/rw, kurze Antritte mit Oberkörpertäuschungen); Dehnübungen für die Bein-, Bauch- und Rückenmuskulatur (10 Min.)
Anmerkung: TH wärmen sich individuell auf

Torabschluß (65 Min.): Verwandeln von Flanken

Übung 1: Doppelter Strafraum mit 2 Normaltoren, 8 Feldspieler und 2 TH.
Die Spieler 2, 3, 4 und 5 flanken in dieser Reihenfolge ruhende Bälle auf Spieler 1, der mit Torschuß (möglichst direkt) abschließt.
Die 3 nicht beteiligten Spieler holen die Bälle und wechseln nach 90 Sek. ein.
Wieviel Tore erzielt Spieler in 90 Sek.? (Abb. 167)
Die zweite Gruppe (8 Spieler) absolviert zeitgleich einen 12minütigen Dauerlauf. Danach wechselt sie mit Gruppe 1.

Übung 2: Wie Übung 1, jedoch sind am Torschuß 2 Spieler beteiligt gegen 1 AWSP
Die Spieler 3, 4, 5 und 6 flanken in dieser Reihenfolge auf Spieler 1 und 2, die jeweils abwechselnd die kurze bzw. lange Ecke anlaufen.
Wieviel Tore erzielen die 2 Spieler gegen 1 AWSP in 90 Sek.? (Abb. 168)
Die zweite Gruppe spielt zeitgleich in der anderen PH 4:4 auf 4 Kleintore mit Schwerpunkt Spielverlagerung (12 Min.). Danach wechselt sie mit Gruppe 1.

Übung 3: Halber Platz mit 2 Normaltoren, Seitenbegrenzung durch verlängerte Strafraumlinie.
Spiel 4:4 mit jeweils 4 Auswechselspielern

Abb. 167: Verwandeln von Flanken im doppelten Strafraum

Abb. 168: Verwandeln von Flanken im doppelten Strafraum gegen Abwehrspieler

Abb. 169: Spiel 4:4 mit jeweils 4 Auswechselspielern

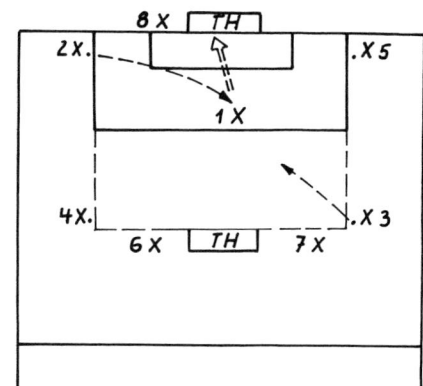

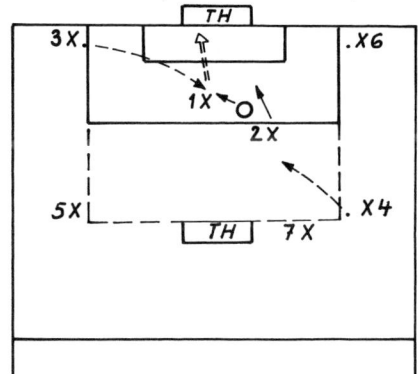

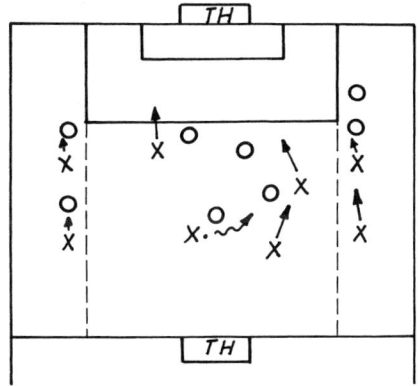

Woche: 12	TE 2 Lfd. TE-Nr.: 059 Dauer: 100 Min.

Die Auswechselspieler nehmen ihre Position an den Seitenlinien ein. Sie können jederzeit ins Spiel einbezogen werden, dürfen jedoch nur direkt spielen. Auf Zuruf wechselt Auswechselspieler ins Feld. Nach Zuspiel eines Auswechselspielers erzielte Tore zählen doppelt (15 Min.). (Abb. 169)

Abschluß (10 Min.): Abwärmen durch lockeres Auslaufen über den ganzen Platz

---

Woche: 12	**TE 3 Lfd. TE-Nr.: 060 Dauer: 95 Min.**

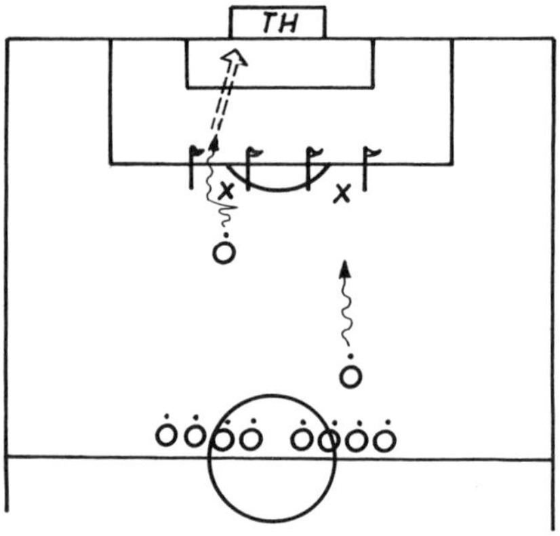

Abb. 170: Torschuß nach 1:1-Situation

Abb. 171: Torschuß nach 2:2-Situation

Trainingsziel: Verbesserung Zusammenspiel, Konterspiel und Torschuß

Trainingsgeräte: 20 Bälle, 4 Markierungsstangen

Trainings-Inhalt:

Aufwärmen (25 Min.): Handball 4:4 im PV mit Kopfballzuspiel
Es wird nach Handballregeln gespielt, wobei allerdings jeder Zuwurf eines Mitspielers, der mit dem Kopf zu einem weiteren Spieler der eigenen Mannschaft weitergeleitet werden kann, einen Punkt ergibt.
Anschließend Dehnübungen

Torabschluß (25 Min.): Torschuß nach vorausgegangenem Zweikampf

Übung 1: Torschuß nach 1:1-Situation (Abb. 170)
Ca. 5 m von der Strafraumlinie entfernt sind re und li je ein 5 m breites Offentor markiert, das von je einem AWSP bewacht wird.
Die Angreifer bilden 2 Gruppen und führen den Ball abwechselnd von der re und li Seite auf den jeweiligen AWSP zu, versuchen durch das Offentor zu dribbeln und anschließend sofort auf das Normaltor zu schießen. Der AWSP darf nur vor dem Offentor angreifen und nachher nicht mehr eingreifen.
Wechsel der AWSP nach 5 Angriffen

Übung 2: Torschuß nach 2:2-Situation (Abb. 171)
Wie Übung 1, jedoch versuchen nun 2 Angreifer gegen 2 AWSP an einem der beiden Offentore zum Erfolg zu kommen (Anwendung Dribbling, DP-Spiel, Hinterlaufen, Ballübergabe).
Wechsel der AWSP nach 4 Angriffen

TE 3 Lfd. TE-Nr.: 060 Dauer: 95 Min. Woche: 12

Taktik (25 Min.): Verbesserung Zusammenspiel/Konterspiel durch Spiel 8:8 mit TH im Spielraum von Strafraum zu Strafraum (Abb. 172)
Ein Punkt ist dann erzielt, wenn es der angreifenden Mannschaft gelingt, den sich auf der Strafraumlinie hin und her bewegenden TH so anzuspielen, daß dieser den Ball fangen kann. Der Ball darf dabei nicht den Boden berühren.
Der TH bringt anschließend durch Handabwurf erneut die Mannschaft in Ballbesitz, die den Punkt erzielt hatte und nun sofort auf das andere Tor spielt.
Schwerpunkt: Schnelles Umschalten durch Verändern der Spielrichtung
Belastung: 2 Durchgänge mit je 12 Min., 1 Min. Pause

Abschluß (20 Min.): Spiel 8:8 über den ganzen Platz mit 5:3-Situation in der jeweiligen PH
Es dürfen sich jeweils nur 3 AWSP einer Mannschaft in ihrer PH aufhalten, denen immer 5 Angreifer gegenüberstehen, so daß es in jeder PH immer zu einer Überzahl- bzw. Unterzahlsituation kommt.
Die abwehrende Unterzahlmannschaft hat freies Spiel, während die angreifende Überzahlmannschaft mit 2 Ballkontakten operiert, dabei schnell und möglichst direkt spielen soll.
Abschließend Auslaufen

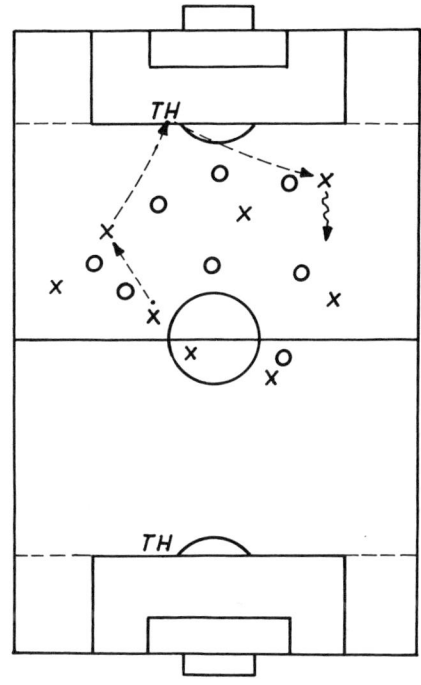

Abb. 172: Spiel 8:8 von Strafraum zu Strafraum mit TH

TE 1 Lfd. TE-Nr.: 061 Dauer: 95 Min. **Woche: 13**

Trainingsziel: Schulung der allgemeinen technisch-taktischen Fähigkeiten

Trainingsgeräte: 20 Bälle, 6 Markierungsstangen

Trainings-Inhalt:

Aufwärmen (25 Min.): Einlaufen mit Ball in der 5er-(6er-) Gruppe
– 1 Spieler übernimmt für jeweils 1 Minute die Führungsrolle, führt den Ball mit ständigen Richtungsänderungen, die übrigen Spieler vollziehen die Übungen nach
– Spieler laufen in Reihe vw im 2-m-Abstand, wobei sich jeweils der letzte Spieler mit Tempodribbling an die Spitze der Gruppe setzt
– Spieler laufen in Reihe vw im 2-m-Abstand, wobei sich

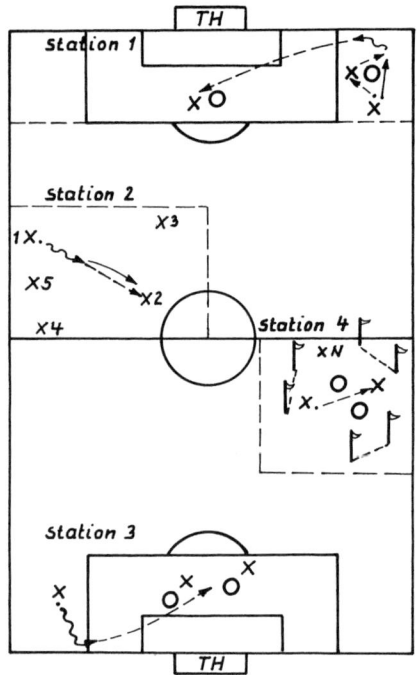

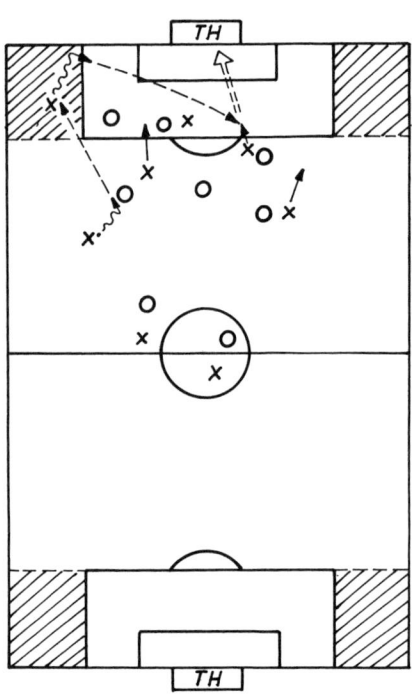

jeweils der letzte Spieler mit Ballführen im Slalom an die Spitze der Gruppe setzt
- Gymnastik mit Ball: Ball mit den Fingerspitzen mit Achterkreuzen durch die gegrätschten Beine führen; Ball mit gestreckten Armen hochhalten und Rumpfbeugen vw, sw und rw
- Dehnübungen

Technik/Taktik (50 Min.): Schulung der allgemeinen technisch-taktischen Fähigkeiten durch Stationen-Training in der 5er-Gruppe (Abb. 173).
Überzählige Spieler arbeiten jeweils für 5 Min. am Kopfballpendel
Belastung: 12 Min./Station, 45 Sek. Pause für Stationswechsel

Station 1: Zweikampfverhalten auf Flügel und im Strafraum
Auf dem Flügel müssen sich in dem vorgegebenen Längsraum (Raum zwischen Seitenaus und verlängerter Strafraumlinie) 2 ST gegen 1 AWSP (2:1-Situation) durchsetzen (DP, Dribbling, Überlaufen) und in den Strafraum flanken, wo 1 ST gegen 1 AWSP (1:1-Situation) versucht, den Torerfolg herbeizuführen.
Nach 5 Angriffen werden die Rollen gewechselt.

Station 2: Zusammenspiel und Dribbling im Spielraum 20 × 30 m
Die Spieler sind von 1–5 durchnumeriert. Nach mehreren Ballkontakten muß der Spieler mit der nächsthöheren Nummer angespielt werden, wobei anschließend der angespielte Partner vom Zuspieler sofort angegriffen wird. Der Angespielte versucht seinen Angreifer zu umspielen und paßt nach 3–4 weiteren Ballkontakten zur nächsthöheren Nummer, die er dann seinerseits angreift.

Station 3: Zweikampfverhalten im Strafraum durch Spiel 1+2:2
1 Flügelstürmer flankt auf die beiden im Strafraum postierten ST, die gegen 2 AWSP versuchen, zum Torerfolg zu kommen. Bei Ballbesitz der AWSP muß der Ball wieder zurück zum Flügelstürmer gespielt werden, wobei die ST durch aggressives Forechecking dies zu verhindern versuchen.

Abb. 173: Schulung der allgemeinen technisch-taktischen Fähigkeiten in der 5er-Gruppe

Abb. 174: Spiel 8:8 mit Schwerpunkt Flügelspiel

TE 1   Lfd. TE-Nr.: 061   Dauer: 95 Min.   Woche: 13

Nach 5 Flanken werden die Rollen gewechselt.
Übung von beiden Seiten ausführen

Station 4: Zweikampfverhalten und Zusammenspiel im Spielraum 20 × 20 m durch Spiel 2:2 + 1 auf 3 Offentore (3 m breit)
Jede Mannschaft verteidigt 1 Tor, während das dritte Tor von beiden Mannschaften verteidigt bzw. angegriffen wird. Der neutrale Spieler spielt jeweils mit der ballbesitzenden Mannschaft, die auf die beiden Offentore angreift, wobei der Torschuß nur direkt erfolgen darf. Der neutrale Spieler darf nur direkt spielen und kann selbst kein Tor erzielen.
Nach einem Torerfolg wird der Torschütze zum neutralen Spieler.

Abschluß (20 Min.): Spiel 8:8 über den ganzen Platz mit Schwerpunkt Flügelspiel (Abb. 174)
In den markierten Zonen auf den Flügeln dürfen die ST nicht angegriffen werden. Tore, die nach einer Flanke aus einer der markierten Zonen erzielt werden, zählen doppelt.
Abschließend Auslaufen

TE 2   Lfd. TE-Nr.: 062   Dauer: 90 Min.   Woche: 13

Trainingsziel: Schulung des Pressing

Trainingsgeräte: 10 Bälle, 8 Markierungsstangen

Trainings-Inhalt:

Aufwärmen (25 Min.): Spiel 4:2 mit 2 Ballkontakten
Spieler bilden 3 Paare, bei Fehler eines Mitspielers wechselt immer das Paar in die Mitte.
Anschließend Dehnen

Taktik (25 Min.): Schulung der Raumdeckung, des Zweikampfverhaltens und der Spielverlagerung durch Spiel 5:5 auf jeweils 2 Offentore (3 m breit, 25 m Abstand) in Platzhälfte (Abb. 175)
Die abwehrende Mannschaft deckt mit 2 Spielern den Raum vor den beiden Toren und greift mit einer 3er-Abwehrreihe die ballbesitzende Mannschaft an. Dabei verschiebt sie sich immer ballnahe und versucht, die Angreifer zu Querpässen bzw. Dribblings zu zwingen.
Die angreifende Mannschaft versucht, durch schnelle Spielverlagerung eine Überzahl vor einem der beiden Tore herbeizuführen und mit einem Torerfolg abzuschließen.
(Variante: Torschuß nur direkt)

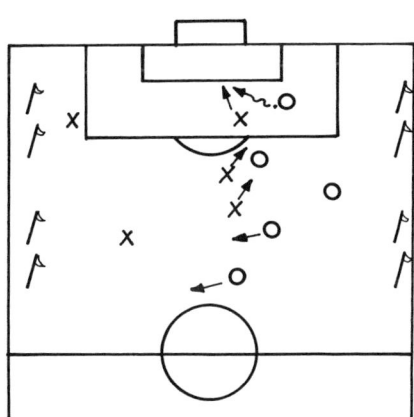

Abb. 175: Spiel 5:5 auf 4 Offentore

Woche: 13   TE 2   Lfd. TE-Nr.: 062   Dauer: 90 Min.

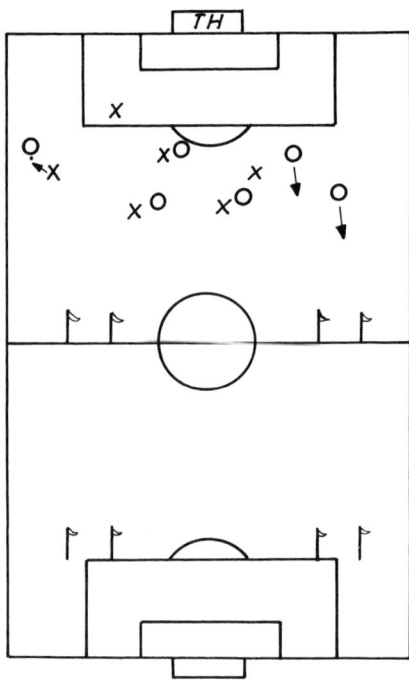

Abb. 176: Spiel 3 + 3 gegen 4 + 2

Taktik (30 Min.): Schulung des Angriffs- und Mittelfeld-pressing (Abb. 176)
Ziel ist das Herbeiführen von Pressing-Situationen für An-griffs- und Mittelfeldpressing und die Schulung der ent-sprechenden Abwehrorganisation.
Spielform: Spiel 3 + 3 gegen 4 + 2 auf 1 Normaltor und 2 Offentore an ML (Angriffspressing) bzw. 2 Offentore am entfernten Strafraum (Mittelfeldpressing).
15 Min. Angriffspressing
15 Min. Mittelfeldpressing
Die Abwehr spielt in einer 3er-Formation (LIB und 2 AWSP) zusammen mit 3 MFSP auf die 2 Offentore gegen 2 ST und 4 MFSP. Die auf das Normaltor (mit TH) angreifende Mannschaft praktiziert bei Ballverlust das Angriffspres-sing, indem sie eine entsprechende Spielsituation herbei-führt und dabei die Verschiebung der Räume in der Länge und Breite herbeiführt und den Gegner in Raum- und Zeit-not bringt. Bei einem Torerfolg der Angreifer auf das Nor-maltor wird ein neuer Angriff von der ML aus gestartet.
Die Abwehr versucht das Pressing abzuwenden und kon-tert auf die beiden Offentore.
Nach der festgesetzten Zeit werden die beiden Offentore an den entfernten Strafraum zurückgenommen und das Mittelfeldpressing geübt, indem die Pressing-Situation an der ML beginnt.

Abschluß (10 Min.): Auslaufen mit Dehnübungen

Woche: 13   **TE 3   Lfd. TE-Nr.: 063   Dauer: 95 Min.**

Trainingsziel: Anwendung taktischer Mittel zur Überwin-dung von Gegner und Raum

Trainingsgeräte: 6 Bälle, 12 Markierungsstangen, 1 trag-bares Normaltor

Trainings-Inhalt:

Aufwärmen (25 Min.): Spiel 4:2 mit 2 Ballkontakten im Spielraum 15 × 10 m (TH beteiligen sich)
Anschließend individuelle Laufarbeit mit Dehnübungen

Taktik (20 Min.): Einsatz taktischer Mittel (DP, Spielverla-gerung, Ballübergabe) zur Überwindung des Gegners und des Raumes im abgegrenzten Spielraum (Abb. 177)
Belastung: 5 Durchgänge mit je 3 Min., 1 Min. Pause zwi-schen den Durchgängen

TE 3   Lfd. TE-Nr.: 063   Dauer: 95 Min.   Woche: 13

Gruppe 1 (Offensivspieler): Spiel 4:4 + 1

Gruppe 2 (Defensivspieler): Spiel 3:3 + 1
TR bestimmt in jeder Gruppe jeweils 1 Spieler, der für 3 Min. als neutrale Anspielstation mit der ballbesitzenden Mannschaft spielt und nicht angegriffen werden darf.
Folgende taktische Mittel sollen schwerpunktmäßig in den beiden Gruppen angewendet werden:
1. DP: Durch häufiges DP-Spiel mit dem Neutralen mit Antritten und plötzlichen Richtungsänderungen den manndeckenden Gegenspieler überwinden
2. Spielverlagerung: Wird der Neutrale kurz angespielt, soll er durch einen weiten Paß die Spielverlagerung einleiten (d. h. Freilaufen der ballentfernten Spieler in Erwartung des spielverlagernden Passes)
3. Ballübergabe: Wird der Neutrale angespielt, hält er zunächst den Ball und bietet der ballbesitzenden Mannschaft die Ballübergabe (hin zum Neutralen) durch Ballabschirmen gegenüber Gegner an

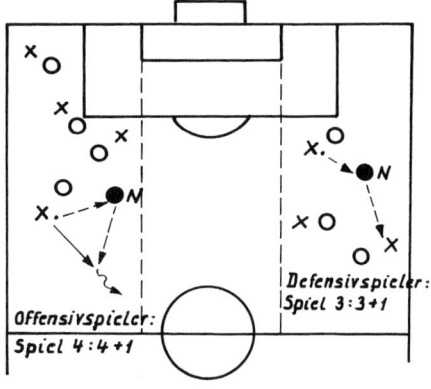

Abb. 177: Anwendung des DP-Spiels, der Spielverlagerung und der Ballübergabe zur Überwindung von Gegner und Raum

Taktik (20 Min.): Anwendung DP-Spiel, Spielverlagerung und Tackling in den verschiedenen Mannschaftsteilen (Abb. 178)

Gruppe 1 (Stürmer): Spiel 1 + 2:2 + 1 im doppelten Strafraum auf Normaltore mit TH mit Schwerpunkt DP-Spiel
Belastung: 7 Durchgänge mit je 2 Min., 1 Min. Pause zwischen den Durchgängen
Im doppelten Strafraum wird 2:2 gespielt, wobei jede Mannschaft 1 Anspieler im gegnerischen Strafraum postiert hat. Dieser Anspieler muß vor einem Torschuß zwingend angespielt werden und leitet entweder einen DP ein oder betätigt sich als „Wand" für die beiden Mitspieler. Wechsel des Anspielers jeweils nach 2 Min.

Gruppe 2 (Mittelfeldspieler): Spiel 3:3 auf 4 Offentore (3 m breit) im Spielfeld 20 × 20 m mit 2 Ballkontakten mit Schwerpunkt Spielverlagerung
Belastung: 5 Durchgänge mit je 3 Min., 1 Min. Pause zwischen den Durchgängen
Jede Mannschaft verteidigt ein bestimmtes Tor und kann in 3 Offentoren Treffer erzielen. Durch geschickte Spielverlagerungen soll der abwehrenden Mannschaft die Tordeckung erschwert und Überzahl vor einem der 3 Offentore herbeigeführt werden

Gruppe 3 (Abwehrspieler): Spiel 2:2 auf 2 Offentore (3 m breit) im Spielfeld 15 × 10 m mit Schwerpunkt Tackling

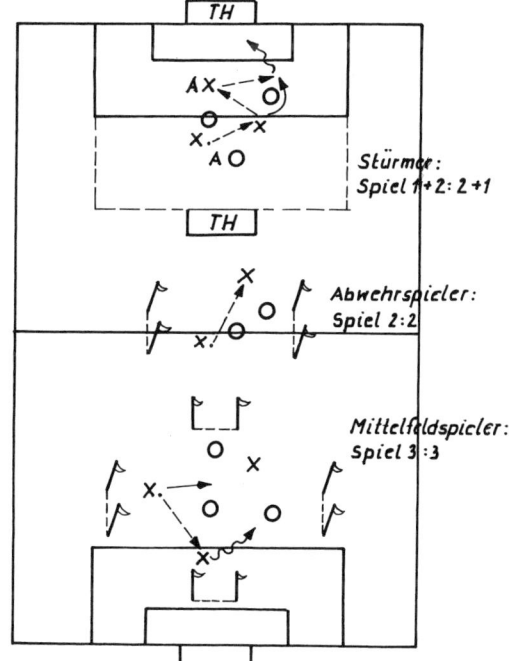

Abb. 178: Anwendung DP-Spiel, Spielverlagerung und Tackling in den verschiedenen Mannschaftsteilen

---

Woche: 13   TE 3   Lfd. TE-Nr.: 063   Dauer: 95 Min.

Belastung: 7 Durchgänge mit je 2 Min., 1 Min. Pause zwischen den Durchgängen
Die abwehrende Mannschaft soll möglichst oft das Sliding-Tackling abwenden, d.h. das Wegspielen des Balles durch Hineingrätschen, ohne den Gegner zu gefährden. Freies Spiel für die Angreifer

Abschluß (30 Min.): Spiel 8:8 über den ganzen Platz mit TH unter schwerpunktmäßiger Anwendung des DP-Spiels, der Spielverlagerung und Ballübergabe sowie des Tacklings
Abschließend Auslaufen

Woche: 14   **TE 1   Lfd. TE-Nr.: 064   Dauer: 95 Min.**

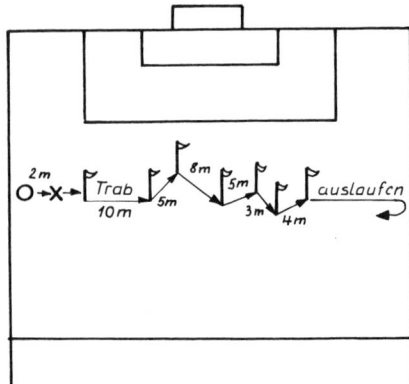

Trainingsziel: Verbesserung Schnelligkeit und Zweikampfverhalten

Trainingsgeräte: 15 Bälle, 7 Markierungsstangen, 1 tragbares Normaltor

Trainings-Inhalt:

Aufwärmen (25 Min.): Einlaufen ohne Ball über die PB
− lockerer Trab
− Hopserlauf ohne/mit beidarmigem Armekreisen vw/rw
− aus Trab mit Hand den Boden re/li berühren
− Seitwärtslauf, Überkreuzlauf
− Skippings
− Knieheberlauf, Anfersen
− kurze Antritte vw/rw mit/ohne Körpertäuschungen
− kurze Steigerungsläufe
− Dehnübungen

Kondition (25 Min.): Verbesserung der Schnelligkeit durch Verfolgungsläufe (1 Min. Pause zwischen jedem Lauf)

1. Durchgang: 10 Läufe über Strecke von 25 m (Abb. 179)
Die Spieler starten paarweise im Abstand von 2 m, wobei der Hintermann versucht, den Vordermann abzuschlagen. Anschließend 2 Min. Dehnpause

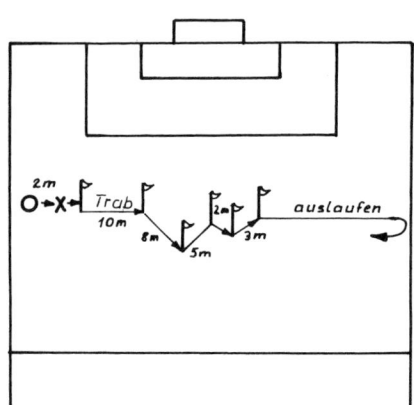

Abb. 179: Verfolgungsjagd über 25 m

Abb. 180: Verfolgungsjagd über 18 m

TE 1   Lfd. TE-Nr.: 064   Dauer: 95 Min.   Woche: 14

2. Durchgang: 10 Läufe über Strecke von 18 m (Abb. 180)
Ablauf wie bei 1. Durchgang
Anschließend 2 Min. Dehnpause

Taktik (30 Min.): Verbesserung Zweikampfverhalten mit Torabschluß auf 2 Normaltore mit TH im doppelten Strafraum

Übung 1 (4 Min.): Spiel 2 + 2:2 + 2 (Abb. 181)
Im Feld wird 2:2 gespielt, wobei zusätzlich auf beiden Längsseiten je ein Spieler beider Mannschaften postiert ist, der ins Spiel einbezogen werden kann, jedoch nur direkt spielen darf.
Wechsel der Rollen nach 2 Min.
Die nicht beteiligten 8 Spieler spielen 4:4 in der anderen PH

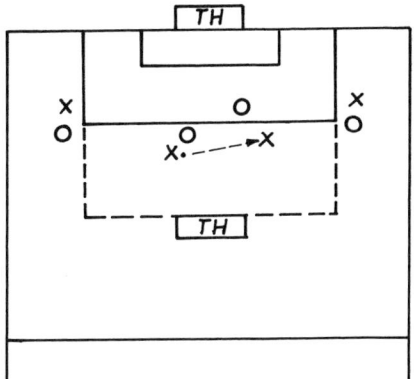

Übung 2 (4 Min.): Spiel 1 + 3:3 + 1 (Abb. 182)
Im Feld wird 3:3 gespielt, wobei zusätzlich auf einer der beiden Längsseiten der vierte Spieler postiert ist. Wer ihn aus der jeweiligen Mannschaft anspielt, wechselt mit ihm.
Die nicht beteiligten 8 Spieler spielen in 2 Gruppen in der anderen PH 3:1

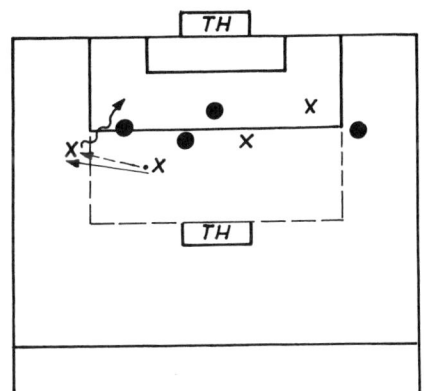

Übung 3 (5 Min.): Spiel 4:4 (Abb. 183)
Die nicht beteiligten 8 Spieler spielen in der anderen PH 5:3 mit 2 Ballkontakten (bei Ballverlust der Überzahl wechselt der verursachende Spieler in die Unterzahl)

Abschluß (15 Min.): Spiel über den ganzen Platz
In der eigenen Hälfte darf nur mit 2 Ballkontakten gespielt werden, freies Spiel in der gegnerischen Hälfte.
Abschließend Auslaufen

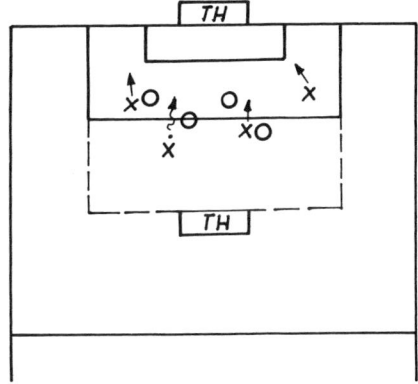

Abb. 181: Spiel 2 + 2:2 + 2

Abb. 182: Spiel 1 + 3:3 + 1

Abb. 183: Spiel 4:4

Woche: 14   **TE 2   Lfd. TE-Nr.: 065   Dauer: 100 Min.**

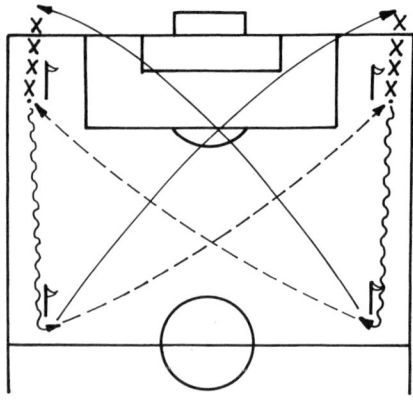

Trainingsziel: Verbesserung des weiträumigen Spiels

Trainingsgeräte: 10 Bälle, 8 Markierungsstangen

Trainings-Inhalt:

Aufwärmen (25 Min.): Einlaufen ohne Ball über Platzbreite
- Lockerer Trab mit Dehnübungen
- Zehenspitzenlauf
- Fersenlauf (auf Fersen aufsetzen)
- Hopserlauf auf Höhe und Weite
- Schlittschuhlauf
- Kurze Antritte aus Rw-Lauf
- Lockerungsgymnastik (ein-/zweibeiniges Hüpfen auf der Stelle, Rumpfkreisen, Armekreisen vw/rw, Bein re/li durchschwingen)
- Dehnen

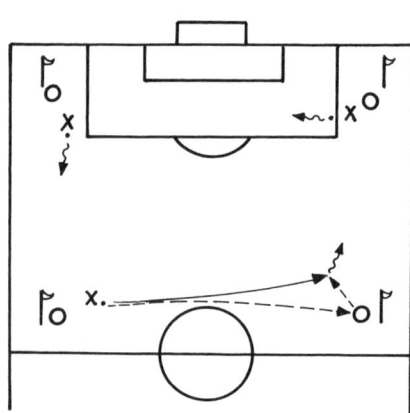

Technik (40 Min.): Verbesserung des weiträumigen Spiels

Übung 1: Weiter Diagonalpaß (10 Min.) (Abb. 184)
Jeweils 8 Spieler üben in einer PH.
Die ersten Spieler beider Gruppen dribbeln mit Ball von der Höhe des Strafraumes Richtung ML und spielen jeweils mit einem weiten Diagonalpaß den nächsten Spieler der anderen Gruppe an. Anschließend laufen sie in mittlerem Lauftempo an das Ende der anderen Gruppe.

Übung 2: Weite Pässe zu Anspielstationen (20 Min.) (Abb. 185)
4 Spieler stellen sich als Anspielstationen im weiten Viereck der PH auf. Die anderen 4 Spieler mit Ball beginnen gleichzeitig mit einem weiten Paß auf die jeweilige Anspielstation in der nächsten Spielfeldecke. Die Anspielstationen lassen den Paß in den Lauf des Zuspielers abtropfen, der zum Ball startet und nach der Ballkontrolle zur nächsten Anspielstation paßt.
Nach 5 Min. Aufgabenwechsel. 2 Durchgänge

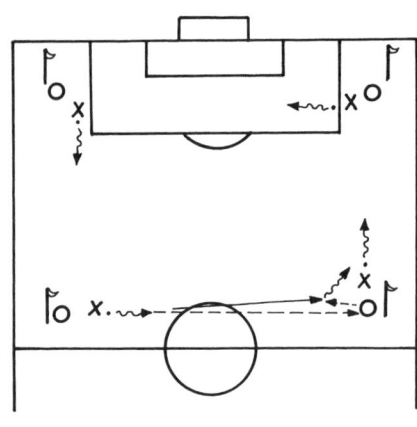

Übung 3: Weites Zuspiel aus dem Lauf heraus (10 Min.) (Abb. 186)
4 Spieler als Anspielstationen im weiten Viereck. Die anderen 4 Spieler schlagen aus dem Lauf einen weiten Paß auf

Abb. 184: Weiter Paß, Diagonalpaß

Abb. 185: Weite Pässe zu den Anspielstationen

Abb. 186: Weite Zuspiele aus dem Lauf heraus

TE 2   Lfd. TE-Nr.: 065   Dauer: 100 Min.   Woche: 14

den nächsten Partner und folgen ihrem Ball. Hat die 4er-Gruppe nach 4 Pässen das Viereck umlaufen, pausiert sie und die bisherigen Anspielstationen starten.

Torschuß (20 Min.): Torschußübungen in der 2er-Gruppe

Übung 1: Torschuß nach Flanke (Abb. 187)
Spieler A schlägt aus dem Mittelkreis einen weiten Flugball in den Lauf des sich außen anbietenden Spielers B und spurtet anschließend steil nach außen. B rochiert nach Steilpaß nach innen und verwertet die Flanke von A.
Von beiden Seiten ausführen

Übung 2: Torschuß nach Doppelpaß (Abb. 188)
Spieler A schlägt von der GL einen weiten Flugball auf den von der ML kommenden Spieler B und bietet sich anschließend zum DP für B an, der mit Torschuß abschließt.
Anschließend wechseln beide Spieler ihre Positionen.
Von beiden Seiten ausführen

Abschluß (15 Min.): Spiel über den ganzen Platz mit Schwerpunkt weiträumiges Spiel
Abschließend Auslaufen

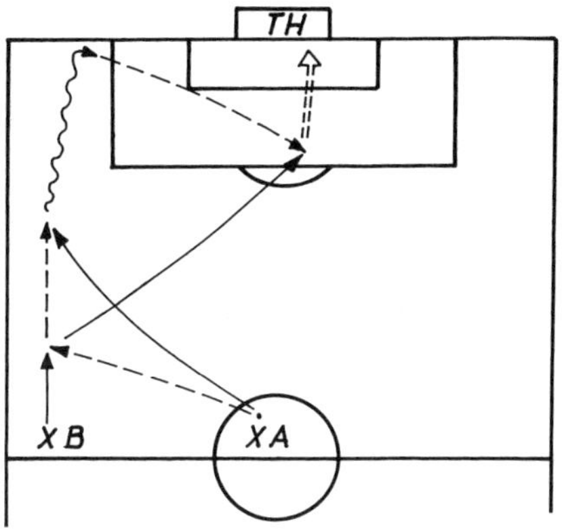

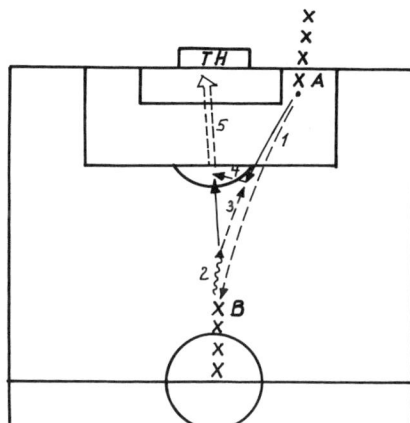

Abb. 187: Torschuß nach Flanke

Abb. 188: Torschuß nach Doppelpaß

TE 3   Lfd. TE-Nr.: 066   Dauer: 100 Min.   **Woche: 14**

Trainingsziel: Schulung Zusammenspiel, Torabschluß und Raumdeckung

Trainingsgeräte: 16 Bälle, 12 Markierungsstangen

Trainings-Inhalt:

Aufwärmen (25 Min.): Einlaufen ohne und mit Ball
– Trab über PB (im Wechsel mit verschiedenen Laufformen, wie Hopserlauf, Anfersen, Knieheberlauf, Armekreisen vw, rw., Dehnübungen, kurze Antritte, Kopfballsprünge); Dehnübungen (10 Min.)
– Dehnübungen

Woche: 14   TE 3   Lfd. TE-Nr.: 066   Dauer: 100 Min.

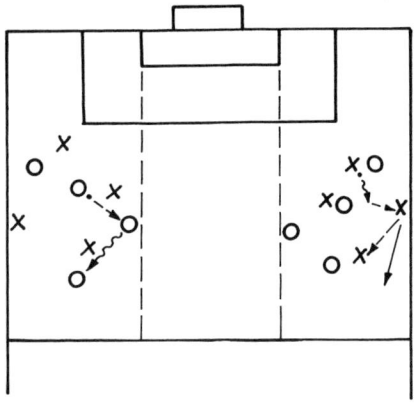

Taktik (40 Min.): Schulung des Zusammenspiels mit 4er-Mannschaften

Übung 1 (10 Min.): 4:4, freies Spiel. 2 Spieler bieten sich dem Ballbesitzenden für kurzes Anspiel an (hin zum Mann), der 3. Spieler für den weiten Paß (Spielverlagerung)

Übung 2 (12 Min.): 4:4, in jeder Mannschaft wird ein Spieler benannt, der jeweils nur direkt spielen darf. Diese Rolle wird alle 3 Min. gewechselt

Übung 3 (8 Min.): 4:4, nur Direktspiel erlaubt

Übung 4 (10 Min.): 1 + 3:3 + 1, jeweils 1 Spieler jeder Mannschaft hält sich an der Längsseite des Spielfeldes auf. Wird er angespielt, wechselt er mit dem Zuspieler ins Feld (Abb. 189)

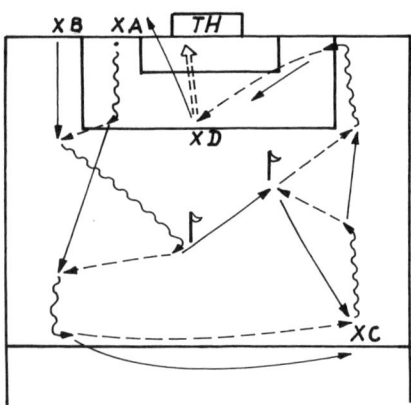

Torschuß (20 Min.): Verwerten von Flanken nach vorherigem Hinterlaufen, Spielverlagerung und Doppelpaß (Abb. 190)
Spieler A führt den Ball von GL und paßt quer zum mitgelaufenen Spieler B, der Ball nach innen führt. Vor der Markierung paßt B zum hinterlaufenden A, der an der ML einen weiten Flugball auf Spieler C schlägt. C führt den Ball, spielt DP mit B und flankt von der GL auf D, der direkt verwandelt. C wechselt anschließend mit D.
Übung von re und li ausführen

Abschluß (15 Min.): Spiel 8:8 in der PH auf 6 Offentore (3 m breit) zur Schulung der Raumdeckung (Abb. 191)
Die beiden Mannschaften spielen in der Formation 3–4–1, d. h. 3 Spieler decken die Torräume, eine 4er-Kette bildet das MIFE, 1 Spieler in der Spitze. Die Spitze stört den Spielaufbau des Gegners, die 4er-Kette verschiebt sich dahin (ballnah), wo der Gegner seinen Angriff aufbaut.
Abschließend Auslaufen

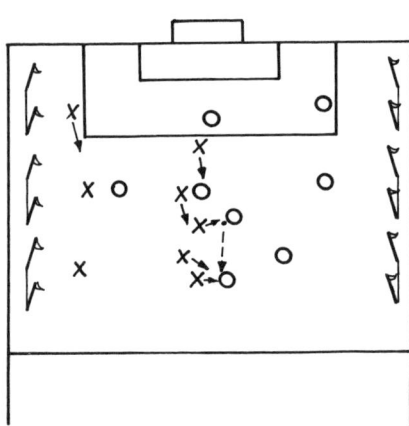

Abb. 189: Spiel 1 + 3:3 + 1

Abb. 190: Verwertung von Flanken nach Hinterlaufen, Spielverlagerung und Doppelpaß

Abb. 191: Schulung der Raumdeckung durch Spiel 8:8

TE 1   Lfd. TE-Nr.: 067   Dauer: 90 Min.   **Woche: 15**

Trainingsziel: Verbesserung des Flügelspiels

Trainingsgeräte: 10 Bälle, 8 Markierungsstangen, 1 tragbares Normaltor

Trainings-Inhalt:

Aufwärmen (25 Min.): Einlaufen ohne Ball über die PB
- lockerer Trab mit Dehnübungen
- Sw-Lauf, Überkreuzlauf
- Hopserlauf mit beidarmigem Armekreisen vw/rw
- Knieheberlauf, Anfersen
- Kopfballsprünge aus der Hocke (traben, abhocken, Sprung)
- Rw-Lauf, Drehung um die eigene Achse, kurzer Antritt
- Vw-Lauf, kurzer Antritt
- Dehnübungen

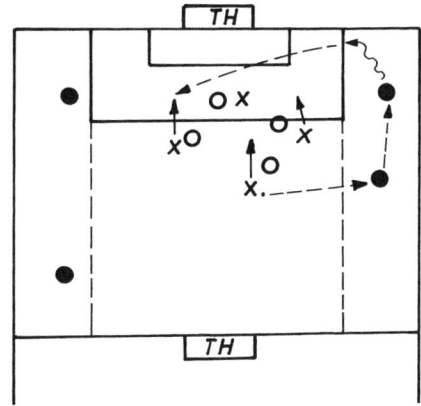

Abb. 192: Verbesserung des Flügelspiels durch Spiel 4:4 + 4

Taktik (40 Min.): Verbesserung des Flügelspiels durch Spiel 4:4 +4 in PH auf 2 Normaltore mit TH (Abb. 192)
Belastung: 4 Min./Spiel. 1 Min. Pause
Es werden 4 Mannschaften gebildet, wobei 2 Mannschaften im Feld 4:4 spielen, die dritte Mannschaft die Flügelstürmer stellt und die vierte Mannschaft pausiert bzw. die Bälle holt.
Jeder Angriff muß zwingend über einen der beiden hinteren Flügelstürmer begonnen werden, der direkt steil den vorderen Flügelstürmer anspielt. Dieser flankt aus dem Lauf in den Strafraum, wo das Spiel bis zum Torabschluß fortgesetzt wird.
Kommt die abwehrende Mannschaft in Ballbesitz, muß sie ihrerseits sofort einen der beiden hinteren Flügelstürmer anspielen und auf Angriff umschalten.
Die Flügelstürmer dürfen nicht angegriffen werden.
Spiel 1: Mannschaft 1:2, 3 flankt, 4 pausiert (lockerer Trab)
Spiel 2: Mannschaft 3:4, 1 flankt, 2 pausiert
Spiel 3: Mannschaft 1:4, 2 flankt, 3 pausiert
Spiel 4: Mannschaft 2:3, 4 flankt, 1 pausiert
Spiel 5: Mannschaft 1:3, 2 flankt, 4 pausiert
Spiel 6: Mannschaft 2:4, 1 flankt, 3 pausiert
Anschließend 10 Min. lockerer Trab mit Dehnübungen

Abschluß (25 Min.): Spiel 8:8 über den ganzen Platz auf Normaltore mit TH und Schwerpunkt Flügelspiel (Abb. 193)
In der Spielfeldmitte ist nur direktes Spiel, in den Flügelzonen freies Spiel erlaubt. Nach einer Flanke erzielte Tore zählen doppelt.
Abschließend Auslaufen

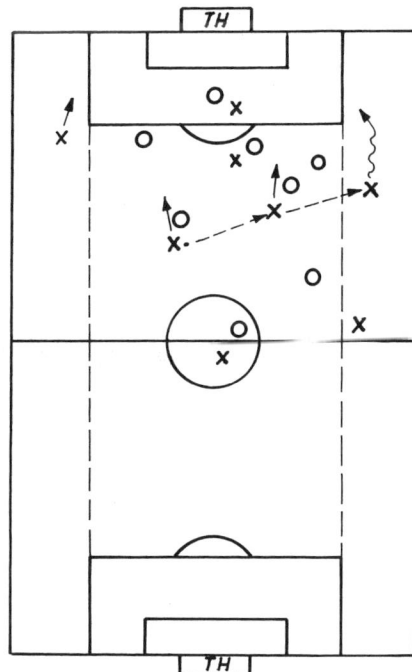

Abb. 193: Spiel 8:8 mit Schwerpunkt Flügelspiel

Woche: 15 **TE 2 Lfd. TE-Nr.: 068 Dauer: 95 Min.**

Trainingsziel: Verbesserung Konterspiel und Torabschluß

Trainingsgeräte: 20 Bälle, tragbares Normaltor, 16 Markierungsstangen

Trainings-Inhalt:

Aufwärmen (25 Min.): Handball mit Kopfballabschluß auf 2 Normaltore in PH
Spiel nach Handballregeln, wobei Torerfolg nur durch Kopfball nach Zuwurf eines Mitspielers möglich ist.
Anschließend Dehnen

Kondition (15 Min.): Festigung Schnelligkeit und Reaktion

Übung 1: Fangspiel, 1 Jäger und 1 Gejagter, Rest in Hockstellung paarweise in PH verteilt. Gejagter befreit sich, indem er sich neben einem Paar niederkauert, worauf der äußere Spieler in der Hocke nun selbst zum Jäger, der bisherige Jäger zum Gejagten wird.

Übung 2: Hasen und Jäger: Im abgesteckten Feld des PV jagt eine Mannschaft (jeder Spieler 1 Ball) die andere. Jeder Schuß-Treffer unterhalb der Gürtellinie ergibt 1 Punkt, wobei die Hasen das Feld nicht verlassen dürfen.
Wieviel Punkte erzielt eine Mannschaft innerhalb der festgesetzten Zeit. Danach Rollenwechsel.

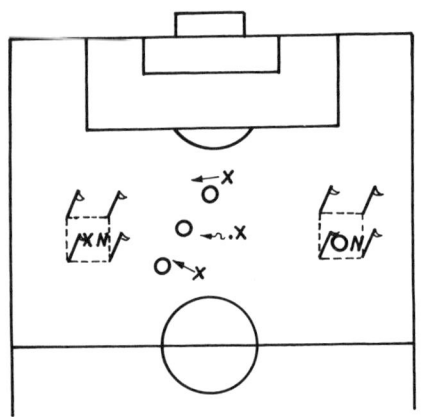

Abb. 194: Spiel 1 + 3:3 + 1

Taktik (20 Min.): Verbesserung des Konterspiels
Spiel 1 + 3:3 + 1 (Abb. 194)
In 30 m Entfernung sind jeweils zwei Felder 10 × 10 m markiert, in denen sich jeweils 1 neutraler Spieler aufhält. Im Feld dazwischen spielen 2 Mannschaften 3:3. Gelingt es einer Mannschaft einen Neutralen anzuspielen, erhält sie 1 Punkt, der Neutrale wechselt sofort mit dem Zuspieler ins Spiel und die Mannschaft startet sofort den nächsten Angriff auf das andere Feld und versucht dort den Neutralen anzuspielen.

Torschuß (20 Min.): Torschuß nach Kombinationsform (Abb. 195)
MST kommt dem ballführenden MFSP entgegen, wird flach angespielt und läßt seitlich zum mitgelaufenen AST abtropfen. Dieser paßt sofort steil auf den nach außen rochierenden MST, der von der GL aus den MFSP bedient.

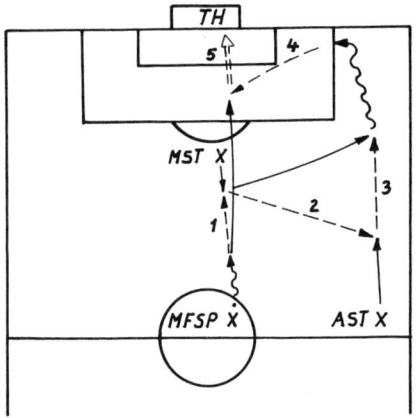

Abb. 195: Torschuß nach Kombinationsform in 3er-Gruppe

Abschluß (15 Min.): Spiel Angriff gegen Abwehr in PH auf Normaltor
Die Angreifer starten von der ML aus Angriffe auf das Normaltor und versuchen mit ausgeprägtem Flügelspiel zum

---

TE 2   Lfd. TE-Nr.: 068   Dauer: 95 Min.   Woche: 15

Erfolg zu kommen. Bei Torerfolg neuer Angriff von ML aus.
Bei Balleroberung durch die Abwehr versucht diese durch
schnellen Konter den Anstoßkreis zu erreichen, wobei jeder erfolgreiche Versuch als Tor gewertet wird.
Abschließend Auslaufen

TE 3   Lfd. TE-Nr.: 069   Dauer: 100 Min.   **Woche: 15**

Trainingsziel: Schulung Zusammenspiel und Torabschluß

Trainingsgeräte: 16 Bälle, 20 Markierungsstangen

Trainings-Inhalt:

Aufwärmen (25 Min.):
− Jeder Spieler absolviert sein persönliches Aufwärmprogramm mit verschiedenen Laufformen und Dehnübungen (10 Min.)
− Spiel 6:2 direkt im Spielraum 15 × 15 m: Spieler bilden
  feste Paare; bei Fehler eines Partners wechselt immer
  das betreffende Paar in die Mitte (15 Min.)

Taktik (20 Min.): Schulung Zusammenspiel und Spielverlagerung durch Spiel 8:8 in PH auf viele Offentore (3 m
breit) (Abb. 196)
In der PH werden 8−10 Offentore gleichmäßig verteilt. TR
bildet in beiden Mannschaften feste Pärchen unter bestimmten Aspekten (AWSP gegen ST, Konkurrenten m
eine bestimmte Mannschaftsposition usw.). Ein Tor ist erzielt, wenn ein Spieler den Ball einem Mitspieler durch ein
Tor zupassen kann und dieser Spieler anschließend in
Ballbesitz bleibt. Am selben Offentor können keine 2 Tore
hintereinander erzielt werden, so daß nach jedem Torerfolg eine Spielverlagerung erfolgen muß.

Torschuß (30 Min.): Angriffskombination über den Flügel
als Voraussetzung für den Torabschluß (Abb. 197)
Spieler A führt vom Mittelkreis den Ball und spielt die entgegenkommende Spitze C flach an. C läßt für den außen
mitgelaufenen Spieler B abprallen, der nach innen antritt
und dann plötzlich aus der Drehung heraus den hinterlaufenden Spieler A auf dem Flügel anspielt.

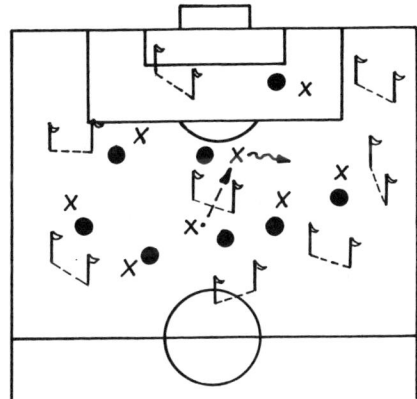

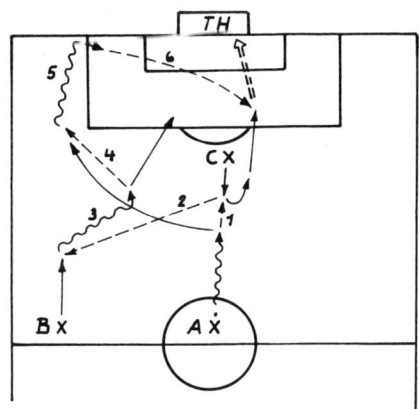

Abb. 196: Spiel 8:8 auf mehrere Offentore
Abb. 197: Torschuß mit Kombinationsform mit Hinterlaufen

| Woche: 15 | TE 3   Lfd. TE-Nr.: 069   Dauer: 100 Min. |

A flankt von der GL in den Strafraum, wobei B die kurze und C die lange Ecke anläuft. Der Spieler, der nicht zum Torschuß kommt, bleibt in der Spitze für den nächsten Angriff.
Übung von beiden Seiten ausführen

Abschluß (25 Min.): Spiel über den ganzen Platz
Es sind 2 Bälle im Spiel. Eine Mannschaft beginnt mit Ballbesitz der 2 Bälle. Verliert sie einen Ball, muß sie auch den zweiten Ball abgeben. Gelingt ihr jedoch mit dem ersten Ball ein Torerfolg bzw. ein Schuß neben das Tor, darf sie mit dem zweiten Ball noch einen weiteren Angriff starten.
Schwerpunkt: Ballsicherung, Ballhalten des einen Balles in Abwehr und MIFE, während die Stürmer versuchen mit dem zweiten Ball einen Angriff erfolgreich abzuschließen.
Abschließend Auslaufen

| **Woche: 16** | **TE 1   Lfd. TE-Nr.: 070   Dauer: 95 Min.** |

Trainingsziel: Verbesserung   Zusammenspiel,   Torabschluß und Torabwehr

Trainingsgeräte: 20 Bälle

Trainings-Inhalt:

Aufwärmen (25 Min.): Spielformen in der 4er-Gruppe
– Gruppe bewegt sich in lockerem Trab und spielt sich den Ball nach 2 Pflichtkontakten zu
– Ball wird direkt gespielt
– Ballführender wird von einem Mitspieler hinterlaufen und spielt diesen anschließend an
– Ballführender stoppt den Ball mit der Sohle, ruft den Namen eines Mitspielers, der den Ball übernimmt
– Der zugespielte Ball muß direkt in den Lauf eines Mitspielers weitergeleitet werden, der den Ball kontrolliert, führt und den Nächsten anspielt
– Jeder Spieler spielt nacheinander 6 DP mit seinen Mitspielern
– Dehnübungen

Taktik (20 Min.): Verbesserung des Torschusses und der Torschuß-Abwehr
Defensiv- und Offensivspieler üben jeweils getrennt in den beiden PH

Gruppe 1: 8 Defensivspieler

TE 1   Lfd. TE-Nr.: 070   Dauer: 95 Min.   Woche: 16

Übung 1 (10 Min.): Abwehr von Bällen im Normaltor (Abb. 198)
1 Spieler bewegt sich auf der Torlinie und wehrt die Bälle der aus 20 m Entfernung schießenden Mitspieler mit Fuß, Kopf oder Körper (nicht mit der Hand) ab.
Nach 1 Min. wechselt der nächste Spieler ins Tor.
Wer kassiert die wenigsten Tore?

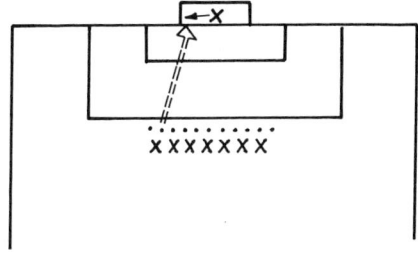

Abb. 198: Abwehr von Bällen auf der Torlinie

Übung 2 (10 Min.): Abwehr von Flanken (Abb. 199)
2 Spieler sind re und li an der Strafraumgrenze mit Bällen postiert und flanken abwechselnd in schneller Folge in den Raum zwischen Torraumgrenze und 11-m-Punkt.
2 AWSP versuchen die Flanken gegen 2 Gegenspieler, deren Ziel der Torabschluß ist, mit Kopf oder Fuß abzuwehren.
2 Spieler pausieren und holen die Bälle.
Nach 16 Flanken werden die Rollen gewechselt: Die 2 AWSP pausieren, die bisherigen Angreifer flanken, die pausierenden Spieler wehren ab und die Flankenden greifen an.

Gruppe 2: 8 Offensivspieler

Übung 1 (10 Min.): Direkter Torschuß nach Flanke (Abb. 200)
2 Spieler sind re und li an der Strafraumgrenze mit Bällen postiert und flanken abwechselnd flach, halbhoch, hoch auf den 11-m-Punkt. 1 Spieler verwertet immer 2 Flanken hintereinander, nach Möglichkeit direkt. Nach 12 Bällen wechseln die Flankenden.

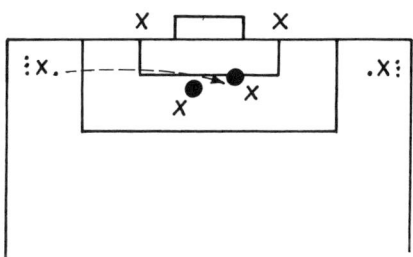

Abb. 199: Abwehr von Flanken

Übung 2 (10 Min.): Torschuß nach Spiel 1:1 (Abb. 201)
1 ST steht mit dem Rücken zum Tor ca. 5 m von der Strafraumgrenze entfernt; hinter ihm ein teilaktiver Gegenspieler. TR spielt den entgegenstartenden ST seitlich flach an, wobei dieser den Ball an- und mitnimmt und möglichst schnell den Torabschluß sucht.
Danach fungiert der ST als Gegenspieler.

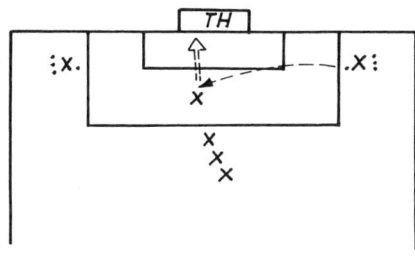

Abb. 200: Direkter Torschuß nach Flanke

Taktik (40 Min.): Spiel 8:8 in PH ohne Tore mit unterschiedlichen Aufgabenstellungen (gleichzeitig Ausdauerschulung)

Übung 1 (10 Min.): Spiel mit 2 Ballkontakten (Zuspiele über Hüfthöhe sind nicht erlaubt)
Anschließend 2 Min. lockerer Trab

Übung 2 (10 Min.): DP-Spiel
Freies Spiel, wobei jeder gelungene DP mit 1 Punkt gewertet wird. Mehrere DP des gleichen Spielerpaares hinterein-

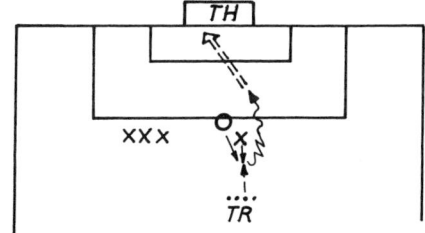

Abb. 201: Torschuß nach Spiel 1:1

Woche: 16   TE 1   Lfd. TE-Nr.: 070   Dauer: 95 Min.

ander zählen nicht.
Anschließend 2 Min. Dehnen

Übung 3 (10 Min.): Flugbälle, weite Pässe
Freies Spiel, wobei spätestens jeder dritte Paß als weiter
Flugball geschlagen werden muß, der bei erfolgreicher
Ballübernahme 1 Punkt ergibt.
Anschließend 5 Min. Einzelarbeit mit Ball

Abschluß (10 Min.): Auslaufen mit Dehn- und Lockerungsübungen

---

Woche: 16   **TE 2   Lfd. TE-Nr.: 071   Dauer: 100 Min.**

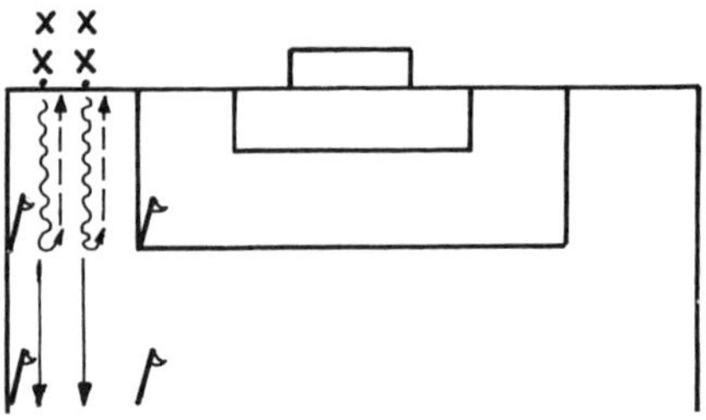

Trainingsziel: Schulung der Schnelligkeit mit und ohne
Ball

Trainingsgeräte: 20 Bälle, 4 Markierungsstangen

Trainings-Inhalt:

Aufwärmen (25 Min.): Spiel 5:3 mit 2 Ballkontakten im
Spielraum 25 × 25 m.
Anschließend individuelle Laufarbeit mit Dehnübungen

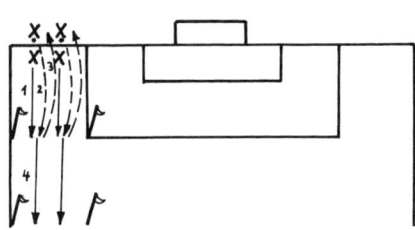
Abb. 202: Spurt nach Abspiel

Kondition (25 Min.): Schulung der Schnelligkeit mit und
ohne Ball in der 2er-Gruppe
Belastung: 20 Spurts über 15 m (5 Läufe/Übung), 1 Min.
Pause nach jeder Serie

Übung 1: Spieler führen Ball von GL zur Strafraumgrenze,
passen zurück zur GL und spurten sofort ohne Ball über
15 m und laufen anschließend langsam aus (Abb. 202)

Übung 2: Spieler bewegen sich langsam ohne Ball rw von
der GL bis zur Strafraumgrenze. Dort werden sie von der
GL aus scharf und flach angespielt, lassen den Ball zurückprallen (abtropfen), wenden und spurten vw
(Abb. 203)

Abb. 203: Spurt nach Direktspiel

Übung 3: Spieler bewegen sich langsam rw von der GL
bis zur Strafraumgrenze, wobei sie den Ball unter der Sohle re/li mitnehmen. An der Strafraumgrenze wenden sie,
spurten mit Ball vw und schlagen nach der Spurtstrecke
beim Auslaufen einen weiten Flugball auf die GL zurück
(Abb. 204)

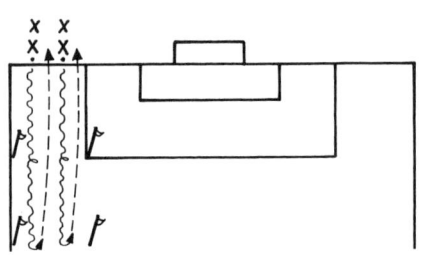
Abb. 204: Spurt mit Ball und Rückpaß

Übung 4: Spieler bewegen sich langsam ohne Ball rw von
der GL bis zur Strafraumgrenze. Dort werden sie von der

TE 2   Lfd. TE-Nr.: 071   Dauer: 100 Min.   Woche: 16

GL aus scharf und flach angespielt, lassen abtropfen, wenden und versuchen den anschließend geschlagenen Steilpaß innerhalb der 15-m-Strecke zu erreichen und zurückzuspielen (Abb. 205)
Anschließend lockerer Trab mit Dehnübungen

Torabschluß (30 Min.): Torschuß nach vorausgegangener Kombinationsform in der 4er-Gruppe (Abb. 206)
Spieler A führt den Ball von GL und paßt quer zum mitgelaufenen Spieler B, der den Ball nach innen führt (1). B paßt nach außen (2) zum hinterlaufenden A, der anschließend einen weiten Flugball auf C schlägt (3).
C spielt mit dem entgegenkommenden Spieler B einen DP (4, 5), führt den Ball und flankt (6) von der GL aus auf D, der direkt verwandelt (7).
Spieler D wechselt auf Position A, B;
Spieler A und B auf Position C und Spieler C nimmt die Position von D ein.
Von beiden Seiten ausführen

Abschluß (20 Min.): Schulung des Unter- und Überzahlspiels
Spiel 7:9 (8:10) über den ganzen Platz, wobei die Unterzahlmannschaft einen 2:0-Vorsprung erhält und die Aufgabe hat, das Ergebnis durch Ballhalten, Ballsicherung, Zeitspiel und schnelle Konter zu halten bzw. auszubauen.
Die Überzahlmannschaft versucht dies zu verhindern und durch Forechecking, schnelles und mannschaftsdienliches Spiel sowie durch vermehrte Laufarbeit (Spiel ohne Ball) den Rückstand wettzumachen und in einen Vorsprung umzuwandeln.
Abschließend Auslaufen

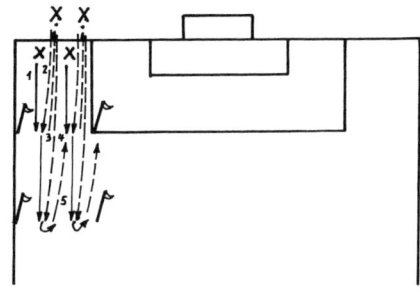

Abb. 205: Spurt nach Direktspiel zum Steilpaß

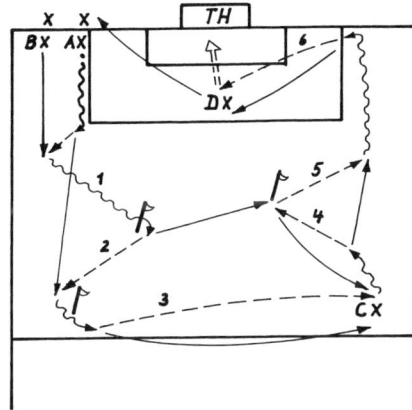

Abb. 206: Torschuß nach vorausgegangener Kombinationsform in der 4er-Gruppe

---

TE 3   Lfd. TE-Nr.: 072   Dauer: 100 Min.   Woche: 16

Trainingsziel: Schulung des Pressing

Trainingsgeräte: 10 Bälle, 4 Markierungsstangen

Trainings-Inhalt:

Aufwärmen (25 Min.): Einlaufen ohne Ball über die Platzbreite
– Lockerer Trab (mehrere PB) mit Dehnübungen
– Hopserlauf auf Höhe und Weite
– Zehenspitzenlauf

Woche: 16   TE 3   Lfd. TE-Nr.: 072   Dauer: 100 Min.

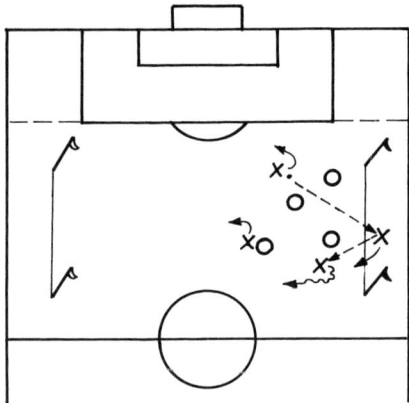

Abb. 207: Spiel 4 : 4 über 2 Linien

- Traben mit Skipping-Serien
- Kurze Antritte aus Rw-Lauf
- Fersenlauf (auf Fersen aufsetzen)
- Traben mit Kopfballsprüngen
- Kurze Antritte aus Vw-Lauf
Anschließend Dehnen

Taktik (15 Min.): Spiel 4 : 4 über 2 Linien im Feld 40 × 30 m in PB (Abb. 207)
Ziel ist das schnelle Konterspiel sowie die Verbesserung des Zweikampfverhaltens. Ein Tor ist erzielt, wenn es der ballbesitzenden Mannschaft gelingt, einen Mitspieler hinter der gegnerischen Grundlinie so anzuspielen, daß dieser direkt zu einem Mitspieler im Feld weiterleiten kann. Die Mannschaft bleibt in Ballbesitz und kontert sofort auf die andere GL. Die abwehrende Mannschaft versucht durch Tackeln (verzögern) bzw. Forechecking den schnellen Konter zu vermeiden und selbst in Ballbesitz zu kommen.

Taktik (30 Min.): Torabschluß bzw. Herbeiführen einer Pressing-Situation und Pressing durch Spiel 6 : 4 + TH auf Normaltor in PH (Abb. 208)
Die angreifende Mannschaft beginnt an der ML und versucht zu einem schnellen Torabschluß zu kommen. Bei Ballverlust wendet sie das Angriffspressing an. Die Abwehr versucht den Ball in ihren Reihen zu halten, wobei TH mit einbezogen werden kann. Nach 7 Min. jeweils wechseln 2 Angreifer mit 2 Abwehrspielern.

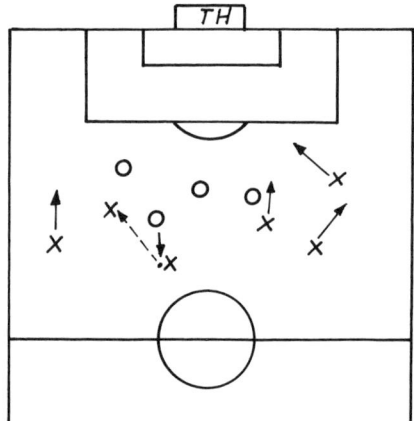

Abb. 208: Spiel 6:4 mit Torabschluß bzw. Herbeiführen einer Pressing-Situation

Abschluß (30 Min.): Spiel über den ganzen Platz auf 2 Tore mit Schwerpunkt Pressing
Mannschaft A praktiziert für 15 Min. ein Angriffspressing, während Mannschaft B ihr Pressing erst an der ML ansetzt (Mittelfeldpressing).
Nach 15 Min. werden die Rollen gewechselt. Der TR achtet darauf, ob die Spieler die Pressing-Situation richtig erkennen, schnell reagieren und sich entsprechend organisieren.
Anschließend Auslaufen

Woche: 17   **TE 1   Lfd. TE-Nr.: 073   Dauer: 95 Min.**

Trainingsziel: Verbesserung der allgemeinen technischen und konditionellen Fähigkeiten

Trainingsgeräte: 10 Bälle, 8 Medizinbälle, 2 Deuserbänder, 18 Markierungsstangen

TE 1   Lfd. TE-Nr.: 073   Dauer: 95 Min.   Woche: 17

Trainings-Inhalt:

Aufwärmen (25 Min.): Einlaufen ohne Ball über die PB
- Lockerer Trab mit Dehnübungen
- Hopserlauf ohne/mit Rumpfdrehung
- Sw-Lauf, Überkreuzlauf
- Aus Trab kurz absitzen, nachfedern, weitertraben
- Knieheberlauf, Anfersen
- kurze Antritte aus dem Vw-Lauf mit Körpertäuschungen
- Gehen, alle 10 m in Zehenstand, Körper und Arme für ca. 10 Sek. strecken
- Arme gestreckt in Vorhalte, mit Fußspitze des gestreckten Beines re/li die li/re Hand berühren
- Lockerer Trab mit Kopfballsprüngen
- Dehnübungen

Kondition (45 Min.): Verbesserung der allgemeinen technischen und konditionellen Fähigkeiten durch Zirkeltraining in der 4er-Gruppe (Abb. 209)
Belastung: 45 Sek./Station; 60 Sek. Pause
2 Durchgänge

Station 1: Paß-Spiel zwischen 2 Stangen (15 m Abstand)
2 Spieler passen sich den Ball zwischen 2 Stangen direkt zu. Nach dem Abspiel spurtet jeder um seine Stange und wieder dem Ball entgegen.

Station 2: Medizinball-Umgreifen
Spieler in breiter Grätschstellung hält Medizinball zwischen den Beinen, mit einem Arm von vorne, mit einem Arm von hinten um das gleiche Bein.
Schnelles wechselseitiges Umgreifen.

Station 3: Spurt-Trab im Viereck (15 m Seitenlänge)
Die Spieler umlaufen ein Viereck, wobei im Wechsel eine Seitenlänge getrabt und eine Seitenlänge gespurtet wird.

Station 4: Im Tor: Kopfballsprünge aus der Hocke gegen die Querlatte

Station 5: Paß-Spiel mit Positionswechsel
Die Spieler stehen sich paarweise im 10-m-Abstand gegenüber, passen sich den Ball direkt zu und folgen ihrem Abspiel auf die andere Seite.

Station 6: Medizinball-Hochwurf aus Hocke
Die Spieler werfen den Medizinball aus der Hockstellung hoch und fangen ihn im Sprung über dem Kopf

Station 7: Lauf gegen Deuserband
Die Spieler legen sich paarweise ein Deuserband um die

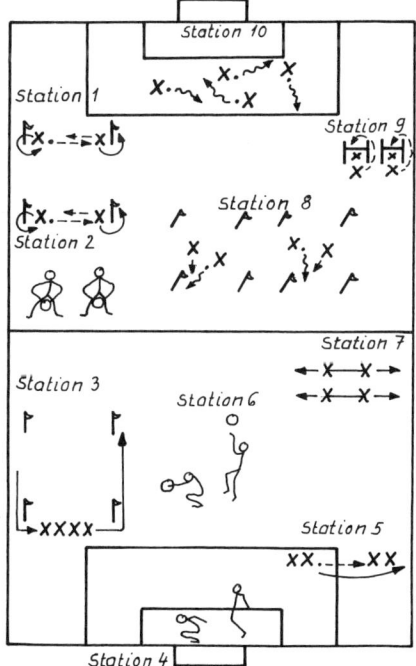

Abb. 209: Verbesserung der konditionellen Fähigkeiten und der Balltechnik durch Zirkeltraining

---

Woche: 17   TE 1   Lfd. TE-Nr.: 073   Dauer: 95 Min.

Brust und bewegen sich gegen den Zug des Deuserbandes auseinander.

Station 8: Spiel 1 : 1 im Spielraum 10 × 10 m

Station 9: Kopfballspiel aus Kniestand über die Querstange des Offentores

Station 10: Einzelarbeit mit Ball: Schnelles Ballführen (zurückziehen, drehen usw.) mit Körpertäuschungen und plötzlichen Richtungsänderungen
Anschließend 5 Min. lockerer Trab mit Dehnübungen

Abschluß (25 Min.): Spiel über den ganzen Platz mit TH
Abschlußspiel ohne Auflagen und besondere Aufgabenstellungen.
Die Verlierer räumen am Ende des Trainings die Trainingsgeräte auf.
Abschließend Auslaufen

Woche: 17   **TE 2   Lfd. TE-Nr.: 074   Dauer: 100 Min.**

Trainingsziel: Verbesserung Zweikampfverhalten und Torabschluß

Trainingsgeräte: 20 Bälle, 4 Markierungsstangen, 1 tragbares Normaltor

Trainings-Inhalt:

Aufwärmen (25 Min.): Einlaufen mit Ball in der 4er-Gruppe
- 1 Spieler übernimmt jeweils für 1 Min. die Führungsrolle, führt den Ball mit ständigen Richtungsänderungen und Tempowechseln, wobei die übrigen Spieler die Übungen nachvollziehen
- 1 Spieler übernimmt wieder für 1 Min. die Führungsrolle und führt verschiedene Spielformen (Balljonglieren, Hochspielen – Vorlegen – Nachspurten, angetäuschte Finten usw.) vor, wobei die übrigen Spieler die Spielformen nachvollziehen
- Spieler führen Ball in Reihe hintereinander im 2-m-Abstand, wobei sich der letzte Spieler mit Tempodribbling an die Spitze setzt; anschließend wird der Ball im Slalomlauf an die Spitze geführt
- Gymnastik mit Ball: Jeder Spieler innerhalb einer Gruppe macht eine Übung vor
- Dehnübungen

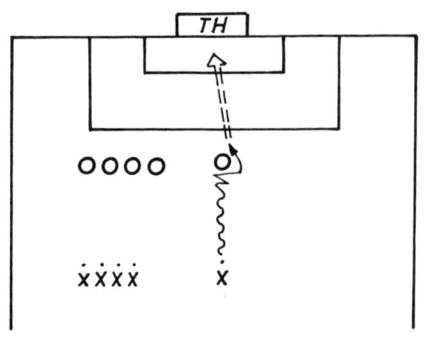
Abb. 210: Torschuß nach 1 : 1-Situation

TE 2   Lfd. TE-Nr.: 074   Dauer: 100 Min.   Woche: 17

Torschuß (30 Min.): Torschuß-Wettbewerb

Übung 1: Torschuß nach 1 : 1-Situation (Abb. 210)
Die Spieler einschließlich TH werden in 2 Mannschaften
aufgeteilt, wobei feste Pärchen gebildet werden.
Mannschaft 1 beginnt, indem der erste Spieler mit Ball von
der ML aus anläuft und seinen vor dem Strafraum postierten Kontrahenten zu umspielen versucht, um anschließend zum Torerfolg (Torschuß oder Umspielen des TH) zu
kommen. Der abwehrende Spieler darf nur vor und im
Strafraum nicht mehr angreifen.
Anschließend läuft der zweite Spieler an, bis alle Spieler ihren Angriff absolviert haben.
Dann greift Mannschaft 2 (TH-Wechsel) an und die Spieler
von Mannschaft 1 wehren nacheinander ab. Insgesamt
2 Durchgänge. Welche Mannschaft erzielt die meisten
Tore?

Übung 2: Torschuß von der Strafraumgrenze (Abb. 211)
Mannschaft 1 legt sich sämtliche Bälle an der Strafraumgrenze zurecht; die Spieler der Mannschaft 2 sind neben
und hinter dem Tor postiert (Bälle holen).
Auf Pfiff des TR versuchen die Spieler der Mannschaft 1
abwechselnd einen Treffer gegen den gegnerischen TH
zu erzielen, wobei der Pfiff des TR immer den nächsten
Ball freigibt (wenn TH reaktionsbereit ist). Danach schießen die Spieler der Mannschaft 2 (TH-Wechsel).
Insgesamt 2 Durchgänge. Welche Mannschaft erzielt die
meisten Treffer?

Taktik (40 Min.): Verbesserung Zweikampfverhalten

Station 1 (12 Min.): Spiel 2 : 2 + 4 (Abb. 212)
Im Spielraum 15 × 15 m wird 2:2 gespielt mit 4 Anspielsta-
tionen, die jeweils nur direkt mit der ballbesitzenden
Mannschaft spielen.
Nach 2 Min. wechseln die Anspielstationen ins Feld. Insge-
samt 3 Durchgänge

Station 2 (12 Min.): Spiel 4:4 auf 2 Normaltore mit TH in
PH (Abb. 213)

Station 3 (12 Min.): Sämtliche Spieler absolvieren nach
Beendigung ihrer Stationen einen Lauf über das gesamte
Sportgelände

Abschluß (5 Min.): Auslaufen mit Dehnübungen

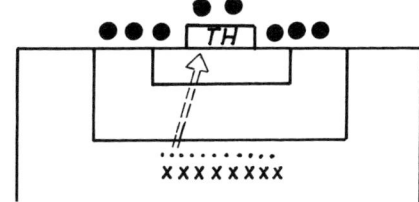

*Abb. 211: Torschuß von der Strafraum-
grenze*

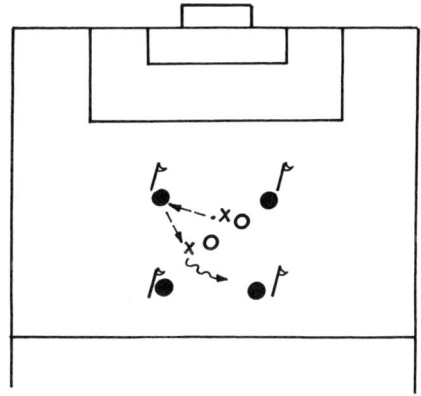

Abb. 212: Spiel 2:2 mit 4 Anspielstationen

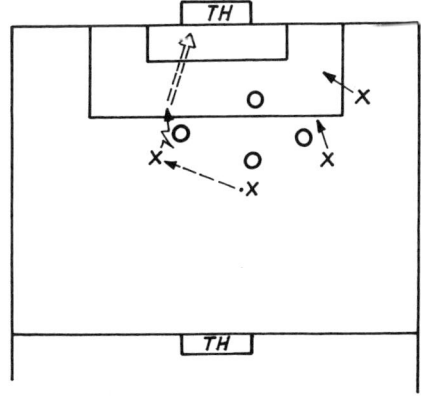

Abb. 213: Spiel 4:4 auf 2 Normaltore mit TH

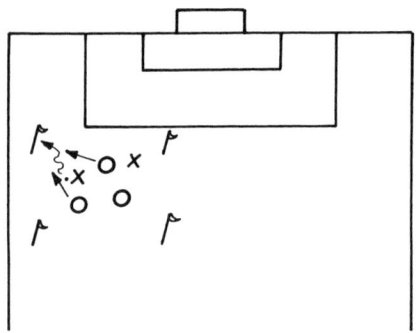

Trainingsziel: Verbesserung des Überzahl-/Unterzahlspiels

Trainingsgeräte: 6 Bälle, 12 Markierungsstangen

Trainings-Inhalt:

Aufwärmen (25 Min.):
– Einlaufen ohne Ball: Trab über PB mit verschiedenen Laufformen und gymnastischen Übungen (Hopserlauf, Anfersen, Knieheberlauf, Armekreisen vw/rw, Zehenstand, Rumpfdrehung, Rumpfbeugungen, kurze Antritte mit Oberkörpertäuschungen)
– Dehnübungen

Taktik (40 Min.): Verbesserung des Unterzahl-/Überzahlspiels

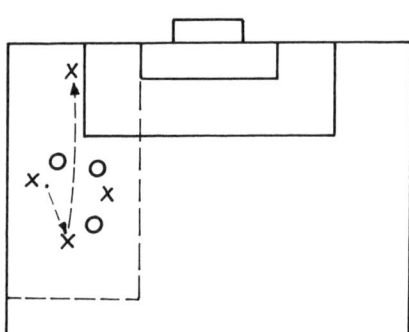

Übung 1 (10 Min.): Spiel 2:3 im Spielraum 20 × 15 m (Abb. 214)
Die Spieler in Unterzahl versuchen durch Ballhalten, Ballsicherung und Dribbling den Ball möglichst lange in den Reihen zu halten. Die Überzahlmannschaft gibt bei Balleroberung den Ball sofort wieder zurück und erhält einen Punkt.
Nach 3 Min. jeweils wechselt ein Spieler in die Unterzahlmannschaft. Welche Unterzahlmannschaft erreicht die niedrigste Punktzahl?
Der überzählige Spieler arbeitet jeweils für 5 Minuten am Kopfballpendel und wechselt dann in eine Gruppe hinein.

Übung 2 (15 Min.): Spiel 4:3 im PV (Abb. 215)
Die Überzahlmannschaft versucht möglichst lange den Ball gegen 3 Angreifer zu halten, wobei sich als Grundregel immer 2 Spieler dem Ballführenden für das kurze Zuspiel anbieten, während der 3. Spieler sich für den langen Paß freiläuft (Spielverlagerung). Die Unterzahlmannschaft gibt bei Balleroberung den Ball sofort wieder zurück und erhält einen Punkt. Nach 3 Min. jeweils wechselt ein Spieler der Überzahlmannschaft in die Unterzahl.
Welche Überzahlmannschaft erreicht die niedrigste Punktzahl?

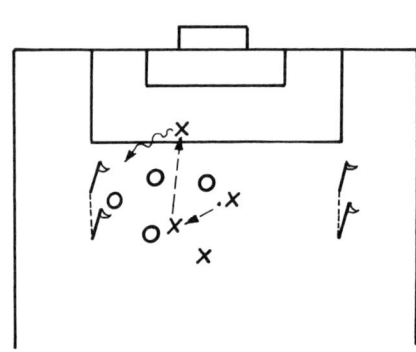

Abb. 214: Spiel 2:3

Abb. 215: Spiel 4:3

Abb. 216: Spiel 4:3 mit Feldspieler als TH

TE 3   Lfd. TE-Nr.: 075   Dauer: 90 Min.   Woche: 17

Die überzähligen Spieler arbeiten für jeweils 5 Min. am Kopfballpendel (Kopfball, Schlagtechnik mit Innenrist)

Übung 3 (15 Min.): Spiel 4:4 auf 2 Offentore (4 m breit) in PH (Abb. 216)
Die ballbesitzende Mannschaft greift jeweils mit 4 Spielern an, während die abwehrende Mannschaft immer einen TH (darf nur mit Fuß und Körper abwehren) stellen muß und im Feld nur mit 3 Spielern agieren darf. Bei Ballverlust der Angreifer muß ein Spieler sofort das eigene Tor besetzen.

Abschluß (25 Min.): Spiel 2 + 7:7 über den ganzen Platz auf Normaltore mit TH (Abb. 217)
2 neutrale Spieler, die alle 5 Minuten wechseln, spielen jeweils mit der ballbesitzenden Mannschaft, so daß sich bei jedem Angriff ein Überzahlverhältnis von 9:7 ergibt.
Die Überzahlmannschaft soll schnell und möglichst oft direkt spielen und durch verstärktes Spiel ohne Ball Zweikämpfe nach Möglichkeit vermeiden.
Abschließend Auslaufen

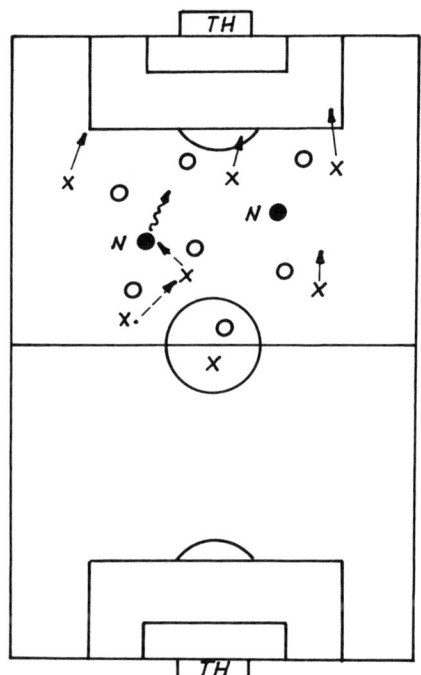

Abb. 217: Spiel 2 + 7:7

TE 1   Lfd. TE-Nr.: 076   Dauer: 90 Min.   Woche: 18

Trainingsziel: Schulung des Zusammenspiels

Trainingsgeräte: 6 Bälle, 8 Markierungsstangen

Trainings Inhalt:

Aufwärmen (25 Min.):
– Lockeres Laufen im Wechsel mit Dehnübungen (10 Min.)
– Spiel 6:2 direkt (Feld 15 × 15 m); Spieler bilden feste Paare; bei Fehler eines Partners wechselt immer das betreffende Paar gemeinsam in die Mitte

Taktik (45 Min.): Schulung des Zusammenspiels

Übung 1 (15 Min.): Spiel 10:6 direkt in PH
Die Überzahlmannschaft darf nur direkt spielen. Der Spieler, der sich einen Ballverlust bzw. Fehler leistet, tauscht seine Rolle mit dem Unterzahlspieler.

| Woche: 18 | TE 1   Lfd. TE-Nr.: 076   Dauer: 90 Min. |

Übung 2 (15 Min.): Spiel 9:7 mit 2 Ballkontakten in PH
Wie Übung 1, jedoch sind jetzt 2 Ballkontakte erlaubt

Übung 3 (12 Min.): Spiel 6:6 in PH (4 Spieler traben)
Freies Spiel. Jeweils 2 Spieler jeder Mannschaft traben außen um die PH herum. Ist Mannschaft 1 in Ballbesitz, müssen die beiden trabenden Spieler der Mannschaft 2 ein höheres Tmpo einschlagen.
Ist Mannschaft 2 am Ball müssen die beiden Spieler der Mannschaft 1 außen mit höherem Tempo laufen.
Nach jeweils 3 Min. wechseln die Außenspieler ins Feld.
4 Durchgänge mit je 3 Min.
Anschließend 3 Min. Dehnen

Abschluß (20 Min.): Kleinfeld-Turnier auf 2 Offentore (3 m breit) auf 2 Feldern gleichzeitig in den PH
Mannschaften und Begegnungen werden ausgelost, wobei in beiden PH gleichzeitig gespielt wird.
Spieldauer 10 Min.
Danach spielen die beiden Siegermannschaften (Losentscheid bei unentschiedenem Ausgang) und die beiden Verlierermannschaften ebenfalls für 10 Min. gegeneinander.
Die Verlierer der beiden Endspiele spendieren ihren Gegenspielern nach dem Training ein Getränk.
Abschließend Auslaufen

| **Woche: 18** | **TE 2   Lfd. TE-Nr.: 077   Dauer: 100 Min.** |

Trainingsziel: Schulung Zusammenspiel und Torschuß

Trainingsgeräte: 20 Bälle, 1 tragbares Normaltor

Trainings-Inhalt:

Aufwärmen (25 Min.): Handball
Handball 8:8 in PH auf 2 Normaltore (tragbares Normaltor an ML).
Ein Tor ist dann erzielt, wenn ein Spieler einen Zuwurf mit dem Kopf im gegnerischen Tor unterbringen kann.
Anschließend Dehnübungen

Technik (25 Min.): Zusammenspiel in der 3er-Gruppe
– Freies Spiel aus dem Lauf heraus mit flachen, halbhohen und hohen Zuspielen
– Direktes Spiel aus dem Lauf

TE 2   Lfd. TE-Nr.: 077   Dauer: 100 Min.   Woche: 18

- Der angespielte Spieler muß direkt in den Lauf eines Mitspielers weiterleiten, der den Ball anschließend kontrolliert und dann den nächsten anspielt
- Die Spieler müssen sich so freilaufen, daß nach einem kurzen Zuspiel immer sofort ein weiter Paß erfolgen kann
- Spieler 1 „bedient" 1 Min. lang seine beiden Mitspieler, die sich als „Wand" betätigen und den Ball zurückprallen lassen
- Spieler 1 paßt zu Spieler 2 und greift diesen sofort an. Spieler 2 spielt anschließend auf 3 und greift diesen seinerseits an

Torabschluß (30 Min.): Torschuß nach unterschiedlichen Aufgabenstellungen

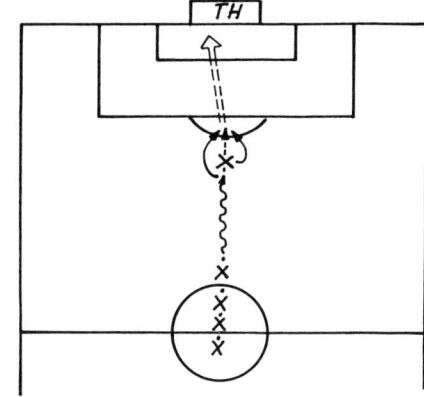

Abb. 218: Torschuß nach Spurtzweikampf

Übung 1 (10 Min.): Torschuß nach Spurtzweikampf (Abb. 218)
1 Spieler steht ca. 30 m vom Tor entfernt in breiter Grätschstellung. Spieler mit Ball läuft vom Mittelkreis an, spielt durch die gegrätschten Beine des Gegners und versucht den Ball vor dem sich drehenden und nachsetzenden Kontrahenten zu erreichen und mit einem Torschuß abzuschließen.
Danach nimmt der Angreifer die Grätschstellung ein.

Übung 2 (10 Min.): Torschuß nach Steilpaß (Abb. 219)
Der TR spielt vom Mittelkreis einen Steilpaß, den der Spieler noch vor der Strafraumgrenze erlaufen und einen harten Schuß antäuschen soll, um dann den vor seinem Tor stehenden TH mit einem Heber zu überlisten

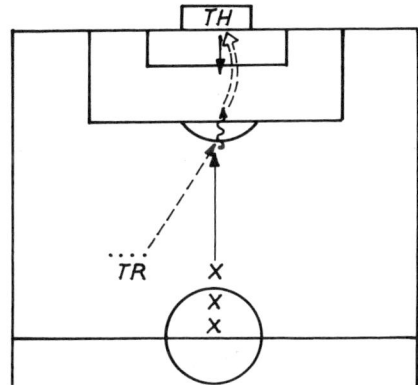

Abb. 219: Torschuß nach Steilpaß (mit Heber abschließen)

Übung 3 (10 Min.): Torschuß nach Direktkombination (Abb. 220)
1 Anspieler ist auf der Höhe der Strafraumecke ca. 20 m von der GL entfernt postiert, ein weiterer seitlich auf der Höhe der Strafraumgrenze.
Der Spieler führt den Ball vom Mittelkreis aus, spielt den Mitspieler außen an, der direkt zum zweiten Anspieler am Strafraum weiterleitet, wobei dieser dann seinerseits direkt für den aus dem Rückraum kommenden Spieler auflegt.
Danach wechseln die Spieler ihre Positionen im Uhrzeigersinn, d. h. der an der Strafraumgrenze postierte Anspieler wechselt in den Mittelkreis

Abschluß (20 Min.): Spiel 8:8 über den ganzen Platz auf 2 Normaltore mit TH ohne feste Aufgabenstellung.
Abschließend Auslaufen

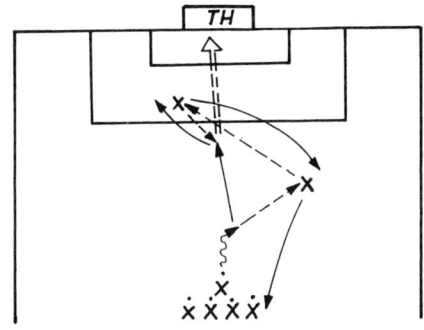

Abb. 220: Torschuß nach Direktkombination

Woche: 18   **TE 3   Lfd. TE-Nr.: 078   Dauer: 90 Min.**

Trainingsziel: Schulung Zweikampfverhalten und Fore-checking

Trainingsgeräte: 15 Bälle, 8 Markierungsstangen, 1 tragbares Normaltor

Trainings-Inhalt:

Aufwärmen (25 Min.): Einlaufen ohne Ball in der 2er-Gruppe
- Lockerer Trab über 2–3 PL
- Schattenlaufen: Ein Spieler führt jeweils verschiedene Laufformen und gymnastische Übungen vor, die der 2. Spieler (Schatten) nachvollzieht
- Schieben und Ziehen: Spieler 1 schiebt 2 mit ausgestreckten Armen und Skipping-Schritten bei leichtem bis mittlerem Widerstand nach vorn.
  Spieler 2 steht hinter 1 und umfaßt diesen mit beiden Armen an der Brust. Spieler 1 zieht 2 mit Skipping-Schritten bei leichtem bis mittlerem Widerstand nach vorne weg.
- Schulterrempeln: Beide laufen unter ständigem Schulterdruck nebeneinander her und rempeln kräftig (mit angelegten Armen)
- Bocksprünge (Überspringen – Unterkriechen im Wechsel)
- Lockerer Trab über 2–3 PL mit gymnastischen Übungen
Anschließend Dehnübungen

Taktik (50 Min.): Schulung Zweikampfverhalten und Forechecking auf 4 Stationen. 2 Min. Dehnpause bei Stationenwechsel (Abb. 221)

Station 1 (10 Min.): Spiel 2:2 auf 2 Normaltore im doppelten Strafraum
Bedingt durch die räumliche Nähe der beiden Tore kommt es zu vielen Zweikämpfen, wobei Angriffs- und Abwehrverhalten ständig wechseln (Ersatzbälle in beiden Toren bereithalten).
3 Durchgänge mit je 3 Min.

Station 2: (10 Min.): Dribbling 1:1
3 Spieler mit Ball in Dreiecksformation gegen 1 AWSP. Aus etwa 15 m Entfernung versuchen die 3 Spieler einzeln mit Dribbling gegen den AWSP die andere Seite zu erreichen. Wechsel des AWSP nach 2 ½ Min.

Station 3 (10 Min.): Spiel 1:1
3 Spieler mit Ball dribbeln im abgesteckten Feld

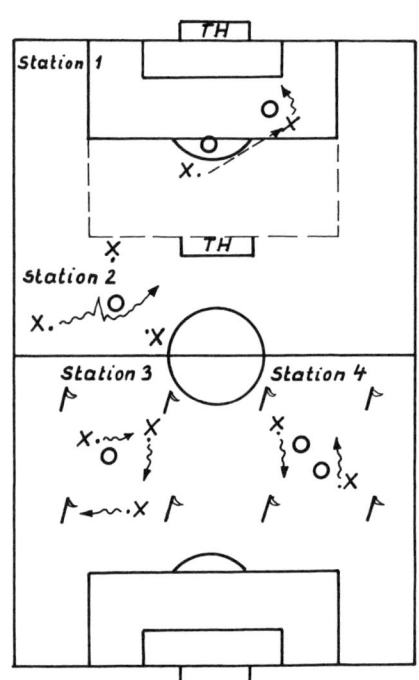

Abb. 221: Verbesserung Zweikampfverhalten und Forechecking in 4 Stationen

TE 3   Lfd. TE-Nr.: 078   Dauer: 90 Min.   Woche: 18

(15 × 15 m) gegen 1 störenden AWSP. Körper zwischen Ball und Gegenspieler.
Wechsel des AWSP nach 2 ¹/₂ Min.

Station 4 (10 Min.): Spiel 2 : 2
2 Spieler mit Ball dribbeln im abgesteckten Feld (15 × 15 m) gegen 2 störende AWSP. Die AWSP spielen bei Balleroberung das Leder sofort wieder zurück. Wieviele Ballgewinne schaffen die AWSP in 5 Min.?
Anschließend Rollenwechsel

Abschluß (15 Min.): Spiel über den ganzen Platz auf Normaltore mit TH und Schwerpunkt Forechecking
In der eigenen Hälfte ist nur direktes Spiel erlaubt. Der Ballbesitzende muß sofort von Spielern der abwehrenden Mannschaft attackiert werden, ballnahe wird sofort auf enge Deckung übergegangen und ballentfernt lediglich der Raum abgeschirmt. Jede Balleroberung in der gegnerischen Hälfte bringt ebenso wie der Torerfolg 1 Punkt.
Abschließend Auslaufen

Trainingseinheiten der Zwischenperiode

Woche: 01   **TE 1   Lfd. TE-Nr.: 079   Dauer: 95 Min.**

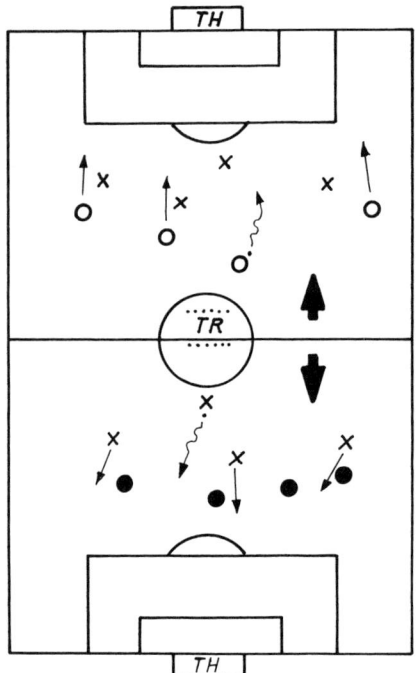

Trainingsziel: Ballgewöhnung und Einstimmung auf Zwischenperiode

Trainingsgeräte: 10 Bälle, 10 Markierungsstangen

Trainings-Inhalt:

Aufwärmen (25 Min.): Einlaufen ohne/mit Ball in der 2er-Gruppe
– Dauerlauf paarweise über den ganzen Platz (10 Min.) mit Dehnübungen
– Spieler spielen sich aus dem Lauf weite Flugbälle über mindestens 25 m zu (10 Min.)
– Dehnübungen

Taktik (45 Min.): Übungsformen zur Ballgewöhnung und zur Anpassung der Spielweise an die winterlichen Bodenverhältnisse (weite Pässe)

Übung 1 (20 Min.): Spiel 4:4 auf das Normaltor mit TH in PH (Abb. 222)
In beiden PH wird 4:4 auf Normaltor mit TH gespielt. Alle Bälle liegen im Mittelkreis, wobei zunächst eine 4er-Mannschaft für 5 Min. die Angreiferrolle innehat und versucht,

Abb. 222: Spiel 4:4 auf Normaltor mit TH

TE 1   Lfd. TE-Nr.: 079   Dauer: 95 Min.   Woche: 01

möglichst oft zum Torerfolg zu kommen. Bei einem Torerfolg, Fehlschuß oder Ballbesitz TH wird das Spiel mit einem weiteren Angriff von der ML aus fortgesetzt.
Kommt die abwehrende Mannschaft in Ballbesitz, muß der
Ball sofort mit einem weiten Paß zum TR in den Mittelkreis
geschlagen werden.
Wechsel der Aufgaben nach 5 Min.; 2 Durchgänge

Übung 2: (20 Min.): Spiel 2:2 + 2:2 auf Normaltor mit TH
(Abb. 223)
Vor den beiden Toren wird über die PB und 25 m von der
GL entfernt ein Angriffsspielraum markiert.
Der zugehörige Mittelfeldspielraum liegt seitlich hinter der
ML und beträgt 25 × 25 m.
Die 4er-Mannschaften werden in 2 Gruppen unterteilt, wo-
bei 2 Spieler im Angriffsspielraum und 2 im Mittelfeldspiel-
raum postiert sind.
Aus dem Spiel 2:2 im Mittelfeldspielraum heraus soll das
ballbesitzende Paar versuchen, ihre im Angriffsspielraum
sich freilaufenden Mitspieler, die anschließend den Torab-
schluß herbeiführen sollen, mit langen Bällen anzuspielen.
Bei Torerfolg, Fehlschuß oder Ballbesitz TH wird das Spiel
im Mittelfeldspielraum durch die Mannschaft fortgesetzt,
die zuletzt Abwehraufgaben hatte.
Wechsel der Aufgabe nach 10 Min.
Anschließend lockerer Trab verbunden mit Dehnübungen

Abschluß (25 Min.): Spiel 4 + 4:4 + 4 über den ganzen
Platz (Abb. 224)
Auf beiden Längsseiten des Spielfeldes ist ein 10 m breiter
Streifen abgesteckt, in dem sich jeweils 2 Spieler beider
Mannschaften aufhalten.
Ein Torerfolg ist nur möglich, wenn eine Mannschaft min-
destens 1 Mitspieler auf der re und li Seite in das Spiel ein-
bezogen hat. Dabei wechselt der außen angespielte Spie-
ler für den Zuspieler in das Feld, darf jedoch nur direkt
spielen. Die Spieler außen dürfen nicht angegriffen wer-
den.
Abschließend Auslaufen

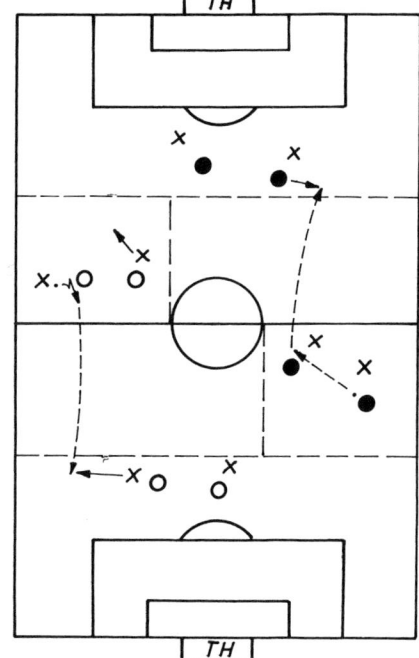

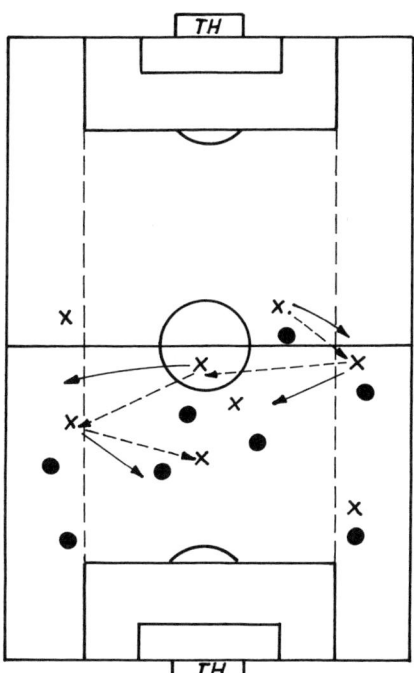

Abb. 223: Spiel 2:2 + 2:2 auf Normaltor mit TH

Abb. 224: Spiel 4 + 4:4 + 4

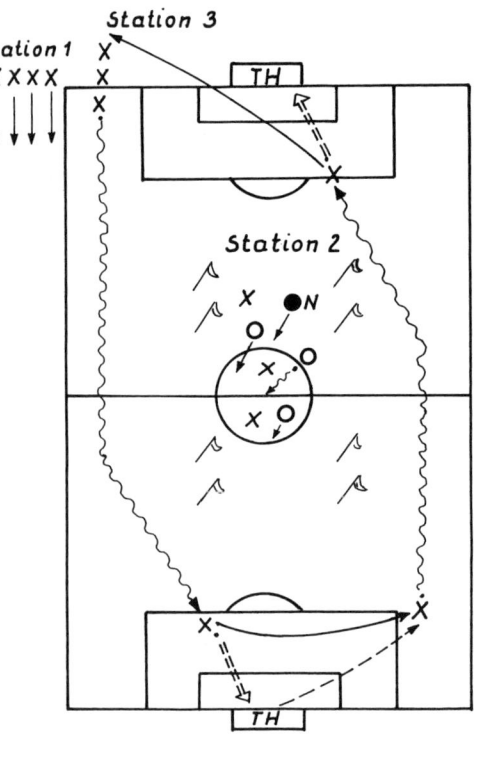

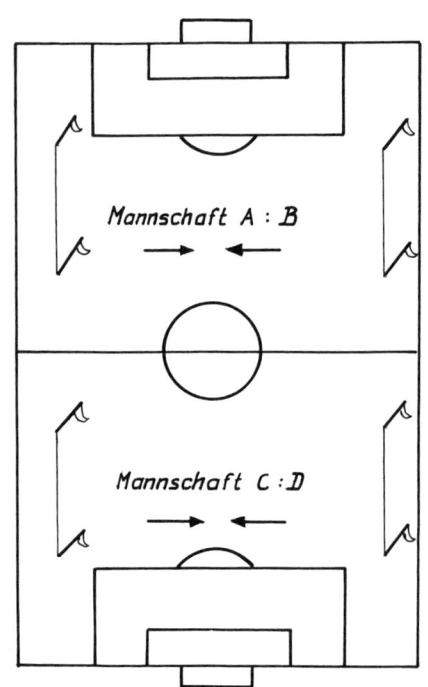

Woche: 01   TE 2 Lfd. TE-Nr.: 80 Dauer: 95 Min.

Trainingsziel: Erarbeitung Grundlagenausdauer

Trainingsgeräte: 10 Bälle, 8 Markierungsstangen

Trainings-Inhalt:

Aufwärmen (25 Min.): Lockerer Trab um den Platz (mit Hopserlauf, Bocksprüngen, Slalomlauf, über Barriere flanken, untendurch usw.). Anschließend Dehnen.

Kondition (40 Min.): Erarbeitung Grundlagenausdauer durch Stationen-Training. Spieler in 3 Gruppen eingeteilt. 1 Min. Pause zwischen den Stationswechseln (Abb. 225)

Station 1 (12 Min.): Lauf im lockeren Trab um das Spielfeld, wobei sich die Spieler in der Führungsarbeit laufend abwechseln.

Station 2 (12 Min.): Spiel 3:3 + 1 auf 4 Offentore (3 m breit) in der Platzmitte
Freies Spiel, wobei der neutrale Spieler jeweils mit der ballbesitzenden Mannschaft spielt.

Station 3 (12 Min.): Torschuß auf die beiden Normaltore (mit TH)
Seite 1: Von der GL beginnend schnelles Ballführen und mit Torschuß an der anderen Strafraumgrenze abschließen. Anschließend Ball holen bzw. nach Zuwurf des TH auf die andere Seite wechseln.
Seite 2: Ball-Jonglieren über die PL und am zweiten Tor mit Drop-Kick abschließen.

Abschluß (30 Min.): Spiel über 2 Linien (25 m breit) in PH (2 Spielfelder − 4 Mannschaften) (Abb. 226)
Ablauf: Ein Tor ist erzielt, wenn es einer Mannschaft gelingt, einen Mitspieler hinter der gegnerischen Torlinie anzuspielen.
Die Mannschaft bleibt in Ballbesitz und kontert sofort auf das andere Tor
Schwerpunkt: Konterspiel, möglichst direkt spielen.
Anschließend Auslaufen mit gymnastischen Übungen

Abb. 225: Erarbeitung Grundlagenausdauer durch Stationen-Training

Abb. 226: Spiel über 2 Linien

TE 3   Lfd. TE-Nr.: 081   Dauer: 100 Min.   **Woche: 01**

Trainingsziel: Verbesserung der Kraft und Beweglichkeit (Halle)

Trainingsgeräte: 2 Deuserbänder, 1 Medizinball, 1 Handball, 4 Gewichtswesten, 2 Sandsäcke, 2 Sprungseile, Sprossenwand, 1 Langbank, 2 Kleinkästen, 6 Großkästen mit Sprungmatte

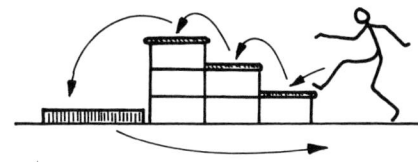

Abb. 227: Station 1

Trainings-Inhalt:

Aufwärmen (20 Min.): Lockeres Einlaufen mit gymnastischen Übungen (Partnergymnastik, Dehnen)

Kondition (55 Min.): Verbesserung der Kraft und Beweglichkeit durch Stationen-Training in 2er-Gruppe

Abb. 228: Station 2

Station 1: Verbesserung der Sprungkraft und Kraftausdauer durch Sprünge über treppenförmig aufgebaute Kastenreihe (Abb. 227)

Station 2: Stärkung der Bauchmuskulatur (Abb. 228) Unterschenkel auf Kleinkasten, in Rückenlage, Arme hinter Genick verschränkt. Rumpf etwa 10 Sek. anheben, dann in Rückenlage absenken und entspannen

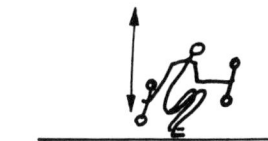

Abb. 229: Station 3

Station 3: Stärkung der Bein- und Fußmuskulatur (Abb. 229) Langsame Kniebeugen mit Gewichtswesten und Zusatzgewicht (Sandsack, Hanteln)

Abb. 230: Station 4

Station 4: Verbesserung Beweglichkeit, Lockerung (Abb. 230) Seilspringen mit ein-/zweibeinigem Absprung

Station 5: Kräftigung der Rumpfmuskulatur (Abb. 231) Medizinballzuwurf aus Sitzlage, wobei der Zuwurf durch Zurückfedern des Oberkörpers aufgefangen wird

Abb. 231: Station 5

Station 6: Kräftigung Beinmuskulatur, Verbesserung Kraftausdauer (Abb. 232) Mit Gewichtsweste (oder Hanteln, Sandsack) mit Wechselsprüngen auf Kleinkasten springen

Station 7: Stärkung der Bein- und Fußmuskulatur (Abb. 233) An Sprossenwand eingehängte Langbank aus Rückenlage beidbeinig nach oben drücken (strecken) und absenken (beugen). Passiver Spieler sitzt auf Bank. Wechsel nach 1 Min.

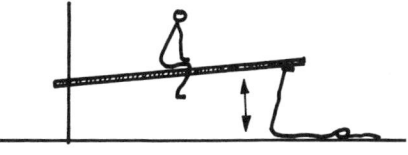

Abb. 232: Station 6

Station 8: Stärkung der Fuß-, Bein- und Gesäß-Muskulatur (Abb. 234)

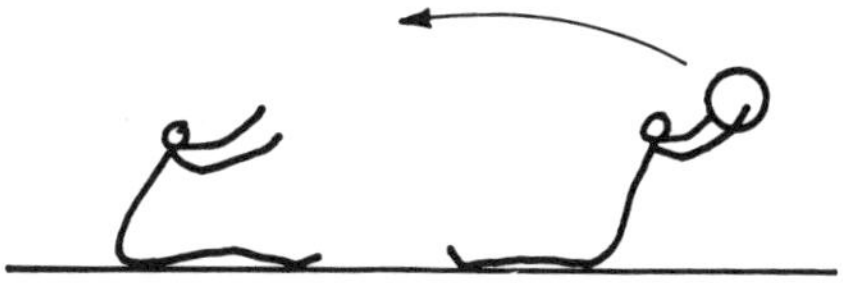

Abb. 233: Station 7

| Woche: 01 | TE 3   Lfd. TE-Nr.: 081   Dauer: 100 Min. |

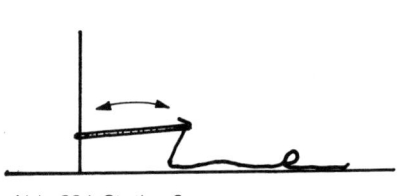

Abb. 234: Station 8

Spieler in Bauchlage, Deuserband in Sprossenwand befestigt und über Fersen gespannt. Anspannen in Richtung Gesäß und Zug ca. 5 Sek. halten. Im Wechsel anspannen – entspannen.

Ablauf: 2 Min. je Station, 1 Min. Erholung, 2 Durchgänge (nach jedem Durchgang 3 Min. Lockerungsgymnastik)

Abschluß (25 Min.): Handball-Turnier mit mehreren Mannschaften

---

Woche: 01   **TE 4   Lfd. TE-Nr.: 082   Dauer: 110 Min.**

Trainingsziel: Verbesserung Paß-Technik und der konditionellen Fähigkeiten

Trainingsgeräte: 10 Bälle, 12 Markierungsstangen

Trainings-Inhalt:

Aufwärmen (25 Min.): Handball 4:4 mit Kopfballzuspiel
Im PV wird 4:4 Handball gespielt. Jeder Zuwurf innerhalb der Mannschaft, der mit dem Kopf zu einem Mitspieler weitergeleitet werden kann, ergibt einen Punkt.
Anschließend Dehnübungen

Technik (25 Min.): Paß-Technik in der 3er-Gruppe
– Weite Pässe aus dem Lauf heraus spielen
– Spieler 1 paßt zu 2, der für den entgegenkommenden Spieler 3 ablegt
– Spieler 1 paßt zu 2, der direkt in den Lauf von Spieler 3 weiterleitet
– Spieler 1 paßt zu halbhoch (hoch) zu 2, der mit Fuß oder Kopf direkt zu Spieler 1 zurückspielt, der anschließend einen weiten Paß auf den sich freilaufenden Spieler 3 schlägt
– Spieler 1 führt den Ball, spielt anschließend DP mit Spieler 2, dann mit Spieler 3. Dann übernimmt 2 den Ball (4 Durchgänge)

Kondition (20 Min.): Verbesserung der allgemeinen konditionellen Fähigkeiten auf abgesteckter Laufstrecke (jeder Spieler einzeln – 1 Min. Pause nach jedem Durchgang) (Abb. 235)

Durchgang 1: (3 Min.):
1. Strecke: Traben

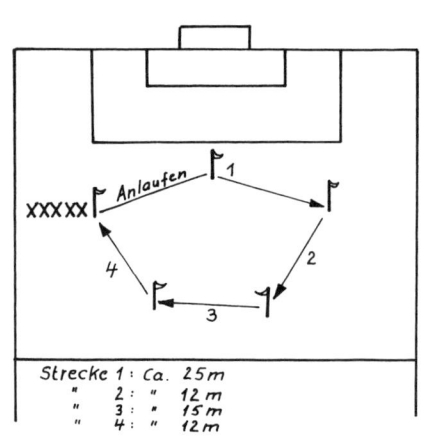

Abb. 235: Verschiedene Laufformen auf abgesteckter Strecke

TE 4   Lfd. TE-Nr.: 082   Dauer: 110 Min.   Woche: 01

2. Strecke: Beschleunigen
3. Strecke: Sprint
4. Strecke: Auslaufen

Durchgang 2 (3 Min.):
1. Strecke: Hopserlauf
2. Strecke: Seitwärtslauf
3. Strecke: Anfersen
4. Strecke: Knieheberlauf

Durchgang 3 (3 Min.):
1. Strecke: Rückwärtslauf
2. Strecke: Einbein-Weitsprünge
3. Strecke: Kopfballsprünge
4. Strecke: Sprint

Durchgang 4 (3 Min.):
1. Strecke: Wedelsprünge
2. Strecke: Skipping
3. Strecke: Zweibein-Weitsprünge
4. Strecke: Traben

Durchgang 5 (3 Min.):
1. Strecke: Traben
2. Strecke: Klassisches Gehen – Beschleunigen
3. Strecke: Klassisches Gehen – Höchsttempo
4. Strecke: Klassisches Gehen – Auslaufen

Torschuß (20 Min.): Angriffskombination mit Hinterlaufen und Torabschluß (Abb. 236)
Am Strafraum sind 2 ST (C, D) gegen 1 AWSP postiert. Spieler A führt von der ML aus den Ball und paßt nach außen zu B (1). B führt den Ball nach innen und spielt den entgegenstartenden Spieler D an (2), der direkt nach außen für den hinterlaufenden Spieler A weiterleitet (3).
A flankt (4) aus vollem Lauf auf die beiden ST C und D, die gegen den abwehrenden Spieler versuchen, zum Torerfolg zu kommen.
Wechsel der beiden ST und des AWSP nach 5 Bällen.
(Von beiden Seiten ausführen)

Abschluß (20 Min.): Kleinfeld-Turnier auf 2 Spielfeldern mit Dreiecks-Offentoren (Abb. 237)
4 Mannschaften mit je 4 Spielern. In den beiden PH sind 2 Spielfelder mit Dreiecks-Offentoren (3 m breit) markiert. Die Mannschaften werden ausgelost. Tore können von allen Seiten, jedoch nur direkt erzielt werden.
Nach 10 Min. spielen die beiden Sieger und die beiden Verlierer gegeneinander.
Abschließend gemeinsames Auslaufen

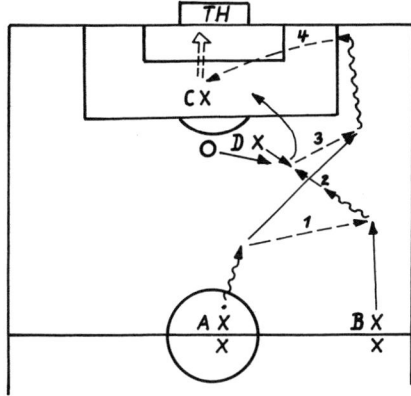

Abb. 236: Angriffskombination mit Hinterlaufen und Torabschluß

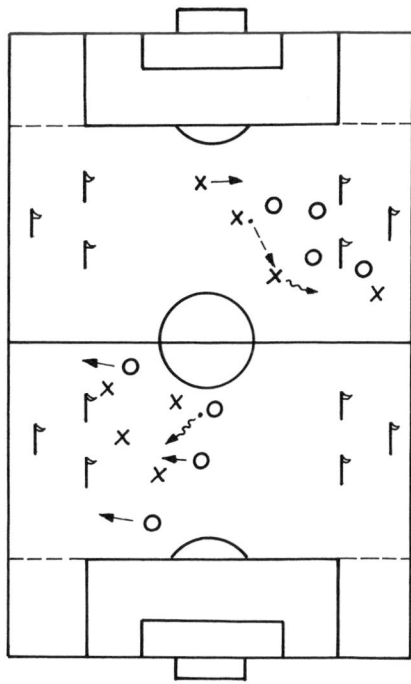

Abb. 237: Kleinfeld-Turnier auf Dreiecks-Offentore

Woche: 02   **TE 1   Lfd. TE-Nr.: 083   Dauer: 105 Min.**

Trainingsziel: Erarbeitung Grundlagenausdauer

Trainingsgeräte: 4 Bälle, 16 Markierungsstangen

Trainings-Inhalt:

Aufwärmen (25 Min.): Einlaufen mit und ohne Ball in 2er-Gruppen
- lockerer Lauf paarweise über den ganzen Platz
- Gymnastik in 2er-Gruppen: Ein Spieler macht jeweils eine Übung vor
- in 2er-Gruppen Pässe aus dem Lauf heraus spielen, wobei Distanz ständig verändert wird

Anschließend Dehnübungen, wobei jeweils ein Spieler eine Übung vormacht und TR die korrekte Ausführung überwacht.

Kondition (55 Min.): Erarbeitung Grundlagenausdauer in 5er-Gruppen

Übung 1 (10 Min.): Ausdauerlauf über das gesamte Sportgelände
Temporichtlinie: 4 Schritte einatmen – 4 Schritte ausatmen

Übung 2 (5 Min.): Balljonglieren in der Gruppe mit 2 Pflichtkontakten

Übung 3 (10 Min.): Ausdauerlauf über das gesamte Sportgelände.

Übung 4 (5 Min.): Spiel 4:1 direkt im abgegrenzten Feld (10 × 10 m)

Übung 5 (10 Min.): Ausdauerlauf über das gesamte Sportgelände

Übung 6 (5 Min.): Lockerungsgymnastik: Der älteste (jüngste) Spieler in jeder Gruppe macht die Übungen vor.

Übung 7 (10 Min.): Ausdauerlauf über das gesamte Sportgelände

Abschluß (25 Min.): Spiel mit 3 Mannschaften über den ganzen Platz (Abb. 238)
Mannschaft A stürmt gegen die abwehrende Mannschaft B, während C pausiert. Kommt B in Ballbesitz, versucht die Mannschaft A durch aggressives Forechecking bis zur ML erneut in Ballbesitz zu kommen. Erreicht B die ML versucht die Mannschaft gegen C zum Torerfolg zu kommen, während nun A pausiert.
Anschließend Auslaufen

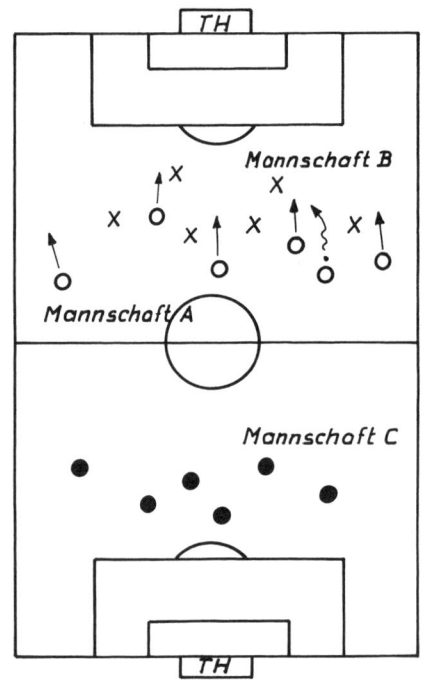
Abb. 238: Spiel mit 3 Mannschaften

TE 2   Lfd. TE-Nr.: 084   Dauer: 100 Min.   **Woche: 02**

Trainingsziel: Verbesserung der Kraft und Beweglichkeit (Halle)

Trainingsgeräte: 2 Deuserbänder, 1 Medizinball, 1 Volleyball, 4 Gewichtswesten, 2 Sandsäcke, 2 Sprungseile, Sprossenwand, 1 Langbank, 2 Kleinkästen, 6 Großkästen mit Sprungmatte

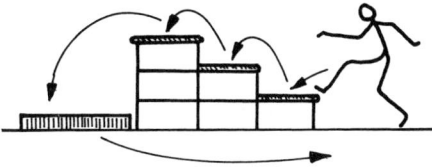

Abb. 239: Station 1

Trainings-Inhalt:

Aufwärmen (20 Min.): Lockeres Einlaufen mit gymnastischen Übungen (Partnergymnastik, Dehnen)

Kondition (55 Min.): Verbesserung der Kraft und Beweglichkeit durch Stationen-Training in 2er-Gruppen (s. Abb. 239–246)

Abb. 240: Station 2

Station 1: Verbesserung der Sprungkraft und Kraftausdauer durch Sprünge über treppenförmig aufgebaute Kastenreihe

Station 2: Stärkung der Bauchmuskulatur
Unterschenkel auf Kleinkasten, in Rückenlage, Arme hinter Genick verschränkt. Rumpf etwa 10 Sek. anheben, dann in Rückenlage absenken und entspannen

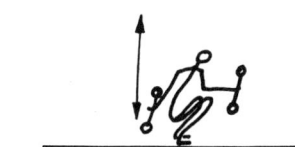

Abb. 241: Station 3

Station 3: Stärkung der Bein- und Fußmuskulatur
Langsame Kniebeugen mit Gewichtswesten und Zusatzgewicht (Sandsack, Hanteln)

Station 4: Verbesserung Beweglichkeit, Lockerung
Seilspringen mit ein-/zweibeinigem Absprung

Abb. 242: Station 4

Station 5: Kräftigung der Rumpfmuskulatur
Medizinballzuwurf aus Sitzlage, wobei der Zuwurf durch Zurückfedern des Oberkörpers aufgefangen wird

Abb. 243: Station 5

Station 6: Kräftigung Bauchmuskulatur, Verbesserung Kraftausdauer
Mit Gewichtsweste (oder Hanteln, Sandsack) mit Wechselsprüngen auf Kleinkasten springen

Station 7: Stärkung der Bein- und Fußmuskulatur
An Sprossenwand eingehängte Langbank aus Rückenlage beidbeinig nach oben drücken (strecken) und absenken (beugen). Passiver Spieler sitzt auf Bank.
Wechsel nach 1 Min.

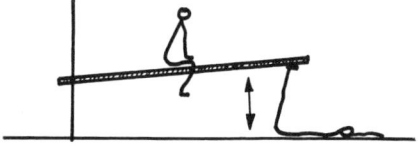

Abb. 244: Station 6

Station 8: Stärkung der Fuß-, Bein- und Gesäß-Muskulatur
Spieler in Bauchlage, Deuserband in Sprossenwand befestigt und über Fersen gespannt. Anspannen in Richtung

Abb. 245: Station 7

Woche: 02   TE 2   Lfd. TE-Nr.: 084   Dauer: 100 Min.

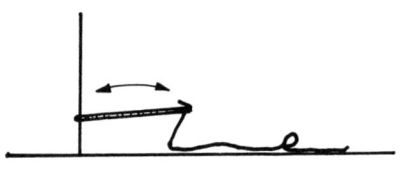

Gesäß und Zug ca. 5 Sek. halten. Im Wechsel anspannen – entspannen.

Ablauf: 2 Min. je Station, 1 Min. Erholung, 2 Durchgänge (nach jedem Durchgang 3 Min. Lockerungsgymnastik)

Abschluß (25 Min.): Volleyball-Turnier mit mehreren Mannschaften

Abb. 246: Station 8

Woche: 02   **TE 3   Lfd. TE-Nr.: 085   Dauer: 100 Min.**

Trainingsziel: Verbesserung Sprungkraft und Beweglichkeit (Halle)

Trainingsgeräte: Jeder Spieler 1 Ball, 30 Markierungsstangen

Trainings-Inhalt:

Aufwärmen (25 Min.): Einlaufen mit Ball
– Ballführen mit Innen-, Außenspann und unter Sohle
– Balljonglieren, hochspielen und mit Drop-Kick vorlegen und nachstarten
– leichte Grätschstellung: Ball in Hüfthöhe um Körper kreisen lassen
– leichte Grätschstellung: Aus Rumpfbeuge Ball in Achterform durch Beine reichen
– Ball mit beiden Händen hinter Körper halten, nach vorn über Kopf werfen und fangen
– Ballführen mit Finten und Körpertäuschungen
Anschließend Dehnen

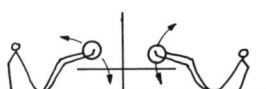

Abb. 247a: Kräftigung Bauch- und Rükkenmuskulatur

Kondition (50 Min.): Verbesserung Sprungkraft und Beweglichkeit durch Stationentraining in 2er- (4er-)Gruppen (s. Abb. 247–253)
Belastung: 2 Min./Station
Pause: 1 Min. (Stationenwechsel)
2 Durchgänge (3 Min. lockerer Trab zwischen 1. und 2. Durchgang)

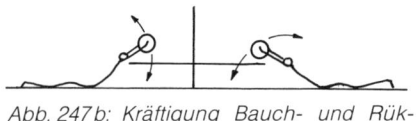

Abb. 247b: Kräftigung Bauch- und Rükkenmuskulatur

Station 1: Kräftigung Bauch- und Rückenmuskulatur
– Ball zwischen Beine klemmen, li und re mit gestreckten Beinen über Stange führen (1 Min.)
– in Bauchlage, Ball in beiden Händen mit ausgestreckten Armen re und li über Stange führen (1 Min.)

Station 2: Ballführen im Slalom
– erster Spieler führt Ball im Slalom durch die im 2-m-Ab-

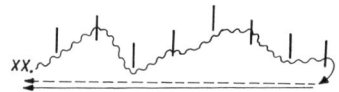

Abb. 248: Ballführen im Slalom

TE 3   Lfd. TE-Nr.: 085   Dauer: 100 Min.   Woche: 02

stand versetzt aufgestellten Stangen. Körper immer zwischen Ball und Stange. Nach Durchlaufen Rückpaß auf den wartenden zweiten Spieler und Ball nachspurten

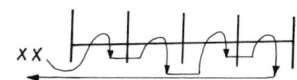

Abb. 249: *Verbesserung Sprungkraft*

Station 3: Verbesserung Sprungkraft
– seitliches (einbeiniges) Überspringen li/re der Stangenreihe mit steigender Belastung

Station 4: Paßspiel mit ganzer Kehrtwende
– jeweils 1 Spieler ist 1 Min. aktiv, danach der andere. Spieler 1 spielt aus 15 m Spieler 2 an, der dem Ball entgegenläuft, abtropfen läßt, umdreht und um die Stange herum das nächste Zuspiel anläuft

Abb. 250: *Paßspiel mit Kehrtwende*

Station 5: Verbesserung Sprungkraft
– Beidbeiniges Überspringen der im 2-m-Abstand aufgestellten Hürden (Trainingshilfen) mit steigender Höhe

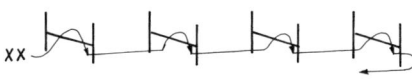

Abb. 251: *Verbesserung Sprungkraft durch Hürdenlauf*

Station 6: Paßspiel im Dreieck
– Spieler 1 paßt flach zu Spieler 2, der auf die freie Ecke abprallen läßt, wo Spieler 1 das Zuspiel erläuft. Wechsel jeweils nach 5 Pässen

Station 7: Verbesserung Sprungkraft
– Kopfball über Hürde (stellt Gegner dar) nach Handzuwurf

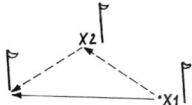

Abb. 252: *Paßspiel im Dreieck*

Station 8: Spiel 1:1 auf 2 Offentore (2 m breit, 15 m entfernt)

Abschluß (25 Min.): Kleines Hallenfußball-Turnier mit mehreren Mannschaften
Spielzeit: 5 Min., wobei die siegreiche Mannschaft auf dem Feld bleibt, während die Verlierermannschaft sofort ausscheidet. Bei Unentschieden siegt die Mannschaft, die schon länger auf dem Feld war.
Die ausgeschiedenen Spieler absolvieren Dehn- und Lockerungsübungen an der Seitenlinie

Abb. 253: *Verbesserung der Sprungkraft*

TE 4   Lfd. TE-Nr.: 086   Dauer: 100 Min.   **Woche: 02**

Trainingsziel: Schulung des weiträumigen Spiels

Trainingsgeräte: 10 Bälle, 8 Markierungsstangen

Trainings-Inhalt:

Aufwärmen (25 Min.): Einlaufen ohne Ball über Platzbreite
– Lockerer Trab mit Dehnübungen

     TE 4   Lfd. TE-Nr.: 086   Dauer: 100 Min.

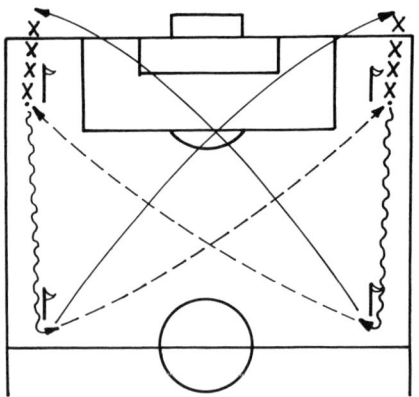

- Zehenspitzenlauf
- Fersenlauf (auf Fersen aufsetzen)
- Hopserlauf auf Höhe und Weite
- Schlittschuhlauf
- Kurze Antritte aus Rw-Lauf
- Lockerungsgymnastik (ein-/zweibeiniges Hüpfen auf der Stelle, Rumpfkreisen, Armekreisen vw/rw, Bein re/li durchschwingen)
- Dehnen

Technik (40 Min.): Verbesserung des weiträumigen Spiels (s. Abb. 254–258)

Übung 1: Weiter Diagonalpaß (10 Min.)
Jeweils 8 Spieler üben in einer PH.
Die ersten Spieler beider Gruppen dribbeln mit Ball von der Höhe des Strafraumes Richtung ML und spielen jeweils mit einem weiten Diagonalpaß den nächsten Spieler der anderen Gruppe an. Anschließend laufen sie in mittlerem Lauftempo an das Ende der anderen Gruppe.

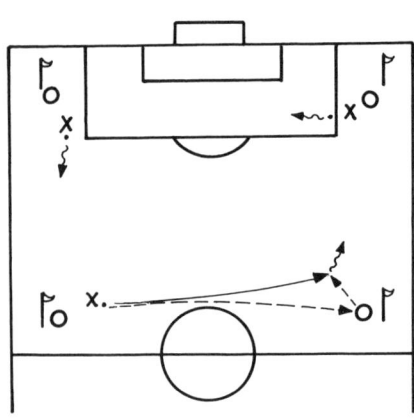

Übung 2: Weite Pässe zu Anspielstationen (20 Min.)
4 Spieler stellen sich als Anspielstationen im weiten Viereck der PH auf. Die anderen 4 Spieler mit Ball beginnen gleichzeitig mit einem weiten Paß auf die jeweilige Anspielstation in der nächsten Spielfeldecke. Die Anspielstationen lassen den Paß in den Lauf des Zuspielers abtropfen, der zum Ball startet und nach der Ballkontrolle zur nächsten Anspielstation paßt.
Nach 5 Min. Aufgabenwechsel. 2 Durchgänge

Übung 3: Weites Zuspiel aus dem Lauf heraus (10 Min.)
4 Spieler als Anspielstationen im weiten Viereck. Die anderen 4 Spieler schlagen aus dem Lauf einen weiten Paß auf den nächsten Partner und folgen ihrem Ball. Hat die 4er-Gruppe nach 4 Pässen das Viereck umlaufen, pausiert sie und die bisherigen Anspielstationen starten.

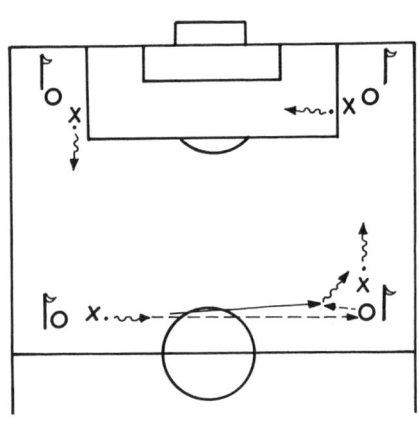

Abb. 254: Weiter Paß, Diagonalpaß

Abb. 255: Weite Pässe zu den Anspielstationen

Abb. 256: Weite Zuspiele aus dem Lauf heraus

TE 4   Lfd. TE-Nr.: 086   Dauer: 100 Min.   Woche: 02

Torschuß (20 Min.): Torschußübungen in der 2er-Gruppe

Übung 1: Torschuß nach Flanke (Abb. 257)
Spieler A schlägt aus dem Mittelkreis einen weiten Flugball in den Lauf des sich außen anbietenden Spielers B und spurtet anschließend steil nach außen. B rochiert nach Steilpaß nach innen und verwertet die Flanke von A.
Von beiden Seiten ausführen.

Übung 2: Torschuß nach Doppelpaß (Abb. 258)
Spieler A schlägt von der GL einen weiten Flugball auf den von der ML kommenden Spieler B und bietet sich anschließend zum DP für B an, der mit Torschuß abschließt. Anschließend wechseln beide Spieler ihre Positionen. Von beiden Seiten ausführen.

Abschluß (15 Min.): Spiel über den ganzen Platz mit Schwerpunkt weiträumiges Spiel
Abschließend Auslaufen

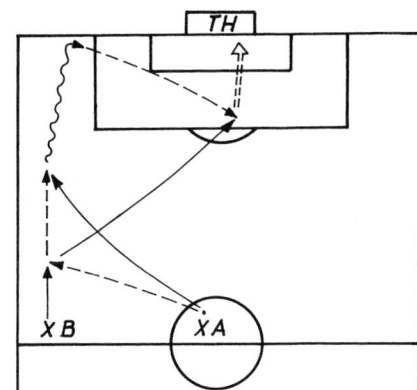

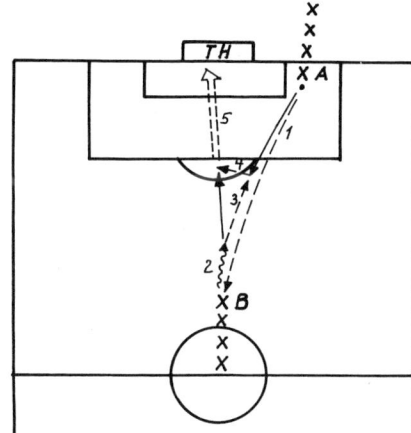

Abb. 257: Torschuß nach Flanke

Abb. 258: Torschuß nach Doppelpaß

TE 1   Lfd. TE-Nr.: 087   Dauer: 100 Min.   Woche: 03

Trainingsziel: Erarbeitung Grundlagenausdauer

Trainingsgeräte: Jeder Spieler 1 Ball, 1 tragbares Normaltor, 12 Markierungsstangen

Trainings-Inhalt:

Aufwärmen (25 Min.): Einlaufen ohne Ball
Spieler laufen in Reihe hintereinander und führen verschiedene Übungsformen (Hopserlauf, Bocksprünge, Unterkriechen, Slalom, Spurt nach vorne usw.) durch. Anschließend Dehnen

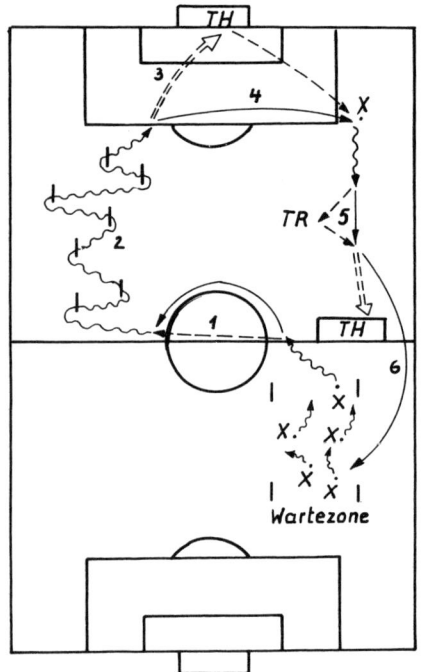

Woche: 03   TE 1   Lfd. TE-Nr.: 087   Dauer: 100 Min.

Kondition (45 Min.): Erarbeitung Grundlagenausdauer mittels Fußballrundkurs

Übung 1 (20 Min.): Rundkurs in PH mit technisch-taktischen Übungsformen (Abb. 259)
Spieler bewegen sich mit Ball (Jonglieren, Ballführen, Gymnastik) in Wartezone und absolvieren im 20-m-Abstand den Rundkurs.
1. Paß durch Mittelkreis, um den Kreis spurten, Ball mitnehmen
2. Slalom (enge Ballführung) um Stangen
3. Scharfen Schuß aus spitzem Winkel antäuschen und mit Heber auf die lange Ecke abschließen
4. Auf andere Seite wechseln und Zuwurf TH übernehmen
5. Antritt und DP mit TR und mit Torschuß auf das 2. Normaltor an ML abschließen
6. Ballarbeit in Wartezone
Anschließend 2 Min. Dehnen

Übung 2 (20 Min.): Rundkurs über den ganzen Platz mit technisch-taktischen Übungsformen (Abb. 260)
Spieler mit Ballarbeit in Wartezone, absolvieren im 20-m-Abstand den Rundkurs.
1. Tempodribbling über 30 m
2. 15 m Balljonglieren (Kopf, Fuß)
3. Tempodribbling um Mittelkreis
4. An Markierungsstangen Ball hochspielen, mit Drop-Kick vorlegen und nachspurten. Nach der 3. Markierung mit Drop-Kick aus der Drehung auf das Tor schießen
5. Seite wechseln und Zuwurf TH übernehmen
6. Tempodribbling um Stangen und mit Torschuß am 2. Normaltor an ML abschließen
7. Ballarbeit in Wartezone
Anschließend 3 Min. lockerer Trab

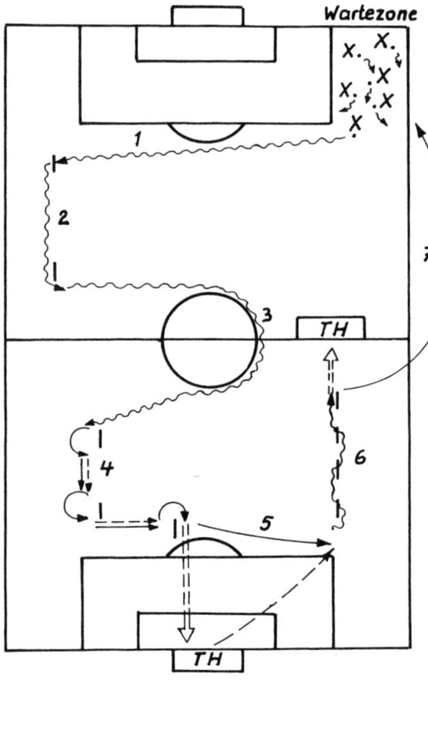

Abb. 259: Rundkurs in Platzhälfte mit technisch-taktischen Übungsformen

Abb. 260: Rundkurs über den ganzen Platz mit technisch-taktischen Übungsformen

TE 1   Lfd. TE-Nr.: 087   Dauer: 100 Min.   Woche: 03

Abschluß (30 Min.): Schulung des Überzahl-/Unterzahl-spiels durch 6:3 (6:4) in beiden PH (Abb. 261)
Die 6er-Mannschaften starten ihre Angriffe jeweils von der ML, dürfen nur mit 2 Ballkontakten spielen. Bei Ballbesitz der abwehrenden Unterzahl wenden diese das Spiel auf Zeit (Ballhalten) an mit freiem Spiel. Nach 10 Min. jeweils wechseln 3 Spieler in die Unterzahlmannschaft. Welches ist die erfolgreichste Abwehr?
Anschließend Auslaufen

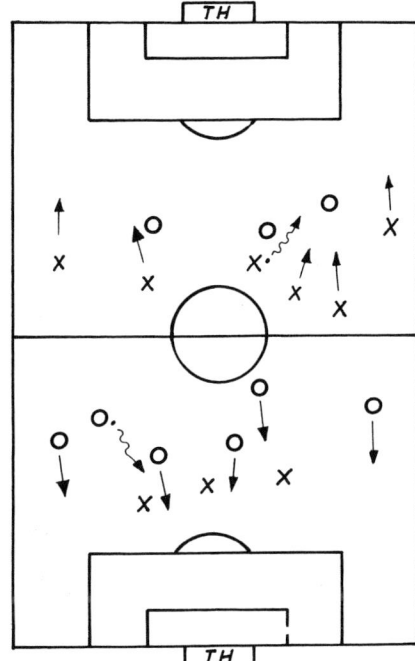

Abb. 261: Schulung des Über-/Unterzahlspiels durch das Spiel 6:3

TE 2   Lfd. TE-Nr.: 088   Dauer: 100 Min.   **Woche: 03**

Trainingsziel: Verbesserung der Kraft und Beweglichkeit (Halle)

Trainingsgeräte: 2 Deuserbänder, 1 Medizinball, 1 Basketball, 4 Gewichtswesten, 2 Sandsäcke, 2 Sprungseile, Sprossenwand, 1 Langbank, 2 Kleinkästen, 6 Großkästen mit Sprungmatte

Trainings-Inhalt:

Aufwärmen (20 Min.): Lockeres Einlaufen mit gymnastischen Übungen (Partnergymnastik, Dehnen)

Kondition (55 Min.): Verbesserung der Kraft und Beweglichkeit durch Stationen-Training in 2er-Gruppen (s. Abb. 262−269)

Station 1: Verbesserung der Sprungkraft und Kraftausdauer durch Sprünge über treppenförmig aufgebaute Kastenreihe

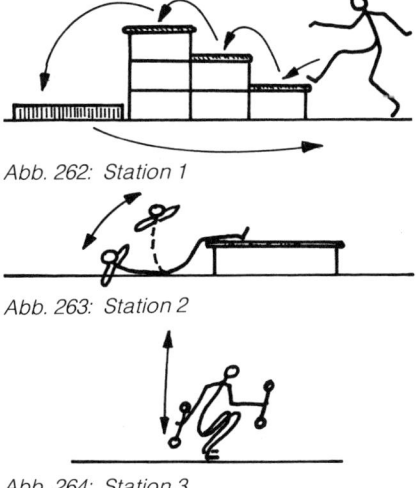

Abb. 262: Station 1

Abb. 263: Station 2

Abb. 264: Station 3

Woche: 03   TE 2   Lfd. TE-Nr.: 088   Dauer: 100 Min.

Abb. 265: Station 4

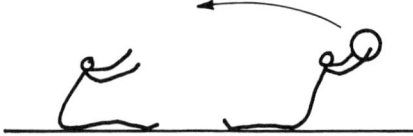

Abb. 266: Station 5

Abb. 267: Station 6

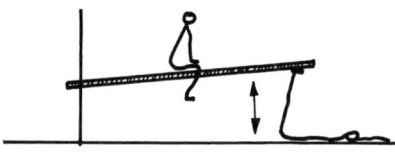

Abb. 268: Station 7

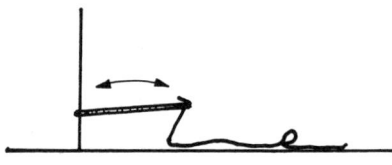

Abb. 269: Station 8

Station 2: Stärkung der Bauchmuskulatur
Unterschenkel auf Kleinkasten, in Rückenlage, Arme hinter Genick verschränkt. Rumpf etwa 10 Sek. anheben, dann in Rückenlage absenken und entspannen

Station 3: Stärkung der Bein- und Fußmuskulatur
Langsame Kniebeugen mit Gewichtswesten und Zusatzgewicht (Sandsack, Hanteln)

Station 4: Verbesserung Beweglichkeit, Lockerung
Seilspringen mit ein-/zweibeinigem Absprung

Station 5: Kräftigung der Rumpfmuskulatur
Medizinballzuwurf aus Sitzlage, wobei der Zuwurf durch Zurückfedern des Oberkörpers aufgefangen wird

Station 6: Kräftigung Beinmuskulatur, Verbesserung Kraftausdauer
Mit Gewichtsweste (oder Hanteln, Sandsack) mit Wechselsprüngen auf Kleinkasten springen

Station 7: Stärkung der Bein- und Fußmuskulatur
An Sprossenwand eingehängte Langbank aus Rückenlage beidbeinig nach oben drücken (strecken) und absenken (beugen). Passiver Spieler sitzt auf Bank. Wechsel nach 1 Min.

Station 8: Stärkung der Fuß-, Bein- und Gesäß-Muskulatur
Spieler in Bauchlage, Deuserband in Sprossenwand befestigt und über Fersen gespannt. Anspannen in Richtung Gesäß und Zug ca. 5 Sek. halten. Im Wechsel anspannen – entspannen.

Ablauf: 2 Min. je Station, 1 Min. Erholung, 2 Durchgänge (nach jedem Durchgang 3 Min. Lockerungsgymnastik)

Abschluß (25 Min.): Basketball-Turnier mit mehreren Mannschaften

---

Woche: 03   **TE 3   Lfd. TE-Nr.: 089   Dauer: 105 Min.**

Trainingsziel: Verbesserung der Schnelligkeit und des Flügelspiels

Trainingsgeräte: Jeder Spieler 1 Ball, 12 Markierungsstangen, tragbares Normaltor

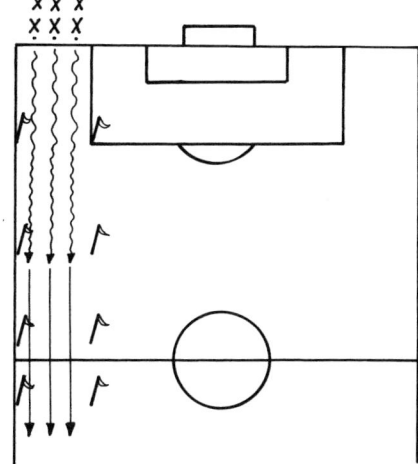

TE 3   Lfd. TE-Nr.: 089   Dauer: 105 Min.   Woche: 03

Trainings-Inhalt:

Aufwärmen (25 Min.): Spiel Fußball-Handball-Kopfball mit 2 Mannschaften auf 2 Normaltore (2. Tor an ML)
Das Spiel muß zwingend in der vorgeschriebenen Reihenfolge Fuß, Hand, Kopf durchgeführt werden, wobei Torerfolg nur mit Kopf oder Fuß möglich ist.
Spieler 1 führt den Ball mit dem Fuß und paßt den Ball einem Mitspieler so zu, daß dieser ihn fangen kann. Der Handzuwurf muß vom nächsten Spieler mit dem Kopf weitergeleitet werden, wobei dann das Spiel mit dem Fuß fortgesetzt wird.
Die verteidigende Mannschaft darf den Ball nur mit der gleichen Spielart abwehren.
Anschließend Dehnen.

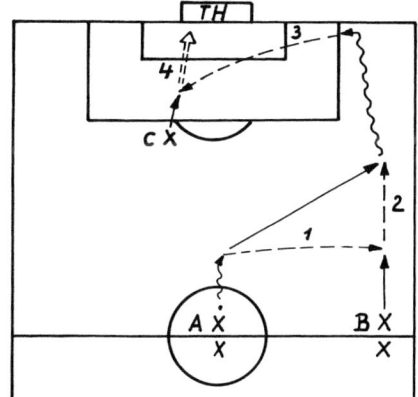

Kondition (20 Min.): Verbesserung der Schnelligkeit mit und ohne Ball in 3er-Gruppen (Abb. 270)
Belastung: 2 Serien mit je 8 Läufen / 1 Min. Pause zwischen den Sprints
2 Min. Dehnpause zwischen beiden Serien.
Strecke 1: Ballführen in mäßigem Tempo (16 m)
Strecke 2: Ballführen in höchstem Tempo (25 m) und Ball ablegen
Strecke 3: Traben ohne Ball (20 m)
Strecke 4: Spurt (10 m) mit anschließendem Auslaufen bis zur anderen GL

Taktik: (45 Min.): Schulung des Flügelspiels als Voraussetzung für Torabschluß (Abb. 271–273)

Übung 1 (15 Min.): Paß nach außen mit Positionswechsel
Spieler A paßt nach außen zu Spieler B (1), der sofort für A steil weiterleitet (2). Spieler erläuft das Zuspiel und flankt von GL auf Spieler C (3), der die Flanke direkt verwandelt (4).
A wechselt anschließend auf die Position von C, C wechselt zu B und B zu A.
Von beiden Seiten ausführen.

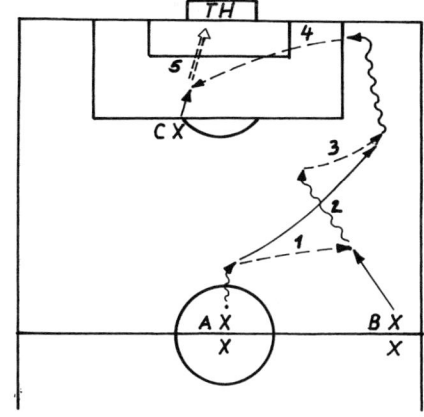

Abb. 270: Verbesserung der Schnelligkeit mit und ohne Ball

Abb. 271: Paß nach außen mit Positionswechsel

Abb. 272: Paß nach außen mit Hinterlaufen

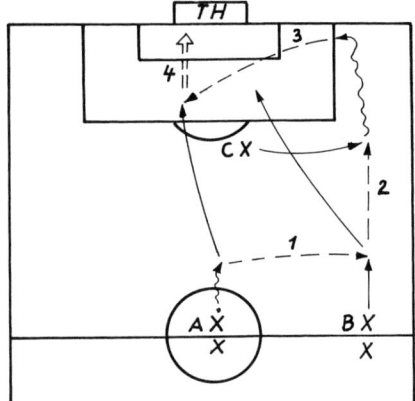

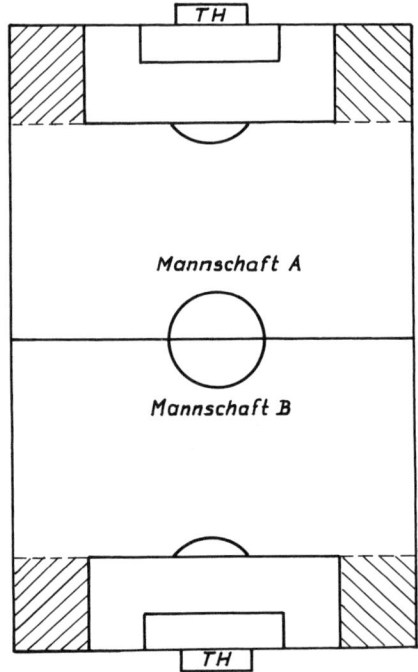

Woche: 03   TE 3   Lfd. TE-Nr.: 089   Dauer: 105 Min.

Übung 2 (15 Min.): Paß nach außen mit Hinterlaufen
Spieler A paßt nach außen zu B, der Ball nach innen führt und anschließend den hinterlaufenden Spieler A außen anspielt. A flankt von GL auf C, der mit Torschuß abschließt.
A wechselt auf die Position von C, C zu B und B zu A.
Von beiden Seiten ausführen.

Übung 3 (15 Min.): Spitze wechselt auf Außenposition
Spieler A passt nach außen zu B (1), der sofort steil weiterleitet (2) auf die auf den Flügel wechselnde Spitze C. C führt den Ball bis zur GL und flankt (3) auf die mitgelaufenen Spieler, wobei A die lange Ecke und B die kurze Ecke anlauft.
Anschließend wechselt B mit C, C mit A und A mit B. Von beiden Seiten ausführen.

Abschluß (20 Min.): Spiel über den ganzen Platz mit Förderung des Flügelspiels durch Tabu-Räume auf beiden Spielfeldseiten (Abb. 274)
Im Tabu-Raum darf der ballführende Spieler nicht angegriffen werden, so daß er unbedrängt flanken kann. Tore, die im Anschluß an eine Flanke erzielt werden, zählen doppelt.
Anschließend Auslaufen

Abb. 273: Spitze wechselt auf Außenposition

Abb. 274: Förderung des Flügelspiels durch Tabu-Räume auf beiden Spielfeldseiten

Woche: 03   **TE 4   Lfd. TE-Nr.: 090   Dauer: 100 Min.**

Trainingsziel: Verbesserung des Torabschlusses nach Flanken

Trainingsgeräte: 20 Bälle, tragbares Normaltor, 12 Markierungsstangen

TE 4   Lfd. TE-Nr.: 090   Dauer: 100 Min.   Woche: 03

Trainings-Inhalt:

Aufwärmen (25 Min.):
- Spiel 5:3 mit 2 Ballkontakten im abgegrenzten Feld (15 Min.)
- Trab über PB (Hopserlauf, Anfersen, Knieheberlauf, Armekreisen vw/rw, kurze Antritte mit Oberkörpertäuschungen),
Dehnübungen für die Bein-, Bauch- und Rückenmuskulatur (10 Min.)
Anmerkung: TH wärmen sich individuell auf

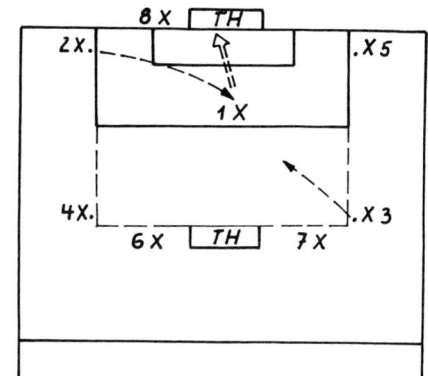

Torabschluß (65 Min.): Verwandeln von Flanken (Abb. 275–277)

Übung 1: Doppelter Strafraum mit 2 Normaltoren, 8 Feldspieler und 2 TH.
Die Spieler 2, 3, 4 und 5 flanken in dieser Reihenfolge ruhende Bälle auf Spieler 1, der mit Torschuß (möglichst direkt) abschließt.
Die 3 nicht beteiligten Spieler holen die Bälle und wechseln nach 90 Sek. ein.
Wieviel Tore erzielt Spieler in 90 Sek.?
Die zweite Gruppe (8 Spieler) absolviert zeitgleich einen 12minütigen Dauerlauf. Danach wechselt sie mit Gruppe 1.

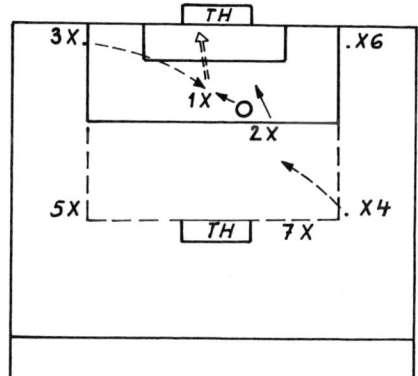

Übung 2: Wie Übung 1, jedoch sind am Torschuß 2 Spieler beteiligt gegen 1 AWSP.
Die Spieler 3, 4, 5 und 6 flanken in dieser Reihenfolge auf Spieler 1 und 2, die jeweils abwechselnd die kurze bzw. lange Ecke anlaufen.
Wieviel Tore erzielen die 2 Spieler gegen 1 AWSP in 90 Sek.?
Die zweite Gruppe spielt zeitgleich in der anderen PH 4:4 auf 2 Kleintore mit Schwerpunkt Spielverlagerung (12 Min.). Danach wechselt sie mit Gruppe 1.

Übung 3: Halber Platz mit 2 Normaltoren, Seitenbegrenzung durch verlängerte Strafraumlinie.
Spiel 4:4 mit jeweils 4 Auswechselspielern
Die Auswechselspieler nehmen ihre Position an den Seitenlinien ein. Sie können jederzeit ins Spiel einbezogen

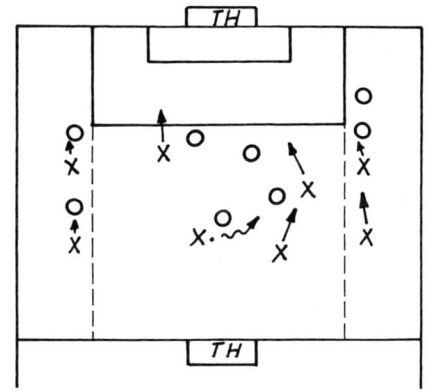

Abb. 275: Verwandeln von Flanken im doppelten Strafraum

Abb. 276: Verwandeln von Flanken im doppelten Strafraum gegen Abwehrspieler

Abb. 277: Spiel 4:4 mit jeweils 4 Auswechselspielern

| Woche: 03 | TE 4   Lfd. TE-Nr.: 090   Dauer: 100 Min. |

werden, dürfen jedoch nur direkt spielen. Auf Zuruf wechselt Auswechselspieler ins Feld. Nach Zuspiel eines Auswechselspielers erzielte Tore zählen doppelt (15 Min.).

Abschluß (10 Min.): Abwärmen durch lockeres Auslaufen über den ganzen Platz

| **Woche: 04** | **TE 1   Lfd. TE-Nr.: 091   Dauer: 100 Min.** |

Trainingsziel: Verbesserung der Schnelligkeit

Trainingsgeräte: 10 Bälle, 4 Markierungsstangen

Trainings-Inhalt:

Aufwärmen (25 Min.): Einlaufen ohne Ball mit verschiedenen Lauf- und Sprungkombinationen (10 Min.).
Spiel 5 : 3 mit 2 Ballkontakten im Feld 25 × 25 m (10 Min.).
Anschließend Laufarbeit mit Dehnübungen (5 Min.)

Kondition (30 Min.): Verbesserung der Reaktion und der Schnelligkeit durch Verfolgungsläufe in der 2er-Gruppe (1 Min. Pause zwischen den Sprints)

Übung 1: Reaktionsstarts und Verfolgung aufgrund eines optischen Signals (12 Wiederholungen) (Abb. 278)
2 Spieler stehen im Abstand von 1 m nebeneinander mit Blickkontakt zum TR. Jeweils seitlich von den Spielern ist eine Strecke von 15 m abgesteckt.
Die Spieler reagieren auf ein Signal des TR, der mit dem Daumen plötzlich die Laufrichtung angibt. Gelingt es einem Spieler, seinen Partner vor dem Streckenende abzuschlagen, muß dieser noch einen Extralauf absolvieren. Anschließend 3 Min. Traben mit Lockerungsübungen.

Übung 2: Reaktionsstarts und Verfolgung aufgrund eines optischen Signals (12 Wiederholungen) (Abb. 279)
2 Spieler stehen im Abstand von 1 m hintereinander mit Blickkontakt zum TR. In Laufrichtung der Spieler ist eine Strecke von 15 m abgesteckt.
Die Spieler reagieren auf ein Signal des TR, der einen Ball in beiden Händen hält und diesen plötzlich fallen läßt. Gelingt es dem hinteren Spieler, seinen Partner vor dem Streckenende abzuschlagen, muß dieser noch einen Extralauf absolvieren. Beim nächsten Start wechselt der Hintermann auf die vordere Position. Anschließend 3 Min. Traben mit Lockerungsübungen.

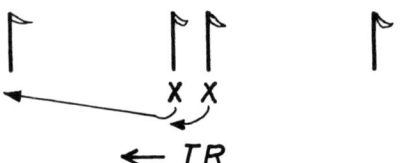

Abb. 278: *Reaktionsstarts über 15 m nach Daumenzeichen TR*

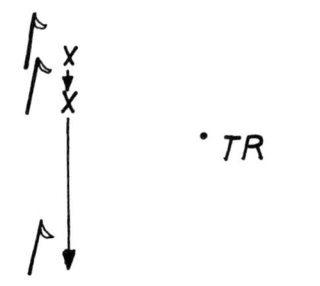

Abb. 279: *Reaktionsstarts über 15 m nach Ballsignal TR*

TE 1   Lfd. TE-Nr.: 091   Dauer: 100 Min.   Woche: 04

Taktik (25 Min.): Verbesserung des Zweikampfverhaltens durch Spiel 4:4 im PV (gleichzeitig Schulung der Ausdauer)

Übung 1 (12 Min.): Spiel 4:4 mit beliebig vielen Ballkontakten
Gelingt es einer Mannschaft, über mehr als 5 Stationen den Ball in den Reihen zu halten, erhält sie einen Punkt.

Übung 2 (12 Min.): Spiel 4:4 mit beliebig vielen Ballkontakten
Jeder gelungene DP innerhalb einer Mannschaft ergibt 1 Punkt.

Abschluß (20 Min.): Training der Standardsituationen (Freistoß und Eckstoß in Offensive und Defensive, Strafstoß, Einwurf)
Anschließend Auslaufen

TE 2   Lfd. TE-Nr.: 092   Dauer: 100 Min.   Woche: 04

Trainingsziel: Verbesserung der Kraft und Beweglichkeit (Halle)

Trainingsgeräte: 2 Deuserbänder, 1 Medizinball, 1 Fußball, 4 Gewichtswesten, 2 Sandsäcke, 2 Sprungseile, Sprossenwand, 1 Langbank, 2 Kleinkästen, 6 Großkästen mit Sprungmatte

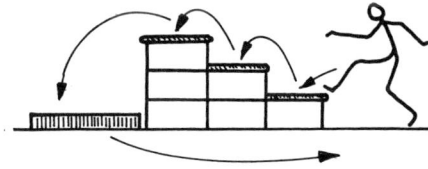

Abb. 280: Station 1

Trainings-Inhalt:

Aufwärmen (20 Min.): Lockeres Einlaufen mit gymnastischen Übungen (Partnergymnastik, Dehnen)

Kondition (55 Min.): Verbesserung der Kraft und Beweglichkeit durch Stationen-Training in 2er-Gruppen (Abb. 280–287)

Abb. 281: Station 2

Station 1: Verbesserung der Sprungkraft und Kraftausdauer durch Sprünge über treppenförmig aufgebaute Kastenreihe

Station 2: Stärkung der Bauchmuskulatur
Unterschenkel auf Kleinkasten, in Rückenlage, Arme hinter Genick verschränkt. Rumpf etwa 10 Sek. anheben, dann in Rückenlage absenken und entspannen

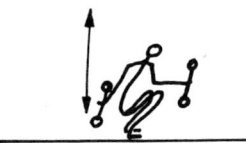

Abb. 282: Station 3

Station 3: Stärkung der Bein- und Fußmuskulatur
Langsame Kniebeugen mit Gewichtswesten und Zusatzgewicht (Sandsack, Hanteln)

Abb. 283: Station 4

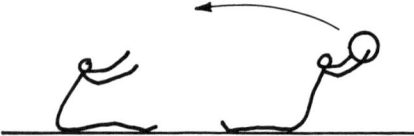

Abb. 284: Station 5

Abb. 285: Station 6

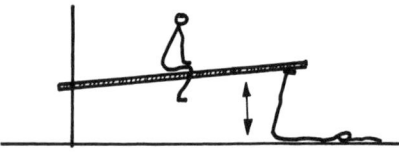

Abb. 286: Station 7

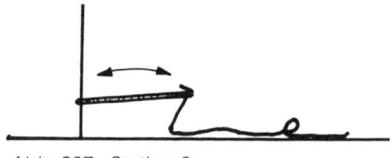

Abb. 287: Station 8

Woche: 04   TE 2   Lfd. TE-Nr.: 092   Dauer: 100 Min.

Station 4: Verbesserung Beweglichkeit, Lockerung
Seilspringen mit ein-/zweibeinigem Absprung

Station 5: Kräftigung der Rumpfmuskulatur
Medizinballzuwurf aus Sitzlage, wobei der Zuwurf durch Zurückfedern des Oberkörpers aufgefangen wird

Station 6: Kräftigung Beinmuskulatur, Verbesserung Kraftausdauer
Mit Gewichtsweste (oder Hanteln, Sandsack) mit Wechselsprüngen auf Kleinkasten springen

Station 7: Stärkung der Bein- und Fußmuskulatur
An Sprossenwand eingehängte Langbank aus Rückenlage beidbeinig nach oben drücken (strecken) und absenken (beugen). Passiver Spieler sitzt auf Bank.
Wechsel nach 1 Min.

Station 8: Stärkung der Fuß-, Bein- und Gesäßmuskulatur
Spieler in Bauchlage, Deuserband in Sprossenwand befestigt und über Fersen gespannt. Anspannen in Richtung Gesäß und Zug ca. 5 Sek. halten. Im Wechsel anspannen − entspannen.

Ablauf: 2 Min. je Station, 1 Min. Erholung, 2 Durchgänge (nach jedem Durchgang 3 Min. Lockerungsgymnastik)

Abschluß (25 Min.): Fußball-Turnier mit mehreren Mannschaften

---

Woche: 04   **TE 3   Lfd. TE-Nr.: 093   Dauer: 100 Min.**

Trainingsziel: Verbesserung Zweikampfverhalten und Forechecking

Trainingsgeräte: 15 Bälle, tragbares Normaltor, 8 Markierungsstangen

Trainings-Inhalt:

Aufwärmen (25 Min.): Einlaufen ohne Ball in der Zweiergruppe
− Schattenlaufen: Ein Spieler führt verschiedene Laufformen vor, die der „Schatten" nachvollzieht
− Bocksprünge (Überspringen − Unterkriechen)
− Banksprünge: Mehrmaliges ein-/zweibeiniges Überspringen des am Boden kauernden Partners
− Schattenboxen

TE 3   Lfd. TE-Nr.: 093   Dauer: 100 Min.   Woche: 04

– Fangspiel: 2 Spieler fassen sich an der Hand und versuchen andere Paare abzuschlagen
Anschließend Dehnübungen

Taktik (60 Min.): Verbesserung Zweikampfverhalten und
Forechecking in 4 Stationen / 2 Min. Dehnpause bei Stationenwechsel (Abb. 288)

Station 1: Spiel 2:2 auf 2 Normaltore mit 2 TH im doppelten Strafraum (12 Min.)
Bedingt durch die räumliche Nähe der beiden Tore kommt
es zu vielen Zweikämpfen, wobei Angriffs- und Abwehrverhalten ständig wechseln. Ersatzbälle bereithalten.
3 Durchgänge mit je 4 Min.

Station 2: Dribbling 1:1 (12 Min.)
3 Spieler mit Ball in Dreiecksformation gegen 1 AWSP. Aus
etwa 15 m Entfernung versuchen die 3 Spieler mit Dribbling im Wechsel gegen den AWSP die andere Seite zu erreichen. Wechsel des AWSP nach 3 Min.

Station 3: Spiel 1:1 (12 Min.)
3 Spieler mit Ball dribbeln im abgesteckten Feld (15 × 15 m)
gegen einen störenden AWSP.
Wechsel des AWSP nach 3 Min.

Station 4: Spiel 2:2 (12 Min.)
2 Spieler mit Ball dribbeln im abgesteckten Feld (15 × 15 m)
gegen 2 störende AWSP.
Rollenwechsel nach 6 Min.

Abschluß (15 Min.): Spiel über den ganzen Platz mit
Schwerpunkt Forechecking
Der ballführende Spieler der angreifenden Mannschaft
muß sofort von 2 Spielern der abwehrenden Mannschaft
attackiert werden.
Anschließend Auslaufen.

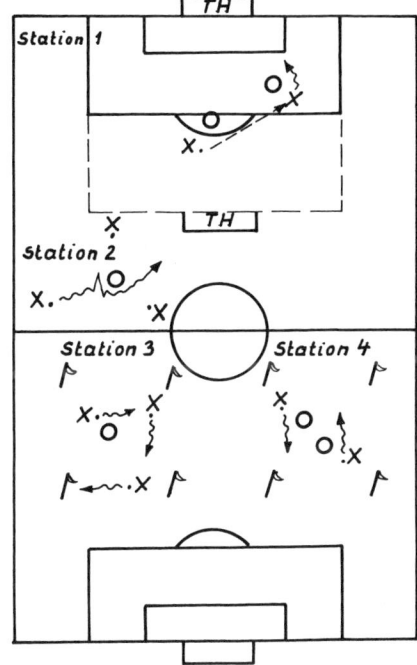

*Abb. 288: Verbesserung Zweikampfverhal-
ten und Forechecking in 4 Stationen*

TE 4   Lfd. TE-Nr.: 094   Dauer: 90 Min.   Woche: 04

Trainingsziel: Schulung der Spielverlagerung

Trainingsgeräte: 4 Bälle, 20 Markierungsstangen

Trainings-Inhalt:

Aufwärmen (25 Min.): Zuspielformen in der 4er-Gruppe
mit Ball
– Zuspiel aus dem Lauf in PH

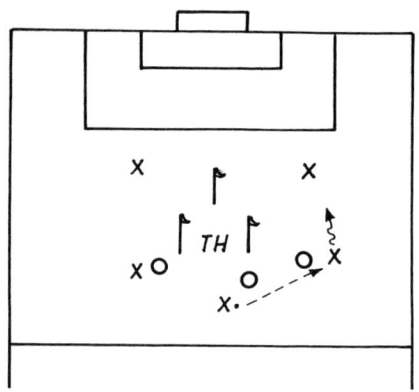

– Angespielter leitet direkt in den Lauf des nächsten Spielers weiter
– Ballübernahme (hin zum Mann am Ball)
– nur direktes Spiel
– nach Abspiel spurtet Spieler in den freien Raum
– Spieler fordert den Ball durch Spurt in den freien Raum
Anschließend Dehnübungen

Taktik (45 Min.): Schulung der Spielverlagerung (Abb. 289−291)

Übung 1: Spiel 5:3 auf Dreieckstor mit TH in Platzmitte (15 Min.)
Tore können nur direkt erzielt werden. Die Abwehrarbeit soll dadurch erschwert werden, daß die angreifende Überzahlmannschaft häufige Spielverlagerungen anwendet.

Übung 2: Spiel 5:3 auf 2 Offentore (6 m breit) mit TH in PH mit seitlich markierten Zonen (15 Min.)
Tore der Überzahlmannschaft zählen nur, wenn der Ball vor dem Torabschluß je einmal in die re und li Zone gespielt wurde. Die Unterzahlmannschaft kontert auf das andere Tor, wobei die Überzahlmannschaft nur mit 3 Spielern abwehren darf.
Wird ohne TH gespielt, werden die Offentore auf 3 m Breite verkleinert.

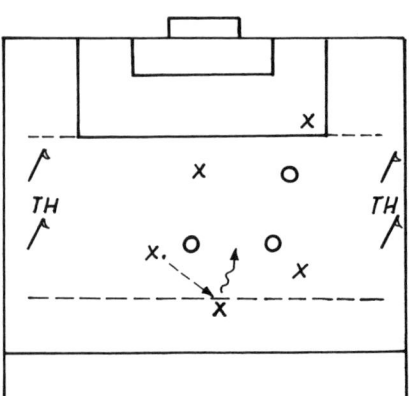

Übung 3: Spiel 8:8 auf 4 Tore (2 Normaltore mit TH + 2 Offentore 3 m breit an der Seitenlinie) in PH (15 Min.)
Die angreifende Mannschaft soll durch eine schnelle Spielverlagerung vor einem der beiden Tore (Normaltor oder Offentor) eine Überzahl herbeiführen und abschließen. Torerfolg nach Spielverlagerung zählt doppelt.

Abschluß (20 Min.): Spiel 8:8 auf 4 Tore
Wie Übung 3, jedoch kann die angreifende Mannschaft Tore in allen 4 Toren erzielen, wobei nach Torerfolg anschließend nur die 3 anderen Tore angegriffen werden dürfen.
Anschließend lockeres Auslaufen.

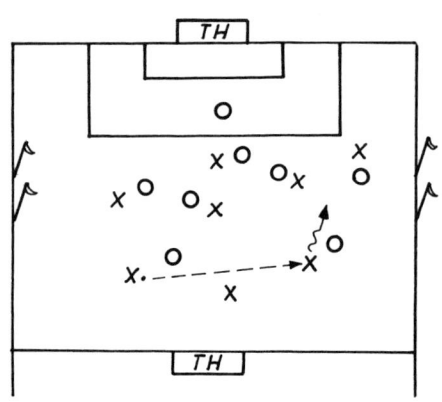

Abb. 289: Spiel 5:3 auf Dreieckstor
Abb. 290: Spiel 5:3 auf 2 Offentore
Abb. 291: Spiel 8:8 auf 4 Tore

TE 1   Lfd. TE-Nr.: 095   Dauer: 90 Min.   **Woche: 05**

Trainingsziel: Verbesserung der Schnellkraft und Kraftausdauer

Trainingsgeräte: 3 Fußbälle, 1 Medizinball, 1 Deuserband, 9 Markierungsstangen, je Spieler 1 Sprungseil

Trainings-Inhalt:

Aufwärmen (25 Min.): Fangspiele im Strafraum
– Lockerer Trab im Wechsel mit Dehnübungen
– Spieler mit Sprungseil hinten am Hosenbund, Seilende liegt auf Boden auf. 1 Fänger versucht in 1 Min. möglichst viele Seile durch Drauftreten zu ergattern
– 1 Fänger jagt, abgeschlagener Spieler wird seinerseits zum Fänger
– 1 Fänger jagt, Spieler kann sich durch 5 Liegestütze vor dem Abschlagen befreien
– 1 Fänger jagt, abgeschlagener Spieler muß mit der linken Hand die Stelle am Körper fassen, wo er getroffen wurde und so versuchen, den Nächsten abzuschlagen
Anschließend Dehnen

Kondition (35 Min.): Verbesserung Schnellkraft und Kraftausdauer durch Stationen-Training in 2er-Gruppe
Belastung: 60 Sek., Pause 60 Sek., wobei 1 Spieler jeweils aktiv ist, während der 2. pausiert (unterstützt)

Station 1: Seilspringen (ein-/zweibeiniger Absprung)
Beide Spieler üben gleichzeitig

Station 2: Spurt ohne Ball um 2 Markierungsstangen im 6-m-Abstand. Passiver Spieler zählt Anzahl Spurts laut mit.

Station 3: Kopfballsprünge
Passiver Spieler hält Ball mit beiden Händen ca. 30 cm über dem Kopf des Partners. Dieser stellt mit kräftigen Kopfballsprüngen mit der Stirn den Kontakt zum Ball her. Passiver zählt mit.

Station 4: Achterlauf mit Ball
Die im 4-m-Abstand stehenden Markierungsstangen müssen möglichst oft umlaufen werden. Passiver zählt.

Station 5: Medizinball-Einwurf
Mit regelgerechtem Einwurf den Ball auf den pausierenden Mitspieler (zählt mit) werfen, der den Ball am Boden zurückrollt.

Station 6: Angedeutetes Sliding Tackling (Grätsche)
An 2 im 3-m-Abstand aufgestellten Markierungsstangen

wird im Wechsel ein Sliding Tackling ohne Ball praktiziert. Der Passive zählt die Versuche mit.

Station 7: Lauf im Deuserband
An der Seitenbegrenzung des Platzes ist Deuserband befestigt und im Feld eine Markierungsstange postiert, die der Spieler (Band um Brust) bei höchster Spannung gerade noch erreichen kann. Wie oft schafft er den Weg von der Stange bis zur Markierung?

Station 8: Zielstoß von der Strafraumgrenze
In der Mitte des Normaltores ist mit 2 Markierungsstangen (einschl. Querstange) ein 2 m breites Kleintor aufgestellt, in dem der Spieler möglichst viele Treffer unterbringen muß. Es ist nur 1 Ball im Spiel, so daß der aktive Spieler jeden Ball zurückholen muß. Wieviel Treffer schafft er?

Station 9: Auf Ball absitzen
Im Abstand von 3 m liegen 2 Bälle. Der aktive Spieler bewegt sich möglichst schnell von Ball zu Ball, wobei er jeweils mit dem Gesäß den Ball berühren muß.
Wieviele Ballberührungen werden geschafft?

Station 10: Überspringen/Unterkriechen der Seitenbegrenzung
Der aktive Spieler flankt über die Seitenbegrenzung (Barriere) und taucht auf dem Rückweg darunter durch.
Wieviele Übersprünge schafft er?
Anschließend 10minütiger Trab mit Lockerungsübungen über das gesamte Sportgelände.

Abschluß (30 Min.): Spiel mit 3 Mannschaften 6:6:6 (7:7:7) auf 2 Tore über den ganzen Platz (Abb. 292)
Mannschaft A pausiert, B greift gegen die abwehrende Mannschaft C an und versucht, zum Torabschluß zu kommen.
Kommt Mannschaft C in Ballbesitz, soll die Mannschaft B bis zur ML das Angriffspressing anwenden, um erneut in Ballbesitz zu kommen. Nach der ML versucht C zum Torerfolg gegen die abwehrende Mannschaft A zu kommen, während B jetzt pausiert.
Anschließend Auslaufen

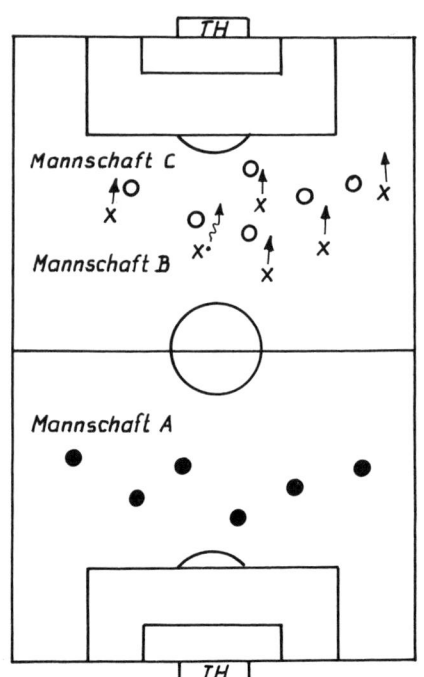

Abb. 292: Spiel 6:6:6 mit Anwendung des Angriffspressing

TE 2   Lfd. TE-Nr.: 096   Dauer: 100 Min.   **Woche: 05**

Trainingsziel: Verbesserung der Kraft und Beweglichkeit (Halle)

Trainingsgeräte: 2 Deuserbänder, 1 Medizinball, 1 Handball, 4 Gewichtswesten, 2 Sandsäcke, 2 Sprungseile, Sprossenwand, 1 Langbank, 2 Kleinkästen, 6 Großkästen mit Sprungmatte

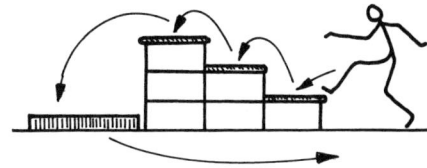

Abb. 293: Station 1

Trainings-Inhalt:

Aufwärmen (20 Min.): Lockeres Einlaufen mit gymnastischen Übungen (Partnergymnastik, Dehnen)

Kondition (55 Min.): Verbesserung der Kraft und Beweglichkeit durch Stationen-Training in 2er-Gruppen (Abb. 293–300)

Abb. 294: Station 2

Station 1: Verbesserung der Sprungkraft und Kraftausdauer durch Sprünge über treppenförmig aufgebaute Kastenreihe

Station 2: Stärkung der Bauchmuskulatur
Unterschenkel auf Kleinkasten, in Rückenlage, Arme hinter Genick verschränkt. Rumpf etwa 10 Sek. anheben, dann in Rückenlage absenken und entspannen

Abb. 295: Station 3

Station 3: Stärkung der Bein- und Fußmuskulatur
Langsame Kniebeugen mit Gewichtswesten und Zusatzgewicht (Sandsack, Hanteln)

Abb. 296: Station 4

Station 4: Verbesserung Beweglichkeit, Lockerung
Seilspringen mit ein-/zweibeinigem Absprung

Station 5: Kräftigung der Rumpfmuskulatur
Medizinballzuwurf aus Sitzlage, wobei der Zuwurf durch Zurückfedern des Oberkörpers aufgefangen wird

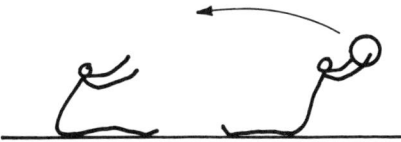

Abb. 297: Station 5

Station 6: Kräftigung Beinmuskulatur, Verbesserung Kraftausdauer
Mit Gewichtsweste (oder Hanteln, Sandsack) mit Wechselsprüngen auf Kleinkasten springen

Station 7: Stärkung der Bein- und Fußmuskulatur
An Sprossenwand eingehängte Langbank aus Rückenlage beidbeinig nach oben drücken (strecken) und absenken (beugen). Passiver Spieler sitzt auf Bank.
Wechsel nach 1 Min.

Abb. 298: Station 6

Station 8: Stärkung der Fuß-, Bein- und Gesäß-Muskulatur
Spieler in Bauchlage, Deuserband in Sprossenwand befestigt und über Fersen gespannt. Anspannen in Richtung

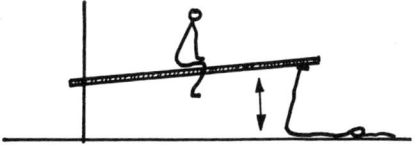

Abb. 299: Station 7

Woche: 05   TE 2   Lfd. TE-Nr.: 096   Dauer: 100 Min.

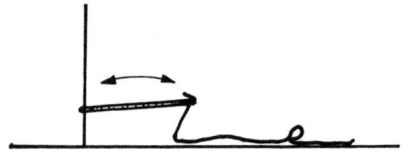

Gesäß und Zug ca. 5 Sek. halten. Im Wechsel anspannen – entspannen.

Ablauf: 2 Min. je Station, 1 Min. Erholung, 2 Durchgänge (nach jedem Durchgang 3 Min. Lockerungsgymnastik)

Abschluß (25 Min.): Handball-Turnier mit mehreren Mannschaften

Abb. 300: Station 8

Woche: 05   **TE 3   Lfd. TE-Nr.: 097   Dauer: 90 Min.**

Trainingsziel: Schulung des Pressing

Trainingsgeräte: 10 Bälle, 8 Markierungsstangen

Trainings-Inhalt:

Aufwärmen (25 Min.): Einlaufen ohne Ball
Spieler laufen in Reihe hintereinander und führen verschiedene Übungsformen (Hopserlauf, Bocksprünge, Unterkriechen, Slalom, Spurt nach vorn usw.) durch. Anschließend Dehnen

Taktik (25 Min.): Schulung der Raumdeckung, des Zweikampfverhaltens und der Spielverlagerung durch Spiel 5:5 auf jeweils 2 Offentore (3 m breit, 25 m Abstand) in Platzhälfte (Abb. 301)
Die abwehrende Mannschaft deckt mit 2 Spielern den Raum vor den beiden Toren und greift mit einer 3er-Abwehrreihe die ballbesitzende Mannschaft an. Dabei verschiebt sie sich immer ballnahe und versucht, die Angreifer zu Querpässen bzw. Dribblings zu zwingen.
Die angreifende Mannschaft versucht, durch schnelle Spielverlagerung eine Überzahl vor einem der beiden Tore herbeizuführen und mit einem Torerfolg abzuschließen. (Variante: Torschuß nur direkt)

Taktik: (30 Min.): Schulung des Angriffs- und Mittelfeldpressing (Abb. 302)
Ziel ist das Herbeiführen von Pressing-Situationen für Angriffs- und Mittelfeldpressing und die Schulung der entsprechenden Abwehrorganisation.
Spielform: Spiel 3 + 3 gegen 4 + 2 auf 1 Normaltor und 2 Offentore an ML (Angriffspressing) bzw. 2 Offentore am entfernten Strafraum (Mittelfeldpressing).
15 Min. Angriffspressing
15 Min. Mittelfeldpressing

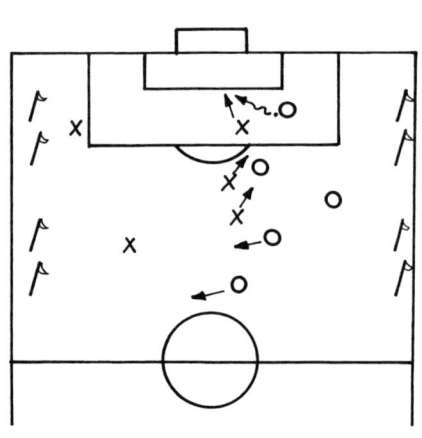

Abb. 301: Spiel 5:5 auf 4 Offentore

TE 3   Lfd. TE-Nr.: 097   Dauer: 90 Min.   Woche: 05

Die Abwehr spielt in einer 3er-Formation (LIB und 2 AWSP) zusammen mit 3 MFSP auf die 2 Offentore gegen 2 ST und 4 MFSP. Die auf das Normaltor (mit TH) angreifende Mannschaft praktiziert bei Ballverlust das Angriffspressing, indem sie eine entsprechende Spielsituation herbeiführt und dabei die Verschiebung der Räume in der Länge und Breite herbeiführt und den Gegner in Raum- und Zeitnot bringt. Bei einem Torerfolg der Angreifer auf das Normaltor wird ein neuer Angriff von der ML aus gestartet.
Die Abwehr versucht, das Pressing abzuwenden und kontert auf die beiden Offentore.
Nach der festgesetzten Zeit werden die beiden Offentore an den entfernten Strafraum zurückgenommen und das Mittelfeldpressing geübt, indem die Pressing-Situation an der ML beginnt.

Abschluß (10 Min.): Auslaufen mit Dehnübungen

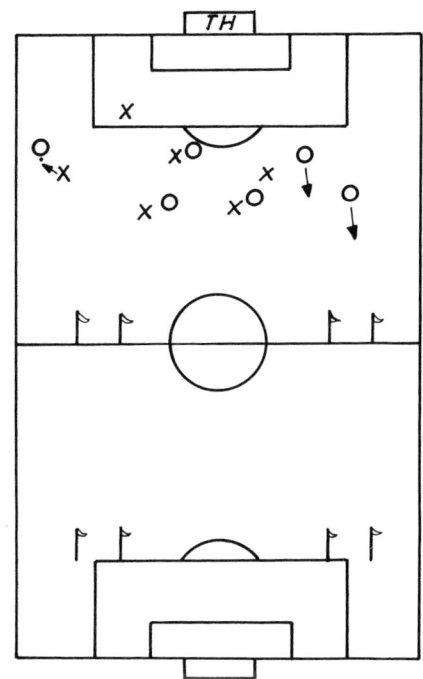

Abb. 302: Spiel 3 + 3 gegen 4 + 2

TE 4   Lfd. TE-Nr.: 098   Dauer: 95 Min.   **Woche: 05**

Trainingsziel: Verbesserung Abwehrorganisation in der Raumdeckung, Zweikampfverhalten und Konterspiel

Trainingsgeräte: 5 Bälle, 12 Markierungsstangen

Trainings-Inhalt:

Aufwärmen (25 Min.): Einlaufen ohne Ball
− Ein vom TR bestimmter Spieler führt eine wettkampfgerechte Aufwärmarbeit ohne Ball durch. TR macht nach Abschluß auf eventuelle Fehler aufmerksam und gibt Hinweise.

Taktik: Abwehrverhalten in der Raumdeckung, Zweikampfverhalten, Konterspiel (35 Min.)

Übung 1: Spiel 4 : 3 + 1 auf 3 Offentore (18 Min.) (Abb. 303)
In 25-m-Abständen sind 3 Offentore in Dreiecksformation aufgebaut. Mannschaft A verteidigt mit 4 Spielern zwei 3 m breite Offentore. Mannschaft B verteidigt ein 5 m breites Offentor, das von einem Feldspieler bewacht wird, der nicht mit den Händen abwehren darf und bei jedem Angriff mit einem Mitspieler wechselt.

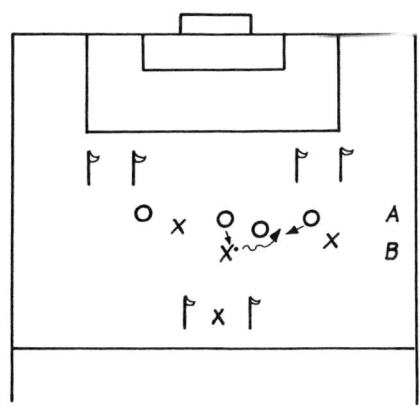

Abb. 303: Spiel 4 : 3 + 1 auf 3 Offentore

Woche: 05   TE 4   Lfd. TE-Nr.: 098   Dauer: 95 Min.

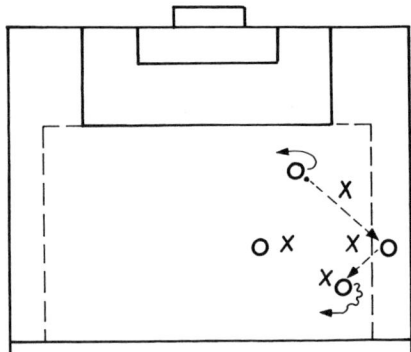

Abb. 304: Spiel 4 : 4 über 2 Linien

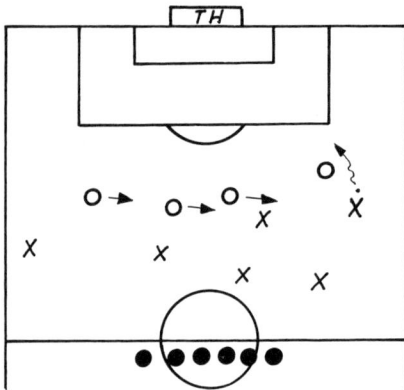

Abb. 305: Spiel 6 + 6 Angreifer gegen 4 Abwehrspieler + TH

Im Feld ist damit das Überzahlverhältnis 4:3 gegeben. Die abwehrende Mannschaft soll torentfernt abschirmen, tornahe jedoch aggressiv angreifen und auf Dribblings und Abspiele entsprechend reagieren. Nach 10 Min. wechseln die Mannschaften die Seiten.
2 Min. Dehnpause

Übung 2: Spiel 4:4 über 2 Linien im Feld 40 × 30 m (13 Min.) (Abb. 304)
Ein Tor ist erzielt, wenn es der ballbesitzenden Mannschaft gelingt, einen Mitspieler hinter der gegnerischen GL so anzuspielen, daß dieser direkt zu einem Mitspieler im Feld weiterleiten kann. Die Mannschaft bleibt in Ballbesitz und kontert sofort auf die andere GL. Die abwehrende Mannschaft versucht durch Verzögern bzw. Forechecking den schnellen Konter zu verhindern und selbst in Ballbesitz zu kommen.
2 Min. Dehnpause

Abschluß (35 Min.): Spiel 6 + 6 Angreifer gegen 4 Abwehrspieler + TH (Abb. 305)
Vom Mittelfeldkreis starten 6 Angreifer den Angriff gegen 4 AWSP, die eine 4er-Kette bilden. Die Abwehrkette soll sich dahin verschieben, wo der Gegner seinen Angriff aufbaut, d. h. tornah aggressiv angreifen und torentfernt lediglich abschirmen. Gelingt es der Abwehr, den Ball zu erobern, soll sie sofort einen Spieler der anderen 6er-Mannschaft anspielen, die sich im Mittelkreis aufhält. Gelingt ihr dies gegen den Widerstand der bisherigen Angreifer, erhalten diese einen Minuspunkt.
Anschließend greift die zweite 6er-Mannschaft an.
Abschließend Auslaufen.

Woche: 06   **TE 1   Lfd. TE-Nr.: 099   Dauer: 100 Min.**

Trainingsziel: Verbesserung der Schnelligkeit mit und ohne Ball

Trainingsgeräte: 2 Spieler je 1 Ball, 4 Markierungsstangen

Trainings-Inhalt:

Aufwärmen (25 Min.): Individuelles Einlaufen mit/ohne Ball
Jeder Spieler gestaltet sein Aufwärmprogramm selbst, bestimmt Fortbewegungsart, Laufrichtung und Sprungkom-

TE 1   Lfd. TE-Nr.: 099   Dauer: 100 Min.   Woche: 06

binationen zunächst ohne Ball. Nach 15 Min. wird die Aufwärmarbeit individuell mit Ball fortgesetzt.
Abschließend gemeinsame Dehnübungen

Kondition (50 Min.): Verbesserung der Schnelligkeit mit
Ball in der 2er-Gruppe

Übung 1: Spurt nach Pässen
Spieler 1 führt den Ball und paßt flach in den freien Raum,
wobei Spieler 2 den Ball mit Spurt erlaufen und zu 1 zurückspielen muß. Rollenwechsel nach 5 Pässen.
Pause (2 Min.): Kopfballspiel

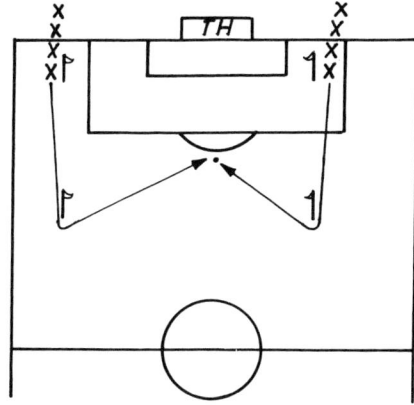

Abb. 306: Schußwettbewerb

Übung 2: Doppelpässe
Spieler 1 führt Ball und spielt 10 Doppelpässe mit maxima-
ler Intensität mit Spieler 2. Danach Wechsel.
Pause (2 Min.): Gymnastik

Übung 3: Ruhenden Ball erlaufen
Spieler 1 führt Ball, 2 folgt als Schatten im 10-m-Abstand.
Spieler 1 stoppt plötzlich Ball mit Sohle ab und läuft sich
frei. Spieler 2 spurtet auf den Ball und spielt zu 1 zurück.
Wechsel nach 2 Min.
Pause (2 Min.): Kopfballspiel aus Kniestand

Übung 4: Spurtzweikampf
Spieler 1 in Grätschstellung. Spieler 2 dribbelt mit Ball auf
1 zu und paßt scharf durch die Beine, wobei anschließend
beide zum Ball spurten. Erreicht 1 den Ball vor Spieler 2,
werden die Rollen gewechselt. Spieler 2 hat bis zu 5 Versuche.
Pause (2 Min.): Balljonglieren

Übung 5: Dribbling mit Zweikampf
Spieler 1 dribbelt mit Ball auf den rw laufenden Spieler 2 zu
und paßt plötzlich den Ball vorbei, wobei anschließend
beide zum Ball spurten. Erreicht Spieler 2 den Ball vor 1,
werden die Rollen gewechselt. Spieler 1 hat bis zu 5 Versuche.
Pause (2 Min.): Weite Einwürfe

Übung 6: Spurt nach Flugball
Spieler 1 führt den Ball und spielt 2 mit weitem Flugball an
und spurtet sofort auf den von 2 direkt weitergeleiteten
Ball. Wechsel nach 5 Flugbällen.
Pause (2 Min.): Spieler Rücken an Rücken, Ball mit Rumpf-
drehung übergeben.

Übung 7: Schußwettbewerb (Abb. 306)
2 Mannschaften: Je 1 Spieler beider Mannschaften startet
gleichzeitig auf Signal TR auf den 20 m vor dem Tor ru-

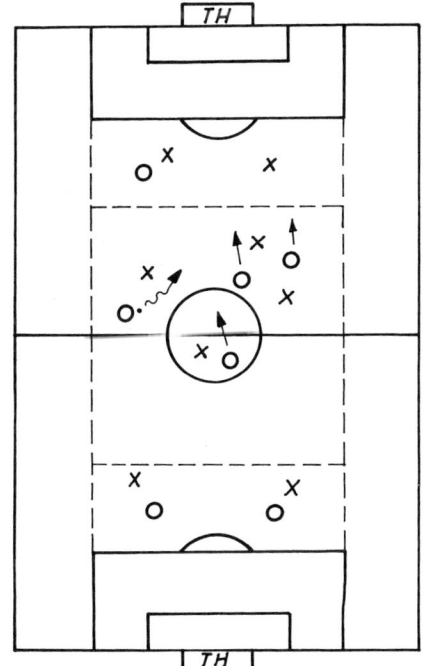

Abb. 307: Positionsspiel 2 ST : 2 AWSP +
4 : 4 MFSP + 2 ST : 2 AWSP

Woche: 06   TE 1   Lfd. TE-Nr.: 099   Dauer: 100 Min.

henden Ball, wobei im Spiel 1:1 ein sofortiger Torabschluß herbeigeführt werden soll. Welche Mannschaft erzielt die meisten Tore?
3 Durchgänge. Anschließend Dehn- und Lockerungsübungen

Abschluß (25 Min.): Positionsspiel mit 2 Mannschaften über den ganzen Platz (Abb. 307)
2 ST : 2 AWSP + 4:4 im MIFE + 2 AWSP : 2 ST
In den gekennzeichneten Räumen des Platzes behalten die Spieler ihre Positionen bei, wobei es in jedem Raum zu 1:1-Situationen kommt. Die ballbesitzende Mannschaft versucht über das Spiel aus dem Abwehrraum heraus, einen ihrer Mittelfeldspieler anzuspielen, der nun im Zusammenspiel mit seinen Partnern die beiden manngedeckten Sturmspitzen in Szene setzen soll. Der jeweilige Raum darf nicht verlassen werden.
Nach jeweils 8 Minuten werden die Rollen gewechselt, so daß jeder Spieler einmal die Position eines AWSP, MFSP und eines ST innehat.
Anschließend Auslaufen

Woche: 06   **TE 2   Lfd. TE-Nr.: 100   Dauer: 100 Min.**

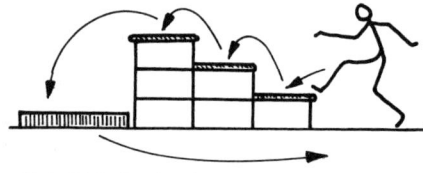

Abb. 308: Station 1

Abb. 309: Station 2

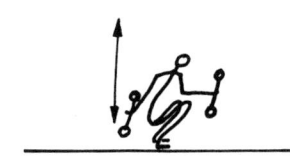

Abb. 310: Station 3

Trainingsziel: Verbesserung der Kraft und Beweglichkeit (Halle)

Trainingsgeräte: 2 Deuserbänder, 1 Medizinball, 1 Fußball, 4 Gewichtswesten, 2 Sandsäcke, 2 Sprungseile, Sprossenwand, 1 Langbank, 2 Kleinkästen, 6 Großkästen mit Sprungmatte

Trainings-Inhalt:

Aufwärmen (20 Min.): Lockeres Einlaufen mit gymnastischen Übungen (Partnergymnastik, Dehnen)

Kondition (55 Min.): Verbesserung der Kraft und Beweglichkeit durch Stationen-Training in 2er-Gruppen (Abb. 308–315)

Station 1: Verbesserung der Sprungkraft und Kraftausdauer durch Sprünge über treppenförmig aufgebaute Kastenreihe

Station 2: Stärkung der Bauchmuskulatur
Unterschenkel auf Kleinkasten, in Rückenlage, Arme hin-

TE 2   Lfd. TE-Nr.: 100   Dauer: 100 Min.   Woche: 06

ter Genick verschränkt. Rumpf etwa 10 Sek. anheben, dann in Rückenlage absenken und entspannen

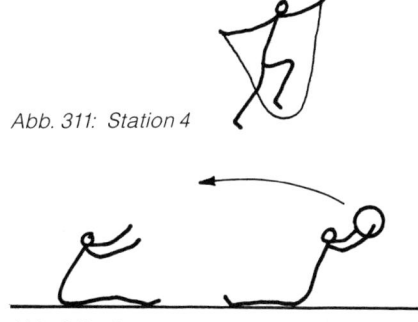

Abb. 311: Station 4

Station 3: Stärkung der Bein- und Fußmuskulatur
Langsame Kniebeugen mit Gewichtswesten und Zusatzgewicht (Sandsack, Hanteln)

Station 4: Verbesserung Beweglichkeit, Lockerung
Seilspringen mit ein-/zweibeinigem Absprung

Abb. 312: Station 5

Station 5: Kräftigung der Rumpfmuskulatur
Medizinballzuwurf aus Sitzlage, wobei der Zuwurf durch Zurückfedern des Oberkörpers aufgefangen wird

Station 6: Kräftigung Beinmuskulatur, Verbesserung Kraftausdauer
Mit Gewichtsweste (oder Hanteln, Sandsack) mit Wechselsprüngen auf Kleinkasten springen

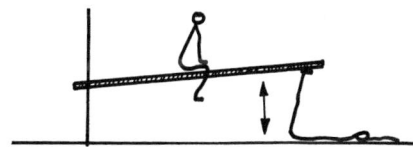

Abb. 313: Station 6

Station 7: Stärkung der Bein- und Fußmuskulatur
An Sprossenwand eingehängte Langbank aus Rückenlage beidbeinig nach oben drücken (strecken) und absenken (beugen). Passiver Spieler sitzt auf Bank.
Wechsel nach 1 Min.

Station 8: Stärkung der Fuß-, Bein- und Gesäß-Muskulatur
Spieler in Bauchlage, Deuserband in Sprossenwand befestigt und über Fersen gespannt. Anspannen in Richtung Gesäß und Zug ca. 5 Sek. halten. Im Wechsel anspannen – entspannen.

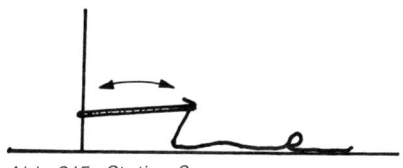

Abb. 314: Station 7

Ablauf: 2 Min. je Station, 1 Min. Erholung, 2 Durchgänge (nach jedem Durchgang 3 Min. Lockerungsgymnastik)

Abschluß (25 Min.): Fußball-Turnier mit mehreren Mannschaften

Abb. 315: Station 8

TE 3   Lfd. TE-Nr.: 101   Dauer: 95 Min.   Woche: 06

Trainingsziel: Verbesserung des Dribblings

Trainingsgeräte: 8 Bälle, 8 Markierungsstangen

Trainings-Inhalt:

Aufwärmen (25 Min.): Ballarbeit in der 2er-Gruppe (Dauer jeder Übung ca. 3 Min.)

- Spieler passen sich den Ball in der Bewegung im Abstand von 8 bis 10 m zu (alle Paßarten)
- Ballführender spielt seinen Partner an, der den Ball direkt zurückprallen läßt
- Der vom Partner zugespielte Ball wird zur Seite an- und mitgenommen und aus der Drehung zurückgespielt
- Ball wird dem Partner nach re und li in den Lauf gespielt und muß aus der Drehung direkt zurückgespielt werden
- Ballführender spielt Partner an, erhält den Ball zurück und spielt direkt (als DP) in den Lauf des freilaufenden Mitspielers
- Dehnübungen

Taktik (40 Min.): Dribbling in Kombination mit DP sowie Übergeben/Übernehmen

Übung 1 (15 Min.): Spiel 4:4 im Feld 40 × 30 m (Abb. 316)
3 Durchgänge mit je 4 Min./1 Min. Dehnpause dazwischen
Es werden feste Pärchen gebildet, d. h. die Abwehr spielt in der Manndeckung. Die Angreifer versuchen, sich der Manndeckung zu entziehen, indem sie
a) DP spielen oder antäuschen,
b) Bälle übergeben/übernehmen oder antäuschen,
c) durch einen Start weg vom Gegner einen langen Paß in die Tiefe ermöglichen

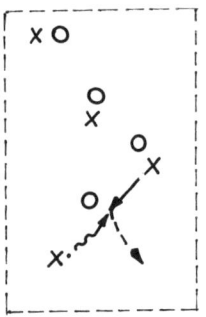

Abb. 316: Spiel 4:4

Übung 2 (25 Min.): Spiel 4:4 in PH auf Normaltor mit TH (Abb. 317)
4 Durchgänge mit je 4 Min./1 Min. Dehnpause dazwischen
Die abwehrende Mannschaft spielt in der Manndeckung.
Die Angreifer versuchen, zum Torabschluß zu kommen, indem sie die in Übung 1 geschulten Schwerpunkte (DP, Übergeben/Übernehmen, lange Pässe) anwenden.
Bei Ballbesitz Abwehr muß TH angespielt werden, der mit Zuspiel die 4 Angreifer in Nähe ML erneut ins Spiel bringt. Nach Ablauf der Zeit werden die Rollen gewechselt, so daß jede Mannschaft zweimal im Angriff und zweimal in der Abwehr spielt.
Abschließend 3 Min. Dehnpause.

Abschluß (30 Min.): Spiel 8:8 über ganzen Platz mit TH
Es werden feste Pärchen gebildet, d. h. die abwehrende Mannschaft praktiziert die Manndeckung.
Die Angreifer wenden schwerpunktmäßig die in der Gruppentaktik geschulten Elemente (DP, Ballübergabe/-übernahme, lange Pässe) an, um die Manndeckung zu überwinden und zum Abschluß zu kommen.

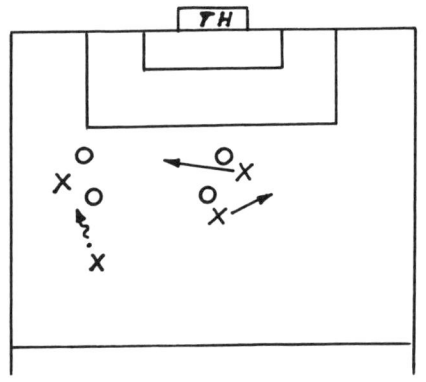

Abb. 317: Spiel 4:4 auf Normaltor mit TH Abschließend Auslaufen

TE 4   Lfd. TE-Nr.: 102   Dauer: 105 Min.   **Woche: 06**

Trainingsziel: Verbesserung des Konterspiels

Trainingsgeräte: 10 Bälle, tragbares Normaltor, 8 Markierungsstangen

Trainings-Inhalt:

Aufwärmen (25 Min.): Einlaufen ohne Ball über Platzbreite
- lockerer Trab über mehrere PB
- Trab mit eingestreuten Skippings (3 PB)
- Gehen mit Armekreisen vw/rw (2 PB)
- Anfersen (1 PB)
- Knieheberlauf (1 PB)
- Gehen und alle 10 m für 10 Sek. in Zehenstand, Arme gestreckt (1 PB)
- Seitwärtslauf (1 PB)
- Überkreuzlauf (1 PB)
- Hopserlauf mit/ohne Rumpfdrehung (2 PB)
- Sprunglauf (lange Schritte – 1 PB)
- lockerer Trab mit Kopfballsprüngen aus tiefer Hocke über mehrere PB
  Anschließend Dehnen

Taktik (25 Min.): Schulung Spielverlagerung und Doppelpaßspiel (gleichzeitig Ausdauerschulung)

Übung 1 (12 Min.): Spiel 8:8 in PH mit festen Pärchen Jeder gelungene 30-m-Paß innerhalb einer Mannschaft ergibt 1 Punkt.

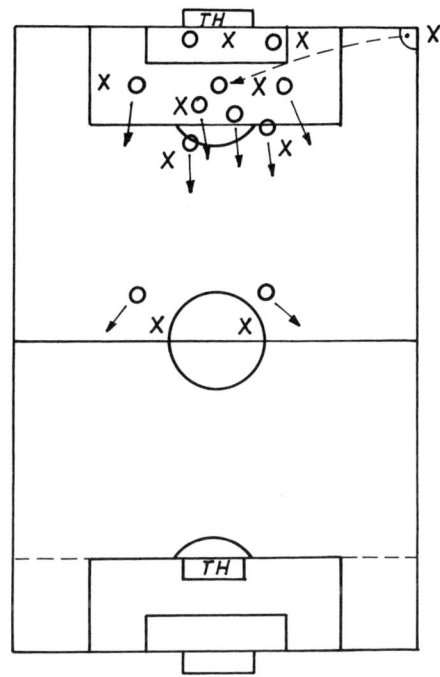

Abb. 318: Konterspiel nach Eckstoß in Defensive

Übung 2 (12 Min.): Spiel 8:8 in PH mit festen Pärchen Jeder gelungene DP innerhalb einer Mannschaft ergibt 1 Punkt.

Taktik (40 Min.): Schulung des Konterspiels (schnelles Umschalten)

Übung 1 (20 Min.): Konterspiel nach Eckball in Defensive (Abb. 318)
Mannschaft A (Angreifer) schlägt 10 Eckbälle von re und 10 von li und versucht, zum Torabschluß zu kommen. Bei Ballbesitz der abwehrenden Mannschaft B schaltet diese sofort auf Angriff um und versucht, die beiden manngedeckten Spitzen anzuspielen und nachzurücken (schneller Raumgewinn).
Mannschaft A darf, mit Ausnahme der beiden Manndekker, nur bis zur ML folgen (stören), danach schließt Mannschaft B den Angriff in Überzahl bis zum Torabschluß am Normaltor am anderen Strafraum ab.
Wechsel der Rollen nach 20 Eckbällen

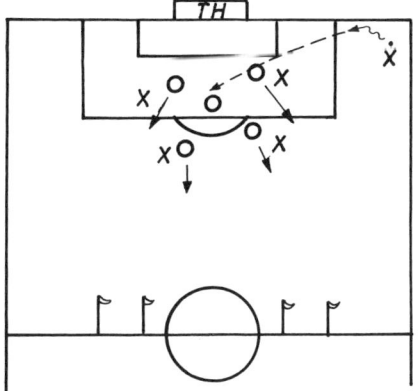

Abb. 319: Konterspiel nach Ballbesitz Abwehr bzw. Abwurf TH

Woche: 06	TE 4 Lfd. TE-Nr.: 102 Dauer: 105 Min.

Übung 2 (20 Min.): Schulung des Konterspiels nach Ballbesitz Abwehr bzw. Abwurf TH (Abb. 319)
(in beiden PH gleichzeitig ausführen)
Mannschaft A versucht Flanken von re/li zu verwandeln. Kommt Mannschaft B in Ballbesitz, versucht die Mannschaft mit schnellem Konter ein Tor an einem der beiden Offentore an der ML zu erzielen.
Wechsel der Rollen nach 10 Min.

Abschluß (15 Min.): Spiel über den ganzen Platz mit Anwendung des Konterspiels vor allem bei Eckbällen und Ballbesitz TH.
Anschließend Auslaufen

Trainingseinheiten der 2. Wettkampfperiode

Woche: 01   **TE 1   Lfd. TE-Nr.: 103   Dauer: 95 Min.**

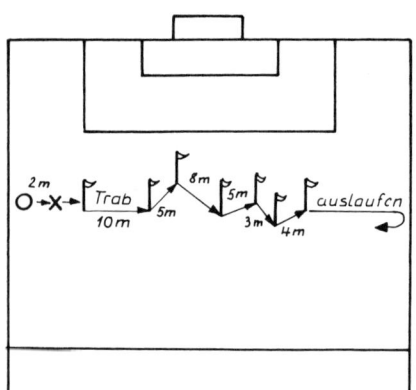

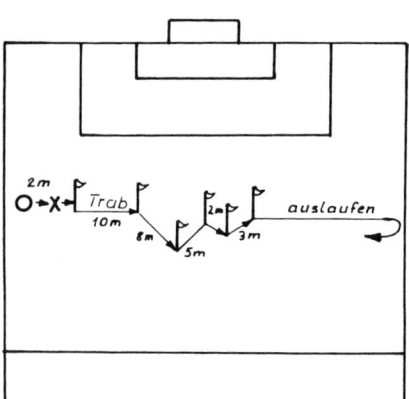

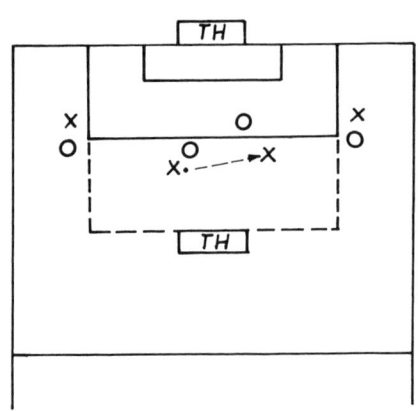

Trainingsziel: Verbesserung Schnelligkeit und Zweikampfverhalten

Trainingsgeräte: 15 Bälle, 7 Markierungsstangen, 1 tragbares Normaltor

Trainings-Inhalt:

Aufwärmen (25 Min.): Einlaufen ohne Ball über die PB
– lockerer Trab mit Dehnübungen
– Hopserlauf mit/ohne beidarmigem Armekreisen vw/rw
– aus Trab mit Hand den Boden re/li berühren
– Seitwärtslauf, Überkreuzlauf
– Skippings
– Knieheberlauf, Anfersen
– kurze Antritte vw/rw mit/ohne Körpertäuschungen
– kurze Steigerungsläufe
– Dehnübungen

Kondition (25 Min.): Verbesserung der Schnelligkeit durch Verfolgungsläufe (1 Min. Pause zwischen jedem Lauf)

1. Durchgang: 10 Läufe über Strecke von 25 m (Abb. 320)
Die Spieler starten paarweise im Abstand von 2 m, wobei der Hintermann versucht, den Vordermann abzuschlagen. Anschließend 2 Min. Dehnpause

2. Durchgang: 10 Läufe über Strecke von 18 m (Abb. 321)
Ablauf wie bei 1. Durchgang
Anschließend 2 Min. Dehnpause

Taktik (30 Min.): Verbesserung Zweikampfverhalten mit Torabschluß auf 2 Normaltore mit TH im doppelten Strafraum

Übung 1 (4 Min.): Spiel 2 + 2 : 2 + 2 (Abb. 322)
Im Feld wird 2:2 gespielt, wobei zusätzlich auf beiden Längsseiten je ein Spieler beider Mannschaften postiert ist, der ins Spiel einbezogen werden kann, jedoch nur direkt spielen darf.

Abb. 320: Verfolgungsjagd über 25 m

Abb. 321: Verfolgungsjagd über 18 m

Abb. 322: Spiel 2 + 2 : 2 + 2

TE 1   Lfd. TE-Nr.: 103   Dauer: 95 Min.   Woche: 01

Wechsel der Rollen nach 2 Min.
Die nicht beteiligten 8 Spieler spielen 4:4 in der anderen
PH

Übung 2 (4 Min.): Spiel 1 + 3:3 + 1 (Abb. 323)
Im Feld wird 3:3 gespielt, wobei zusätzlich auf einer der
beiden Längsseiten der vierte Spieler postiert ist. Wer ihn
aus der jeweiligen Mannschaft anspielt, wechselt mit ihm.
Die nicht beteiligten 8 Spieler spielen in 2 Gruppen in der
anderen PH 3:1

Übung 3 (5 Min.): Spiel 4:4 (Abb. 324)
Die nicht beteiligten 8 Spieler spielen in der anderen PH
5:3 mit 2 Ballkontakten (bei Ballverlust der Überzahl
wechselt der verursachende Spieler in die Unterzahl)

Abschluß (15 Min.): Spiel über den ganzen Platz
In der eigenen Hälfte darf nur mit 2 Ballkontakten gespielt
werden, freies Spiel in der gegnerischen Hälfte.
Abschließend Auslaufen

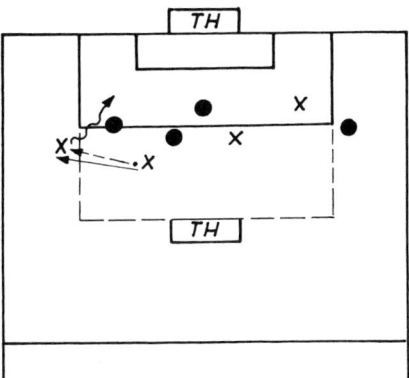

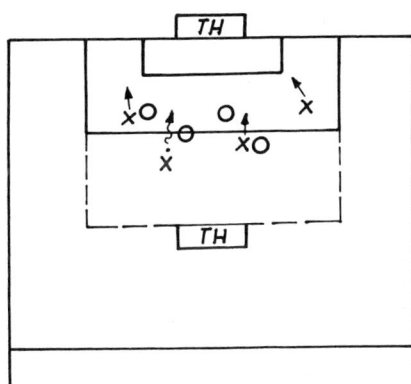

Abb. 323: Spiel 1 + 3:3 + 1

Abb. 324: Spiel 4:4

TE 2   **Lfd. TE-Nr.: 104   Dauer: 95 Min.**   **Woche: 01**

Trainingsziel: Schulung der allgemeinen technisch-taktischen Fähigkeiten

Trainingsgeräte: 20 Bälle, 6 Markierungsstangen

Trainings-Inhalt:

Aufwärmen (25 Min.): Einlaufen mit Ball in der 5er-(6er)-
Gruppe
– 1 Spieler übernimmt für jeweils 1 Min. die Führungsrolle,
  führt den Ball mit ständigen Richtungsänderungen, die
  übrigen Spieler vollziehen die Übungen nach
– Spieler laufen in Reihe vw im 2-m-Abstand, wobei sich

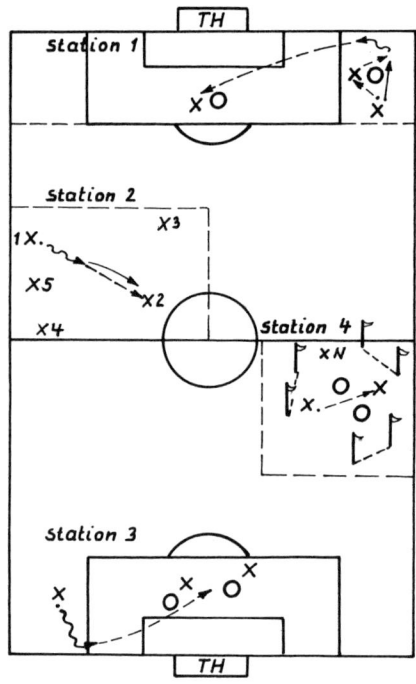

Woche: 01   TE 2   Lfd. TE-Nr.: 104   Dauer: 95 Min.

jeweils der letzte Spieler mit Tempodribbling an die Spitze der Gruppe setzt
- Spieler laufen in Reihe vw im 2-m-Abstand, wobei sich jeweils der letzte Spieler mit Ballführen im Slalom an die Spitze der Gruppe setzt
- Gymnastik mit Ball: Ball mit den Fingerspitzen mit Achterkreuzen durch die gegrätschten Beine führen; Ball mit gestreckten Armen hochhalten und Rumpfbeugen vw, sw und rw
- Dehnübungen

Technik/Taktik (50 Min.): Schulung der allgemeinen technisch-taktischen Fähigkeiten durch Stationen-Training in der 5er-Gruppe (Abb. 325)
Überzählige Spieler arbeiten jeweils für 5 Min. am Kopfballpendel
Belastung: 12 Min./Station, 45 Sek.
Pause für Stationswechsel

Station 1: Zweikampfverhalten auf Flügel und im Strafraum
Auf dem Flügel müssen sich in dem vorgegebenen Längsraum (Raum zwischen Seitenaus und verlängerter Strafraumlinie) 2 ST gegen 1 AWSP (2:1-Situation) durchsetzen (DP, Dribbling, Überlaufen) und in den Strafraum flanken, wo 1 ST gegen 1 AWSP (1:1-Situation) versucht, den Torerfolg herbeizuführen.
Nach 5 Angriffen werden die Rollen gewechselt.

Station 2: Zusammenspiel und Dribbling im Spielraum 20 × 30 m
Die Spieler sind von 1–5 durchnumeriert. Nach mehreren Ballkontakten muß der Spieler mit der nächsthöheren Nummer angespielt werden, wobei anschließend der angespielte Partner vom Zuspieler sofort angegriffen wird. Der Angespielte versucht seinen Angreifer zu umspielen und paßt nach 3–4 weiteren Ballkontakten zur nächsthöheren Nummer, die er dann seinerseits angreift.

Station 3: Zweikampfverhalten im Strafraum durch Spiel 1 + 2:2
1 Flügelstürmer flankt auf die beiden im Strafraum postierten ST, die gegen 2 AWSP versuchen, zum Torerfolg zu

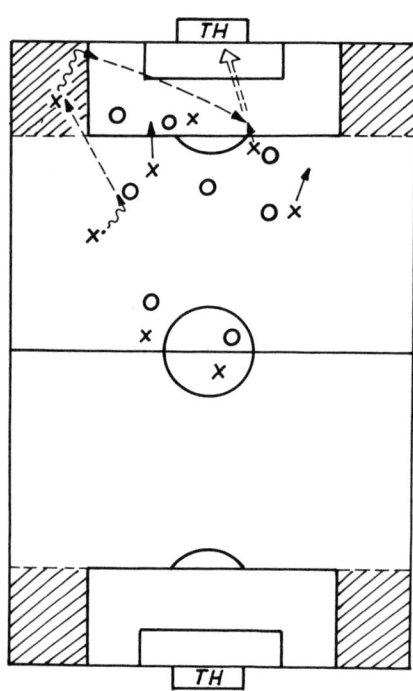

Abb. 325: Schulung der allgemeinen technisch-taktischen Fähigkeiten in der 5er-Gruppe

Abb. 326: Spiel 8:8 mit Schwerpunkt Flügelspiel

TE 2   Lfd. TE-Nr.: 104   Dauer: 95 Min.   Woche: 01

kommen. Bei Ballbesitz der AWSP muß der Ball wieder zurück zum Flügelstürmer gespielt werden, wobei die ST durch aggressives Forechecking dies zu verhindern versuchen.
Nach 5 Flanken werden die Rollen gewechselt.
Übung von beiden Seiten ausführen

Station 4: Zweikampfverhalten und Zusammenspiel im Spielraum 20 × 20 m durch Spiel 2:2 + 1 auf 3 Offentore (3 m breit)
Jede Mannschaft verteidigt 1 Tor, während das dritte Tor von beiden Mannschaften verteidigt bzw. angegriffen wird. Der neutrale Spieler spielt jeweils mit der ballbesitzenden Mannschaft, die auf die beiden Offentore angreift, wobei der Torschuß nur direkt erfolgen darf. Der neutrale Spieler darf nur direkt spielen und kann selbst kein Tor erzielen.
Nach einem Torerfolg wird der Torschütze zum neutralen Spieler.

Abschluß (20 Min.): Spiel 8:8 über den ganzen Platz mit Schwerpunkt Flügelspiel (Abb. 326)
In den markierten Zonen auf den Flügeln dürfen die ST nicht angegriffen werden. Tore, die nach einer Flanke aus einer der markierten Zonen erzielt werden, zählen doppelt.
Abschließend Auslaufen

TE 3   Lfd. TE-Nr.: 105   Dauer: 100 Min.   **Woche: 01**

Trainingsziel: Schulung Zusammenspiel, Torabschluß und Raumdeckung

Trainingsgeräte: 16 Bälle, 12 Markierungsstangen

Trainings-Inhalt:

Aufwärmen (25 Min.):
– Lockeres Laufen verbunden mit Dehnübungen (10 Min.)
– Spiel 6:2 direkt (Feld 15 × 15 m): Spieler bilden feste Paare; bei Fehler eines Partners wechselt immer das betreffende Paar in die Mitte (15 Min.)
– Dehnen

Taktik (40 Min.): Schulung des Zusammenspiels in 4er-Gruppen

Übung 1 (10 Min.): 4:4 freies Spiel. 2 Spieler bieten sich dem Ballbesitzenden für kurzes Abspiel an (hin zum

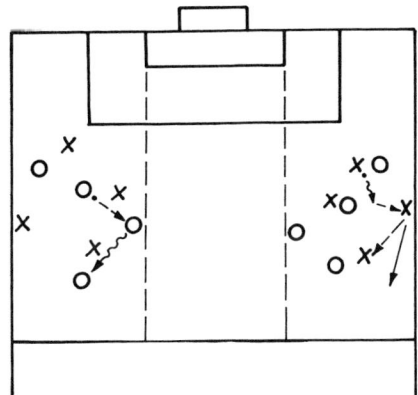

Abb. 327: Spiel 1 + 3:3 + 1

Woche: 01　　　　　　　　　　TE 3　Lfd. TE-Nr.: 105　Dauer: 100 Min.

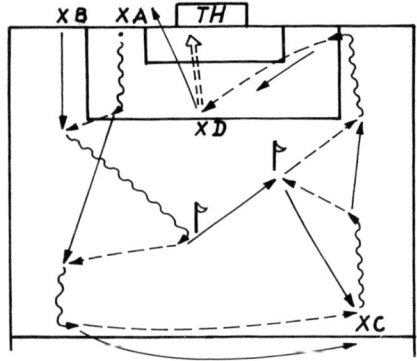

Abb. 328: Verwerten von Flanken nach Hinterlaufen, Spielverlagerung und Doppelpaß

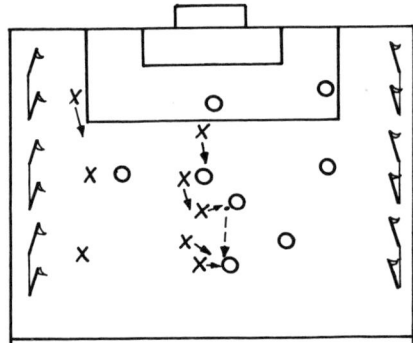

Abb. 329: Schulung der Raumdeckung durch Spiel 8:8

Mann), der 3. Spieler für den weiten Paß (Spielverlagerung)

Übung 2 (12 Min.): 4:4, in jeder Mannschaft wird 1 Spieler benannt, der jeweils nur direkt spielen darf (4 × 3 Min.)

Übung 3 (8 Min.): 4:4, nur Direktspiel erlaubt

Übung 4 (10 Min.): 1 + 3:3 + 1, jeweils 1 Spieler jeder Mannschaft hält sich an der Längsseite des Spielfeldes auf. Wird er angespielt, wechselt er für den Zuspieler in die Mitte (Abb. 327)

Torschuß (20 Min.): Verwerten von Flanken nach vorherigem Hinterlaufen, Spielverlagerung und Doppelpaß (Abb. 328)
Spieler A führt Ball von GL und paßt quer zum mitgelaufenen Spieler B, der Ball nach innen führt. Vor der Markierung paßt B nach außen zum hinterlaufenden A, der an der ML einen weiten Flugball auf Spieler C schlägt. C dribbelt mit dem Ball, spielt DP mit B und flankt von der GL auf D, der direkt verwandelt. C wechselt anschließend mit D. Übung von re und li ausführen

Abschluß (15 Min.): Schulung der Raumdeckung durch Spiel 8:8 in PH auf 6 Offentore (3 m breit) (Abb. 329)
Mannschaften spielen in der Formation 3−4−1, d.h. 3 Spieler decken die Torräume, eine 4er-Kette bildet das MIFE, ein Spieler in der Spitze. Die Spitze stört den Spielaufbau des Gegners, die 4er-Kette verschiebt sich dahin, wo der Gegner seinen Angriff aufbaut.
Abschließend lockeres Auslaufen

Woche: 02　　　　　　　　**TE 1　Lfd. TE-Nr.: 106　Dauer: 95 Min.**

Trainingsziel: Verbesserung konditionelle Fähigkeiten und Balltechnik

Trainingsgeräte: 10 Bälle, 8 Medizinbälle, 2 Deuserbänder, 18 Markierungsstangen

Trainings-Inhalt:

Aufwärmen (25 Min.): Einlaufen ohne Ball über die PB
− Lockerer Trab mit Dehnübungen
− Hopserlauf mit/ohne beidarmigem Armekreisen vw/rw
− Seitwärtslauf, Überkreuzlauf
− Skippings

TE 1   Lfd. TE-Nr.: 106   Dauer: 95 Min.   Woche: 02

- Knieheberlauf, Anfersen
- aus Trab in Hocke absitzen, nachfedern und Kopfballsprung
- kurze Antritte mit/ohne Körpertäuschungen vw/rw
- Dehnübungen

Kondition (45 Min.): Verbesserung der konditionellen Fähigkeiten und der Balltechnik durch Zirkeltraining in der
4er-Gruppe (Abb. 330)
Belastung 45 Sek., Pause 60 Sek.
2 Durchgänge

Station 1: Paß-Spiel zwischen 2 Stangen (15 m Abstand)
2 Spieler passen sich den Ball zwischen 2 Stangen direkt
zu. Nach dem Abspiel spurtet jeder um seine Stange und
wieder dem Ball entgegen.

Station 2: Medizinball-Umgreifen
Jeder Spieler in breiter Grätschstellung hält Medizinball
zwischen den Beinen, ein Arm von vorne, ein Arm von hinten um das gleiche Bein. Schnelles, wechselseitiges Umgreifen.

Station 3: Spurt – Trab im Viereck (15 m Seitenlänge)
Die Spieler umlaufen ein Viereck, wobei im Wechsel eine
Seitenlänge getrabt und eine Seitenlänge gespurtet wird.

Station 4: Im Tor: Kopfballsprünge aus der Hocke gegen
die Querlatte

Station 5: Paß-Spiel mit Positionswechsel
Die Spieler stehen sich paarweise im 10-m-Abstand ge-
genüber, passen sich den Ball direkt zu und folgen ihrem
Abspiel auf die andere Seite.

Station 6: Medizinball-Hochwurf aus Hocke
Die Spieler werfen den Medizinball aus der Hockstellung
hoch und fangen ihn im Sprung über dem Kopf.

Station 7: Lauf gegen Deuserband
Die Spieler legen sich paarweise ein Deuserband um die
Brust und bewegen sich gegen den Zug des Bandes aus-
einander.

Station 8: Spiel 1 : 1 im Spielraum 10 × 10 m

Station 9: Kopfballspiel aus Kniestand über Querstange
des Offentores

Station 10: Einzelarbeit am Ball: Schnelles Ballführen
(zurückziehen, drehen usw.) mit Körpertäuschungen und
plötzlichen Richtungsänderungen
Anschließend 5 Min. lockerer Trab mit Dehnübungen

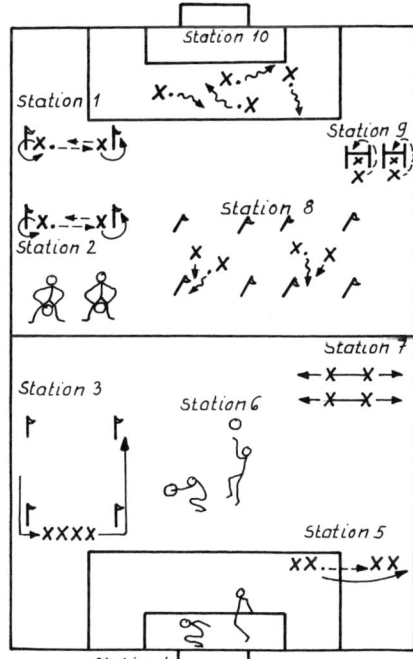

*Abb. 330: Verbesserung der konditionellen
Fähigkeiten und der Balltechnik durch Zirkeltraining*

Woche: 02   TE 1   Lfd. TE-Nr.: 106   Dauer: 95 Min.

Abschluß (25 Min.): Spiel über den ganzen Platz mit TH
− 10 Min. mit 2 Ballberührungen
− 15 Min. freies Spiel − in eigener Hälfte nur direkt
Abschließend Auslaufen

Woche: 02   **TE 2   Lfd. TE-Nr.: 107   Dauer: 95 Min.**

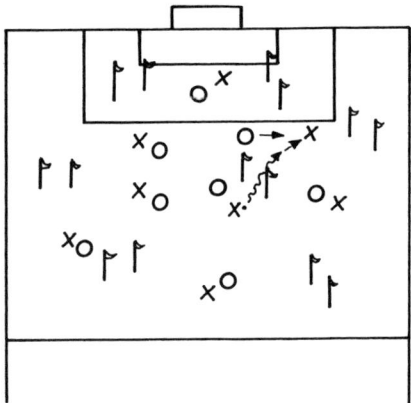

Abb. 331: Schulung Zusammenspiel, Spiel ohne Ball und Zweikampfverhalten durch Spiel 8:8 auf viele Offentore

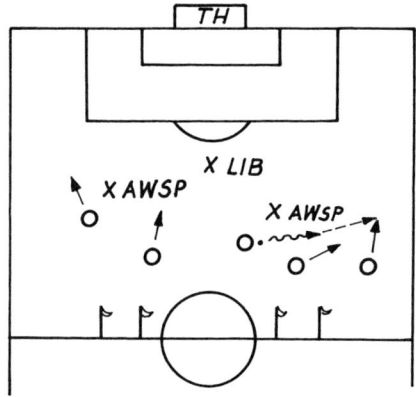

Abb. 332: Spiel 5:3 + TH auf Normaltor mit Kontermöglichkeit auf 2 Offentore

Trainingsziel: Schulung Zusammenspiel und Zweikampf-verhalten

Trainingsgeräte: Jeder Spieler 1 Ball, 20 Markierungs-stangen

Trainings-Inhalt:

Aufwärmen (25 Min.): Ballarbeit in der 4er-Gruppe im Spielraum 10 × 10 m
− Ballführen mit Innen-/Außenspann, unter Sohle, zurück-ziehen, drehen usw.
− Ballführen, auf ein Zeichen innerhalb der Gruppe Ball mit Sohle abstoppen und Ball eines Mitspielers über-nehmen
− Übersteiger: Spieler schwingt mit re (li) Fuß über den Ball, täuscht so einen Paß an, nimmt den Ball aber mit der Außenseite des li (re) Fußes in die andere Richtung mit
− Matthews-Trick: Ball mit der Innenseite des re (li) Fußes führen, kurzer Ausfallschritt nach li (re) und den Ball mit dem Außenspann des Spielbeins an der re (li) Seite des Mitspielers vorbeiziehen
− Spiel 3:1 direkt
− Anschließend Dehnübungen in der 4er-Gruppe, wobei jeder Spieler mindestens 2 Übungen vormacht

Taktik (40 Min.): Schulung Zusammenspiel, Spiel ohne Ball und Zweikampfverhalten durch Spiel 8:8 in PH auf 8−10 Offentore (3 m breit) (Abb. 331)
(gleichzeitig Festigung der Ausdauer)
In der PH werden etwa 10 Offentore gleichmäßig verteilt. TR bildet bei beiden Mannschaften feste Pärchen unter bestimmten Aspekten (z.B. AWSP:ST oder Konkurrenten um eine bestimmte Mannschaftsposition). Ein Tor ist er-zielt, wenn ein Spieler mit Ball durch ein Offentor dribbeln und anschließend einen erfolgreichen Paß zu einem Mit-spieler anbringen kann.
3 Durchgänge mit je 12 Min.

TE 2   Lfd. TE-Nr.: 107   Dauer: 95 Min.   Woche: 02

Taktik (20 Min.): Spiel 5:3 + TH in PH auf Normaltor mit Kontermöglichkeit auf 2 Offentore an ML (Abb. 332)
Die angreifende Mannschaft spielt mit 2 ST + 3 MFSP gegen 2 MD + LIB.
Ziel der Angreifer ist es, durch laufende Positionswechsel die Deckungsarbeit zu erschweren, mit überraschenden Pässen in die Tiefe und häufigem Doppelpaß-Spiel zum Torerfolg zu kommen.
Die Abwehr beginnt mit einem 2:0-Vorsprung und versucht durch Ballhalten und Ballsicherung das Zeitspiel zu praktizieren bzw. durch schnelle Konter ein Tor an einem der beiden Offentore an der ML zu erzielen.
Abschließend Auslaufen

TE 3   Lfd. TE-Nr.: 108   Dauer: 90 Min.   **Woche: 02**

Trainingsziel: Schulung Balltechnik und Konterspiel

Trainingsgeräte: 10 Bälle

Trainings-Inhalt:

Aufwärmen (25 Min.): Fangspiele im Strafraum
− Spieler laufen im Strafraum durcheinander (Laufformen: Vw-Lauf, Hopserlauf, Rw-Lauf, Sw-Lauf) und weichen den Mitspielern mit einer Oberkörpertäuschung aus (5 Min.)
− Dehnübungen
− 1 Spieler als Fänger. Die Gejagten können sich vor dem Abschlagen befreien, indem sie Huckepack auf einen Partner aufspringen
− 2 Spieler als Fänger (Kettenbildung) fassen sich an der Hand. Jeder abgeschlagene Spieler vergrößert die Kette. Sind 2 weitere Spieler abgeschlagen (also 4 Spieler in der Kette), werden die beiden ersten Spieler wieder frei
− 1 Spieler als Fänger. Die Gejagten können sich vor dem Abschlagen befreien, indem sie 4 Liegestütze ausführen. Fängerwechsel nach spätestens 1 Min.
Anschließend Dehnübungen

Technik (35 Min.): Ballarbeit in der 3er-Gruppe (Abb. 333−337)
(überzähliger Spieler arbeitet jeweils für 5 Min. am Kopfballpendel − Ball am Boden − Paßspiel mit re/li Innenrist)

Übung 1 (5 Min.): Kopfball nach Handzuwurf
2 Spieler mit Ball nehmen den dritten Spieler in die Mitte

Abb. 333: Kopfball nach Handzuwurf

Woche: 02   TE 3   Lfd. TE-Nr.: 108   Dauer: 90 Min.

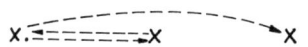

Abb. 334: Kurzpaßspiel

Abb. 335: Wechsel von Kurz- und Lang-
pässen

Abb. 336: Direktes Weiterleiten von Flug-
bällen

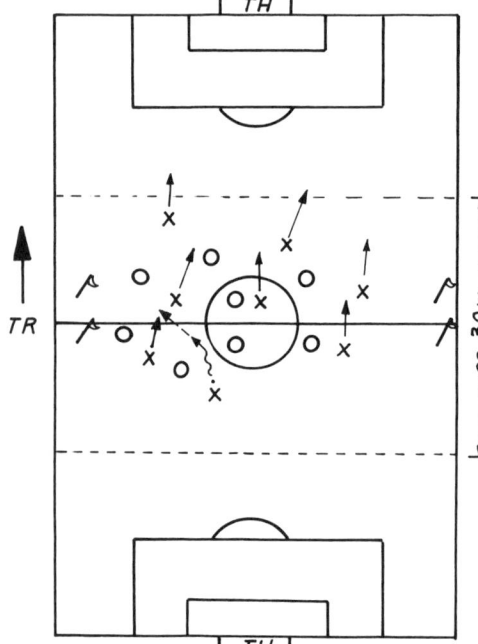

Abb. 337: Doppelpaßspiel

Abb. 338: Spiel 8:8 über die Platzbreite mit
Kontermöglichkeit auf Normaltore

(Abstand ca. 8 m) und werfen ihm abwechselnd den Ball zu, den er im Sprung zurückköpfen soll.
Wechsel nach 90 Sek.

Übung 2 (5 Min.): Kurzpaß-Spiel
2 Spieler mit Ball nehmen den dritten Spieler in die Mitte (Abstand ca. 12 m) und spielen ihn abwechselnd scharf und flach an, wobei dieser die Bälle kurz anläuft und mit dem re/li Innenrist zurückspielt.
Wechsel nach 90 Sek.

Übung 3 (6 Min.): Wechsel von Kurzpässen und Flugbällen
2 Spieler mit einem Ball nehmen den dritten Spieler in die Mitte (Abstand ca. 20 m). Das erste Zuspiel von außen erfolgt flach und scharf, wobei der Spieler in der Mitte den Ball kurz anläuft und zurückspielt. Anschließend erfolgt ein weiter Flugball über den Spieler in der Mitte hinweg auf den dritten Partner, der den Ball kontrolliert und dann seinerseits den Mittelspieler flach anspielt.
Wechsel nach 2 Min.

Übung 4 (9 Min.): Direktes Weiterleiten von Flugbällen
Die Spieler stehen in Dreiecksformation, ca. 15 m vom Mittelspieler entfernt. Der außen postierte Spieler spielt mit einem Flugball den Mittelspieler an, der direkt mit Kopf oder Fuß zum dritten Spieler weiterleitet.
Wechsel nach 3 Min.

Übung 5 (6 Min.): Doppelpaß-Spiel
1 Spieler spielt abwechselnd DP mit den im Abstand von 25 m postierten Partnern.
Wechsel nach 2 Min.

Übung 6 (4 Min.): Ball in der 3er-Gruppe hochhalten mit 3 Pflichtkontakten

Abschluß (30 Min.): Spiel 8:8 in der Platzmitte über die PB auf 2 Offentore (3 m breit) mit Kontermöglichkeit auf die beiden Normaltore (Abb. 338)
An den Seitenlinien in Höhe der Mittellinie sind 2 Offentore markiert. Auf Pfiff des TR wird das Spiel von der ballbesitzenden Mannschaft sofort auf das vom TR angezeigte Normaltor fortgesetzt und ein möglichst schneller Torabschluß herbeigeführt. Kommt die abwehrende Mannschaft in Ballbesitz, kontert sie sofort auf das andere Normaltor. Nach Torabschluß wird das Spiel über die PB fortgesetzt bis zum nächsten Pfiff. Tore am Normaltor zählen doppelt.
Abschließend Auslaufen

TE 1   Lfd. TE-Nr.: 109   Dauer: 100 Min.   **Woche: 03**

Trainingsziel: Verbesserung Antrittsschnelligkeit und Konterspiel

Trainingsgeräte: 5 Bälle, 8 Markierungsstangen

Trainings-Inhalt:

Aufwärmen (25 Min.): Einlaufen ohne Ball in 2er-Gruppen
Im Wechsel bestimmt jeweils 1 Spieler für 2 Min. die Laufwege, Laufart, Sprungübungen sowie die Übungsform der Bewegungsgymnastik.
Anschließend gemeinsame Dehnübungen

Kondition (25 Min.): Verbesserung der Antrittsschnelligkeit in 4er-Gruppen durch Spurts aus verschiedenen Bewegungsformen heraus
16 Starts, 2 Wiederholungen je Laufform, 1 Min. Pause zwischen den Starts
− Vw-Trab von GL bis 16 m, Spurt über 15 m, 2 ×
− Rw-Trab von GL bis 16 m, Spurt über 15 m, 2 ×
− Skipping von GL bis 16 m, Spurt über 15 m, 2 ×
− Hopserlauf von GL bis 16 m, Spurt über 15 m, 2 ×
− Sw-Steps von GL bis 16 m, Spurt über 15 m, 2 ×
− Überkreuzlauf von GL bis 16 m, Spurt über 15 m, 2 ×
− Vw-Weitsprünge von GL bis 16 m, Spurt über 15 m, 2 ×
− Wedelsprünge sw von GL bis 16 m, Spurt über 15 m, 2 ×
Anschließend 5 Min. lockerer Trab über den ganzen Platz

Taktik (25 Min.): Verbesserung des Konterspiels (schnelle Änderung der Angriffsrichtung) über die PB durch Spiel 7:7 + 2 Neutrale (Abb. 339)
Auf beiden Seiten der PB ist ein Spielraum 10 × 10 m markiert, in dem sich jeweils 1 neutraler Spieler aufhält. Ziel der ballbesitzenden Mannschaft ist es, den Neutralen in seinem Spielraum (der nicht betreten werden darf) anzuspielen. Gelingt dies, erhält die Mannschaft einen Punkt, wobei der neutrale Spieler sofort mit dem Zuspieler wechselt und die gesamte Mannschaft sofort die Angriffsrichtung ändert und zum anderen Spielraum angreift.

Abschluß (25 Min.): Anwendung des schnellen Konterspiels durch Spiel 5:5:5 + 1 Neutraler über den ganzen Platz mit TH (Abb. 340)
Der neutrale Spieler (Wechsel alle 5 Min.) spielt mit der ballbesitzenden Mannschaft, wobei jeder Angriff in maximal 30 Sek. abgeschlossen sein muß.
Abschließend Auslaufen

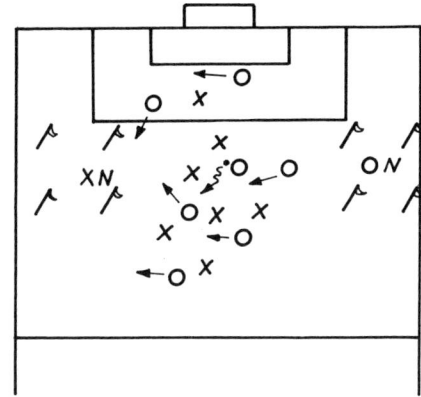

Abb. 339: Verbesserung des Konterspiels durch Spiel 7:7 + 2 Neutrale

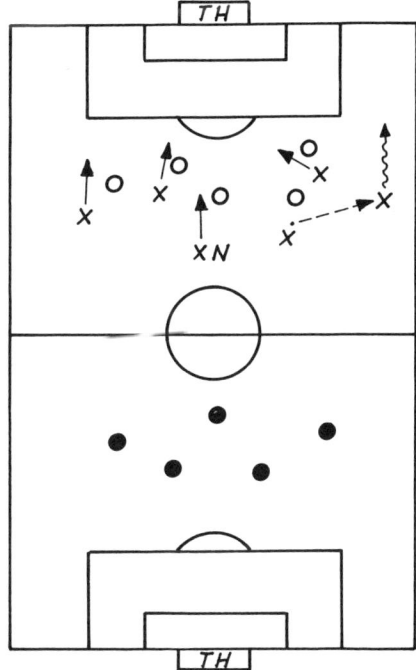

Abb. 340: Anwendung des schnellen Konterspiels durch Spiel 5:5:5 + 1 Neutraler

Woche: 03   **TE 2   Lfd. TE-Nr.: 110   Dauer: 90 Min.**

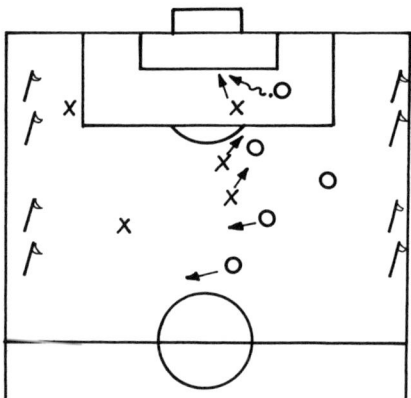

Abb. 341: Spiel 5:5 auf 4 Offentore

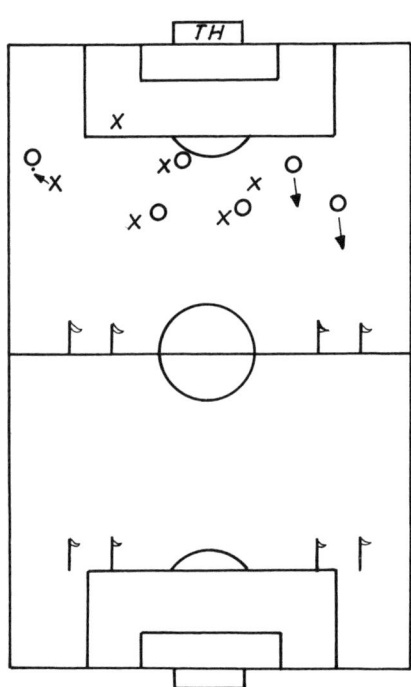

Abb. 342: Spiel 3 + 3 gegen 4 + 2

Trainingsziel: Schulung des Pressing
Trainingsgeräte: 10 Bälle, 8 Markierungsstangen

Trainings-Inhalt:
Aufwärmen (25 Min.): Spiel 4 : 2 mit 2 Ballkontakten
Spieler bilden 3 Paare, bei Fehler eines Mitspielers wechselt immer das Paar in die Mitte.
Anschließend Dehnen

Taktik (25 Min.): Schulung der Raumdeckung, des Zweikampfverhaltens und der Spielverlagerung durch Spiel 5 : 5 auf jeweils 2 Offentore (3 m breit, 25 m Abstand) in Platzhälfte (Abb. 341)
Die abwehrende Mannschaft deckt mit 2 Spielern den Raum vor den beiden Toren und greift mit einer 3er-Abwehrreihe die ballbesitzende Mannschaft an. Dabei verschiebt sie sich immer ballnahe und versucht, die Angreifer zu Querpässen bzw. Dribblings zu zwingen.
Die angreifende Mannschaft versucht, durch schnelle Spielverlagerung eine Überzahl vor einem der beiden Tore herbeizuführen und mit einem Torerfolg abzuschließen.
(Variante: Torschuß nur direkt)

Taktik (30 Min.): Schulung des Angriffs- und Mittelfeldpressing (Abb. 342)
Ziel ist das Herbeiführen von Pressing-Situationen für Angriffs- und Mittelfeldpressing und die Schulung der entsprechenden Abwehrorganisation.
Spielform: Spiel 3 + 3 gegen 4 + 2 auf 1 Normaltor und 2 Offentore an ML (Angriffspressing) bzw. 2 Offentore am entfernten Strafraum (Mittelfeldpressing).
15 Min. Angriffspressing/15 Min. Mittelfeldpressing
Die Abwehr spielt in einer 3er-Formation (LIB und 2 AWSP) zusammen mit 3 MFSP auf die 2 Offentore gegen 2 ST und 4 MFSP. Die auf das Normaltor (mit TH) angreifende Mannschaft praktiziert bei Ballverlust das Angriffspressing, indem sie eine entsprechende Spielsituation herbeiführt und dabei die Verschiebung der Räume in der Länge und Breite herbeiführt und den Gegner in Raum- und Zeitnot bringt. Bei einem Torerfolg der Angreifer auf das Normaltor wird ein neuer Angriff von der ML aus gestartet.
Die Abwehr versucht das Pressing abzuwenden und kontert auf die beiden Offentore.
Nach der festgesetzten Zeit werden die beiden Offentore an den entfernten Strafraum zurückgenommen, wobei die Pressing-Situation an der ML beginnt.

Abschluß (10 Min.): Auslaufen mit Dehnübungen

TE 3   Lfd. TE-Nr.: 111   Dauer: 90 Min.   **Woche: 03**

Trainingsziel: Verbesserung Zusammenspiel und Zweikampfverhalten

Trainingsgeräte: Jeder Spieler 1 Ball, 16 Markierungsstangen

Trainings-Inhalt:

Aufwärmen (25 Min.): Alle Spieler mit Ball im Strafraum
– Ballführen mit Innen-/Außenseite
– Ballführen mit Blickkontakt zum TR, der jeweils die geforderte Laufrichtung anzeigt
– Ballführen und auf Zeichen TR kurz auf Ball absitzen
– Ballführen und auf Zeichen TR Ball eines Mitspielers übernehmen
– Ball unter der Sohle im Wechsel re/li vw und rw treiben
– Ballführen, hochspielen und mit Innenseite-Drop-Kick in den Lauf vorlegen
– Balljonglieren in der Reihenfolge Spann, Oberschenkel, Kopf und wieder mit Spann usw.
– Anschließend Dehnübungen

Taktik (35 Min.): Verbesserung Zusammenspiel und Zweikampfverhalten in 2er-, 3er- und 4er-Gruppen (Abb. 343 – 346)

Übung 1 (6 Min.): Spiel 2:2 + 2 auf 2 Offentore (2 m breit) im Feld 16 × 10 m, Spieldauer 2 Min.
Die beiden Offentore sind jeweils mit 1 Feldspieler besetzt, der gleichzeitig Anspielstation für die im Feld 2:2 spielenden Akteure ist. Jeder DP mit einem der beiden Anspielstationen ergibt 1 Punkt. Nach Ablauf der 2 Min. wechseln die Anspielstationen für eine der beiden Mannschaften ins Feld. Jede 2er-Gruppe bestreitet so 2 Spiele.
Anschließend 1 Min. Dehnpause

Übung 2 (8 Min.): Spiel 2 + 2:2 + 2 auf je 2 Offentore (3 m breit) im Feld 16 × 10 m, Spieldauer 2 Min.
Jede Mannschaft stellt 2 Feldspieler und 2 TH, die jedoch zur Abwehr des Balles nicht die Hände benutzen dürfen. Nach 2 Min. wechseln die TH ins Feld. 2 Durchgänge.
Anschließend 1 Min. Dehnpause

Übung 3 (12 Min.): Spiel 3 + 3:3 + 3 auf je 3 Offentore (3 m breit) im Feld 16 × 10 m, Spieldauer 3 Min.
Wie Übung 2, 2 Durchgänge
Anschließend 1 Min. Dehnpause

Übung 4 (12 Min.): Spiel 4:4 + 4 (Ajax-Spiel) im Strafraum auf Normaltor mit TH, Spieldauer 4 Min.

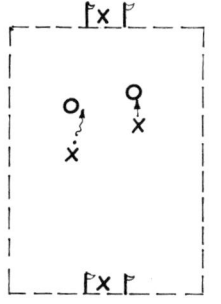
Abb. 343: Spiel 2:2 + 2

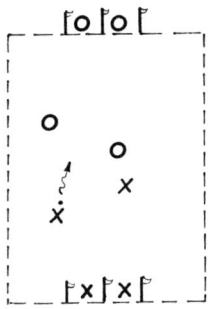
Abb. 344: Spiel 2 + 2:2 + 2

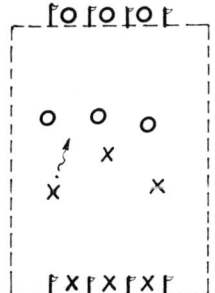
Abb. 345: Spiel 3 + 3:3 + 3

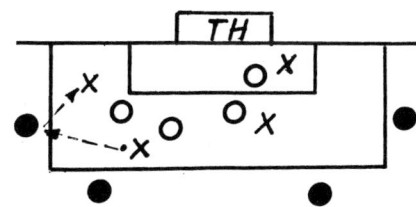
Abb. 346: Spiel 4:4 + 4

Woche: 03   TE 3   Lfd. TE-Nr.: 111   Dauer: 90 Min.

Jede Mannschaft fungiert für eine Spieldauer jeweils als Angreifer, Verteidiger und als Zuspieler. Die Spieler der zuspielenden Mannschaft (C) verteilen sich um den Strafraum herum. Mannschaft A greift gegen B an und nutzt C als Anspielstation zum DP oder Direktpaß. Bei Ballbesitz TH oder der abwehrenden Mannschaft wird der Ball zu einem Zuspieler C gespielt und das Spiel fortgesetzt. Welche Mannschaft erzielt die meisten Tore?
Anschließend 2 Min. Dehnpause

Abschluß (30 Min.): Spiel 8:8 über den ganzen Platz mit TH
Direkt erzielte Tore werden doppelt, nach DP dreifach gezählt
Abschließend Auslaufen

Woche: 04   **TE 1   Lfd. TE-Nr.: 112   Dauer: 100 Min.**

Trainingsziel: Festigung des Ausdauerverhaltens

Trainingsgeräte: Jeder Spieler 1 Ball, 8 Markierungsstangen, 1 tragbares Normaltor

Trainings-Inhalt:

Aufwärmen (25 Min.): Einlaufen ohne und mit Ball (Abb. 347)
Es sind 2 Quadrate abgesteckt: In einem Quadrat mit 35 m Seitenlänge befindet sich ein weiteres mit 15 m Seitenlänge
– lockerer Trab ohne Ball über die PB im Wechsel mit Dehnübungen
– Alle Spieler führen den Ball in mäßigem Tempo im kleinen Quadrat A
– Es werden 2 Gruppen gebildet, wobei die Gruppen immer jeweils nach 1 Min. in das andere Quadrat wechseln
  – Gruppe 1: Ballführen im Quadrat A
  – Gruppe 2: Balljonglieren im Quadrat B
  – Gruppe 1: Gynastische Übungen im Quadrat A
  – Gruppe 2: Ballführen mit Körpertäuschungen und Finten im Quadrat B

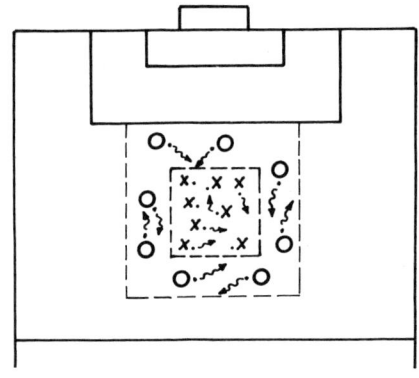

Abb. 347: Übungsformen zum Aufwärmen in 2 Quadraten

TE 1   Lfd. TE-Nr.: 112   Dauer: 100 Min.   Woche: 04

- Gruppe 1: Ständige Tempo- und Richtungswechsel im Quadrat A
- Gruppe 2: Ball hochspielen, an- und mitnehmen im Quadrat B

2 Durchgänge insgesamt (je Übung 1 Min.); anschließend Dehnübungen

Kondition (20 Min.): Festigung der Ausdauer durch unterschiedliche Laufformen in der 4er-Gruppe (Abb. 348)
Auf dem Spielfeld sind 5 unterschiedlich lange Laufstrekken abgesteckt, die mit jeweils unterschiedlichen Laufformen hintereinander zu bewältigen sind.
4 Durchgänge, 30 Sek. Pause zwischen jedem Durchgang
Strecke 1: Überkreuzlauf
Strecke 2: Trab mit Armekreisen
Strecke 3: Sw-Lauf
Strecke 4: Hopserlauf
Strecke 5: Trab (um den gesamten Platz)

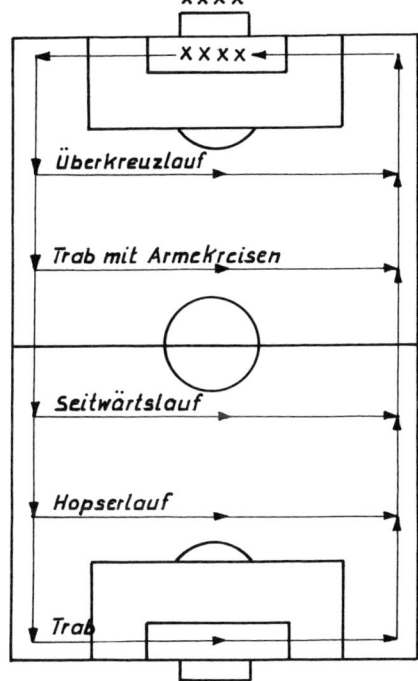

Taktik (35 Min.): Spiel 4 : 4 + 4 auf 2 Normaltore mit TH in PH (gleichzeitig Ausdauertraining) (Abb. 349)
Es werden 4 Mannschaften gebildet, wobei zunächst Mannschaft A gegen B spielt und C als neutrale Anspielstation an der Seitenlinie fungiert, während Mannschaft D während der Spieldauer von 8 Min. einen Lauf über das gesamte Sportgelände absolviert.
Anschließend spielt C gegen D, A ist Anspielstation und B läuft.
Insgesamt werden folgende Spiele ausgetragen:
1. A : B + C, D läuft
2. C : D + A, B läuft
3. A : B + D, C läuft
4. C : D + B, A läuft

Abschluß (20 Min.): Spiel über den ganzen Platz (ohne Auflagen) Mannschaftsbildung z.B. Alte gegen Junge oder Ledige gegen Verheiratete
Abschließend Auslaufen

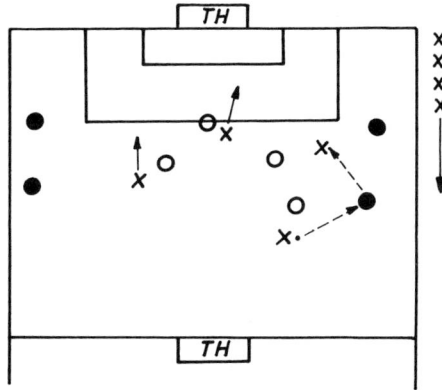

Abb. 348: Unterschiedliche Laufformen in der 4er-Gruppe

Abb. 349: Spiel 4 : 4 + 4

Woche: 04   **TE 2   Lfd. TE-Nr.: 113   Dauer: 100 Min.**

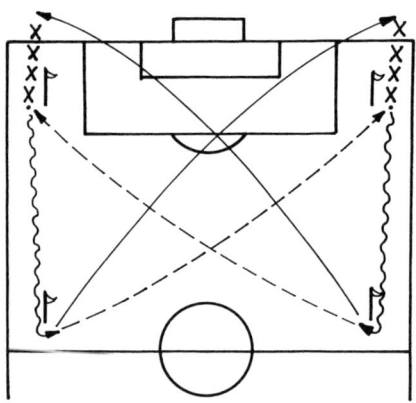

Trainingsziel: Verbesserung des weiträumigen Spiels

Trainingsgeräte: 10 Bälle, 8 Markierungsstangen

Trainings-Inhalt:

Aufwärmen (25 Min.): Einlaufen ohne Ball über PB
− Lockerer Trab mit Dehnübungen
− Zehenspitzenlauf
− Fersenlauf (auf Fersen aufsetzen)
− Hopserlauf auf Höhe und Weite
− Schlittschuhlauf
− Kurze Antritte aus Rw-Lauf
− Lockerungsgymnastik (ein-/zweibeiniges Hüpfen auf der Stelle, Rumpfkreisen, Armkreisen vw/rw, Bein re/li durchschwingen)
− Dehnen

Technik (40 Min.): Verbesserung des weiträumigen Spiels (Abb. 350−352)

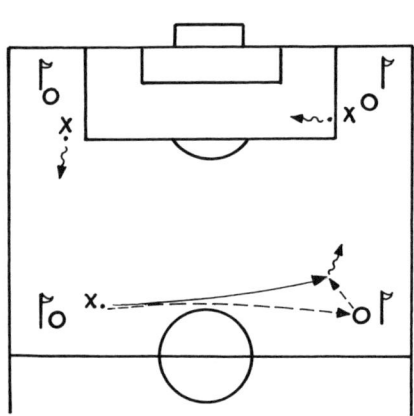

Übung 1: Weiter Diagonalpaß (10 Min.)
Jeweils 8 Spieler üben in einer PH.
Die ersten Spieler beider Gruppen dribbeln mit Ball von der Höhe des Strafraumes Richtung ML und spielen jeweils mit einem weiten Diagonalpaß den nächsten Spieler der anderen Gruppe an. Anschließend laufen sie in mittlerem Lauftempo an das Ende der anderen Gruppe.

Übung 2: Weite Pässe zu Anspielstationen (20 Min.)
4 Spieler stellen sich als Anspielstationen im weiten Viereck der PH auf. Die anderen 4 Spieler mit Ball beginnen gleichzeitig mit einem weiten Paß auf die jeweilige Anspielstation in der nächsten Spielfeldecke. Die Anspielstationen lassen den Paß in den Lauf des Zuspielers abtropfen, der zum Ball startet und nach der Ballkontrolle zur nächsten Anspielstation paßt.
Nach 5 Min. Aufgabenwechsel. 2 Durchgänge

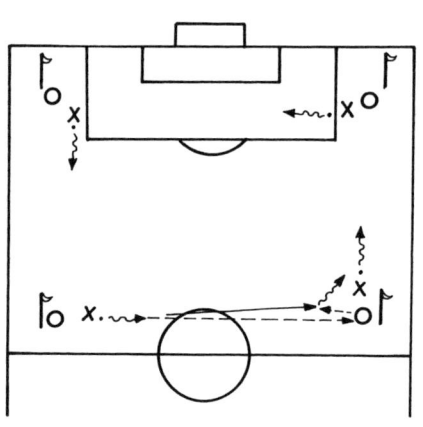

Abb. 350: Weiter Paß, Diagonalpaß

Abb. 351: Weite Pässe zu den Anspielstationen

Abb. 352: Weite Zuspiele aus dem Lauf heraus

TE 2   Lfd. TE-Nr.: 113   Dauer: 100 Min.   Woche: 04

Übung 3: Weites Zuspiel aus dem Lauf heraus (10 Min.)
4 Spieler als Anspielstationen im weiten Viereck. Die anderen 4 Spieler schlagen aus dem Lauf einen weiten Paß auf den nächsten Partner und folgen ihrem Ball. Hat die 4er-Gruppe nach 4 Pässen das Viereck umlaufen, pausiert sie und die bisherigen Anspielstationen starten.

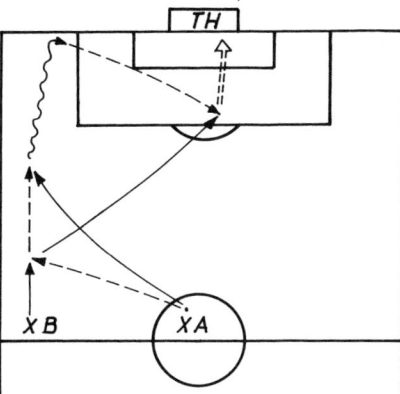

Torschuß (20 Min.): Torschußübungen in der 2er-Gruppe

Übung 1: Torschuß nach Flanke (Abb. 353)
Spieler A schlägt aus dem Mittelkreis einen weiten Flugball in den Lauf des sich außen anbietenden Spielers B und spurtet anschließend steil nach außen. B rochiert nach Steilpaß nach innen und verwertet die Flanke von A.
Von beiden Seiten ausführen

Übung 2: Torschuß nach Doppelpaß (Abb. 354)
Spieler A schlägt von der GL einen weiten Flugball auf den von der ML kommenden Spieler B und bietet sich anschließend zum DP für B an, der mit Torschuß abschließt. Anschließend wechseln beide Spieler ihre Position.
Von beiden Seiten ausführen

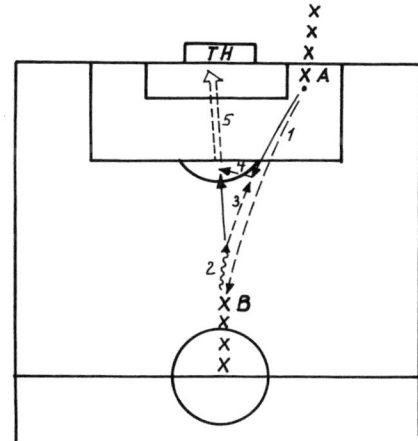

Abschluß (15 Min.): Spiel über den ganzen Platz mit Schwerpunkt weiträumiges Spiel
Abschließend Auslaufen

Abb. 353: Torschuß nach Flanke

Abb. 354: Torschuß nach Doppelpaß

TE 3   Lfd. TE-Nr.: 114   Dauer: 105 Min.   Woche: 04

Trainingsziel: Verbesserung Konterspiel und Torabschluß

Trainingsgeräte: 10 Bälle, 4 Markierungsstangen, 1 tragbares Normaltor

Trainings-Inhalt:

Aufwärmen (25 Min.): Zusammenspiel in 4er-Gruppen (Abb. 355)
In den Ecken einer PH sind vier 15 × 15 m große Spielräu-

Woche: 04   TE 3   Lfd. TE-Nr.: 114   Dauer: 105 Min.

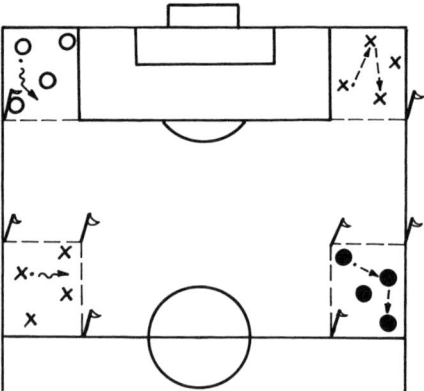

Abb. 355: Zusammenspiel in 4er-Gruppen

me markiert, in denen sich jeweils 4 Spieler mit einem Ball aufhalten
- Zusammenspiel in der 4er-Gruppe aus lockerem Lauf heraus
- Der angespielte Spieler führt den Ball um eine der Spielfeldbegrenzungen und paßt danach zum nächsten Mitspieler
- Jeder Spieler macht 3 gymnastische Übungen vor – die anderen Gruppenmitglieder machen die Übungen nach
- Spiel 3:1 direkt
- Diagonalspiel: Die Gruppen der jeweils diagonal gegenüberliegenden Spielfelder spielen 4:4 gegeneinander. Ein Tor ist erzielt, wenn es gelingt, einen Mitspieler im gegnerischen Spielraum anzuspielen
- Dehnübungen

Taktik (45 Min.): Verbesserung des Konterspiels aus der Abwehr heraus

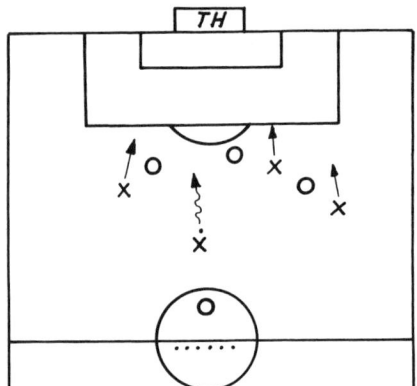

Abb. 356: Spiel 4:3 + 1 auf Normaltor

Übung 1 (20 Min.): Spiel 4:3 + 1 auf Normaltor mit TH in PH (Abb. 356)
4 Angreifer spielen gegen 3 Abwehrspieler auf das Normaltor, wobei der vierte AWSP im Mittelfeldkreis postiert ist. Ziel der Abwehr ist es, bei Ballbesitz (einschließlich Ballbesitz TH) schnell zu kontern und den Mitspieler im Mittelkreis anzuspielen. Gelingt dies, werden die Rollen sofort gewechselt.
Bei einem Torerfolg und bei einem Fehlschuß der Angreifer darf ein neuer Angriff von der ML aus gestartet werden. Nach 10 Min. wechseln die AWSP in die Angreiferrolle

Übung 2 (20 Min.): Spiel 4:4 auf Normaltor mit TH in PH mit Kontermöglichkeit auf 2 Offentore (4 m breit) an der ML (Abb. 357)
4 Angreifer spielen gegen 4 Abwehrspieler auf das Normaltor. Bei einem Torerfolg und bei einem Fehlschuß der Angreifer darf ein neuer Angriff von der ML aus gestartet werden. Bei Ballbesitz der Abwehr (einschließlich Ballbesitz TH) kontern diese mit Tempospiel auf die beiden Offentore, wobei ein Tor dann erzielt ist, wenn ein AWSP mit dem Ball durch eines der beiden Tore dribbelt.
Wechsel der Rollen nach 10 Min.
Anschließend lockerer Trab mit Dehnübungen

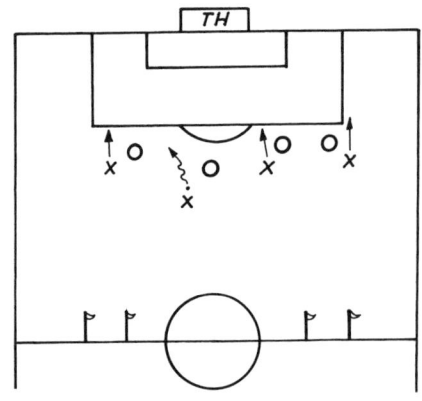

Abb. 357: Spiel 4:4 auf Normaltor mit Kontermöglichkeit auf 2 Offentore

---

TE 3   Lfd. TE-Nr.: 114   Dauer: 105 Min.   Woche: 04

Abschluß (30 Min.): Spiel 4:4 + 8 auf 2 Normaltore mit TH im doppelten Strafraum (Abb. 358)
Im doppelten Strafraum wird 4:4 gespielt, während die restlichen 8 Spieler außen an den Längsseiten und den Torauslinien verteilt sind.
Diese Außenspieler spielen mit der ballbesitzenden Mannschaft mit maximal 2 Ballkontakten und haben die Aufgabe, die angreifende Mannschaft mit möglichst vielen Flankenbällen und Rückpässen von der Torauslinie in torschußreife Spielsituationen zu bringen, d. h. die Angreifer zu „füttern". Nach einem Torerfolg bleiben die Angreifer in Ballbesitz und kontern sofort auf das andere Tor.
Nach 5 Min. werden die Rollen gewechselt und die Außenspieler wechseln nun zum Spiel 4:4 ins Feld. Es werden 3 Durchgänge gespielt, d. h. jede Mannschaft befindet sich insgesamt 15 Min. auf dem Feld.
Abschließend Auslaufen

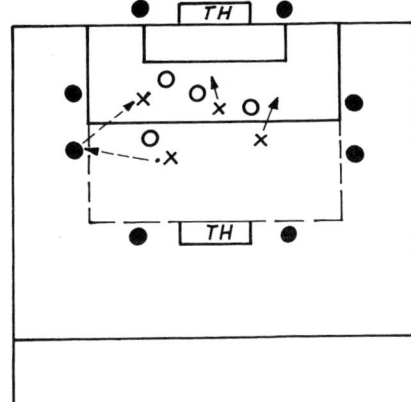

Abb. 358: Spiel 4:4 + 8 im doppelten Strafraum

TE 1   Lfd. TE-Nr.: 115   Dauer: 100 Min.   **Woche: 05**

Trainingsziel: Verbesserung Schnelligkeit, Zweikampfverhalten und Torabschluß

Trainingsgeräte: 15 Bälle, 6 Markierungsstangen

Trainings-Inhalt:

Aufwärmen (25 Min.):
– Spiel 6:2 direkt (Feld 15 × 15 m): Spieler bilden feste Paare; bei Fehler eines Partners, wechselt immer das betreffende Paar in die Mitte (15 Min.)
– Lockeres Laufen verbunden mit Dehnübungen (10 Min.)

Kondition (25 Min.): Verbesserung der Schnelligkeit in der 2er-Gruppe (Abb. 359)
Belastung: 18 Spurts über 15 m nach Kehrtwende aus verschiedenen Ausgangslaufformen, 9 Durchgänge mit jeweils 2 Läufen (1 Min. Pause zwischen den Spurts)

Durchgang 1: Trab vw, Kehrtwende, Spurt

Durchgang 2: Trab rw, Spurt vw

Durchgang 3: Hochsprünge, Kehrtwende, Spurt

Durchgang 4: Weitsprünge, Kehrtwende, Spurt

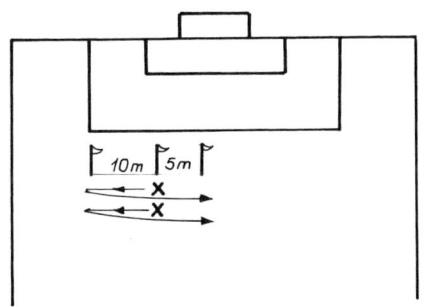

Abb. 359: Spurts nach Kehrtwende aus verschiedenen Ausgangslaufformen

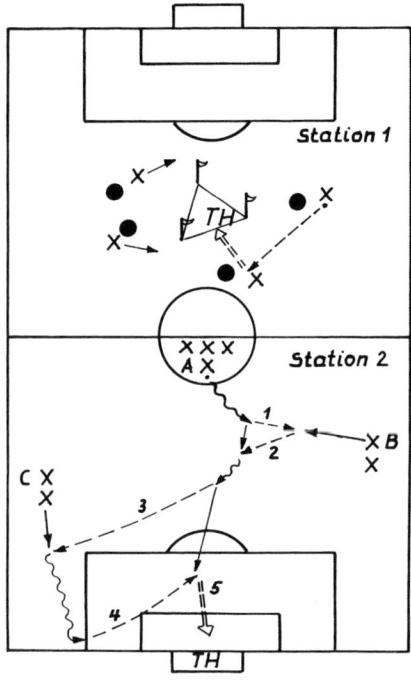

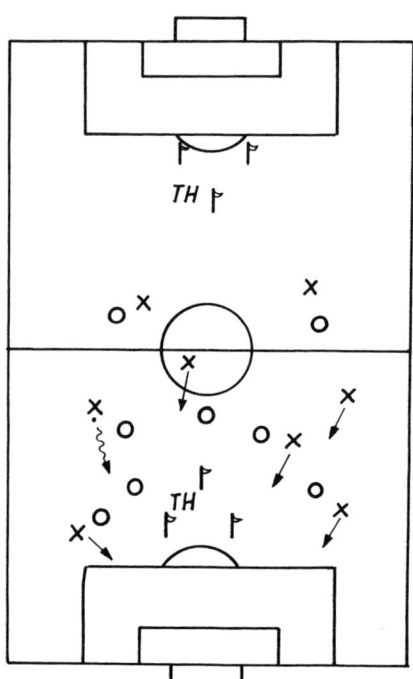

Durchgang 5: Skippings, Kehrtwende, Spurt

Durchgang 6: Knieheberlauf, Kehrtwende, Spurt

Durchgang 7: Anfersen, Kehrtwende, Spurt

Durchgang 8: Hopserlauf, Kehrtwende, Spurt

Durchgang 9: Wedelsprünge, Kehrtwende, Spurt

Anschließend 3 Min. Traben

Taktik (30 Min.): Verbesserung Zweikampfverhalten und Torabschluß auf 2 Stationen (Abb. 360)

Station 1 (15 Min.): Spiel 4 : 4 auf Dreiecks-Tor (6 m Seitenlänge) mit TH in PH
Nur die angreifende Mannschaft darf auf das Tor schießen oder köpfen, wobei der Torabschluß immer direkt erfolgen muß. Tore können von allen Seiten erzielt werden. Kommt die abwehrende Mannschaft in Ballbesitz, müssen vor dem Torabschluß mindestens 2 Zuspiele erfolgen.
Nach 15 Min. wechseln beide Mannschaften in die andere PH.

Station 2 (15 Min.): Torschuß nach vorausgegangener Spielverlagerung
Die Flügel sind mit jeweils 2 Spielern (B, C) besetzt. Spieler A führt den Ball von ML und spielt DP mit dem sich anbietenden Flügelstürmer B und schlägt anschließend einen weiten Diagonalpaß auf den anderen Flügel C. A verwertet abschließend die Flanke von C.
Der nächste Angriff erfolgt über den anderen Flügel. Wenn jeder Flügel 5mal geflankt hat, erfolgt Wechsel mit der A-Gruppe. Nach 15 Min. Wechsel zur Station 1

Abschluß (20 Min.): Spiel über den ganzen Platz auf 2 Dreiecks-Tore (7 m Seitenlänge) an den beiden Strafräumen (Abb. 361)
Abschließend Auslaufen

Abb. 360: Verbesserung Zweikampfverhalten und Torabschluß auf 2 Stationen

Abb. 361: Spiel über den ganzen Platz auf 2 Dreieckstore

TE 2 Lfd. TE-Nr.: 116 Dauer: 100 Min. **Woche: 05**

Trainingsziel: Verbesserung Zweikampfverhalten und Forechecking

Trainingsgeräte: 15 Bälle, tragbares Normaltor, 8 Markierungsstangen

Trainings-Inhalt:

Aufwärmen (25 Min.): Einlaufen ohne Ball in der Zweiergruppe
– Schattenlaufen: Ein Spieler führt verschiedene Lauf- und Sprungformen durch, die der Partner als „Schatten" nachvollzieht
– Schattenboxen
– Fangspiel: 2 Spieler fassen sich an der Hand und versuchen andere Paare abzuschlagen
– Bocksprünge (Überspringen – Durchkriechen)
– Banksprünge: Mehrmaliges ein-/zweibeiniges Überspringen des am Boden kauernden Partners
Anschließend Dehnübungen

Taktik (60 Min.): Verbesserung Zweikampfverhalten und Forechecking in 4 Stationen/2 Min. Dehnpause bei Stationenwechsel (Abb. 362)

Station 1: Spiel 2:2 auf 2 Normaltore mit 2 TH im doppelten Strafraum (12 Min.)
Bedingt durch die räumliche Nähe der beiden Tore kommt es zu vielen Zweikämpfen, wobei Angriffs- und Abwehraufgaben ständig wechseln. Ersatzbälle bereithalten.
3 Durchgänge mit je 4 Min. Danach Wechsel in die nächste Station.

Station 2: Dribbling 1:1 (12 Min.)
3 Spieler mit Ball in Dreiecksformation gegen 1 AWSP. Aus etwa 15 m Entfernung versuchen die 3 Spieler mit Dribbling (Körpertäuschungen) im Wechsel auf die andere Seite zu gelangen.
Wechsel des AWSP nach 3 Min.

Station 3: Spiel 1:1 (12 Min.)
3 Spieler mit Ball dribbeln im abgesteckten Feld (15 × 15 m) gegen 1 störenden AWSP.
Wechsel des AWSP nach 3 Min.

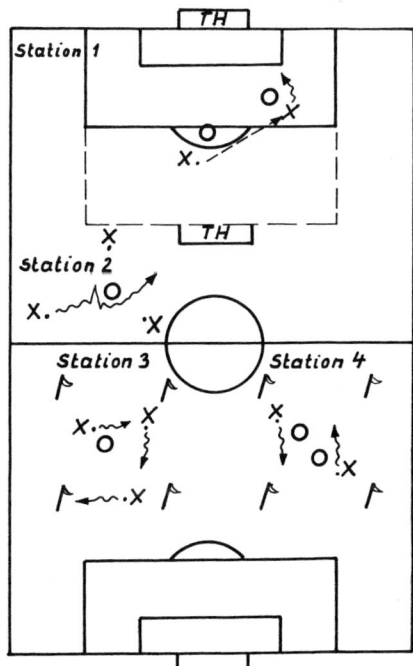

Abb. 362: Verbesserung Zweikampfverhalten und Forechecking in 4 Stationen

Woche: 05 | TE 2   Lfd. TE-Nr.: 116   Dauer: 100 Min.

Station 4: Spiel 2:2 (12 Min.)
2 Spieler mit Ball dribbeln im abgesteckten Feld (15 × 15 m) gegen 2 störende AWSP.
Rollenwechsel nach 6 Min.

Abschluß (15 Min.): Spiel über den ganzen Platz mit Schwerpunkt Forechecking
Der ballführende Spieler der angreifenden Mannschaft muß sofort von 2 Spielern der abwehrenden Mannschaft attackiert werden.
Anschließend Auslaufen

Woche: 05 | **TE 3   Lfd. TE-Nr.: 117   Dauer: 100 Min.**

Trainingsziel: Schulung des Pressing

Trainingsgeräte: 10 Bälle, 4 Markierungsstangen

Trainings-Inhalt:

Aufwärmen (25 Min.): Einlaufen ohne Ball über die Platzbreite
− Lockerer Trab (mehrere PB) mit Dehnübungen
− Hopserlauf auf Höhe und Weite
− Zehenspitzenlauf
− Traben mit Skipping-Serien
− Kurze Antritte aus Rw-Lauf
− Fersenlauf (auf Fersen aufsetzen)
− Traben mit Kopfballsprüngen
− Kurze Antritte aus Vw-Lauf
Anschließend Dehnen

Taktik (15 Min.): Spiel 4:4 über 2 Linien im Feld 40 × 30 m in PB (Abb. 363)
Ziel ist das schnelle Konterspiel sowie die Verbesserung des Zweikampfverhaltens. Ein Tor ist erzielt, wenn es der ballbesitzenden Mannschaft gelingt, einen Mitspieler hinter der gegnerischen Grundlinie so anzuspielen, daß dieser direkt zu einem Mitspieler im Feld weiterleiten kann. Die Mannschaft bleibt in Ballbesitz und kontert sofort auf die andere GL. Die abwehrende Mannschaft versucht durch Tackeln (verzögern) bzw. Forechecking den schnellen Konter zu vermeiden und selbst in Ballbesitz zu kommen.

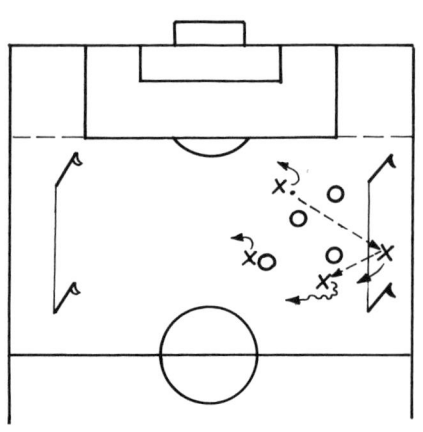

Abb. 363: Spiel 4:4 über 2 Linien

Taktik (30 Min.): Torabschluß bzw. Herbeiführen einer Pressing-Situation und Pressing durch Spiel 6:4 + TH auf Normaltor in PH (Abb. 364)

TE 3   Lfd. TE-Nr.: 117   Dauer: 100 Min.   Woche: 05

Die angreifende Mannschft beginnt an der ML und versucht zu einem schnellen Torabschluß zu kommen. Bei Ballverlust wendet sie das Angriffspressing an. Die Abwehr versucht den Ball in ihren Reihen zu halten, wobei TH einbezogen werden kann. Nach 7 Min. jeweils wechseln 2 Angreifer mit 2 Abwehrspielern.

Abschluß (30 Min.): Spiel über den ganzen Platz auf 2 Tore mit Schwerpunkt Pressing
Mannschaft A praktiziert für 15 Min. ein Angriffspressing, während Mannschaft B ihr Pressing erst an der ML ansetzt (Mittelfeldpressing).
Nach 15 Min. werden die Rollen gewechselt. Der TR achtet darauf, ob die Spieler die Pressing-Situation richtig erkennen, schnell reagieren und sich entsprechend organisieren.
Abschließend Auslaufen

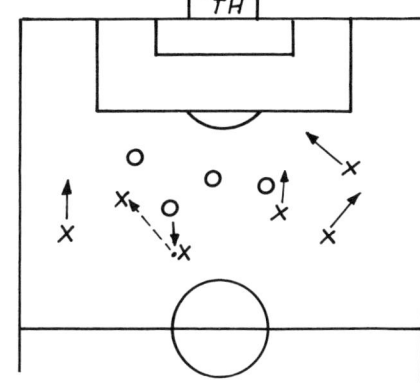

Abb. 364: Spiel 6:4 mit Torabschluß bzw. Herbeiführen einer Pressing-Situation

---

TE 1   Lfd. TE-Nr.: 118   Dauer: 100 Min.   Woche: 06

Trainingsziel: Verbesserung der Schnelligkeit

Trainingsgeräte: 10 Bälle, 4 Markierungsstangen

Trainings-Inhalt:

Aufwärmen (25 Min.): Spiel 5:3 mit 2 Ballkontakten im Feld 25 × 25 m
Anschließend individuelle Laufarbeit mit Dehnübungen

Kondition (30 Min.): Verbesserung der Reaktion und der Schnelligkeit durch Verfolgungsläufe in der 2er-Gruppe (1 Min. Pause zwischen den Sprints)

Übung 1: Reaktionsstarts und Verfolgung aufgrund eines optischen Signals (12 Wiederholungen) (Abb. 365)
2 Spieler stehen im Abstand von 1 m nebeneinander mit Blickkontakt zum TR. Jeweils seitlich von den Spielern ist eine Strecke von 15 m abgesteckt.
Die Spieler reagieren auf ein Signal des TR, der mit dem Daumen plötzlich die Laufrichtung angibt. Gelingt es einem Spieler seinen Partner vor dem Streckenende abzuschlagen, muß dieser noch einen Extralauf absolvieren.
Anschließend 3 Min. Traben mit Lockerungsübungen

Übung 2: Reaktionsstarts und Verfolgung aufgrund eines optischen Signals (12 Wiederholungen) (Abb. 366)

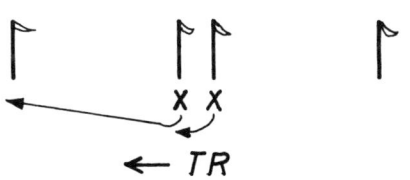

Abb. 365: Reaktionsstarts über 15 m nach Daumenzeichen TR

Woche: 06   TE 1   Lfd. TE-Nr.: 118   Dauer: 100 Min.

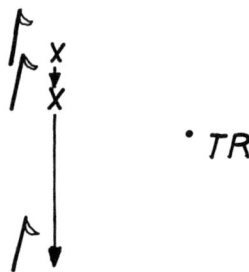

Abb. 366: Reaktionsstarts über 15 m nach Ballsignal TR

2 Spieler stehen im Abstand von 1 m hintereinander mit Blickkontakt zum TR. In Laufrichtung der Spieler ist eine Strecke von 15 m abgesteckt.
Die Spieler reagieren auf ein Signal des TR, der einen Ball in beiden Händen hält und diesen plötzlich fallen läßt. Gelingt es dem hinteren Spieler seinen Partner vor dem Streckenende abzuschlagen, muß dieser noch einen Extralauf absolvieren. Beim nächsten Start wechselt der Hintermann auf die vordere Position.
Anschließend 3 Min. Traben mit Lockerungsübungen

Taktik (25 Min.): Verbesserung des Zweikampfverhaltens durch Spiel 4:4 im PV (gleichzeitig Schulung der Ausdauer)

Übung 1 (12 Min.): Spiel 4:4 mit beliebig vielen Ballkontakten
Gelingt es einer Mannschaft über mehr als 5 Stationen den Ball in den Reihen zu halten, erhält sie einen Punkt.
1 Min. Pause

Übung 2 (12 Min.): Spiel 4:4 mit beliebig vielen Ballkontakten
Jeder gelungene DP innerhalb einer Mannschaft ergibt 1 Punkt.

Abschluß (20 Min.): Training der Standardsituationen (Freistoß und Eckstoß in Offensive und Defensive, Strafstoß, Einwurf)
Anschließend Auslaufen

Woche: 06   **TE 2   Lfd. TE-Nr.: 119   Dauer: 100 Min.**

Trainingsziel: Verbesserung des Torabschlusses nach Flanken

Trainingsgeräte: 20 Bälle, tragbares Normaltor, 12 Markierungsstangen

Trainings-Inhalt:

Aufwärmen (25 Min.):
- Spiel 5:3 mit 2 Ballkontakten im abgegrenzten Feld (15 Min.)
- Trab über PB (Hopserlauf, Anfersen, Knieheberlauf, Armekreisen vw/rw, kurze Antritte mit Oberkörpertäuschungen);

TE 2   Lfd. TE-Nr.: 119   Dauer: 100 Min.   Woche: 06

Dehnübungen für die Bein-, Bauch- und Rückenmuskulatur (10 Min.)
Anmerkung: TH wärmen sich individuell auf

Torabschluß (65 Min.): Verwandeln von Flanken
(Abb. 367—369)

Übung 1: Doppelter Strafraum mit 2 Normaltoren, 8 Feldspieler und 2 TH.
Die Spieler 2, 3, 4 und 5 flanken in dieser Reihenfolge ruhende Bälle auf Spieler 1, der mit Torschuß (möglichst direkt) abschließt.
Die 3 nicht beteiligten Spieler holen die Bälle und wechseln nach 90 Sek. ein.
Wieviel Tore erzielt Spieler in 90 Sek.?
Die zweite Gruppe (8 Spieler) absolviert zeitgleich einen
12minütigen Dauerlauf. Danach wechselt sie mit Gruppe 1.

Übung 2: Wie Übung 1, jedoch sind am Torschuß 2 Spieler beteiligt gegen 1 AWSP
Die Spieler 3, 4, 5 und 6 flanken in dieser Reihenfolge auf
Spieler 1 und 2, die jeweils abwechselnd die kurze bzw.
lange Ecke anlaufen.
Wieviel Tore erzielen die 2 Spieler gegen 1 AWSP in
90 Sek.?
Die zweite Gruppe spielt zeitgleich in der anderen PH 4:4
auf 4 Kleintore mit Schwerpunkt Spielverlagerung
(12 Min.). Danach wechselt sie mit Gruppe 1.

Übung 3: Halber Platz mit 2 Normaltoren, Seitenbegrenzung durch verlängerte Strafraumlinie.
Spiel 4:4 mit jeweils 4 Auswechselspielern
Die Auswechselspieler nehmen ihre Position an den Seitenlinien ein. Sie können jederzeit ins Spiel einbezogen
werden, dürfen jedoch nur direkt spielen. Auf Zuruf wechselt Auswechselspieler ins Feld. Nach Zuspiel eines Auswechselspielers erzielte Tore zählen doppelt (15 Min.).

Abschluß (10 Min.): Abwärmen durch lockeres Auslaufen
über den ganzen Platz

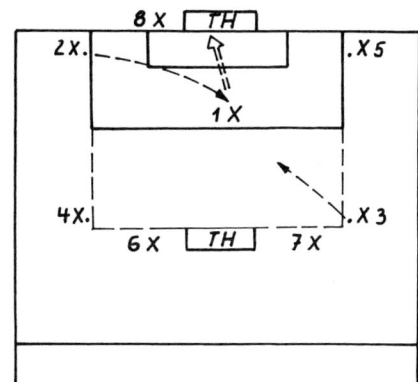

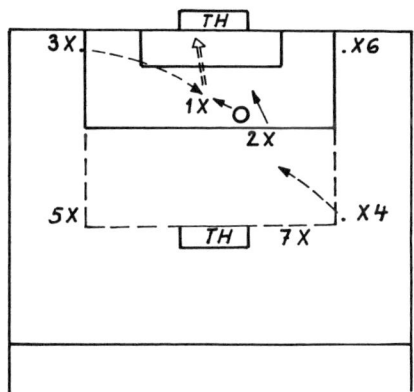

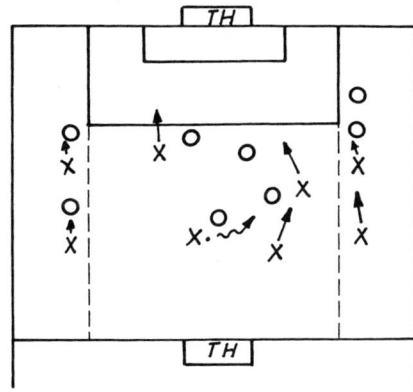

Abb. 367: Verwandeln von Flanken im doppelten Strafraum

*Abb. 368: Verwandeln von Flanken im doppelten Strafraum ge-
gen Abwehrspieler*

Abb. 369: Spiel 4:4 mit jeweils 4 Auswechselspielern

Woche: 06   **TE 3   Lfd. TE-Nr.: 120   Dauer: 95 Min.**

Trainingsziel: Verbesserung des Spiels gegen verstärkte Abwehr

Trainingsgeräte: 8 Bälle

Trainings-Inhalt:

Aufwärmen (25 Min.): Einlaufen ohne Ball von Strafraum zu Strafraum
- 6 Läufe in langsamem Tempo
- 1 Strecke gehen und tief durchatmen
- 1 Strecke langsam laufen mit Armekreisen vw und rw
- 1 Strecke Hopserlauf
- 1 Strecke in mittlerem Tempo
- 1 Strecke in langsamem Tempo, dabei 10mal anfersen und 10 Knieheberschritte
- 4 Strecken in langsamem Tempo mit Kopfballsprüngen
- 1 Strecke langsam, dabei abwechselnd mit der re/li Hand den Boden berühren
- 1 Strecke langsam, dabei 10mal kurz in die Hocke gehen und zweimal nachfedern
- 1 Strecke langsam, dabei Beine lockern
- Anschließend Dehnübungen

Taktik (35 Min.): Angriff gegen Abwehr in Überzahl

Übung 1 (20 Min.): Spiel 2:3 auf Normaltor mit TH (Abb. 370)
Die Angreifer starten an der ML und versuchen gegen die 3 vor dem Strafraum postierten AWSP zum Torerfolg zu kommen, wobei der Spieler am Ball immer von 2 AWSP attackiert wird.
Wechsel der AWSP nach 10 Angriffen.

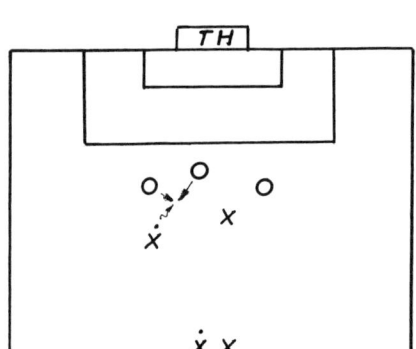

Abb. 370: Spiel 2:3 auf Normaltor mit TH

Übung 2 (20 Min.): Spiel 5:6 mit 3 Mannschaften in PH auf Normaltor mit TH (Abb. 371)
Mannschaft A greift mit 5 Spielern Mannschaft B an, die mit 6 Spielern verteidigt. Die Abwehr deckt eng, der „freie" Abwehrspieler spielt als Libero hinter der Deckung.
Gelingt A ein Tor, laufen die Spieler an der Seitenlinie zur ML zurück, während Mannschaft C von der ML aus den nächsten Angriff startet (gleiches gilt bei Ballbesitz TH).
Kommen die abwehrenden Spieler in Ballbesitz, werden sie zu Angriffsspielern (bis auf den Libero) und wechseln mit der Mannschaft, die den Ball verloren hat.

Abschluß (30 Min.): Spiel 8:8 über den ganzen Platz mit TH und Schwerpunkt Überzahl in der Abwehr
Die abwehrende Mannschaft spielt in der eigenen PH je-

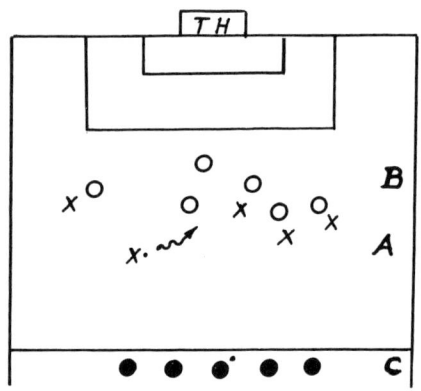

Abb. 371: Spiel 5:6 mit 3 Mannschaften

TE 3   Lfd. TE-Nr.: 120   Dauer: 95 Min.   Woche: 06

weils mit 6 AWSP – 2 Spieler bleiben als Spitzen in der gegnerischen PH.
Die ballbesitzende Mannschaft greift mit maximal 5 Spielern an, so daß die Abwehr grundsätzlich in Überzahl (Libero hinter der Deckung) spielt.
Abschließend Auslaufen

TE 1 Lfd. TE-Nr.: 121 Dauer: 100 Min. Woche: 07

Trainingsziel: Verbesserung der Schnelligkeit und des Konterspiels

Trainingsgeräte: 10 Bälle, 7 Markierungsstangen

Trainings-Inhalt:

Aufwärmen (25 Min.): Einlaufen mit Ball in der 2er-Gruppe über die PB
– Querpaß-Spiel aus Trab heraus
– Steil-steil im Wechsel: Spieler legen sich gegenseitig den Ball mit kurzen Steilpässen vor
– Spieler 1 mit Ball treibt Spieler 2 vor sich her und wendet Finten an. Spieler 2 bleibt passiv
– Spieler 1 führt den Ball nach Finte mit schnellem Antritt an Spieler 2 vorbei
– Spieler 1 bedient mit Handzuwurf den rw laufenden Spieler 2, der zurückköpft
– Spieler 1 bedient mit Handzuwurf den rw laufenden Spieler 2, der mit Innenseite zurückspielt
Abschließend gemeinsame Dehnübungen

Kondition (25 Min.): Verbesserung der Schnelligkeit durch Endlos-Staffel (Abb. 372)
In der PH ist eine Strecke mit unterschiedlich langen Laufwegen markiert. Es werden 2 Mannschaften gebildet, wobei jede Markierung eine Wechselmarke darstellt und mit je einem Spieler beider Mannschaften, die Startmarkierung jedoch mit 2 Pärchen besetzt ist. Durch Abschlagen auf den Rücken startet jeweils das nächste Paar.
Sieger ist die Mannschaft, die als erste alle Strecken durchlaufen hat.

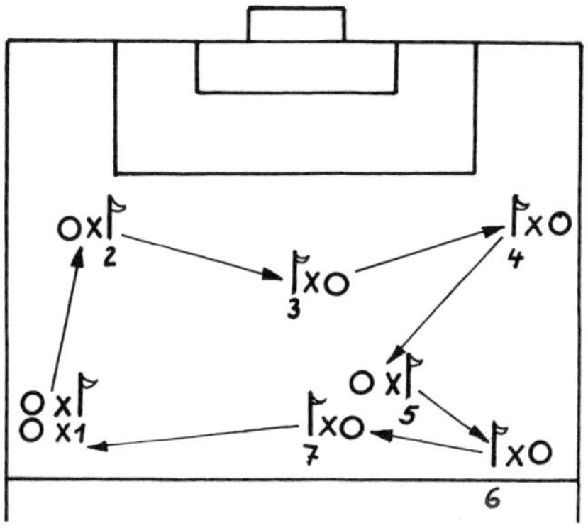

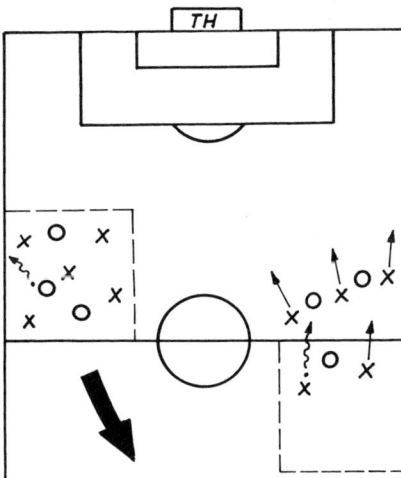

Abb. 372: Endlos-Staffel

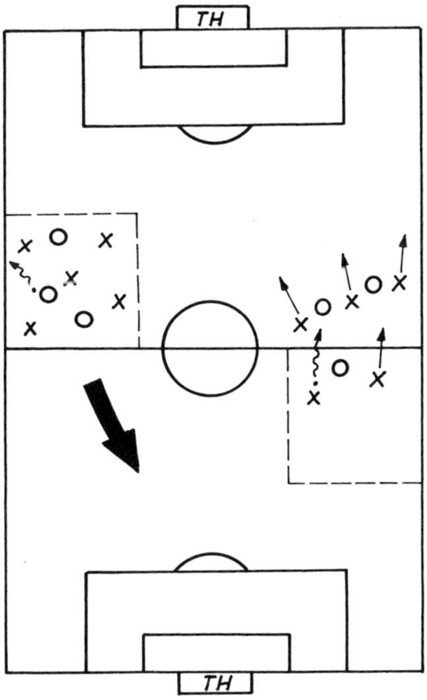

Abb. 373: Verbesserung des Konterspiels durch Spiel 5:3

Woche: 07   TE 1   Lfd. TE-Nr.: 121   Dauer: 100 Min.

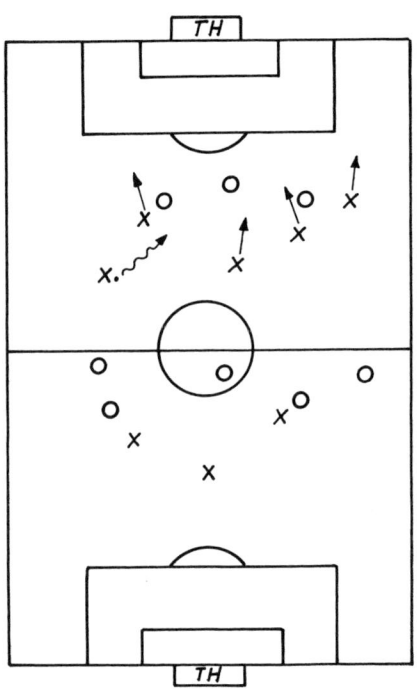

Abb. 374: Anwendung des schnellen Konterspiels durch Spiel 8:8

Belastung: 4 Durchgänge mit Starts aus verschiedenen Ausgangssituationen, 2 Min. Pause nach jedem Durchgang.
Lauf 1: Stehend
Lauf 2: Aus Liegestütz
Lauf 3: Aus Bauchlage
Lauf 4: Aus Sitzposition

Taktik (30 Min.): Verbesserung des Konterspiels durch Spiel 5:3 (Abb. 373)
5 Angreifer gegen 3 Abwehrspieler im Spielraum 20 × 20 m an der ML. Die Abwehr in Unterzahl hat Ballbesitz. Bei Ballgewinn der Überzahl kontern die 5 Angreifer sofort auf das Normaltor in der anderen PH. Spätestens nach 6 Pässen muß der Angriff abgeschlossen sein. Kommt die Abwehr vor dem Torabschluß in Ballbesitz, wechselt der Spieler aus der Überzahlmannschaft in die Abwehr, der den Ball verloren hat. Nach einem Torabschluß wird das Spiel 3:5 fortgesetzt.

Abschluß (20 Min.): Anwendung des schnellen Konterspiels durch Spiel 8:8 über den ganzen Platz (Abb. 374)
In jeder PH spielen 5 Angreifer gegen 3 Abwehrspieler. Jede Mannschaft muß spätestens nach 8 Zuspielen ihren Angriff abgeschlossen haben. Ziel der in Unterzahl spielenden Abwehrformationen ist es, bei Ballbesitz mit weiten Pässen die 5 Angreifer in der anderen PH anzuspielen.
Abschließend Auslaufen

Woche: 07   **TE 2   Lfd. TE-Nr.: 122   Dauer: 95 Min.**

Trainingsziel: Verbesserung der allgemeinen technisch-taktischen Fähigkeiten

Trainingsgeräte: 20 Bälle, 4 Markierungsstangen, 12 Sprungseile

Trainings-Inhalt:

Aufwärmen (25 Min.): Zuspielformen in der 4er-Gruppe
– Gruppe bewegt sich im Zotteltrab, Ball wird direkt gespielt
– Ballführen und Ballübergabe durch Tempodribbling auf einen Mitspieler
– Freies Zusammenspiel mit Wechsel von kurzen und langen Pässen

TE 2   Lfd. TE-Nr.: 122   Dauer: 95 Min.   Woche: 07

- Nach jedem Abspiel erfolgt eine gymnastische Übung
- Angespielter leitet Ball direkt in den Lauf eines Mitspielers weiter
- Jeder Spieler spielt nacheinander 6 DP mit seinen Mitspielern
- Spiel 3:1 direkt
- Dehnen

Technik/Taktik (45 Min.): Schulung der allgemeinen technisch-taktischen Fähigkeiten durch Stationen-Training in der 4er-Gruppe (Abb. 375)
(10 Min./Station; 1 Min. Pause bei Stationswechsel)

Station 1: Verwandeln von Rückpässen
Zuspieler spielt vom 11-m-Punkt nach re und li zur Strafraumgrenze Schrägpässe, die von den aus 25 m anlaufenden Mitspielern direkt verwandelt werden.
Zuspieler wechselt nach 6 Bällen

Station 2: Kopfball aus der Drehung heraus
2 Spieler mit Ball nehmen einen dritten Spieler in die Mitte (8 m Abstand), während der vierte Spieler seitlich (ca. 5 m entfernt) vom Mittelspieler postiert ist.
Die beiden äußeren Spieler werfen abwechselnd in schneller Folge dem Mittelspieler den Ball hoch zu, der mit dem Kopf (Drehung in der Luft um 90 Grad) zu dem vierten Spieler weiterleitet. Dieser gibt den Ball an die Zuspieler zurück.
Wechsel nach 20 Kopfbällen

Station 3: Torschuß nach Flanke
2 Spieler mit Ball auf dem Flügel, die restlichen beiden Spieler ca. 25 m vom Tor entfernt.
Der Angriff auf dem Flügel wird eingeleitet durch einen Querpaß nach außen, der direkt steil in den Lauf des Zuspielers weitergeleitet wird. Dieser flankt aus vollem Lauf in den Strafraum. Die anlaufenden Spieler in der Mitte kreuzen im Strafraum ihre Wege und verwandeln die Flanken direkt.
Wechsel der Rollen nach 6 Flanken, Übung von beiden Seiten ausführen.

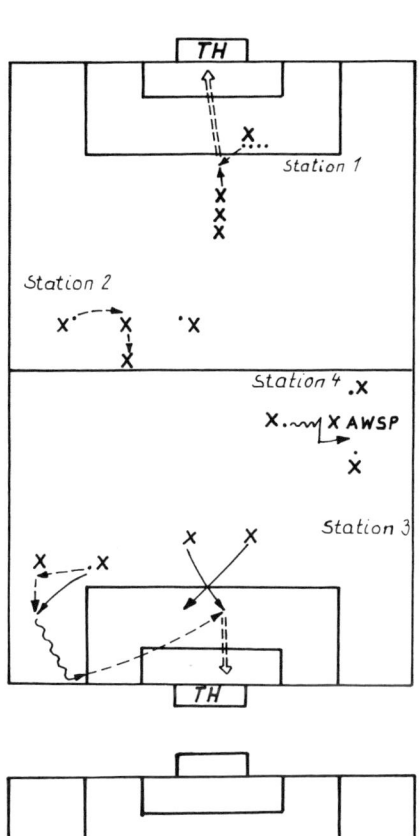

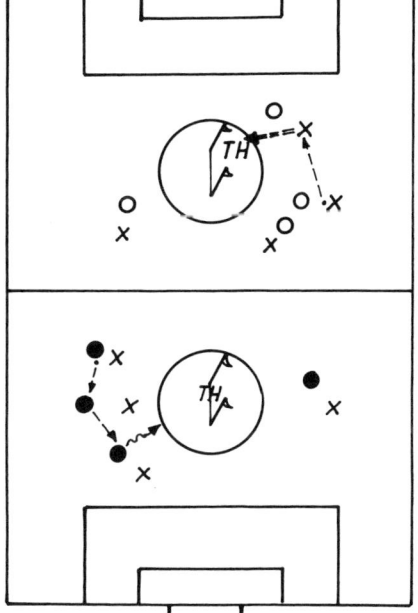

Abb. 375: Schulung der allgemeinen technisch-taktischen Fähigkeiten in der 4er-Gruppe

Abb. 376: Spiel 4:4 auf Offentor mit TH

Woche: 07   TE 2   Lfd. TE-Nr.: 122   Dauer: 95 Min.

Station 4: Dribbling gegen AWSP
3 Spieler mit Ball postieren sich in Dreiecksformation (15 m Seitenabstand) und nehmen den vierten Spieler als AWSP in die Mitte.
Im Wechsel versuchen nun die 3 Spieler den AWSP zu umspielen und auf die andere Seite zu gelangen.
Wechsel des AWSP nach 6 Dribblings.

Abschluß (25 Min.): Spiel 4:4 auf Offentor (5 m breit) mit TH in PH in Turnierform (Abb. 376)
In beiden PH ist jeweils in der Platzmitte ein Offentor aufgestellt, um das mit Sprungseilen ein Schußkreis mit 20 m Durchmesser markiert ist.
Torschüsse sind von beiden Seiten des Offentores aus erlaubt, jedoch nur direkt, wobei der Schußkreis nicht betreten werden darf.
Nach 10 Min. spielen Sieger gegen Sieger (Losentscheid bei unentschiedenem Ausgang) und die beiden Verlierermannschaften gegeneinander (10 Min.)
Abschließend Auslaufen

Woche: 07   **TE 3   Lfd. TE-Nr.: 123   Dauer: 90 Min.**

Trainingsziel: Verbesserung der Spielverlagerung

Trainingsgeräte: 4 Bälle, 20 Markierungsstangen

Trainings-Inhalt:

Aufwärmen (25 Min.): Zuspielformen in der 4er-Gruppe mit Ball
– Lockerer Trab mit Dehnübungen (10 Min.)
– Zuspiel aus dem Lauf in PH
– Angespielter leitet direkt in den Lauf des nächsten Spielers weiter
– Ballübernahme (hin zum Mann am Ball)
– nur direktes Spiel
– Nach Abspiel spurtet Spieler in den freien Raum
– Spieler fordert den Ball durch Spurt in den freien Raum
Anschließend Dehnübungen

Taktik (45 Min.): Schulung der Spielverlagerung

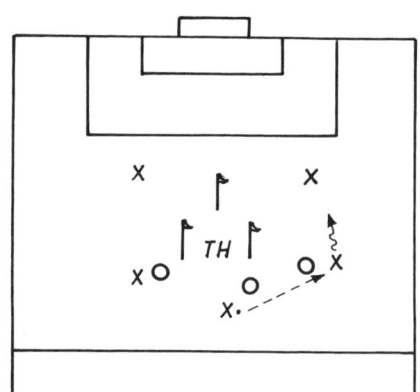

Abb. 377: Spiel 5:3 auf Dreieckstor

TE 3   Lfd. TE-Nr.: 123   Dauer: 90 Min.   Woche: 07

Übung 1: Spiel 5:3 auf Dreieckstor mit TH in Platzmitte (15 Min.) (Abb. 377)
Tore können nur direkt erzielt werden. Die Abwehrarbeit soll dadurch erschwert werden, daß die angreifende Überzahlmannschaft häufige Spielverlagerungen anwendet.

Übung 2: Spiel 5:3 auf 2 Offentore (6 m breit) mit TH in PH mit seitlich markierten Zonen (15 Min.) (Abb. 378)
Tore der Überzahlmannschaft zählen nur, wenn der Ball vor dem Torabschluß je einmal in die re und li Zone gespielt wurde. Die Unterzahlmannschaft kontert auf das andere Tor, wobei die Überzahlmannschaft nur mit 3 Spielern abwehren darf.
Wird ohne TH gespielt, werden die Offentore auf 3 m Breite verkleinert.

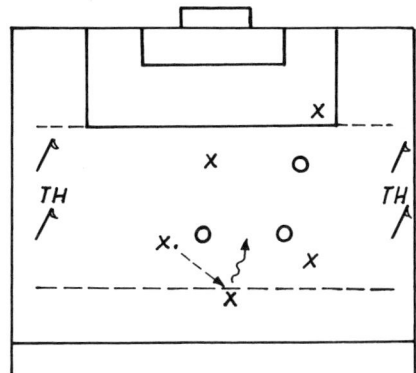

Abb. 378: Spiel 5:3 auf 2 Offentore

Übung 3: Spiel 8:8 auf 4 Tore (2 Normaltore mit TH + 2 Offentore 3 m breit an der Seitenlinie) in PH (15 Min.) (Abb. 379)
Die angreifende Mannschaft soll durch eine schnelle Spielverlagerung vor einem der beiden Tore (Normaltor oder Offentor) eine Überzahl herbeiführen und abschließen. Torerfolg nach Spielverlagerung zählt doppelt.

Abschluß (20 Min.): Spiel 8:8 auf 4 Tore
Wie Übung 3, jedoch kann die angreifende Mannschaft Tore in allen 4 Toren erzielen, wobei nach Torerfolg anschließend nur die 3 anderen Tore angegriffen werden dürfen.
Anschließend lockeres Auslaufen

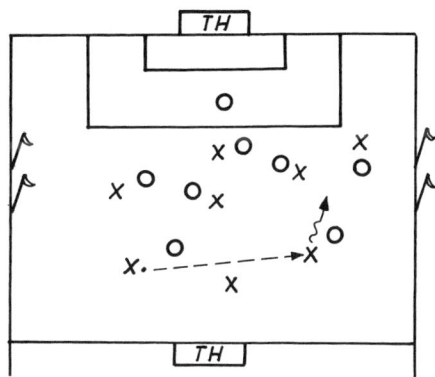

Abb. 379: Spiel 8:8 auf 4 Tore

TE 1   Lfd. TE-Nr.: 124   Dauer: 95 Min.   **Woche: 08**

Trainingsziel: Verbesserung Zusammenspiel sowie Spiel ohne Ball

Trainingsgeräte: 5 Bälle, 12 Markierungsstangen, 1 tragbares Normaltor

Trainings-Inhalt:

Aufwärmen (25 Min.): Handball
− Handball 4:4 im Spielraum 20 × 20 m (10 Min.)
− Handball 8:8 in PH auf 2 Tore (tragbares Normaltor an ML)
   Ein Tor ist dann erzielt, wenn ein Spieler einen Handzu-

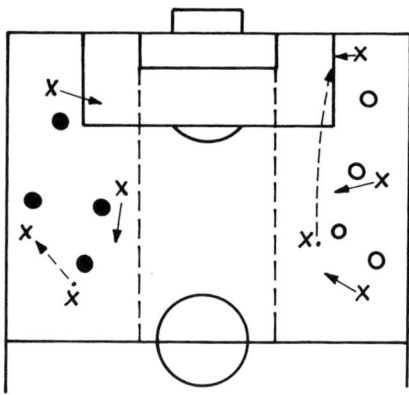

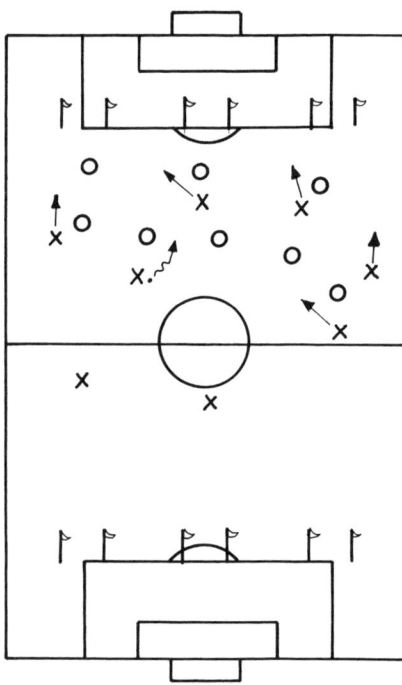

wurf eines Mitspielers mit dem Kopf im Tor unterbringt
(10 Min.)
Anschließend Dehnübungen

Taktik (40 Min.): Verbesserung des Zusammenspiels sowie des Spiels ohne Ball durch Spiel 4:4
(gleichzeitig Ausdauerschulung) (Abb. 380)
Schwerpunkt: Jeweils 2 Spieler der ballbesitzenden Mannschaft bieten sich kurz an, der 3. läuft sich für den weiten
Paß frei (1 Min. Dehnpause zwischen den Übungen)

Übung 1 (12 Min.): Freies Spiel

Übung 2 (12 Min.): Spielerorientiertes Direktspiel
In jeder Mannschaft wird jeweils für 3 Min. ein Spieler bestimmt, der ausschließlich direkt spielen darf

Übung 3 (12 Min.): Direktspiel
Anschließend lockerer Trab mit Dehnübungen

Abschluß (30 Min.): Spiel über den ganzen Platz auf
6 Offentore (3 m breit) (Abb. 381)
Die abwehrende Mannschaft deckt mit 3 Spielern den
Raum vor den 3 Toren ab und greift mit einer 5er-Abwehr-
reihe die ballbesitzende Mannschaft an. Dabei verschiebt
sie die Abwehrkette hin zum Ball und versucht dort die
Räume eng zu machen.
Die angreifende Mannschaft versucht, durch schnelle
Spielverlagerung eine Überzahl vor einem der Tore herbei-
zuführen und mit einem Torschuß abzuschließen.
(Variante: Torschuß nur direkt)
Abschließend Auslaufen

*Abb. 380: Spiel 4:4 zur Verbesserung des Zusammenspiels sowie
des Spiels ohne Ball*

Abb. 381: Spiel auf 6 Offentore

Woche: 08   **TE 2   Lfd. TE-Nr.: 125   Dauer: 100 Min.**

Trainingsziel: Festigung der Schnelligkeit mit und ohne
Ball

Trainingsgeräte: 2 Spieler je 1 Ball, 4 Markierungsstangen

TE 2   Lfd. TE-Nr.: 125   Dauer: 100 Min.   Woche: 08

Trainings-Inhalt:

Aufwärmen (25 Min.): Individuelles Einlaufen mit/ohne Ball
Jeder Spieler gestaltet sein Aufwärmprogramm selbst, bestimmt Fortbewegungsart, Laufrichtung und Sprungkombinationen zunächst ohne Ball. Nach 15 Min. wird die Aufwärmarbeit individuell mit Ball fortgesetzt.
Abschließend gemeinsame Dehnübungen

Kondition (50 Min.): Verbesserung der Schnelligkeit mit Ball in der 2er-Gruppe

Übung 1: Spurt nach Pässen
Spieler 1 führt den Ball und paßt flach in den freien Raum, wobei Spieler 2 den Ball mit Spurt erlaufen und zu 1 zurückspielen muß. Rollenwechsel nach 5 Pässen.
Pause (2 Min.): Kopfballspiel

Übung 2: Doppelpässe
Spieler 1 führt Ball und spielt 10 Doppelpässe mit maximaler Intensität mit Spieler 2. Danach Wechsel.
Pause (2 Min.): Kopfballspiel aus Sitzlage

Übung 3: Ruhenden Ball erlaufen
Spieler 1 führt Ball, 2 folgt als Schatten im 10-m-Abstand. Spieler 1 stoppt plötzlich Ball mit Sohle ab und läuft sich frei. Spieler 2 spurtet auf den Ball und spielt zu 1 zurück. Wechsel nach 2 Min.
Pause (2 Min.): Kopfballspiel aus Kniestand

Übung 4: Spurtzweikampf
Spieler 1 in Grätschstellung. Spieler 2 dribbelt mit Ball auf 1 zu und paßt scharf durch die Beine, wobei anschließend beide zum Ball spurten. Erreicht 1 den Ball vor Spieler 2, werden die Rollen gewechselt.
Spieler 2 hat bis zu 5 Versuche.
Pause (2 Min.): Balljonglieren

Übung 5: Dribbling mit Zweikampf
Spieler 1 dribbelt mit Ball auf den rw laufenden 2 zu und paßt plötzlich den Ball vorbei, wobei anschließend beide zum Ball spurten. Erreicht Spieler 2 den Ball vor 1, werden die Rollen gewechselt. Spieler 1 hat bis zu 5 Versuche.
Pause (2 Min.): Weite Einwürfe

Übung 6: Spurt nach Flugball
Spieler 1 führt den Ball und spielt 2 mit weitem Flugball an und spurtet sofort auf den von 2 direkt weitergeleiteten Ball. Wechsel nach 5 Flugbällen.

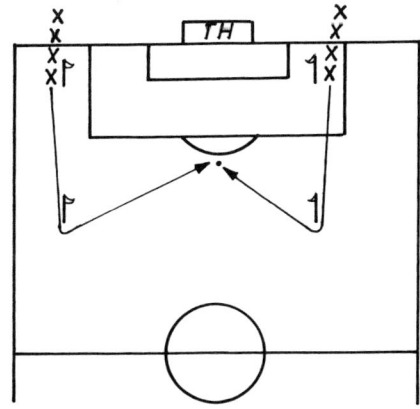

Abb. 382: Schußwettbewerb

Woche: 08   TE 2   Lfd. TE-Nr.: 125   Dauer: 100 Min.

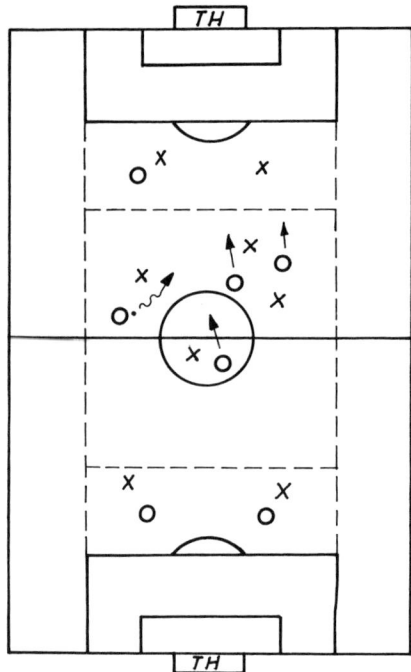

Abb. 383: Positionsspiel 2 ST : 2 AWSP + 4 : 4
MFSP + 2 ST : 2 AWSP

Pause (2 Min.): Spieler Rücken an Rücken, Ball mit Rumpfdrehung übergeben

Übung 7: Schußwettbewerb (Abb. 382)
2 Mannschaften: Je 1 Spieler beider Mannschaften startet gleichzeitig auf Signal TR auf den 20 m vor dem Tor ruhenden Ball, wobei im Spiel 1 : 1 ein sofortiger Torabschluß herbeigeführt werden soll. Welche Mannschaft erzielt die meisten Tore?
3 Durchgänge. Anschließend Dehn- und Lockerungsübungen

Abschluß (25 Min.): Positionsspiel mit 2 Mannschaften über den ganzen Platz (Abb. 383)
2 ST : 2 AWSP + 4 : 4 im MIFE + 2 AWSP : 2 ST
In den gekennzeichneten Räumen des Platzes behalten die Spieler ihre Positionen bei, wobei es in jedem Raum zu 1 : 1-Situationen kommt. Die ballbesitzende Mannschaft versucht über das Spiel aus dem Abwehrraum heraus, einen ihrer Mittelfeldspieler anzuspielen, der nun im Zusammenspiel mit seinen Partnern die beiden manngedeckten Sturmspitzen in Szene setzen soll. Der jeweilige Raum darf nicht verlassen werden.
Nach jeweils 8 Min. werden die Rollen gewechselt, so daß jeder Spieler einmal die Position eines AWSP, MFSP und eines ST innehat.
Anschließend Auslaufen

Woche: 08   **TE 3   Lfd. TE-Nr.: 126   Dauer: 105 Min.**

Trainingsziel: Verbesserung des Konterspiels

Trainingsgeräte: 10 Bälle, tragbares Normaltor, 8 Markierungsstangen

Trainings-Inhalt:

Aufwärmen (25 Min.): Einlaufen ohne Ball über Platzbreite
− lockerer Trab über mehrere PB
− Trab mit eingestreuten Skippings (3 PB)
− Gehen mit Armekreisen vw/rw (2 PB)
− Anfersen (1 PB)
− Knieheberlauf (1 PB)
− Gehen und alle 10 m für 10 Sek. in Zehenstand, Arme gestreckt (1 PB)

TE 3   Lfd. TE-Nr.: 126   Dauer: 105 Min.   Woche: 08

- Seitwärtslauf (1 PB)
- Überkreuzlauf (1 PB)
- Hopserlauf mit/ohne Rumpfdrehung (2 PB)
- Sprunglauf (lange Schritte – 1 PB)
- lockerer Trab mit Kopfballsprüngen
Anschließend Dehnen

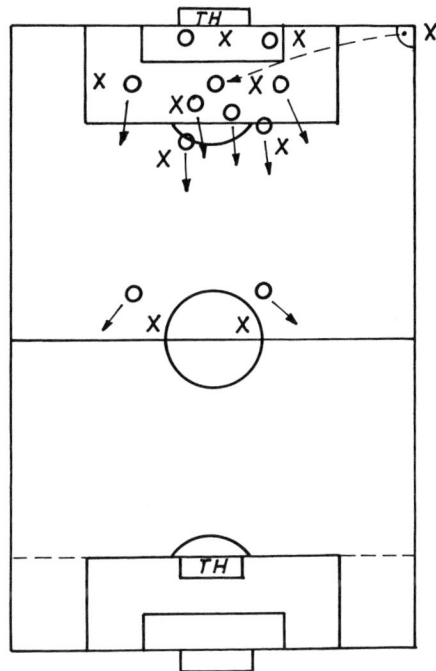

Taktik (25 Min.): Schulung Spielverlagerung und Doppelpaßspiel (gleichzeitig Ausdauerschulung)

Übung 1 (12 Min.): Spiel 8:8 in PH mit festen Pärchen
Jeder gelungene 30-m-Paß innerhalb einer Mannschaft
ergibt 1 Punkt

Übung 2 (12 Min.): Spiel 8:8 in PH mit festen Pärchen
Jeder gelungene DP innerhalb einer Mannschaft ergibt
1 Punkt.

Taktik (40 Min.): Schulung des Konterspiels (schnelles
Umschalten)

Übung 1 (20 Min.): Konterspiel nach Eckball in Defensive
(Abb. 384)
Mannschaft A (Angreifer) schlägt 10 Eckbälle von re und
10 von li und versucht zum Torabschluß zu kommen. Bei
Ballbesitz der abwehrenden Mannschaft B schaltet diese
sofort auf Angriff um und versucht die beiden manngе-
deckten Spitzen anzuspielen und nachzurücken (schneller Raumgewinn).
Mannschaft A darf, mit Ausnahme der beiden Manndekker, nur bis zur ML folgen (stören), danach schließt Mannschaft B den Angriff in Überzahl bis zum Torabschluß am
Normaltor am anderen Strafraum ab.
Wechsel der Rollen nach 20 Eckbällen

*Abb. 384: Konterspiel nach Eckstoß in De-
fensive*

Übung 2 (20 Min.): Schulung des Konterspiels nach Ball-
besitz Abwehr bzw. Abwurf TH (Abb. 385)
(in beiden PH gleichzeitig ausführen)
Mannschaft A versucht Flanken von re/li zu verwandeln.
Kommt Mannschaft B in Ballbesitz, versucht die Mann-
schaft mit schnellem Konter ein Tor an einem der beiden
Offentore an der ML zu erzielen.
Wechsel der Rollen nach 10 Min.

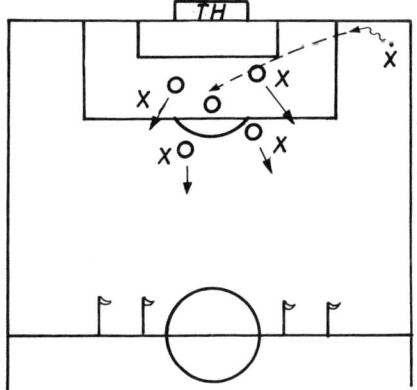

Abschluß (15 Min.): Spiel über den ganzen Platz mit An-
wendung des Konterspiels vor allem bei Eckbällen und
Ballbesitz TH.
Anschließend Auslaufen

*Abb. 385: Konterspiel nach Ballbesitz Ab-
wehr bzw. Abwurf TH*

Woche: 09   **TE 1   Lfd. TE-Nr.: 127   Dauer: 95 Min.**

Trainingsziel: Verbesserung konditionelle Fähigkeiten und Balltechnik

Trainingsgeräte: 10 Bälle, 8 Medizinbälle, 2 Deuserbänder, 18 Markierungsstangen

Trainings-Inhalt:

Aufwärmen (25 Min.): Einlaufen ohne Ball über die PB
– Lockerer Trab mit Dehnübungen
– Hopserlauf mit/ohne beidarmigem Armekreisen vw/rw
– Seitwärtslauf, Überkreuzlauf
– Skippings
– Kniehcberlauf, Anfersen
– aus Trab in Hocke absitzen, nachfedern und Kopfballsprung
– kurze Antritte mit/ohne Körpertäuschungen vw/rw
– Dehnübungen

Kondition (45 Min.): Verbesserung der konditionellen Fähigkeiten und der Balltechnik durch Zirkeltraining in der 4er-Gruppe (Abb. 386)
Belastung 45 Sek., Pause 60 Sek.
2 Durchgänge

Station 1: Paß-Spiel zwischen 2 Stangen (15 m Abstand)
2 Spieler passen sich den Ball zwischen 2 Stangen direkt zu. Nach dem Abspiel spurtet jeder um seine Stange und wieder dem Ball entgegen.

Station 2: Medizinball-Umgreifen
Jeder Spieler in breiter Grätschstellung hält Medizinball zwischen den Beinen, ein Arm von vorne, ein Arm von hinten um das gleiche Bein. Schnelles, wechselseitiges Umgreifen.

Station 3: Spurt – Trab im Viereck (15 m Seitenlänge)
Die Spieler umlaufen ein Viereck, wobei im Wechsel eine Seitenlänge getrabt und eine Seitenlänge gespurtet wird.

Station 4: Im Tor: Kopfballsprünge aus der Hocke gegen die Querlatte

Station 5: Paß-Spiel mit Positionswechsel
Die Spieler stehen sich paarweise im 10-m-Abstand gegenüber, passen sich den Ball direkt zu und folgen ihrem Abspiel auf die andere Seite.

Station 6: Medizinball-Hochwurf aus Hocke
Die Spieler werfen den Medizinball aus der Hockstellung hoch und fangen ihn im Sprung über dem Kopf.

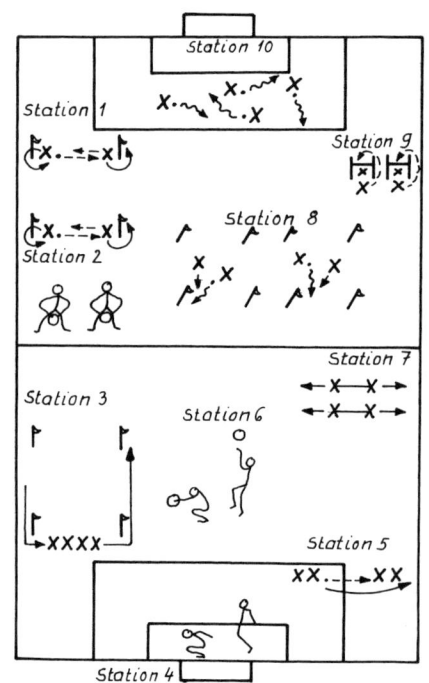

Abb. 386: Verbesserung der konditionellen Fähigkeiten und der Balltechnik durch Zirkeltraining

TE 1   Lfd. TE-Nr.: 127   Dauer: 95 Min.   Woche: 09

Station 7: Lauf gegen Deuserband
Die Spieler legen sich paarweise ein Deuserband um die
Brust und bewegen sich gegen den Zug des Bandes aus-
einander.

Station 8: Spiel 1 : 1 im Spielraum 10 × 10 m

Station 9: Kopfballspiel aus Kniestand über Querstange
des Offentores

Station 10: Einzelarbeit am Ball: Schnelles Ballführen
(zurückziehen, drehen usw.) mit Körpertäuschungen und
plötzlichen Richtungsänderungen
Anschließend 5 Min. lockerer Trab mit Dehnübungen

Abschluß (25 Min.): Spiel über den ganzen Platz mit TH
– 10 Min. mit 2 Ballberührungen
– 15 Min. freies Spiel – in eigener Hälfte nur direkt
Abschließend Auslaufen

TE 2   Lfd. TE-Nr.: 128   Dauer: 100 Min.   Woche: 09

Trainingsziel: Verbesserung des Dribblings und des Torschusses nach Flanken

Trainingsgeräte: 20 Bälle

Trainings-Inhalt:

Aufwärmen (25 Min.): Einlaufen in der 2er-Gruppe mit
Ball von Strafraum zu Strafraum
– Querpaßspiel aus Trab heraus
– Steil-steil im Wechsel: Spieler legen sich gegenseitig den
  Ball mit kurzen Steilpässen vor
– Spieler 1 mit Ball treibt den rw laufenden Spieler 2 vor
  sich her und wendet Finten an; Spieler 2 bleibt weitge-
  hend passiv
– Spieler 1 führt den Ball nach Finte mit schnellem Antritt
  an Spieler 2 vorbei
– Spieler 1 bedient mit Handzuwurf den rw laufenden
  Spieler 2, der kurz dem Ball entgegenstartet und zu-
  rückköpft
– Spieler 1 bedient mit Handzuwurf den rw laufenden
  Spieler 2, der kurz dem Ball entgegenstartet und mit In-
  nenrist re/li zurückspielt
– Spieler 1 spielt flach und scharf den rw laufenden Spieler 2 an, der kurz dem Ball entgegenstartet und zurückprallen läßt

Woche: 09   TE 2   Lfd. TE-Nr.: 128   Dauer: 100 Min.

Abschließend Dehnübungen in der 2er-Gruppe

Technik (25 Min.): Täuschungen und Dribblings in der 2er-Gruppe
Belastung: Jede Übung 6×/Durchgang; 2 Durchgänge (2 Min. Dehnpause nach 1. Durchgang)

Übung 1: Spieler A dribbelt auf B zu, täuscht Durchbruch li (re) an und spurtet re (li) vorbei

Übung 2: A dribbelt auf B zu, tritt überraschend an und verändert die Richtung

Übung 3: A dribbelt auf B zu, täuscht Dribbling li (re), dann re (li) und spurtet li (re) am Gegner vorbei

Übung 4: A dribbelt schräg nach innen auf B zu, den Ball mit der Innenseite führend. Ausfallschritt nach li (re), Ball mit Außenrist re (li) am Gegner vorbeilegen und nachspurten (Matthews-Trick)

Übung 5: A dribbelt auf B zu, täuscht Abspiel nach li (re) durch ausholen an und spurtet re (li) am Gegner vorbei

Übung 6: A führt Ball, Schulter an Schulter mit B, wobei A den Ball mit dem Körper zu B abdeckt. A schwingt mit dem Spielbein schnell nach hinten und wieder nach vorne und nimmt den Ball mit kurzem Antritt wieder mit
Anschließend 2 Min. Dehnpause

Torabschluß (40 Min.): Verbesserung der Flankentechnik und des Torschusses (Abb. 387)

Übung 1 (20 Min.): Hüftdrehstöße nach Flanken von re/li
Auf halber Höhe zwischen GL und Strafraumgrenze sind re und li am Strafraum 2 Spieler mit Bällen postiert.
Sie flanken im Wechsel auf den Elfmeterpunkt, wo der in den Ball startende Spieler versucht, die Flanke direkt mit Hüftdrehstoß zu verwandeln. Der Schütze verwertet immer 2 Bälle hintereinander, d. h. Flanke von re mit li Fuß und von li mit re Fuß.
Nach insgesamt 20 Bällen werden die Flankenden gewechselt

Übung 2 (20 Min.): Verwandeln von Flanken nach Kreuzen im Strafraum
Zwischen Seitenauslinie und Strafraumgrenze sind re und li auf der Höhe des Torraumes 2 Spieler mit Bällen postiert.
Die übrigen Spieler stehen etwa 30 m vom Tor entfernt, wobei immer 2 Spieler gleichzeitig anlaufen und sich ihre Laufwege im Strafraum kreuzen, d. h. der ballentfernte

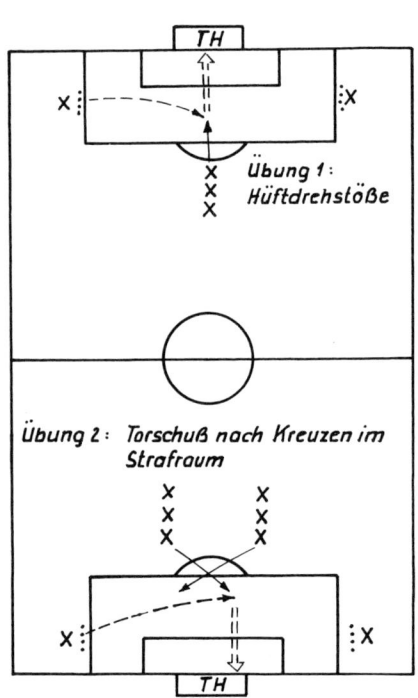

Abb. 387: Verbesserung der Flankentechnik und des Torschusses

TE 2   Lfd. TE-Nr.: 128   Dauer: 100 Min.   Woche: 09

(äußere) Spieler läuft auf die kurze Ecke, der ballnahe (innere) Spieler auf die lange Ecke.
Die Flanken sollen möglichst direkt mit Kopf oder Fuß verwandelt werden.
Nach insgesamt 20 Bällen werden die Flankenden gewechselt.

Abschluß (10 Min.): Auslaufen (aktives Entmüden)

TE 3   Lfd. TE-Nr.: 129   Dauer: 105 Min.   **Woche: 09**

Trainingsziel: Verbesserung der Schnelligkeit und des Flügelspiels

Trainingsgeräte: Jeder Spieler 1 Ball, 12 Markierungsstangen, tragbares Normaltor

Trainings-Inhalt:

Aufwärmen (25 Min.): Spiel Fußball-Handball-Kopfball mit 2 Mannschaften auf 2 Normaltore (2. Tor an ML)
Das Spiel muß zwingend in der vorgeschriebenen Reihenfolge Fuß, Hand, Kopf durchgeführt werden, wobei Torerfolg nur mit Kopf oder Fuß möglich ist.
Spieler 1 führt den Ball mit dem Fuß und paßt den Ball einem Mitspieler so zu, daß dieser ihn fangen kann. Der Handzuwurf muß vom nächsten Spieler mit dem Kopf weitergeleitet werden, wobei dann das Spiel mit dem Fuß fortgesetzt wird.
Die verteidigende Mannschaft darf den Ball nur mit der gleichen Spielart abwehren.
Anschließend Dehnen

Kondition (20 Min.): Verbesserung der Schnelligkeit mit und ohne Ball in 3er-Gruppen (Abb. 388)
Belastung: 2 Serien mit je 8 Läufen/1 Min. Pause zwischen den Läufen
2 Min. Dehnpause zwischen beiden Serien.
Strecke 1: Ballführen in mäßigem Tempo (16 m)
Strecke 2: Ballführen in höchstem Tempo (25 m) und Ball ablegen

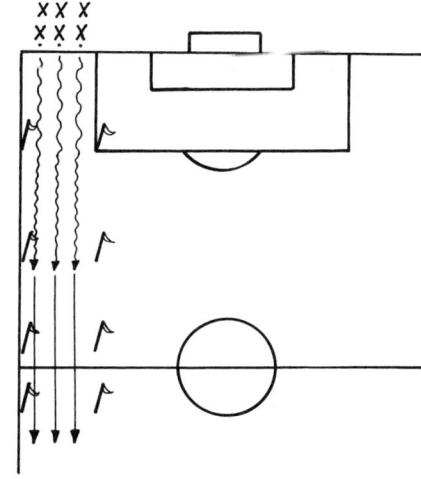

Abb. 388: Verbesserung der Schnelligkeit mit und ohne Ball

Woche: 09 　　　　　　　TE 3　Lfd. TE-Nr.: 129　Dauer: 105 Min.

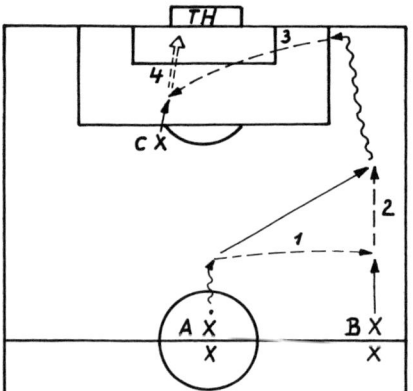

Strecke 3: Traben ohne Ball (20 m)
Strecke 4: Spurt (10 m) mit anschl. Auslaufen bis zur anderen GL

Taktik (45 Min.): Schulung des Flügelspiels als Voraussetzung für Torabschluß

Übung 1 (15 Min.): Paß nach außen mit Positionswechsel (Abb. 389)
Spieler A paßt nach außen zu Spieler B (1), der sofort für A steil weiterleitet (2). Spieler erläuft das Zuspiel und flankt von GL auf Spieler C (3), der die Flanke direkt verwandelt (4).
A wechselt anschließend auf die Position von C, C wechselt zu B und B zu A.
Von beiden Seiten ausführen

Übung 2 (15 Min.): Paß nach außen mit Hinterlaufen (Abb. 390)
Spieler A paßt nach außen zu B, der Ball nach innen führt und anschließend den hinterlaufenden Spieler A außen anspielt. A flankt von GL auf C, der mit Torschuß abschließt.
A wechselt auf die Position von C, C zu B und B zu A.
Von beiden Seiten ausführen.

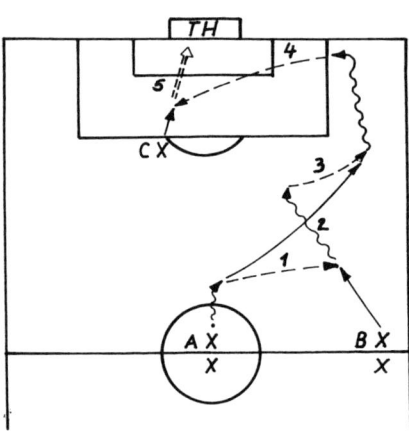

Übung 3 (15 Min.): Spitze wechselt auf Außenposition (Abb. 391)
Spieler A paßt nach außen zu B (1), der sofort steil weiterleitet (2) auf die auf den Flügel wechselnde Spitze C. C führt den Ball bis zur GL und flankt (3) auf die mitgelaufenen Spieler, wobei A die lange Ecke und B die kurze Ecke anläuft.
Anschließend wechselt B mit C, C mit A und A mit B.
Von beiden Seiten ausführen

Abschluß (20 Min.): Spiel über den ganzen Platz mit Förderung des Flügelspiels durch Tabu-Räume auf beiden Spielfeldseiten (Abb. 392)

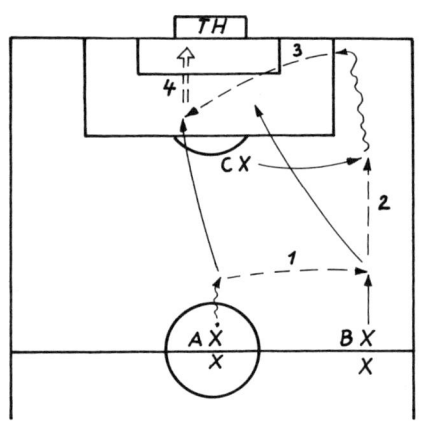

Abb. 389: Paß nach außen mit Positionswechsel

Abb. 390: Paß nach außen mit Hinterlaufen

Abb. 391: Spitze wechselt auf Außenposition

TE 3   Lfd. TE-Nr.: 129   Dauer: 105 Min.   Woche: 09

Im Tabu-Raum darf der ballführende Spieler nicht angegriffen werden, so daß er unbedrängt flanken kann. Tore,
die im Anschluß an eine Flanke erzielt werden, zählen
doppelt.
Anschließend Auslaufen

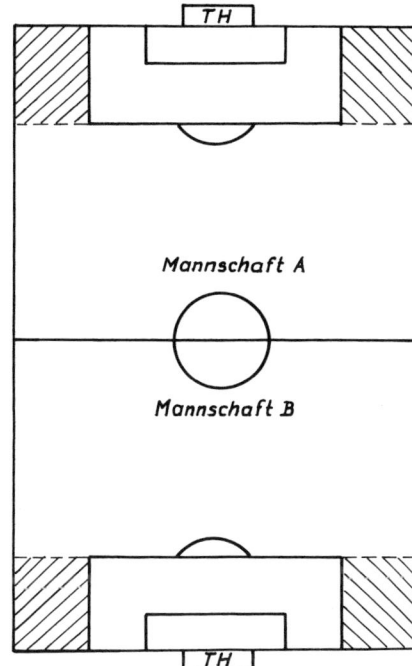

*Abb. 392: Förderung des Flügelspiels durch Tabu-Räume auf
beiden Spielfeldseiten*

TE 1   Lfd. TE-Nr.: 130   Dauer: 90 Min.   **Woche: 10**

Trainingsziel: Verbesserung der balltechnischen Fähigkeiten und des Zusammenspiels

Trainingsgeräte: 8 Bälle, 4 Markierungsstangen

Trainings-Inhalt:

Aufwärmen (25 Min.): Einlaufen mit Ball in der 2er-Grup-
pe über die PB
– Die Spieler passen sich den Ball aus dem Lauf heraus
  zu; zunächst flach, dann halbhoch, wobei der Ball dann
  direkt in den Lauf des Zuspielers weitergeleitet wird (ca.
  5 Min.)
– Spieler 1 mit Ball treibt Spieler 2 vor sich her und wendet
  Finten an; Spieler 2 bleibt passiv (Wechsel nach 2 PB)
– Spieler 1 dribbelt mit Ball und schirmt ihn mit dem Körper gegen den verhalten angreifenden Spieler 2 ab
  (Wechsel nach 1 Min.)

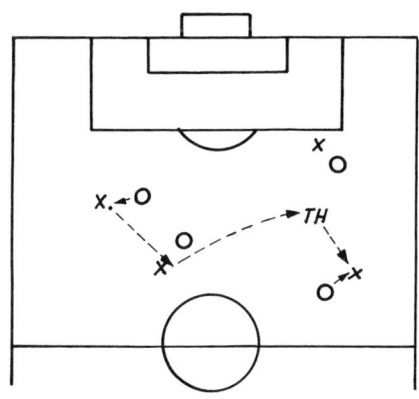

*Abb. 393: Spiel 4:4 mit einem sich frei im
Feld bewegenden TH*

Woche: 10   TE 1   Lfd. TE-Nr.: 130   Dauer: 90 Min.

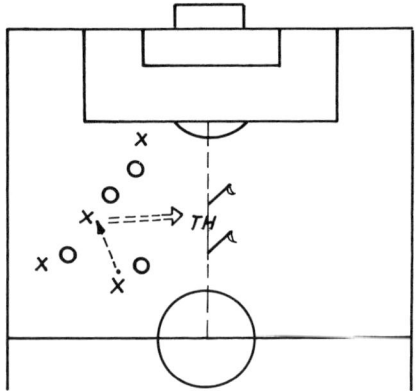

Abb. 394: Spiel 4 : 4 auf ein Offentor mit TH

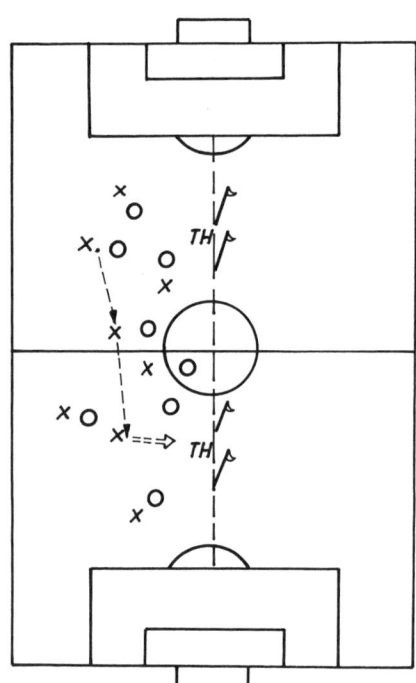

Abb. 395: Spiel 8 : 8 auf 2 Offentore mit TH

- Spieler 1 spielt den im Abstand von 10 m rw laufenden Spieler 2 an, der kurz den Ball anläuft und zurückprallen läßt (Wechsel nach 2 PB)
- Spieler 1 bedient Spieler 2 mit flachen, halbhohen und hohen Bällen und wechselt nach dem Abspiel sofort die Laufrichtung; Spieler 2 leitet den Ball direkt in den Lauf von Spieler 1 weiter (Wechsel nach 1 Min.)
- Spieler 1 und 2 stehen Rücken an Rücken und übergeben sich den Ball jeweils mit einer Rumpfdrehung
- Spieler 1 und 2 stehen Rücken an Rücken in Grätschstellung und übergeben sich den Ball zunächst durch die gegrätschten Beine und anschließend über den Kopf zurück (Rückwärtsbeuge)

Anschließend gemeinsame Dehnübungen, wobei immer jeweils ein Spieler eine Übung im Wechsel vormacht

Technik/Taktik (40 Min.): Verbesserung des Zusammenspiels mit Torabschluß

Übung 1 (10 Min.): Spiel 4 : 4 in PH mit einem sich frei im Feld bewegenden TH (Abb. 393)
Ziel der ballbesitzenden Mannschaft ist es, den sich frei im Feld bewegenden TH möglichst oft anzuspielen, wobei jedes gelungene Anspiel auf den TH 1 Punkt ergibt. Der TH wirft anschließend den Ball wieder der Mannschaft zu, die den Punkt erzielt hatte

Übung 2 (10 Min.): Spiel 4 : 4 in PH mit einem sich frei im Feld bewegenden TH
Wie Übung 1, jedoch darf nur mit 2 Ballkontakten gespielt werden

Übung 3 (10 Min.): Spiel 4 : 4 in PH auf 1 Offentor (6 m breit) mit TH (Abb. 394)
Eine Linie, auf der sich ein 6 m breites Offentor befindet, teilt das Spielfeld (PH) in 2 Zonen. Ein Torerfolg wird dann gewertet, wenn sich alle Spieler der angreifenden Mannschaft in einem Feld hinter der Linie aufhalten. Überquert der Ball also die Linie, müssen alle Angreifer in das andere Feld wechseln, ehe auf das Tor geschossen werden darf. TH setzt das Spiel bei Ballbesitz mit einem Abwurf in den freien Raum fort

Übung 4 (10 Min.): Spiel 8 : 8 über den ganzen Platz auf 2 Offentore (6 m breit) mit TH (Abb. 395)
Wie Übung 3, jedoch aus den zwei Spielfeldern in den PH wird ein großes Spielfeld gebildet. Ein Torerfolg in einem der beiden Offentore ist nur möglich, wenn sich alle Spieler der angreifenden Mannschaft in einem Feld befinden

TE 1   Lfd. TE-Nr.: 130   Dauer: 90 Min.   Woche: 10

Abschluß (25 Min.): Spiel 8:8 über den ganzen Platz auf
die Normaltore mit TH
Ein Tor wird nur dann gewertet, wenn sich alle Spieler der
angreifenden Mannschaft in der gegnerischen Hälfte aufhalten.
Schwerpunkt: Schnelles Nachrücken der AWSP; Ballhalten im Angriff, um das Nachrücken zu ermöglichen
Abschließend Auslaufen

TE 2   Lfd. TE-Nr.: 131   Dauer: 95 Min.   **Woche: 10**

Trainingsziel: Verbesserung Konterspiel und Torabschluß

Trainingsgeräte: 20 Bälle, tragbares Normaltor, 16 Markierungsstangen

Trainings-Inhalt:

Aufwärmen (25 Min.): Handball mit Kopfballabschluß auf
2 Normaltore in PH
Spiel nach Handballregeln, wobei Torerfolg nur durch
Kopfball nach Zuwurf eines Mitspielers möglich ist
Anschließend Dehnen

Kondition (15 Min.): Festigung Schnelligkeit und Reaktion

Übung 1 Fangspiel, 1 Jäger und 1 Gejagter, Rest in Hockstellung paarweise in PH verteilt. Gejagter befreit sich, indem er sich neben einem Paar niederkauert, worauf der
äußere Spieler in der Hocke nun selbst zum Jäger, der bisherige Jäger zum Gejagten wird.

Übung 2: Hasen und Jäger: Im abgesteckten Feld des PV
jagt eine Mannschaft (jeder Spieler 1 Ball) die andere. Jeder Schuß-Treffer unterhalb der Gürtellinie ergibt 1 Punkt,
wobei die Hasen das Feld nicht verlassen dürfen.
Wieviel Punkte erzielt eine Mannschaft innerhalb der festgesetzten Zeit?
Danach Rollenwechsel

Taktik (20 Min.): Verbesserung des Konterspiels
Spiel 1 + 3:3 + 1 (Abb. 396)
In 30 m Entfernung sind jeweils zwei Felder 10 × 10 m mar-
kiert, in denen sich jeweils 1 neutraler Spieler aufhält. Im
Feld dazwischen spielen 2 Mannschaften 3:3. Gelingt es
einer Mannschaft einen Neutralen anzuspielen, erhält sie

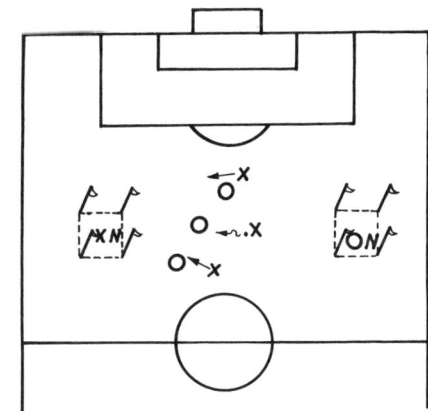

Abb. 396: Spiel 1 + 3:3 + 1

Woche: 10　　　　　　　　　　　TE 2　Lfd. TE-Nr.: 131　Dauer: 95 Min.

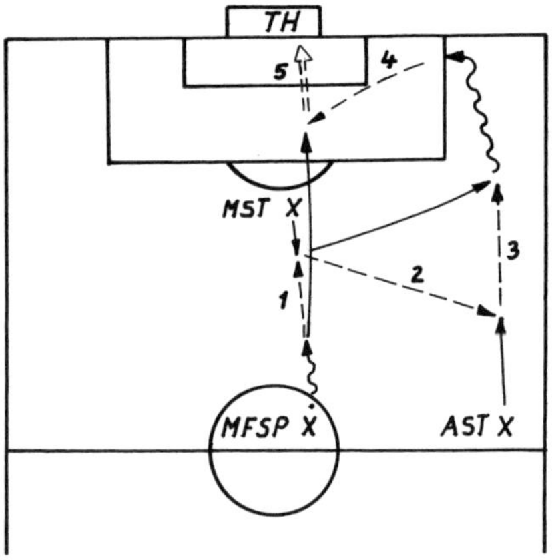

Abb. 397: Torschuß nach Kombinationsform in 3er-Gruppe

1 Punkt, der Neutrale wechselt sofort mit dem Zuspieler ins Spiel und die Mannschaft startet sofort den nächsten Angriff auf das andere Feld und versucht dort den Neutralen anzuspielen.

Torschuß (20 Min.): Torschuß nach Kombinationsform (Abb. 397)
MST kommt dem ballführenden MFSP entgegen, wird flach angespielt und läßt seitlich zum mitgelaufenen AST abtropfen. Dieser paßt sofort steil auf den nach außen rochierenden MST, der von der GL aus den MFSP bedient.

Abschluß (15 Min.): Spiel Angriff gegen Abwehr in PH auf Normaltor
Die Angreifer starten von der ML aus Angriffe auf das Normaltor und versuchen mit ausgeprägtem Flügelspiel zum Erfolg zu kommen. Bei Torerfolg neuer Angriff von ML aus. Bei Balleroberung durch die Abwehr versucht diese durch schnellen Konter den Anstoßkreis zu erreichen, wobei jeder erfolgreiche Versuch als Tor gewertet wird.
Abschließend Auslaufen

Woche: 10　　　　　　　　　　**TE 3　Lfd. TE-Nr.: 132　Dauer: 95 Min.**

Trainingsziel: Verbesserung Zusammenspiel und Spielschnelligkeit

Trainingsgeräte: 10 Bälle, 1 tragbares Normaltor

Trainings-Inhalt:

Aufwärmen (25 Min.): Spiel 5:3 mit 2 Ballkontakten im Spielraum 25 × 15 m
Jeder Spieler absolviert zunächst ein 10minütiges Lauf- und Dehnprogramm; anschließend Spiel 5:3

Taktik (40 Min.): Verbesserung des Zusammenspiels und der Spielschnelligkeit durch Spiel 4:4 bzw. 5:3 in beiden PH

Übung 1 (10 Min.): Spiel 4:4 in PH auf 2 Normaltore mit TH (2. Normaltor an ML)
Die angreifende Mannschaft muß in jeweils 20 Sek. ihren Angriff abgeschlossen haben, ansonsten geht der Ball in den Besitz der anderen Mannschaft über.
Schwerpunkt: Schnelles und möglichst direktes Spiel.
Nach 10 Min. wechseln die beiden Mannschaften in die andere PH und absolvieren die Übung 2.

TE 3   Lfd. TE-Nr.: 132   Dauer: 95 Min.   Woche: 10

Übung 2 (10 Min.): Spiel 4:4 in PH (ohne Tore)
Schwerpunkt: Spiel ohne Ball
Nach 10 Min. wechseln die beiden Mannschaften in die
andere PH und absolvieren die Übung 1.

Übung 3 (20 Min.): Spiel 5:3 in PH auf 1 Tor mit TH (in bei-
den PH gleichzeitig)
Die Überzahl-Mannschaft startet ihre Angriffe jeweils an
der ML und versucht mit schnellem und möglichst direk-
tem Spiel zum Torerfolg zu kommen.
Gelangt die Abwehr in Ballbesitz, versucht sie den Ball in
den eigenen Reihen zu halten und praktiziert das Spiel auf
Zeit.
Nach 10 Min. wechseln die Überzahlmannschaften die
PH.

Abschluß (30 Min.): Spiel 8:8 über den ganzen Platz
(Abb. 398)
Es dürfen sich jeweils nur 3 AWSP einer Mannschaft in ihrer PH aufhalten, denen immer 5 Angreifer gegenüberstehen, so daß es in jeder PH zum Spiel 5:3 kommt. Die abwehrende Unterzahlmannschaft hat freies Spiel, während
die angreifende Überzahlmannschaft mit 2 Ballkontakten
operiert, dabei schnell und möglichst direkt spielen soll.
Abschließend Auslaufen

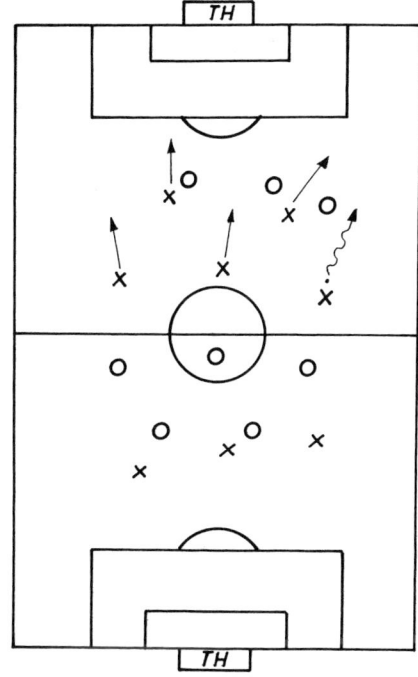

*Abb. 398: Spiel 8:8 mit festem 5:3-Über-
zahlverhältnis in der gegnerischen Platzhälfte*

TE 1   Lfd. TE-Nr.: 133   Dauer: 95 Min.   **Woche: 11**

Trainingsziel: Verbesserung Schnelligkeit und Zweikampfverhalten

Trainingsgeräte: 15 Bälle, 7 Markierungsstangen, 1 tragbares Normaltor

Trainings-Inhalt:

Aufwärmen (25 Min.): Einlaufen ohne Ball über die PB
– lockerer Trab mit Dehnübungen
– Hopserlauf mit/ohne beidarmigem Armekreisen vw/rw
– aus Trab mit Hand den Boden re/li berühren
– Seitwärtslauf, Überkreuzlauf
– Skippings
– Knieheberlauf, Anfersen
– kurze Antritte vw/rw mit/ohne Körpertäuschungen
– kurze Steigerungsläufe
– Dehnübungen

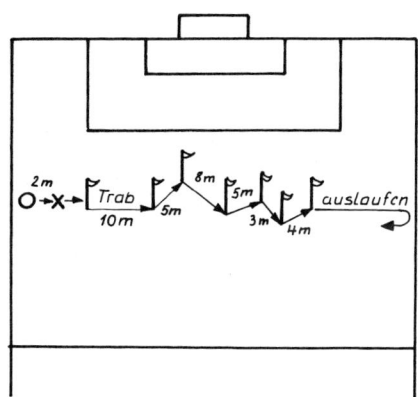

Abb. 399: Verfolgungslauf über 25 m

Woche: 11   TE 1   Lfd. TE-Nr.: 133   Dauer: 95 Min.

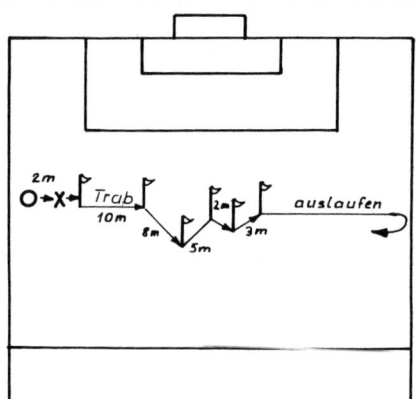

Kondition (25 Min.): Verbesserung der Schnelligkeit durch Verfolgungsläufe (1 Min. Pause zwischen jedem Lauf)

1. Durchgang: 10 Läufe über Strecke von 25 m (Abb. 399) Die Spieler starten paarweise im Abstand von 2 m, wobei der Hintermann versucht, den Vordermann abzuschlagen. Anschließend 2 Min. Dehnpause

2. Durchgang: 10 Läufe über Strecke von 18 m (Abb. 400) Ablauf wie bei 1. Durchgang
Anschließend 2 Min. Dehnpause

Taktik (30 Min.): Verbesserung Zweikampfverhalten mit Torabschluß auf 2 Normaltore mit TH im doppelten Straf raum (Abb. 401–403)

Übung 1 (4 Min.): Spiel 2 + 2:2 + 2
Im Feld wird 2:2 gespielt, wobei zusätzlich auf beiden Längsseiten je ein Spieler beider Mannschaften postiert ist, der ins Spiel einbezogen werden kann, jedoch nur direkt spielen darf.
Wechsel der Rollen nach 2 Min.
Die nicht beteiligten 8 Spieler spielen 4:4 in der anderen PH

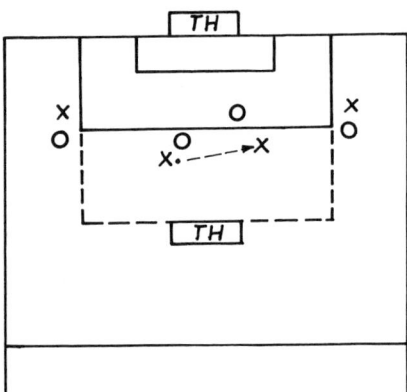

Übung 2 (4 Min.): Spiel 1 + 3:3 + 1
Im Feld wird 3:3 gespielt, wobei zusätzlich auf einer der beiden Längsseiten der vierte Spieler postiert ist. Wer ihn aus der jeweiligen Mannschaft anspielt, wechselt mit ihm.
Die nicht beteiligten 8 Spieler spielen in 2 Gruppen in der anderen PH 3:1

Übung 3 (5 Min.): Spiel 4:4
Die nicht beteiligten 8 Spieler spielen in der anderen PH 5:3 mit 2 Ballkontakten (bei Ballverlust der Überzahl wechselt der verursachende Spieler in die Unterzahl)

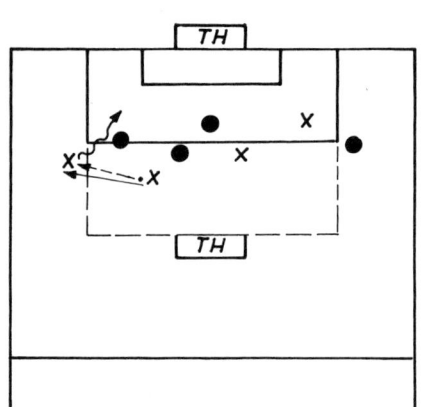

Abb. 400: Verfolgungslauf über 18 m
Abb. 401: Spiel 2 + 2:2 + 2
Abb. 402: Spiel 1 + 3:3 + 1

TE 1   Lfd. TE-Nr.: 133   Dauer: 95 Min.   Woche: 11

Abschluß (15 Min.): Spiel über den ganzen Platz
In der eigenen Hälfte darf nur mit 2 Ballkontakten gespielt
werden, freies Spiel in der gegnerischen Hälfte.
Abschließend Auslaufen

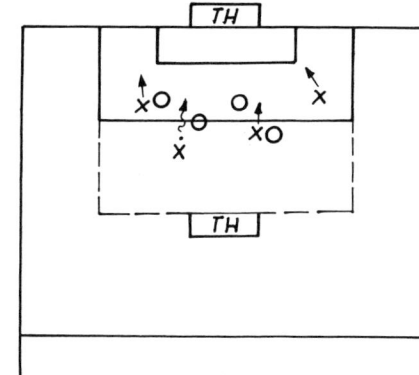

Abb. 403: Spiel 4:4

TE 2   Lfd. TE-Nr.: 134   Dauer: 90 Min.   Woche: 11

Trainingsziel: Schulung des Pressing

Trainingsgeräte: 10 Bälle, 8 Markierungsstangen

Trainings-Inhalt:

Aufwärmen (25 Min.): Spiel 4:2 mit 2 Ballkontakten
Spieler bilden 3 Paare, bei Fehler eines Mitspielers wech-
selt immer das Paar in die Mitte.
Anschließend Dehnen

Taktik (25 Min.): Schulung der Raumdeckung, des Zweikampfverhaltens und der Spielverlagerung durch Spiel
5:5 auf jeweils 2 Offentore (3 m breit, 25 m Abstand) in
Platzhälfte (Abb. 404)
Die abwehrende Mannschaft deckt mit 2 Spielern den
Raum vor den beiden Toren und greift mit einer 3er-Ab-
wehrreihe die ballbesitzende Mannschaft an. Dabei verschiebt sie sich immer ballnahe und versucht, die Angreifer zu Querpässen bzw. Dribblings zu zwingen.
Die angreifende Mannschaft versucht, durch schnelle
Spielverlagerung eine Überzahl vor einem der beiden Tore
herbeizuführen und mit einem Torerfolg abzuschließen.
(Variante: Torschuß nur direkt)

Taktik (30 Min.): Schulung des Angriffs- und Mittelfeldpressing (Abb. 405)
Ziel ist das Herbeiführen von Pressing-Situationen für An-
griffs- und Mittelfeldpressing und die Schulung der entsprechenden Abwehrorganisation.

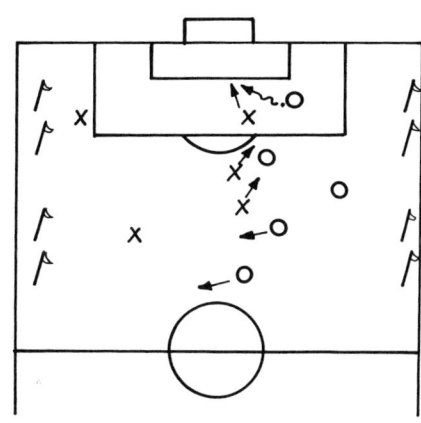

Abb. 404: Spiel 5:5 auf 4 Offentore

Woche: 11   TE 2   Lfd. TE-Nr.: 134   Dauer: 90 Min.

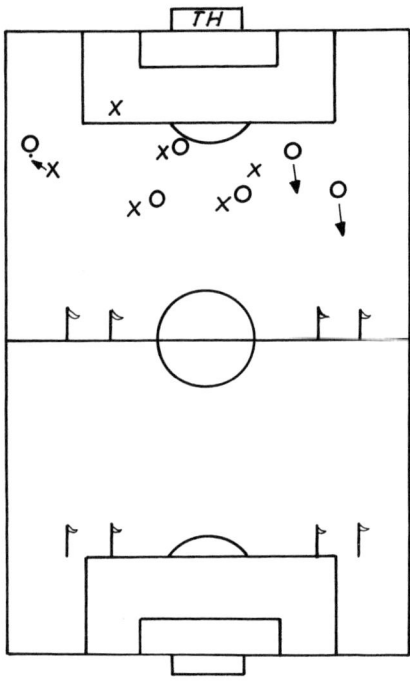

Spielform: Spiel 3 + 3 gegen 4 + 2 auf 1 Normaltor und 2 Offentore an ML (Angriffspressing) bzw. 2 Offentore am entfernten Strafraum (Mittelfeldpressing).
15 Min. Angriffspressing
15 Min. Mittelfeldpressing
Die Abwehr spielt in einer 3er-Formation (LIB und 2 AWSP) zusammen mit 3 MFSP auf die 2 Offentore gegen 2 ST und 4 MFSP. Die auf das Normaltor (mit TH) angreifende Mannschaft praktiziert bei Ballverlust das Angriffspressing, indem sie eine entsprechende Spielsituation herbeiführt und dabei die Verschiebung der Räume in der Länge und Breite organisiert und den Gegner in Raum- und Zeitnot bringt. Bei einem Torerfolg der Angreifer auf das Normaltor wird ein neuer Angriff von der ML aus gestartet.
Die Abwehr versucht das Pressing abzuwenden und kontert auf die beiden Offentore.
Nach der festgesetzten Zeit werden die beiden Offentore an den entfernten Strafraum zurückgenommen und das Mittelfeldpressing geübt, indem die Pressing-Situation an der ML beginnt.

Abschluß (10 Min.): Auslaufen mit Dehnübungen

Abb. 405: Spiel 3 + 3 gegen 4 + 2

Woche: 11   **TE 3   Lfd. TE-Nr.: 135   Dauer: 95 Min.**

Trainingsziel: Verbesserung des Dribblings

Trainingsgeräte: 8 Bälle, 8 Markierungsstangen

Trainings-Inhalt:

Aufwärmen (25 Min.): Ballarbeit in der 2er-Gruppe (Dauer jeder Übung ca. 3 Min.)
- Spieler passen sich den Ball in der Bewegung im Abstand von 8 bis 10 m zu (alle Paßarten)
- Ballführender spielt seinen Partner an, der den Ball direkt zurückprallen läßt
- Der vom Partner zugespielte Ball wird zur Seite an- und mitgenommen und aus der Drehung zurückgespielt
- Ball wird dem Partner nach re und li in den Lauf gespielt und muß aus der Drehung direkt zurückgespielt werden
- Ballführender spielt Partner an, erhält den Ball zurück

TE 3   Lfd. TE-Nr.: 135   Dauer: 95 Min.   Woche: 11

---

und spielt direkt (als DP) in den Lauf des freilaufenden Mitspielers
− Dehnübungen

Taktik (40 Min.): Dribbling in Kombination mit DP sowie Übergeben/Übernehmen

Übung 1 (15 Min.): Spiel 4 : 4 im Feld 40 × 30 m (Abb. 406)
3 Durchgänge mit je 4 Min./1 Min. Dehnpause dazwischen
Es werden feste Pärchen gebildet, d. h. die Abwehr spielt in der Manndeckung. Die Angreifer versuchen sich der Manndeckung zu entziehen, indem sie
a) DP spielen oder antäuschen,
b) Bälle übergeben/übernehmen oder antäuschen,
c) durch einen Start weg vom Gegner einen langen Paß in die Tiefe ermöglichen

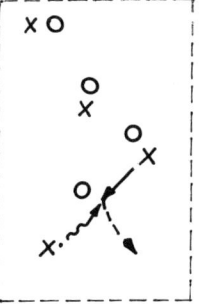

Abb. 406: Spiel 4 : 4

Übung 2 (25 Min.): Spiel 4 : 4 in PH auf Normaltor mit TH (Abb. 407)
4 Durchgänge mit je 4 Min./1 Min. Dehnpause dazwischen
Die abwehrende Mannschaft spielt in der Manndeckung.
Die Angreifer versuchen zum Torabschluß zu kommen, indem sie die in Übung 1 geschulten Schwerpunkte (DP, übergeben/übernehmen, lange Pässe) anwenden.
Bei Ballbesitz Abwehr muß TH angespielt werden, der mit Zuspiel die 4 Angreifer in Nähe ML erneut ins Spiel bringt. Nach Ablauf der Zeit werden die Rollen gewechselt, so daß jede Mannschaft zweimal im Angriff und zweimal in der Abwehr spielt.
Abschließend 3 Min. Dehnpause

Abschluß (30 Min.): Spiel 8 : 8 über ganzen Platz mit TH
Es werden feste Pärchen gebildet, d. h. die abwehrende Mannschaft praktiziert die Manndeckung.
Die Angreifer wenden schwerpunktmäßig die in der Gruppentaktik geschulten Elemente (DP, Ballübergabe/-übernahme, lange Pässe) an, um die Manndeckung zu überwinden und zum Abschluß zu kommen.
Abschließend Auslaufen

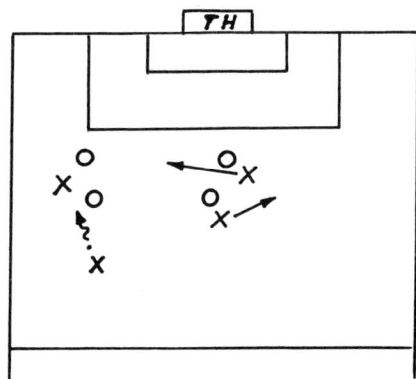

Abb. 407: Spiel 4 : 4 auf Normaltor mit TH

TE 1   **Lfd. TE-Nr.: 136   Dauer: 100 Min.**   **Woche: 12**

Trainingsziel: Festigung der Antritts- und der Spielschnelligkeit

Trainingsgeräte: Jeder Spieler 1 Ball, 12 Markierungsstangen

Woche: 12   TE 1   Lfd. TE-Nr.: 136   Dauer: 100 Min.

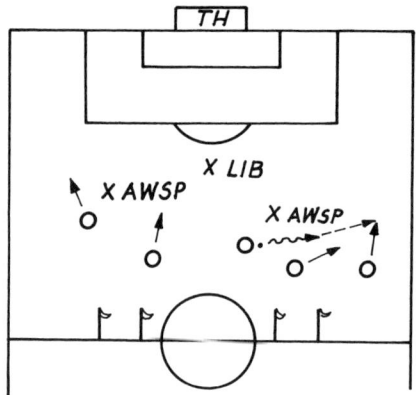

Abb. 408: Spiel 5:3 + TH auf Normaltor mit Kontermöglichkeit auf 2 Offentore

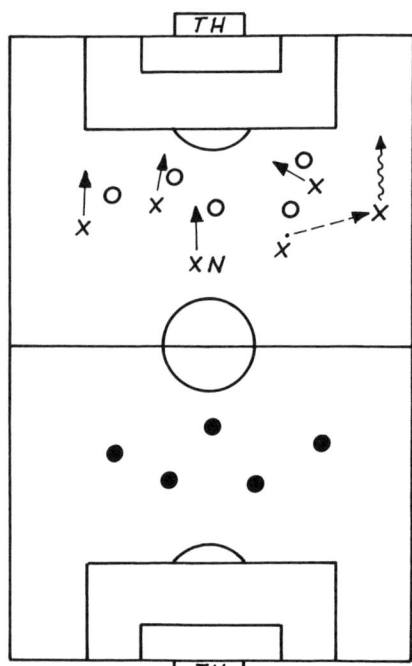

Abb. 409: Anwendung des schnellen Konterspiels durch 5:5:5 + 1 Neutraler

Trainings-Inhalt:

Aufwärmen (25 Min.): Ballarbeit in der 4er-Gruppe im Spielraum 10 × 10 m (jeder Spieler 1 Ball)
- Ballführen mit Innen-/Außenspann, unter Sohle, zurückziehen, drehen usw.
- Ballführen, auf ein Zeichen innerhalb der Gruppe Ball mit Sohle abstoppen und Ball eines Mitspielers übernehmen
- Ballführen, auf ein Zeichen Ball abstoppen und kurz auf Ball absitzen
- Übersteiger: Spieler schwingt mit re (li) Fuß über den Ball, täuscht so einen Schuß an, nimmt den Ball aber mit der Außenseite des li (re) Fußes in die andere Richtung mit
- Matthews-Trick: Ball mit der Innenseite des re (li) Fußes führen, kurzer Ausfallschritt nach li (re) und den Ball mit dem Außenspann des Spielbeins an der re (li) Seite des Mitspielers vorbeiziehen
- Ball jonglieren, hochspielen und mit Drop-Kick in den Lauf vorlegen
- Anschließend Dehnübungen in der 4er-Gruppe

Kondition (25 Min.): Verbesserung der Antrittsschnelligkeit in 4er-Gruppen durch Spurts aus verschiedenen Laufformen heraus. 1 Min. Pause zwischen den Starts.
16 Starts (2 Wiederholungen je Laufform)
- Vw-Trab von GL bis 16 m, Spurt über 15 m, 2 ×
- Rw-Trab von GL bis 16 m, Spurt über 15 m, 2 ×
- Skipping von GL bis 16 m, Spurt über 15 m, 2 ×
- Hopserlauf von GL bis 16 m, Spurt über 15 m, 2 ×
- Sw-Steps von GL bis 16 m, Spurt über 15 m, 2 ×
- Überkreuzlauf von GL bis 16 m, Spurt über 15 m, 2 ×
- Vw-Weitsprünge von GL bis 16 m, Spurt über 15 m, 2 ×
- Wedelsprünge von GL bis 16 m, Spurt über 15 m, 2 ×
Anschließend 2 Min. Dehnpause

Taktik (20 Min.): Verbesserung der Spielschnelligkeit in der Überzahl und des Spiels auf Zeit in Unterzahl durch Spiel 5:3 + TH in PH auf Normaltor mit Kontermöglichkeit auf 2 Offentore an ML (3 m breit) (Abb. 408)
Die angreifende Mannschaft spielt mit 2 ST + 3 MFSP gegen 2 MD + LIB.
Ziel der Angreifer ist es, durch laufende Positionswechsel die Deckungsarbeit zu erschweren, mit überraschenden Pässen in die Tiefe und häufigem Doppelpaßspiel zum Torerfolg zu kommen. Die Abwehr beginnt mit einem 2:0-Vorsprung und versucht durch Ballhalten und Ballsiche-

---

TE 1   Lfd. TE-Nr.: 136   Dauer: 100 Min.   Woche: 12

---

rung das Zeitspiel zu praktizieren bzw. durch schnelle Konter ein Tor an einem der beiden Offentore zu erzielen.

Abschluß (30 Min.): Anwendung des schnellen Spiels beim Spiel 5:5:5 + 1 über den ganzen Platz mit TH (Abb. 409)
Der neutrale Spieler (Wechsel alle 5 Min.) spielt mit der ballbesitzenden Mannschaft, wobei jeder Angriff in maximal 30 Sek. abgeschlossen sein muß.
Abschließend Auslaufen

TE 2   Lfd. TE-Nr.: 137   Dauer: 100 Min.   Woche: 12

Trainingsziel: Verbesserung des Torabschlusses nach Kombinationsformen

Trainingsgeräte: 20 Bälle, tragbares Normaltor, 6 Markierungsstangen

Trainings-Inhalt:

Aufwärmen (25 Min.): Fangspiele im Strafraum, 10 Min. lockerer Trab mit Dehnübungen

Übung 1: 1 Spieler als Fänger. Die gejagten Spieler können sich vor dem Abschlagen retten, indem sie 4 Liegestütze ausführen.

Übung 2: 1 Spieler als Fänger. Es sind 2 Bälle im Spiel. Wer einen Ball besitzt, kann nicht abgeschlagen werden. Ziel der Gejagten ist es, dem bedrängten Spieler vor dem Abschlagen einen Ball zuzuwerfen.

Übung 3: 1 Spieler als Fänger. Bis auf einen weiteren Spieler (den Gejagten) liegen alle Spieler auf dem Bauch im Strafraum verteilt. Der gejagte Spieler kann sich vor dem Abschlagen retten, indem er sich neben einen Spieler legt. Dieser Spieler wird dann zum Jäger, der bisherige Jäger zum Gejagten.
Anschließend gemeinsame Dehnübungen

Torabschluß (65 Min.): Verschiedene Kombinationsformen

Übung 1: Torschuß nach Tempodribbling und Flanke (Abb. 410)
Halber Platz mit 2 Normaltoren, 4 Feldspieler + 2 TH.
Gruppe 1 mit 8 Spielern (4 sind jeweils aktiv). Die TH bedie-

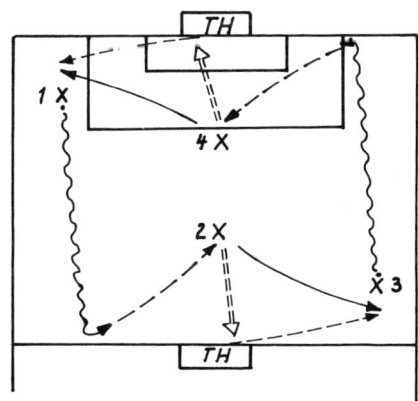

Abb. 410: Torschuß nach Tempodribbling und Flanke

Woche: 12   TE 2   Lfd. TE-Nr.: 137   Dauer: 100 Min.

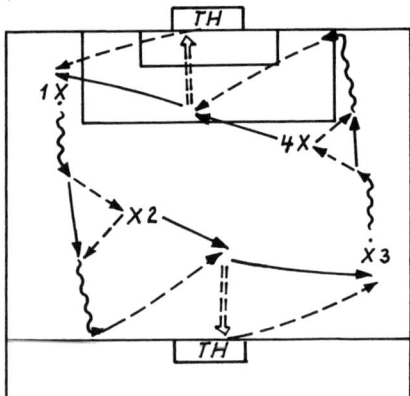

Abb. 411: Torschuß nach Doppelpaß

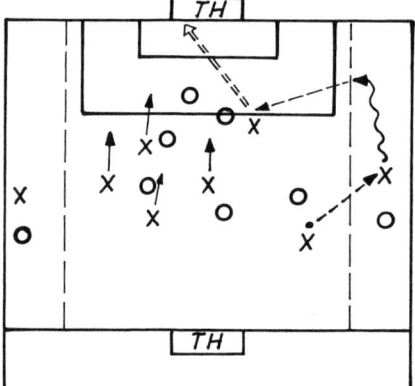

Abb. 412: Spiel 6:6 mit je 2 Außenstürmern

nen mit Handabwurf die sich seitlich anbietenden Mitspieler. Diese führen den Ball mit Tempodribbling auf die jeweilige GL und flanken auf die in der Mitte postierten Spieler, die mit Torschuß abschließen.
Anschließend folgt Positionswechsel
Nach 3 Min. wechselt die andere 4er-Gruppe ins Feld.
2. Durchgang: Spiel über den anderen Flügel ausführen.
Die zweite Gruppe (8 Spieler) spielt zeitgleich in der anderen PH 4:4, wobei jeder DP einen Punkt ergibt (12 Min.).
Danach wechselt sie mit Gruppe 1.

Übung 2: Torschuß nach vorausgegangenem Doppelpaß (Abb. 411)
Wie Übung 1, jedoch wird nach dem Handzuwurf des TH DP mit dem entgegenkommenden Spieler gespielt und anschließend von der GL aus auf den in Position gelaufenen Mitspieler geflankt, der mit Torschuß abschließt.
Anschließend erfolgt Positionswechsel
Nach 3 Min. wechselt die andere 4er-Gruppe ins Feld.
2. Durchgang: Spiel über den anderen Flügel ausführen.
Die zweite Gruppe spielt zeitgleich in der anderen PH 4:4, wobei jeder gelungene Paß über 30 m einen Punkt ergibt (12 Min.). Danach wechselt sie mit Gruppe 1.

Übung 3: Spiel 6:6 mit je 2 Außenstürmern (Abb. 412)
Halber Platz mit 2 Normaltoren und neutralen Zonen (5–6 m breit) an den Seitenlinien
Auf beiden Seiten des Spielfeldes ist eine neutrale Zone abgesteckt, worin sich jeweils 1 Spieler einer Mannschaft aufhält. Der Spieler in dieser Zone darf nicht angegriffen werden, kann also unbedrängt flanken. Tore nach einer Flanke zählen doppelt.
Per Zuruf wechselt dieser Spieler ins Feld (15 Min.).

Abschluß (10 Min.): Abwärmen durch lockeres Auslaufen über den ganzen Platz

---

Woche: 12   **TE 3   Lfd. TE-Nr.: 138   Dauer: 95 Min.**

Trainingsziel: Herausspielen von Torchancen, weite Pässe

Trainingsgeräte: 10 Bälle, 10 Markierungsstangen

Trainings-Inhalt:

Aufwärmen (25 Min.): Einlaufen ohne/mit Ball in der 2er-Gruppe

TE 3   Lfd. TE-Nr.: 138   Dauer: 95 Min.   Woche: 12

- Dauerlauf paarweise über den ganzen Platz (10 Min.) mit Dehnübungen
- Spieler spielen sich aus dem Lauf weite Flugbälle über mindestens 25 m zu (10 Min.)
- Dehnübungen

Taktik (45 Min.): Übungsformen zum Herausspielen von Torchancen in Verbindung mit weiten Pässen

Übung 1 (20 Min.): Spiel 4:4 auf Normaltor mit TH in PH (Abb. 413)
In beiden PH wird 4:4 auf das Normaltor mit TH gespielt. Alle Bälle liegen im Mittelkreis, wobei zunächst eine 4er-Mannschaft für 5 Min. die Angreiferrolle innehat und versucht, möglichst oft zum Torerfolg zu kommen. Bei einem Torerfolg, Fehlschuß oder Ballbesitz TH wird das Spiel mit einem weiteren Angriff von der ML aus fortgesetzt.
Kommt die abwehrende Mannschaft in Ballbesitz, muß der Ball sofort mit einem weiten Paß zum TR in den Mittelkreis geschlagen werden.
Wechsel der Aufgaben nach 5 Min.; 2 Durchgänge

Übung 2 (20 Min.): Spiel 2:2 + 2:2 auf Normaltor mit TH (Abb. 414)
Vor den beiden Toren wird über die PB und 25 m von der GL entfernt ein Angriffsspielraum markiert.
Der zugehörige Mittelfeldspielraum liegt seitlich hinter der ML und beträgt 25 × 25 m.
Die 4er-Mannschaften werden in 2 Gruppen unterteilt, wobei 2 Spieler im Angriffsspielraum und 2 im Mittelfeldspielraum postiert sind.
Aus dem Spiel 2:2 im Mittelfeldspielraum heraus soll das ballbesitzende Paar versuchen, ihre im Angriffsspielraum sich freilaufenden Mitspieler, die anschließend den Torabschluß herbeiführen sollen, mit langen Bällen anzuspielen.
Bei Torerfolg, Fehlschuß oder Ballbesitz TH wird das Spiel im Mittelfeldspielraum durch die Mannschaft fortgesetzt, die zuletzt Abwehraufgaben hatte.
Wechsel der Aufgabe nach 10 Min.
Anschließend lockerer Trab verbunden mit Dehnübungen

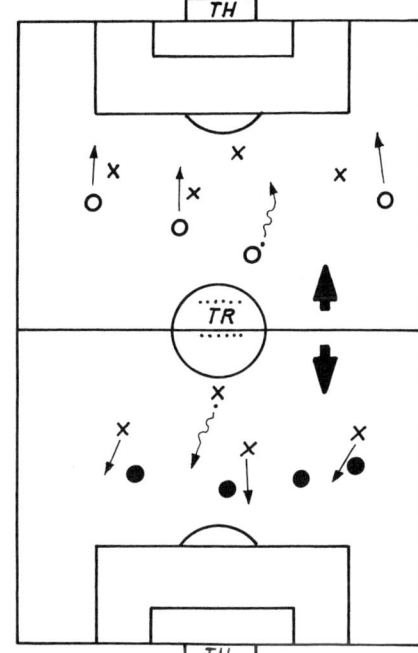

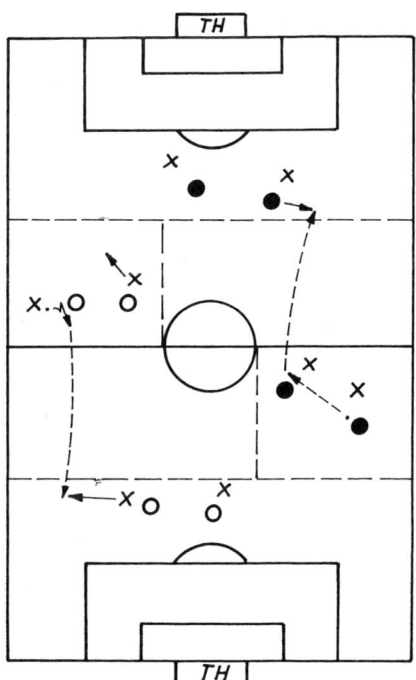

Abb. 413: Spiel 4:4 auf Normaltor mit TH

Abb. 414: Spiel 2:2 + 2:2 auf Normaltor mit TH

Woche: 12   TE 3   Lfd. TE-Nr.: 138   Dauer: 95 Min.

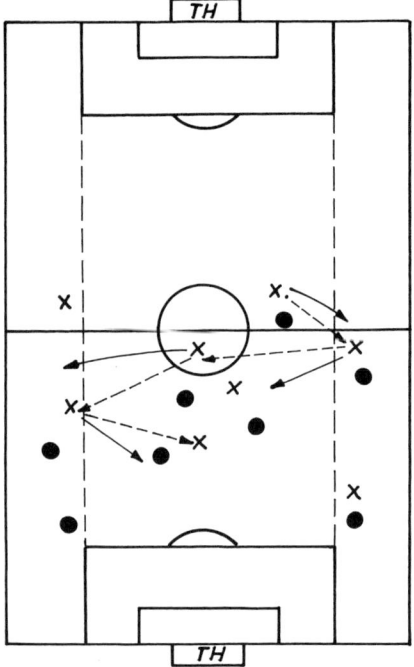

Abschluß (25 Min.): Spiel 4 + 4 : 4 + 4 über den ganzen Platz (Abb. 415)
Auf beiden Längsseiten des Spielfeldes ist ein 10 m breiter Streifen abgesteckt, in dem sich jeweils 2 Spieler beider Mannschaften aufhalten.
Ein Torerfolg ist nur möglich, wenn eine Mannschaft mindestens 1 Mitspieler auf der re und li Seite in das Spiel einbezogen hat. Dabei wechselt der außen angespielte Spieler für den Zuspieler in das Feld, darf jedoch nur direkt und nur mit weiten Pässen (mindestens über 20 m) agieren. Die Spieler außen dürfen nicht angegriffen werden.
Abschließend Auslaufen

Abb. 415: Spiel 4 + 4 : 4 + 4

Woche: 13   **TE 1   Lfd. TE-Nr.: 139   Dauer: 100 Min.**

Trainingsziel: Festigung der Ausdauer durch spielgemäße Übungsformen

Trainingsgeräte: 10 Bälle, 20 Markierungsstangen, 2 Papierkörbe

Trainings-Inhalt:

Aufwärmen (25 Min.): Handball 4 : 4 im PV mit beweglichem Tor
Ein Spieler der ballbesitzenden Mannschaft trägt einen Papierkorb und versucht die Zuwürfe der Mitspieler darin zu fangen. Jeder Treffer ergibt einen Punkt. Bei Ballverlust wird der Papierkorb von der anderen Mannschaft übernommen.
Anschließend Dehnübungen

Torschuß (20 Min.): Hinterlaufen mit Torabschluß in 2er-Gruppe

TE 1   Lfd. TE-Nr.: 139   Dauer: 100 Min.   Woche: 13

Übung 1 (10 Min.): Ballbesitzender dribbelt von der Außenposition nach innen auf den Strafraum zu und paßt quer auf den hinterlaufenden Mitspieler, der mit Torschuß abschließt. Von beiden Seiten ausführen (Abb. 416)

Übung 2 (10 Min.): 1 ST ist im Strafraum postiert und verwertet die Flanken (Wechsel nach 5 Bällen). Spieler paarweise an ML (Mitte und Außenposition besetzt). Der Spieler im Mittelkreis paßt quer nach außen und hinterläuft anschließend den nach innen dribbelnden Mitspieler, der etwa 30 m vor dem Tor in den Lauf des außen hinlaufenden Mitspielers spielt, der den Ball zur GL führt und nach innen auf den ST flankt. Von beiden Seiten ausführen (Abb. 417)

Kondition (48 Min.): Festigung der Ausdauer durch spielgemäße Übungsformen

Übung 1 (10 Min.): Spiel 4:4 + 1 TH in PH
TH bewegt sich frei in PH. Jeder weite Flugball, den TH fängt, ergibt einen Punkt für die ballbesitzende Mannschaft. Spielfortsetzung erfolgt durch TH-Abwurf zu der Mannschaft, die zuletzt die Abwehraufgabe innehatte. Zwischen erneutem Flugball auf TH müssen innerhalb der ballbesitzenden Mannschaft 3 Zuspiele erfolgt sein. 2 Min. Dehnpause

Übung 2 (10 Min.): Spiel 4:4 im Wechsel in PH
Es werden 4 Mannschaften (2 rote und 2 grüne) mit je 4 Spielern gebildet, wobei immer 2 Mannschaften aktiv sind und in PH 4:4 spielen. Die restlichen 8 Spieler traben um das Spielfeld. Ist rot in Ballbesitz, müssen die 4 grünen außen Tempo laufen − ist grün in Ballbesitz, müssen die 4 roten Spieler außen Tempo laufen.
Wechsel nach 3 Min. 2 Durchgänge. 2 Min. Dehnpause

Übung 3 (10 Min.): Spiel 4:4 + 1 TH auf mehrere Offentore in PH
In PH sind 5 Offentore (4 m breit) verteilt. Tore können von der ballbesitzenden Mannschaft von vorne und hinten erzielt werden, wobei der TH immer das gefährdete Tor abdeckt und je nach Spielgeschehen in ein anderes Tor wechselt. Es darf nicht zweimal hintereinander auf dasselbe Tor geschossen werden. Fängt der TH den Ball, wirft er auf die bisher abwehrende Mannschaft ab. 2 Min. Dehnpause

Übung 4 (10 Min.): Spiel 5:3 in PH auf 3 Offentore (3 m breit)

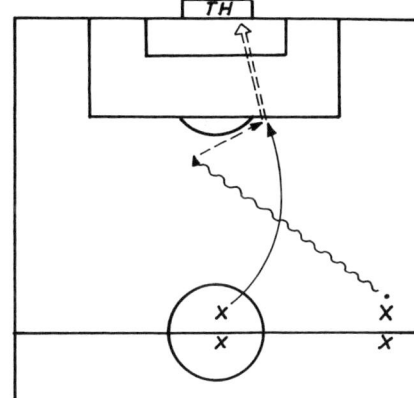

Abb. 416: Hinterlaufen mit Torschuß

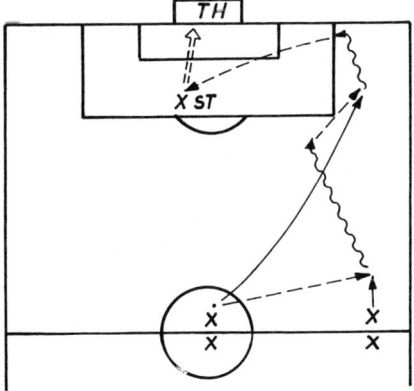

Abb. 417: Hinterlaufen, Flanke, Torschuß

Woche: 13	TE 1 Lfd. TE-Nr.: 139 Dauer: 100 Min.

Überzahlmannschaft spielt mit 2 Ballkontakten und verteidigt 2 Offentore. Unterzahlmannschaft mit freiem Spiel verteidigt 1 Offentor. Tore können von vorne und hinten erzielt werden. 2 Min. Dehnpause
Abschließend Auslaufen

Woche: 13	**TE 2 Lfd. TE-Nr.: 140 Dauer: 95 Min.**

Trainingsziel: Schulung der allgemeinen technisch-taktischen Fähigkeiten

Trainingsgeräte: 20 Bälle, 8 Markierungsstangen, 1 tragbares Normaltor

Trainings-Inhalt:

Aufwärmen (25 Min.): Handball
Handball 8:8 in PH auf 2 Normaltore (tragbares Normaltor an ML).
Ein Tor ist dann erzielt, wenn ein Spieler einen Zuwurf eines Mitspielers mit dem Kopf im gegnerischen Tor unterbringen kann.
Anschließend Dehnübungen

Technik/Taktik (45 Min.): Schulung der allgemeinen technisch-taktischen Fähigkeiten durch Stationen-Training in der 4er-Gruppe
(10 Min./Station; 1 Min. Stationswechsel) (Abb. 418)

Station 1: Torschuß nach DP gegen AWSP
An der Strafraumgrenze sind 1 ST und 1 AWSP postiert. Die Spieler mit Ball laufen einzeln aus 30 m Entfernung an, der ST löst sich vom AWSP und kommt zum DP dem Ballführenden entgegen, der anschließend direkt verwandelt. Der Torschütze wechselt anschließend mit dem ST, während der bisherige ST die Rolle des AWSP übernimmt.

Station 2: Kopfballspiel
2 Spieler mit Ball nehmen die beiden anderen Spieler in die Mitte (ca. 8 m Abstand). Der Zuwurf von außen erfolgt auf den hinteren Spieler in der Mitte, der über seinen leicht störenden Partner hinweg zurückköpft. Anschließend drehen sich beide Spieler sofort um und erwarten den nächsten Zuwurf von der gegenüberliegenden Seite, wobei nun der andere Spieler über seinen Gegner hinweg zurückköpft.
Wechsel nach 20 Kopfbällen

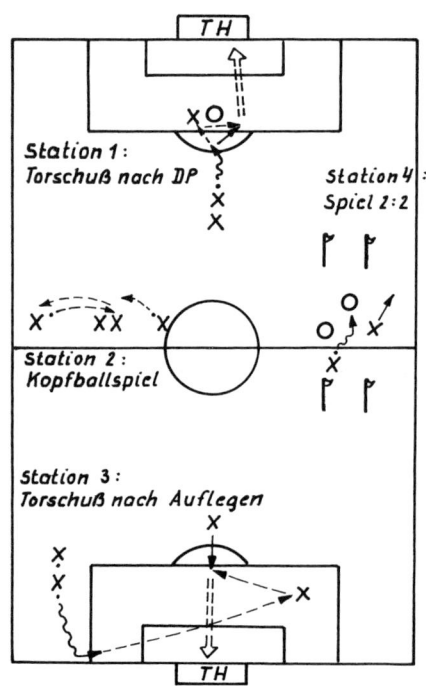

Abb. 418: Schulung der allgemeinen technisch-taktischen Fähigkeiten in der 4er-Gruppe

---

TE 2   Lfd. TE-Nr.: 140   Dauer: 95 Min.   Woche: 13

Station 3: Torschuß nach auflegen
1 Spieler (2. in Bereitstellung) schlägt weite Flanken auf
den im Strafraum an der langen Ecke postierten Mitspieler,
der mit Kopf oder Fuß für den aus dem Rückraum anlaufenden Partner auflegt, der direkt verwandelt.
Anschließend wechselt der Flankende in den Strafraum,
während der bisher dort postierte Mitspieler in den Rückraum und der Torschütze auf den Flügel wechselt. Anschließend flankt der 2. Spieler.
Übung von beiden Seiten ausführen

Station 4: Spiel 2:2 auf 2 Offentore (3 m breit) im Spielraum 20 × 15 m

Abschluß (25 Min.): Spiel 4:4 auf 2 Offentore (3 m breit) in
PH in Turnierform
In beiden PH wird gleichzeitig 4:4 auf 2 Offentore gespielt,
wobei Tore nur direkt erzielt werden können. Nach 10 Min.
spielen Sieger gegen Sieger und die beiden Verlierermannschaften (Losentscheid bei Unentschieden) gegeneinander (10 Min.).
Anschließend Auslaufen

TE 3   Lfd. TE-Nr.: 141   Dauer: 100 Min.   **Woche: 13**

Trainingsziel: Schulung Zusammenspiel, Torabschluß
und Raumdeckung

Trainingsgeräte: 16 Bälle, 12 Markierungsstangen

Trainings-Inhalt:

Aufwärmen (25 Min.): Einlaufen ohne und mit Ball
- Trab über PB (im Wechsel mit verschiedenen Laufformen, wie Hopserlauf, Anfersen, Knieheberlauf, Armekreisen vw, rw, kurze Antritte, Kopfballsprünge); Dehnübungen (10 Min.)
- Spiel 5:3 mit 2 Ballkontakten im Spielraum 20 × 15 m
  (15 Min.)
- Dehnübungen

Taktik (40 Min.): Schulung des Zusammenspiels mit 4er-
Mannschaften

Übung 1 (10 Min.): 4:4, freies Spiel. 2 Spieler bieten sich
dem Ballbesitzenden für kurzes Anspiel an (hin zum
Mann), der 3. Spieler für den weiten Paß (Spielverlagerung)

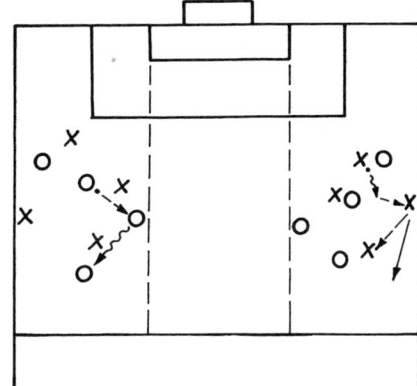

Abb. 419: Spiel 1 + 3:3 + 1

Woche: 13   TE 3   Lfd. TE-Nr.: 141   Dauer: 100 Min.

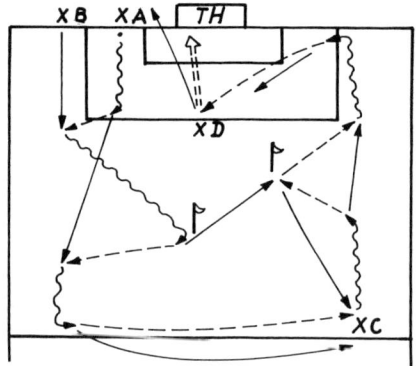

Abb. 420: Verwerten von Flanken nach Hinterlaufen, Spielverlagerung und Doppelpaß

Übung 2 (12 Min.): 4:4, in jeder Mannschaft wird ein Spieler benannt, der jeweils nur direkt spielen darf. Diese Rolle wird alle 3 Min. gewechselt

Übung 3 (8 Min.): 4:4, nur Direktspiel erlaubt

Übung 4 (10 Min.): 1 + 3:3 + 1, jeweils 1 Spieler jeder Mannschaft hält sich an der Längsseite des Spielfeldes auf. Wird er angespielt, wechselt er mit dem Zuspieler ins Feld (Abb. 419)

Torschuß (20 Min.): Verwerten von Flanken nach vorherigem Hinterlaufen, Spielverlagerung und Doppelpaß (Abb. 420)
Spieler A führt den Ball von GL und paßt quer zum mitgelaufenen Spieler B, der Ball nach innen führt. Vor der Markierung paßt B zum hinterlaufenden A, der an der ML einen weiten Flugball auf Spieler C schlägt. C führt den Ball, spielt DP mit B und flankt von der GL auf D, der direkt verwandelt.
C wechselt anschließend mit D
Übung von re und li ausführen

Abschluß (15 Min.): Spiel 8:8 in der PH auf 6 Offentore (3 m breit) zur Schulung der Raumdeckung (Abb. 421)
Die beiden Mannschaften spielen in der Formation 3−4−1, d. h. 3 Spieler decken die Torräume, eine 4er-Kette bildet das MIFE, 1 Spieler in der Spitze. Die Spitze stört den Spielaufbau des Gegners, die 4er-Kette verschiebt sich dahin (ballnah), wo der Gegner seinen Angriff aufbaut.
Abschließend Auslaufen

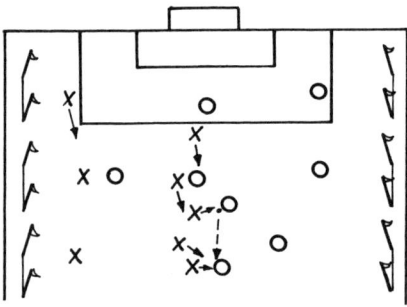

Abb. 421: Schulung der Raumdeckung durch Spiel 8:8

Woche: 14   **TE 1   Lfd. TE-Nr.: 142   Dauer: 95 Min.**

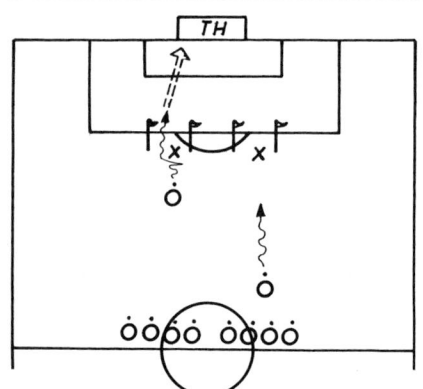

Trainingsziel: Verbesserung Zusammenspiel, Konterspiel und Torschuß

Trainingsgeräte: 20 Bälle, 4 Markierungsstangen

Trainings-Inhalt:

Aufwärmen (25 Min.): Handball 4:4 im PV mit Kopfballzuspiel

Abb. 422: Torschuß nach 1:1-Situation

TE 1   Lfd. TE-Nr.: 142   Dauer: 95 Min.   Woche: 14

Es wird nach Handballregeln gespielt, wobei allerdings jeder Zuwurf eines Mitspielers, der mit dem Kopf zu einem weiteren Spieler der eigenen Mannschaft weitergeleitet werden kann, einen Punkt ergibt.
Anschließend Dehnübungen

Torabschluß (25 Min.): Torschuß nach vorausgegangenem Zweikampf

Übung 1: Torschuß nach 1:1-Situation (Abb. 422)
Ca. 5 m von der Strafraumlinie entfernt sind re und li je ein 5 m breites Offentor markiert, das von je einem AWSP bewacht wird.
Die Angreifer bilden 2 Gruppen und führen den Ball abwechselnd von der re und li Seite auf den jeweiligen AWSP zu, versuchen durch das Offentor zu dribbeln und anschließend sofort auf das Normaltor zu schießen. Der AWSP darf nur vor dem Offentor angreifen und nachher nicht mehr eingreifen.
Wechsel der AWSP nach 5 Angriffen

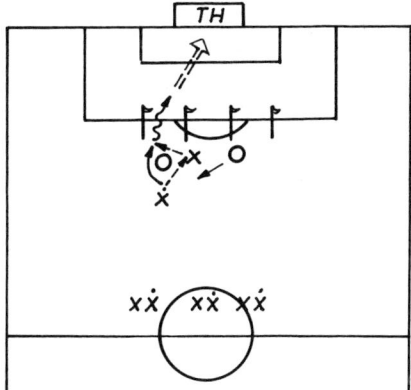

Übung 2: Torschuß nach 2:2-Situation (Abb. 423)
Wie Übung 1, jedoch versuchen nun 2 Angreifer gegen 2 AWSP an einem der beiden Offentore zum Erfolg zu kommen (Anwendung Dribbling, DP-Spiel, Hinterlaufen, Ballübergabe).
Wechsel der AWSP nach 5 Angriffen

Taktik (25 Min.): Verbesserung Zusammenspiel/Konterspiel durch Spiel 8:8 mit TH im Spielraum von Strafraum zu Strafraum (Abb. 424)
Ein Punkt ist dann erzielt, wenn es der angreifenden Mannschaft gelingt, den sich auf der Strafraumlinie hin und her bewegenden TH so anzuspielen, daß dieser den Ball fangen kann. Der Ball darf dabei nicht den Boden berühren.
Der TH bringt anschließend durch Handabwurf erneut die Mannschaft in Ballbesitz, die den Punkt erzielt hatte und nun sofort auf das andere Tor spielt.
Schwerpunkt: Schnelles Umschalten durch Verändern der Spielrichtung
Belastung: 2 Durchgänge mit je 12 Min., 1 Min. Pause

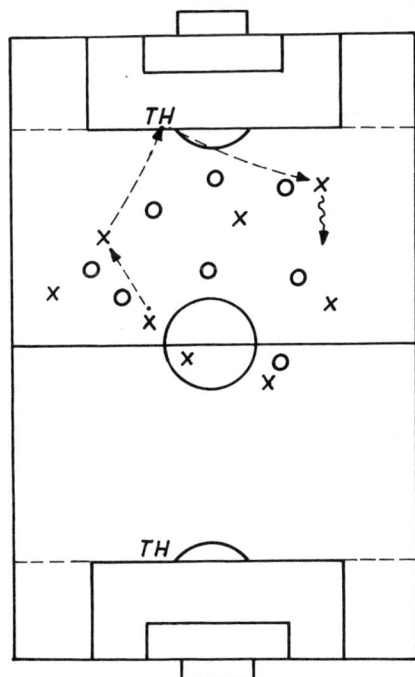

Abb. 423: Torschuß nach 2:2-Situation

Abb. 424: Spiel 8:8 von Strafraum zu Strafraum mit TH

Woche: 14   TE 1   Lfd. TE-Nr.: 142   Dauer: 95 Min.

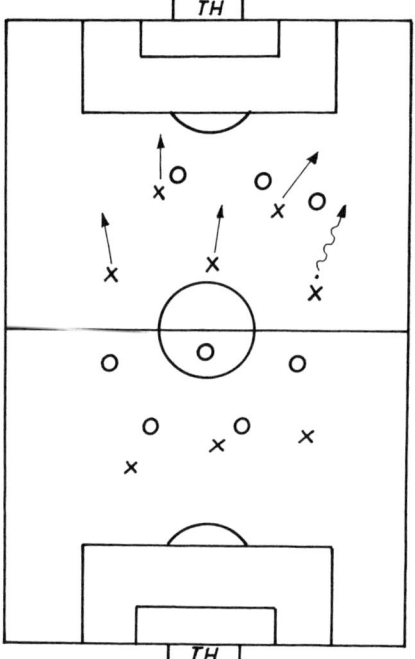

Abschluß (20 Min.): Spiel 8:8 über den ganzen Platz mit 5:3-Situation in der jeweiligen PH (Abb. 425)
Es dürfen sich jeweils nur 3 AWSP einer Mannschaft in ihrer PH aufhalten, denen immer 5 Angreifer gegenüberstehen, so daß es in jeder PH immer zu einer Überzahl- bzw. Unterzahlsituation kommt.
Die abwehrende Unterzahlmannschaft hat freies Spiel, während die angreifende Überzahlmannschaft mit 2 Ballkontakten operiert, dabei schnell und möglichst direkt spielen soll.
Abschließend Auslaufen

Abb. 425: Spiel 8:8 mit festem 5:3-Überzahlverhältnis in der gegnerischen Platzhälfte

---

Woche: 14   **TE 2   Lfd. TE-Nr.: 143   Dauer: 100 Min.**

Trainingsziel: Schulung der Schnelligkeit mit und ohne Ball

Trainingsgeräte: 20 Bälle, 4 Markierungsstangen

Trainings-Inhalt:

Aufwärmen (25 Min.): Spiel 5:3 mit 2 Ballkontakten im Spielraum 25 × 25 m.
Anschließend individuelle Laufarbeit mit Dehnübungen

Kondition (25 Min.): Schulung der Schnelligkeit mit und ohne Ball in der 2er-Gruppe (Abb. 426–429)
Belastung: 20 Spurts über 15 m (5 Läufe/Übung)

Übung 1: Spieler führen Ball von GL zur Strafraumgrenze, passen zurück zur GL und spurten sofort ohne Ball über 15 m und laufen anschließend langsam aus

Übung 2: Spieler bewegen sich langsam ohne Ball rw von der GL bis zur Strafraumgrenze. Dort werden sie von der

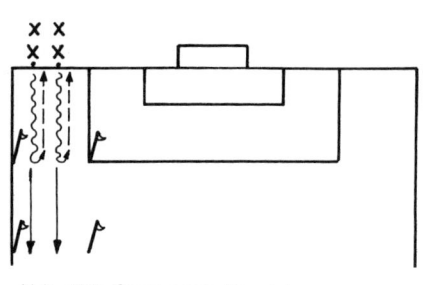

Abb. 426: Spurt nach Abspiel

TE 2   Lfd. TE-Nr.: 143   Dauer: 100 Min.   Woche: 14

GL aus scharf und flach angespielt, lassen den Ball zurückprallen (abtropfen), wenden und spurten vw

Übung 3: Spieler bewegen sich langsam rw von der GL
bis zur Strafraumgrenze, wobei sie den Ball unter der Sohle re/li mitnehmen. An der Strafraumgrenze wenden sie,
spurten mit Ball vw und schlagen nach der Spurtstrecke
beim Auslaufen einen weiten Flugball auf die GL zurück

Übung 4: Spieler bewegen sich langsam ohne Ball rw von
der GL bis zur Strafraumgrenze. Dort werden sie von der
GL aus scharf und flach angespielt, lassen abtropfen,
wenden und versuchen den anschließend geschlagenen
Steilpaß innerhalb der 15-m-Strecke zu erreichen und zurückzuspielen
Anschließend lockerer Trab mit Dehnübungen

Torabschluß (30 Min.): Torschuß nach vorausgegangener Kombinationsform in der 4er-Gruppe (Abb. 430)
Spieler A führt den Ball von GL und paßt quer zum mitgelaufenen Spieler B, der den Ball nach innen führt (1). B
paßt nach außen (2) zum hinterlaufenden A, der anschließend einen weiten Flugball auf C schlägt (3).
C spielt mit dem entgegenkommenden Spieler B einen DP
(4, 5), führt den Ball und flankt (6) von der GL aus auf D,
der direkt verwandelt (7).
Spieler D wechselt auf Position A, B;
Spieler A und B auf Position C und Spieler C nimmt die Position von D ein.
Von beiden Seiten ausführen

Abschluß (20 Min.): Schulung des Unter- und Überzahlspiels
Spiel 7:9 (8:10) über den ganzen Platz, wobei die Unterzahlmannschaft einen 2:0-Vorsprung erhält und die Aufgabe hat, das Ergebnis durch Ballhalten, Ballsicherung,
Zeitspiel und schnelle Konter zu halten bzw. auszubauen.
Die Überzahlmannschaft versucht dies zu verhindern und
durch Forechecking, schnelles und mannschaftsdienliches Spiel sowie durch vermehrte Laufarbeit (Spiel ohne
Ball) den Rückstand wettzumachen und in einen Vorsprung umzuwandeln.
Abschließend Auslaufen

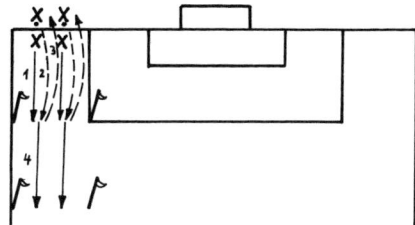
Abb. 427: Spurt nach Direktspiel

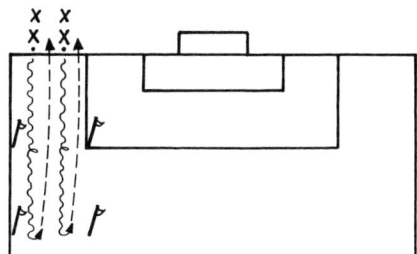
Abb. 428: Spurt mit Ball und Rückpaß

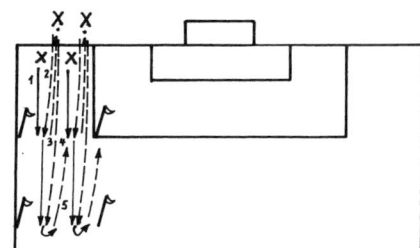
Abb. 429: Spurt nach Direktspiel zum Steil-
paß

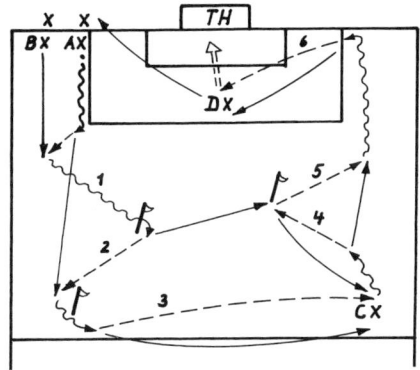

Abb. 430: Torschuß nach vorausgegangener Kombinationsform
in der 4er-Gruppe

Woche: 14   **TE 3   Lfd. TE-Nr.: 144   Dauer: 100 Min.**

Trainingsziel: Schulung Zusammenspiel und Torabschluß

Trainingsgeräte: 16 Bälle, 20 Markierungsstangen

Trainings-Inhalt:

Aufwärmen (25 Min.):
- Jeder Spieler absolviert sein persönliches Aufwärmprogramm mit verschiedenen Laufformen und Dehnübungen (10 Min.);
- Spiel 6:2 direkt im Spielraum 15 × 15 m: Spieler bilden feste Paare: Bei Fehler eines Partners wechselt immer das betreffende Paar in die Mitte (15 Min.)

Torschuß (30 Min.): Angriffskombination über den Flügel als Voraussetzung für den Torabschluß (Abb. 431)
Spieler A führt vom Mittelkreis den Ball und spielt die entgegenkommende Spitze C flach an. C läßt für den außen mitgelaufenen Spieler B abprallen, der nach innen antritt und dann plötzlich aus der Drehung heraus den hinterlaufenden Spieler A auf dem Flügel anspielt.
A flankt von der GL in den Strafraum, wobei B die kurze und C die lange Ecke anläuft. Der Spieler, der nicht zum Torschuß kommt, bleibt in der Spitze für den nächsten Angriff.
Übung von beiden Seiten ausführen

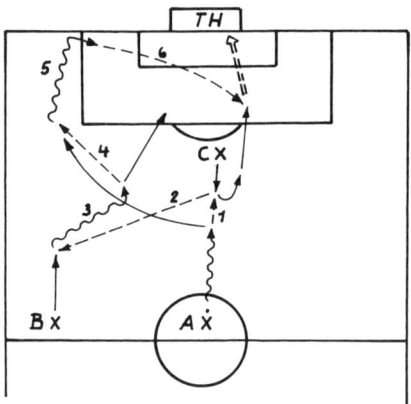

Abb. 431: Torschuß nach Kombinationsform mit Hinterlaufen

Taktik (20 Min.): Schulung Zusammenspiel und Spielverlagerung durch Spiel 8:8 in PH auf viele Offentore (3 m breit) (Abb. 432)
In der PH werden 8−10 Offentore gleichmäßig verteilt. TR bildet in beiden Mannschaften feste Pärchen unter bestimmten Aspekten (AWSP gegen ST, Konkurrenten um eine bestimmte Mannschaftsposition usw.). Ein Tor ist erzielt, wenn ein Spieler den Ball einem Mitspieler durch ein Tor zupassen kann und dieser Spieler anschließend in Ballbesitz bleibt. Am selben Offentor können keine 2 Tore hintereinander erzielt werden, so daß nach jedem Torerfolg eine Spielverlagerung erfolgen muß.

Abschluß (25 Min.): Spiel über den ganzen Platz
Es sind 2 Bälle im Spiel. Eine Mannschaft beginnt mit Ballbesitz der 2 Bälle. Verliert sie einen Ball, muß sie auch den zweiten Ball abgeben. Gelingt ihr jedoch mit dem ersten Ball ein Torerfolg bzw. ein Schuß neben das Tor, darf sie mit dem zweiten Ball noch einen weiteren Angriff starten.
Schwerpunkt: Ballsicherung, Ballhalten des einen Balles in Abwehr und MIFE, während die Stürmer versuchen mit dem zweiten Ball einen Angriff erfolgreich abzuschließen.
Abschließend Auslaufen

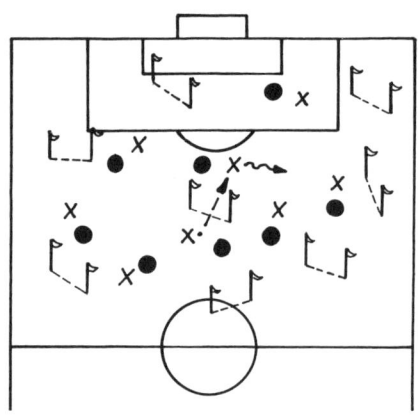

Abb. 432: Spiel 8:8 auf mehrere Offentore

Torhüter-Training mit Übungsformen

Beim Training der einzelnen Mannschaftspositionen kommt dem TH-Training eine ganz besondere Bedeutung zu. Ist er doch der Spieler, von dem letzten Endes alles abhängig ist und dessen Fehler in den meisten Fällen zu Toren führen.

Reaktionsvermögen, Sprungkraft, Be–weglichkeit und Gewandtheit gehören neben einem guten Stellungsspiel und der Fähigkeit des Vorausahnens, wohin der Ball kommen könnte, zu den wichtigsten Eigenschaften eines Torhüters.

Mit der Einführung der Rückpaßregel kommt hinzu, daß nun auch die balltechnischen Fähigkeiten mehr denn je gefordert sind. Der Torhüter spielt nicht mehr ausschließlich auf der Torlinie - er muss „mitspielen" können. Auch in taktischer Hinsicht hat sich sein Rollenverhalten geändert, da er stärker in die Abwehrorganisation integriert ist und die Anforderungen für die Zusammenarbeit sowie das Verständnis mit den Defensivspielern gewachsen sind.

Das bedeutet für den Trainer, daß neben der ausschließlich positionsspezifischen Schulung die intensive Beteiligung am Technik- und Taktik-Training – z.B. im Rahmen von Kleinfeldspielen – erforderlich ist.

Die nachfolgenden Übungsformen können vor und während (durch zweiten TH, Co-Trainer) des Trainings absolviert werden und bieten eine ideale Ergänzung zu den Trainingsabläufen, wo das TH-Training in das Mannschaftstraining integriert ist.

Das torhüterspezifische Aufwärmprogramm umfaßt: lockeres Traben, verschiedene Laufkombinationen (Hopserlauf, Überkreuzen, Anfersen, Knieheberlauf usw.), Sprungübungen ein- und zweibeinig (aus Trab, Hocke, Sitz, Rücken- und Bauchlage), Gymnastik (Rumpfdrehungen und -beugungen, Armekreisen, Liegestütze usw.) und ein intensives Dehnprogramm.

Übung 1: Kräftigungsübung
TH im Strecksitz, Arme gestreckt. Anschließend Gesäß durchdrücken, mit den Armen abdrücken und wieder hochdrücken.
10mal

Übung 2: Kräftigungsübung
TH wirft Ball vor sich hoch, läßt sich blitzschnell in den Liegestütz fallen, drückt einmal durch, springt auf und fängt den Ball in der Luft ab.
2 Serien mit je 8 Bällen

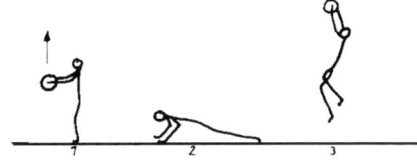

Übung 3: Kräftigungsübung
TH in Bauchlage hält Ball mit beiden Händen. Oberkörper hochreißen, Ball kräftig auf den Boden prellen, mit beiden Armen kurz vom Boden abdrücken und Ball fangen.
2 Serien mit je 8 Bällen

Übung 4: Kräftigungsübung
TH im Liegestütz, beide Arme seitlich neben dem Ball.
Durch Hochreißen des Oberkörpers mit beiden Armen auf
der anderen Seite des Balles landen. Die Füße bleiben am
Boden.
2 Serien mit je 8 Schnellbewegungen

Übung 5: Kräftigungsübung
TH im Liegestütz, hält den Ball mit beiden Händen. Der
Körper ist gestreckt, die Arme gespannt. Aus dieser Lage
rollt er den Ball langsam vor sich her.
3 Serien zu jeweils 20 Sek.

Übung 6: Kräftigungsübung
TH im Liegestütz über dem Ball, den er mit beiden Händen
festhält. Durch Hochschnellen (Schneppern) mit dem
Oberkörper versucht er vw zu kommen.
2 Serien mit je 8 Schnellbewegungen

Übung 7: Kräftigungsübung
TH hält im Liegestütz einen Ball. TR steht mit einem weiteren Ball vor ihm, den er dem TH zuwirft. TH schnellt mit
dem Oberkörper hoch und boxt mit seinem Ball den zugeworfenen Ball zum TR zurück.
2 Serien mit je 8 Bällen

Übung 8: Kräftigungsübung
TH 1 und TH 2 liegen sich auf dem Bauch gegenüber. TH
1 hat auf jeder Seite 2 Bälle liegen, die er nacheinander mit
einer Oberkörperdrehung und beiden Händen an TH 2
übergibt. TH 2 übernimmt die Bälle beidhändig und legt
sie ebenfalls mit einer Oberkörperdrehung seitlich von sich
ab. Danach übergibt TH 2 die Bälle.
2 Serien mit je 8 Bällen

Übung 9: Beweglichkeit
TH in Sitzstellung, Beine gestreckt. TR läßt Ball fallen, den
TH mit beiden Händen fangen muß, wobei TR die Entfernung in Kniehöhe beginnend langsam bis hin zu den Fußspitzen steigert
20 Bälle

Übung 10: Reaktion
TR steht ca. 2 m vor TH und hält in den ausgestreckten
Armen jeweils einen Ball. In unregelmäßiger Folge läßt TR
den Ball mal aus der re bzw. li Hand fallen, wobei TH den
Ball erhechten soll, bevor er den Boden berührt.
20 Bälle

Übung 11: Reaktion und Koordination
TH in Grätschstellung, wirft sich den Ball von vorne durch die Beine, dreht schnell und erhechtet den Ball, bevor er den Boden berührt.
2 Serien mit je 10 Bällen

Übung 12: Reaktion und Koordination
TH in Grätschstellung, wirft sich den Ball von vorne durch die Beine, dreht schnell und faustet den Ball mit beiden Fäusten aus der Luft zur Seite.
2 Serien mit je 10 Bällen

Übung 13: Reaktion und Beweglichkeit
TH erhechtet aus der Tormitte mit Zwischenschritt einen ruhenden Ball ca. $1/2$ m vom Pfosten entfernt mit beiden Händen (1). Danach richtet er sich sofort wieder auf und reagiert (3) auf den vom TR in die andere Ecke geschossenen Ball (2).
10 Bälle je Ecke

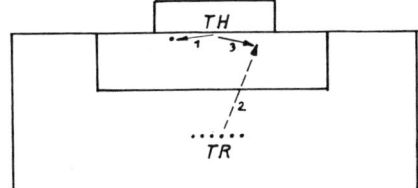

Übung 14: Reaktion und Beweglichkeit
TH steht am Torpfosten und erhechtet mit Zwischenschritten und kräftigem Absprung (2) den vom TR aus 10 m Entfernung in die andere Ecke geschossenen Ball (1).
10 Bälle je Ecke

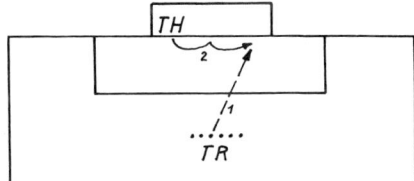

Übung 15: Reaktion und Beweglichkeit
TH läuft vom Torpfosten zur Tormitte (1). Hat er diese erreicht, schießt TR den Ball entgegengesetzt zur Laufrichtung des TH in die Ecke (2). TH muß sich blitzschnell drehen und den Ball erhechten (3).
10 Bälle je Ecke

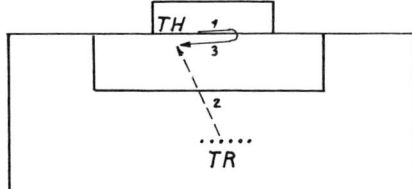

Übung 16: Reaktion und Beweglichkeit
TH führt eine Rolle vw aus (1) und reagiert sobald er wieder im Stand ist (3) auf den vom TR geschossenen Ball (2)
10 Bälle

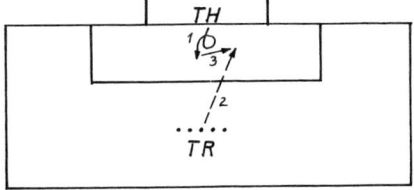

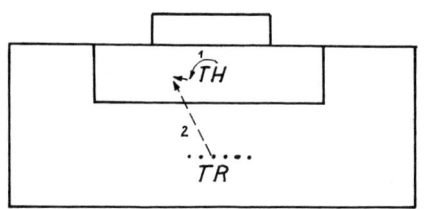

Übung 17: Reaktion und Beweglichkeit
TH steht ca. 3 m vor dem Tor mit dem Rücken zum TR. Auf Zuruf des TR re-li dreht er sich blitzschnell auf die geforderte Seite (1) und reagiert auf den nachfolgenden Schuß (2).
2 Serien mit je 10 Bällen

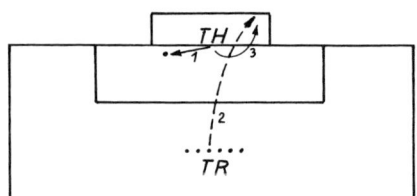

Übung 18: Reaktion und Sprungkraft
TH erhechtet aus der Tormitte mit Zwischenschritt einen ruhenden Ball ca. $1/2$ m vom Pfosten entfernt mit beiden Händen (1). Danach richtet er sich sofort wieder auf und fängt den vom TR zugeworfenen Ball (2) möglichst hoch in der Luft (3).
10 Bälle je Ecke

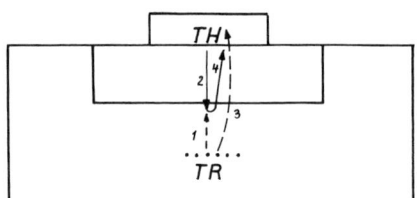

Übung 19: Reaktion und Sprungkraft
TH erläuft (2) einen vom TR zugespielten Ball (1) und lenkt sofort im rückwärtigen Sw-Lauf (4) den vom TR hoch in Richtung Querlatte geworfenen zweiten Ball (3) über das Tor.
2 Serien mit je 10 Bällen

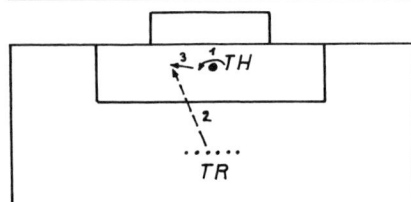

Übung 20: Reaktion und Sprungkraft
TH in tiefer Hocke neben einem Medizinball ca. 3 m vor dem Tor. Auf Zuruf des TR überspringt er aus der Hocke den Medizinball (1) und reagiert (3) sofort auf den nachfolgenden Schuß (2).
2 Serien mit je 10 Bällen wechselseitig

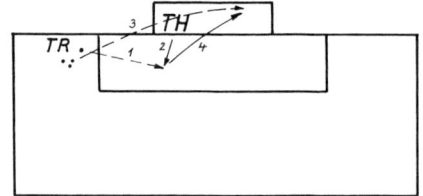

Übung 21: Reaktion und Sprungkraft
TR paßt von GL flache Bälle nach innen (1), die TH erhechten soll (2). Anschließend soll der den vom TR als Bogenlampe auf die lange Ecke geworfenen zweiten Ball (3) im Sprung fangen (4).
10 Bälle je Seite

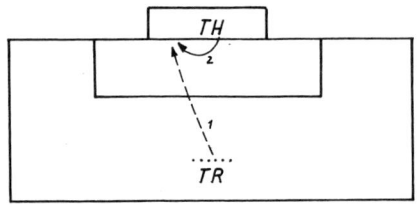

Übung 22: Reaktion und Sprungkraft
TH sitzt mit angewinkelten Beinen im Tor. TR wirft den Ball über TH (1), der hochschnellt und den Ball in der Rückwärtsbewegung fängt bzw. zur Seite lenkt (2).
2 Serien mit je 10 Bällen

Übung 23: Reaktion und Sprungkraft
TH fängt Flanke von li (1) und reagiert anschließend sofort auf den Schuß in die li Ecke (2). Danach folgt Flanke von re (3) und Schuß in die re Ecke (4).
2 Serien mit je 10 Bällen

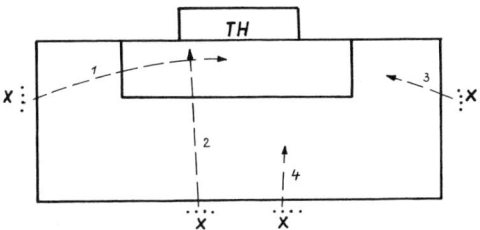

Übung 24: Reaktion und Sprungkraft
TH steht in 4 m breitem Offentor am Elfmeterpunkt und wehrt zunächst den Schuß (1) des TR aus 20 m ab (2) und versucht dann sofort im Rw-Laufen (4) den nachfolgenden hoch vor das Tor geworfenen Ball (3) zu fangen oder über die Latte zu lenken.
2 Serien mit je 10 Bällen

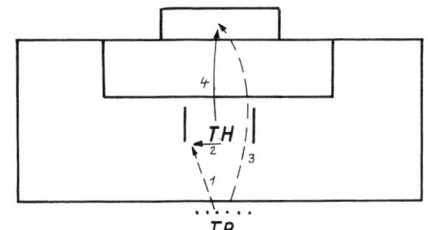

Übung 25: Beweglichkeit und Sprungkraft
Am Torraum ist im rechten Winkel zum Tor eine Hürde aufgestellt. TH kriecht unter der Hürde durch (1) und fängt im Sprung (3) den vom TR zugeworfenen Ball (2).
2 Serien mit je 10 Bällen

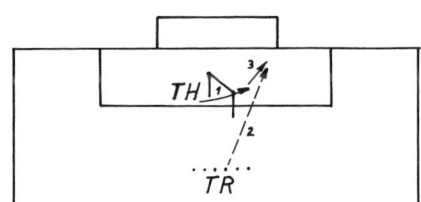

Übung 26: Sprungkraft
Am Torraum ist im rechten Winkel zum Tor eine Hürde aufgestellt. TH überspringt die Hürde (1) und fängt anschließend im Sprung (3) den vom TR zugeworfenen Ball (2).
2 Serien mit je 10 Bällen

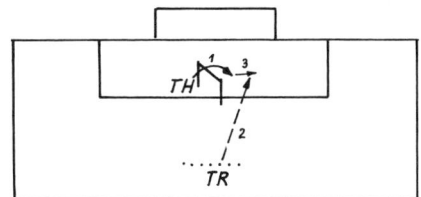

Übung 27: Reaktion und Stehvermögen
TH steht in Tormitte und umläuft im Wechsel eine 3 m vom Torpfosten entfernt stehende Markierung und reagiert anschließend sofort (1) auf den vom TR aus 10 m geschossenen Ball (2).
2 Serien mit je 10 Bällen

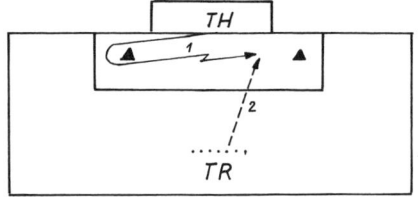

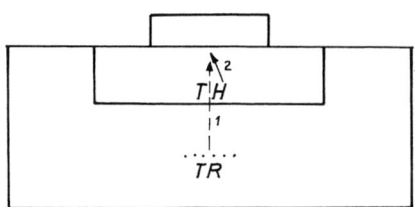

Übung 28: Reaktion und Koordination
TH steht ca. 5 m vor dem Tor in Grätschstellung mit Gesicht zum Tor. TR schießt den Ball (1) durch die gegrätschten Beine, wobei der TH aufgrund des Schußgeräusches reagiert und den Ball vor Erreichen der Torlinie erhechten soll (2)
2 Serien mit je 10 Bällen

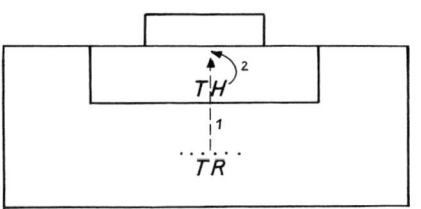

Übung 29: Reaktion und Koordination
TH steht ca. 5 m vor dem Tor in Grätschstellung mit Gesicht zum TR. TR schießt den Ball (1) durch die gegrätschten Beine, wobei der TH blitzschnell dreht und den Ball erhechtet (2).
2 Serien mit je 10 Bällen

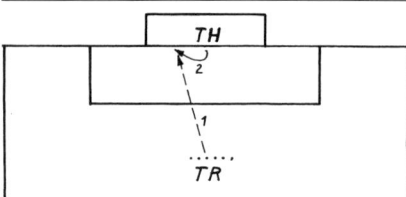

Übung 30: Reaktion und Koordination
TH in Seitenlage in Tormitte. TR wirft den Ball zur Fußseite (1) hin, wobei TH hochschnellen und den Ball erhechten soll (2).
10 Bälle je Seite

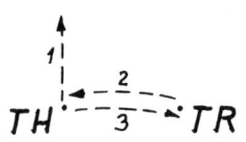

Übung 31: Reaktion und Koordination
TH steht mit einem Ball etwa 3 m vom TR entfernt, wirft den Ball hoch (1) und fängt anschließend sofort den vom TR zugeworfenen Ball (2). Ball sofort wieder dem TR zurückwerfen (3) und eigenen Ball in der Luft fangen. Höhe des eigenen Balles langsam reduzieren.
30 Bälle

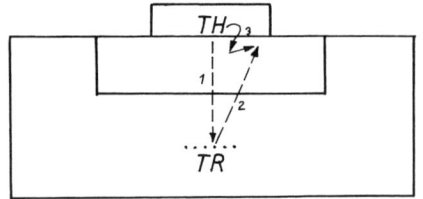

Übung 32: Reaktion und Gewandtheit
TH steht im Tor in Grätschstellung mit dem Rücken zum TR. Er wirft den Ball mit beiden Händen durch die Beine zum TR (1), dreht sich blitzschnell und erhechtet (3) den Schuß des TR (2).
10 Bälle je Seite
2 Serien mit je 10 Bällen

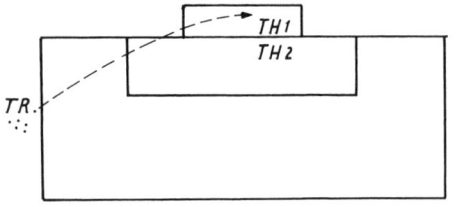

Übung 33: Abfangen von Flanken
TR schlägt hohe Flanken in den Strafraum, die TH 1 fangen soll. TH 2 stört TH 1 und versucht den Ball mit der flachen Hand ins Tor zu lenken.
15 Bälle je Seite

Übung 34: Reaktion und Gewandtheit
TH 2 steht im Grätschstand vor dem Tor, TH 1 dahinter.
Auf Zuruf des TR schlüpft TH 1 durch die Beine von TH 2
nach vorne (1) und wehrt (3) den Schuß (2) des TR ab.
10 Bälle je TH

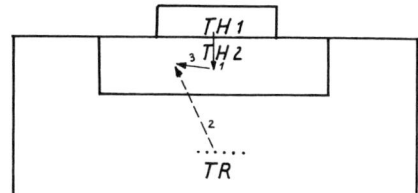

Übung 35: Reaktion und Gewandtheit
TH 1 steht in Grätschstellung im 5 m breiten Offentor mit
Gesicht zum TR. TR steht ca. 5 m von TH 1 entfernt und
paßt durch die Beine (1) des TH zum 3 m dahinter postierten TH 2, der den Ball in eine Ecke abtropfen (2) läßt. TH 1
dreht sich schnell und reagiert (3) auf den Abpraller.
2 Serien mit je 10 Bällen

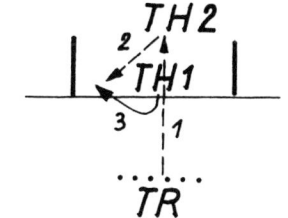

Übung 36: Reaktion und Gewandtheit
TH 1 steht im 6 m breiten Offentor und reagiert auf die von
beiden Seiten (TR und TH 2) im Wechsel in schneller Folge
geschossenen Bälle.
2 Serien mit je 10 Bällen

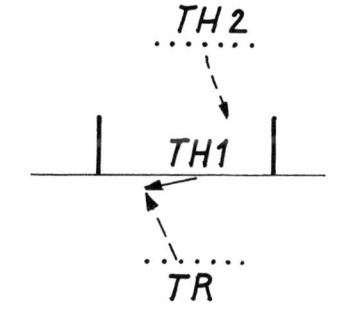

Übung 37: Reaktion und Stellungsspiel
TH steht im Dreieckstor (6 m Seitenlänge) und wird im
Wechsel in schneller Folge von allen 3 Seiten unter „Be-
schuß" genommen.
2 Serien mit je 15 Bällen

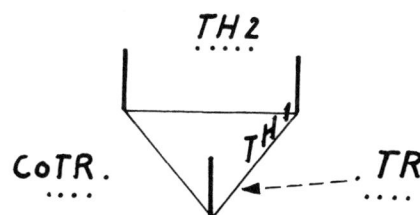

Übung 38: Reaktion, Stellungsspiel und Herauslaufen
TH 1 steht im 6 m breiten Offentor an der Strafraumlinie.
TR spielt in 25 m Entfernung Spieler an, der TH 1 umdrib-
beln soll und anschließend auf das von TH 2 bewachte
Normaltor schießt.
15 Bälle (anschließend TH-Wechsel)

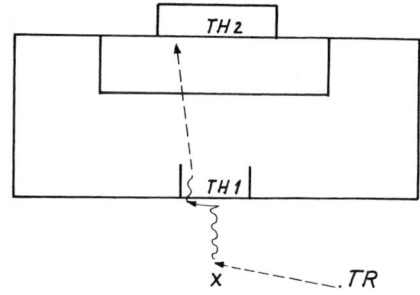

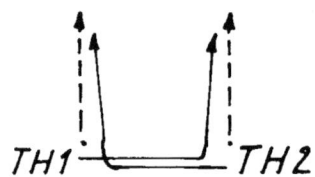

Übung 39: Koordination und Sprungkraft
2 TH stehen sich im Abstand von 5 m mit je einem Ball gegenüber. Auf Zuruf wirft jeder seinen Ball senkrecht hoch, startet unter den Ball des Partners und fängt ihn möglichst hoch in der Luft.
20 Bälle

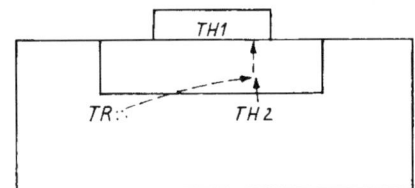

Übung 40: Sprungkraft und Faustabwehr
TH 1 steht im Tor, TH 2 ca. 10 m davor. TR wirft den Ball von der Seite so vor das Tor, daß TH 2 den Ball im Hechtsprung auf das Tor wegfausten kann. TH 1 versucht, den Ball zu halten. Welcher TH erzielt die meisten Tore? 2 Serien mit je 10 Bällen (von re und li ausführen)

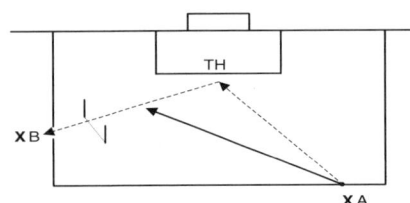

Übung 41: Paß-Technik
Spieler A spielt flach den TH an, der das Zuspiel durch ein 2 m breites Tor an Spieler B weiterleitet. A setzt sofort seinem Ball nach und versucht, das TH-Zuspiel zu verhindern. Von beiden Seiten ausführen.

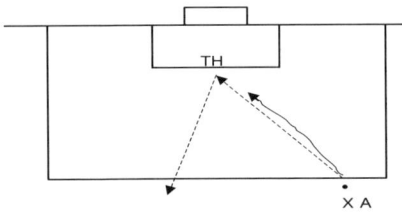

Übung 42: Weite Pässe
Spieler A spielt flach den TH an, der den Paß direkt mit einem Zielstoß dem an der ML postierten TR zuspielt. Von beiden Seiten ausführen.

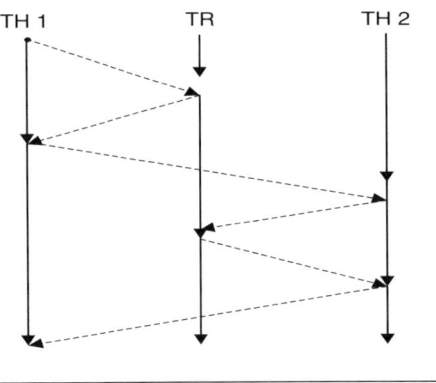

Übung 43: Wechsel Kurz-/Lang-Paß
Dreiergruppe: TH 1, TH 2 + TR bewegen sich mit Ball über die PB. TR läuft in der Mitte und ist „Wandspieler". TH 1 spielt TR an, der zurück zu TH 1 paßt, der anschließend einen langen Paß zu TH 2 spielt. Eine Serie mit 2 Ballkontakten, zweite Serie Direktspiel.

Übung 44: Wechsel Kurz-/Lang-Paß
Dreiergruppe: TH 1, TH 2 + TR im Abstand von 15m in einer Linie.TR bewegt sich in der Mitte zwischen den beiden TH und ist „Wandspieler". TH 1 spielt TR an, der zurück zu TH 1 paßt, der anschließend einen weiten Flugball zu TH 2 spielt. Eine Serie mit 2 Ballkontakten, zweite Serie Direktspiel.

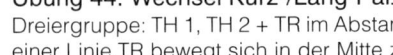

Trainingsvorschläge zur Beseitigung spezifischer Leistungsmängel

Stellen sich bei einer Mannschaft im Verlaufe einer Spielsaison auffällige Schwächen im konditionellen, technischen und/oder taktischen Bereich heraus, so kommt der Trainer nicht umhin, entgegen der ursprünglichen Trainingsplanung andere Schwerpunkte zu setzen.

Die nachfolgenden Hinweise sollen es erleichtern, aus der Vielzahl der Trainingseinheiten beispielhafte Übungsformen aus dem technisch-taktischen Bereich auszuwählen, die kombiniert und variiert werden können, um die Leistungsmängel auszumerzen.

Vorschläge für entspr. Trainingsformen	Übungsform(en)	Weiter Einwurf	Fußball-Tennis	Eckball in Offensive	Spiel mit 3 Mannschaften über den ganzen Platz	Konterspiel nach Eckball in Defensive	Konterspiel nach Ballbesitz Abwehr bzw. Abwurf TH	Handball 4:4 mit Kopfballzuspiel	Eckball in Defensive/Offensive	Überzahl-/Unterzahlspiel durch Spiel 6:3 in beiden PH	Flügelspiel als Voraussetzung für Torabschluß	Spiel über den ganzen Platz mit Förderung des Flügelspiels durch Tabu-Räume	Zweikampfverhalten und Forechecking in 4 Stationen
	TE-Nr.	004	004	004	005	007	007	008	008	009	010	010	011
Einzel-/Gruppen- und Mannschaftstaktik	Spielverlagerung												
	Konterspiel					×	×		×				
	Raumdeckung												
	Pressing, Forechecking				×	×							×
	Eckball Defensive/Offensive			×					×				
	Kombinationsformen für Torabschluß										×		
	Unterzahl, Überzahl, Gleichzahl									×			
	Zusammenspiel									×		×	
	Zweikampfverhalten												×
	Torschuß											×	×
	Kopfball												
	Flanken						×				×	×	
	Doppelpaß												
	Passen, Anbieten, Freilaufen, Übernehmen, Übergeben												
	Dribbling												×
Technik													
	Einwurf	×											
	Kopfball							×					
	Torschuß												
	Flanke												
	Passen, Ballkontrolle, An- und Mitnahme		×										
	Finten												
	Dribbling												

	Spiel über den ganzen Platz mit Schwerpunkt Forechecking	Abwehrverhalten in der Raumdeckung, Zweikampfverhalten und Konterspiel	Spiel 6 + 6 Angreifer gegen 4 AWSP + TH	Verbesserung Zweikampfverhalten durch Spiel 4:4	Verwandeln von Flanken	Spielverlagerung	Positionsspiel mit 2 Mannschaften über den ganzen Platz	Raumdeckung, Zweikampfverhalten und Spielverlagerung durch Spiel 5:5 auf jeweils 4 Offentore	Angriffs- und Mittelfeldpressing	Torabschluß nach verschiedenen Kombinationsformen	Weiträumiges Spiel	Torschuß nach Flanke	Torschuß nach DP	Hinterlaufen mit Torabschluß in der 2er-Gruppe	Torabschluß nach Kombinationsformen	Spiel 4:4:4 mit jeweils 2 Anspielstationen	Torschuß-Wettbewerb	Spiel 4:4 über 2 Linien
	011	012	012	013	015	016	017	018	018	019	020	020	020	022	023	023	023	024
						X		X										
		X	X					X										X
	X								X									
										X				X	X			
	X					X	X											
			X	X			X	X										
			X	X				X	X						X			
				X	X					X		X	X	X	X			
					X	X				X	X	X	X					
			X					X		X			X					
																		X
		X	X														X	
												X	X				X	

Vorschläge für entspr. Trainingsformen	Übungsform(en)	Torabschluß und Pressing durch Spiel 6:4 + TH auf Normaltor	Spiel über den ganzen Platz auf 2 Tore mit Schwerpunkt Pressing	Konterspiel über die PB durch Spiel 7:7 + 2 Neutrale	Anwendung des schnellen Konterspiels durch Spiel 5:5:5 + 1 Neutraler	Ballarbeit in der 4er-Gruppe	Zusammenspiel, Spiel ohne Ball und Zweikampfverhalten in PH auf 10 Offentore	Spiel 5:3 + TH in PH auf Normaltor mit Kontermöglichkeit auf 2 Offentore	Zusammenspiel in 4er-Gruppen	Verwerten von Flanken nach Hinterlaufen, Spielverlagerung und Doppelpaß	Raumdeckung durch Spiel 8:8 in PH auf 6 Offentore	Ballarbeit in 2er-Gruppe
	TE-Nr.	024	024	025	025	026	026	026	027	027	027	028
Einzel-/Gruppen- und Mannschaftstaktik	Spielverlagerung								X	X		
	Konterspiel			X	X			X				
	Raumdeckung										X	
	Pressing, Forechecking	X	X									
	Eckball Defensive/Offensive											
	Kombinationsformen für Torabschluß									X		
	Unterzahl, Überzahl, Gleichzahl			X	X			X			X	
	Zusammenspiel	X	X	X	X		X		X		X	
	Zweikampfverhalten	X	X				X					
	Torschuß	X								X		
	Kopfball											
	Flanken											
	Doppelpaß							X		X		
	Passen, Anbieten, Freilaufen, Übernehmen, Übergeben						X	X	X			
	Dribbling						X		X			
Technik												
	Einwurf											
	Kopfball											X
	Torschuß											
	Flanke											
	Passen, Ballkontrolle, An- und Mitnahme											X
	Finten				X							X
	Dribbling				X							X

028 Konterspiel 5 Angreifer gegen 3 Abwehrspieler	028 Anwendung des schnellen Konterspiels 8:8 über den ganzen Platz	029 Paß-Technik in 3er-Gruppe	029 Angriffskombination mit Hinterlaufen und Torabschluß	029 Kleinfeld-Turnier mit Dreiecks-Offentoren	030 Spiel 3:1 mit Torabschluß auf Normaltor	030 Balltechnik	030 Zweikampfverhalten	030 Torschuß nach Dribbling	030 Spiel durch 2 auf 3 Tore über den ganzen Platz mit TH	031 Ballführen	031 Verbesserung Zusammenspiel und Zweikampfverhalten in 2er-, 3er- und 4er-Gruppen	033 Zuspielformen in der 3er-Gruppe	033 Flanken aus dem Lauf	033 Kopfbälle, Hechtkopfbälle	033 Torschuß nach DP	033 Spiel 1:1:1 auf 3 Offentore	033 Rückpaß und Kopfball	033 Torschuß nach Kombinationsform mit Hinterlaufen
									X									
X	X																	
				X														
X	X								X									X
			X	X					X		X							
X			X		X				X		X					X		
				X			X											
			X		X											X		
X		X			X													X
	X	X				X	X			X		X					X	
														X			X	
			X															
													X		X		X	
												X	X					
		X				X				X		X					X	
			X					X										

Vorschläge für entspr. Trainingsformen

Übungsform(en) → TE-Nr.	Zweikampfverhalten mit Torabschluß auf 2 Normaltore mit TH im doppelten Strafraum 037	Zuspielformen in 4er-Gruppe 038	Verwandeln von Rückpässen 038	Kopfball aus der Drehung heraus 038	Torschuß nach Flanke 038	Dribbling gegen AWSP 038	Spiel 4:4 auf Dreiecks-Tor mit TH in PH 040	Torschuß nach vorausgegangener Spielverlagerung 040	Täuschungen und Dribblings in der 2er-Gruppe 042	Flankentechnik und Torschuß 042	Zusammenspiel und Spiel ohne Ball in der 4er-Gruppe 043	Spiel über den ganzen Platz auf 6 Offentore 043	Konterspiel aus der Abwehr heraus 044
Einzel-/Gruppen- und Mannschaftstaktik													
Spielverlagerung								X				X	
Konterspiel													X
Raumdeckung											X		
Pressing, Forechecking													
Eckball Defensive/Offensive													
Kombinationsformen für Torabschluß											X		
Unterzahl, Überzahl, Gleichzahl													
Zusammenspiel							X				X		X
Zweikampfverhalten	X					X	X				X		X
Torschuß	X						X	X					X
Kopfball													
Flanken								X					
Doppelpaß		X											
Passen, Anbieten, Freilaufen, Übernehmen, Übergeben													
Dribbling						X							
Technik													
Einwurf													
Kopfball				X									
Torschuß			X		X					X			
Flanke					X					X			
Passen, Ballkontrolle, An- und Mitnahme		X	X										
Finten									X				
Dribbling									X				

044 Spiel 4:4+8 auf 2 Normaltore mit TH im doppelten Strafraum	045 Angriff gegen Abwehr in Überzahl	046 Ballarbeit in 3er-Gruppe	049 Spiel 4:4+4 auf 2 Normaltore mit TH in PH	050 Torschuß nach DP gegen AWSP	050 Kopfballspiel	050 Torschuß nach Auflegen	050 Spiel 2:2 auf 2 Offentore	052 Zusammenspiel mit Torabschluß	054 Herausspielen von Torchancen in Verbindung mit weiten Pässen	057 Spiel 8:8 über den ganzen Platz mit 5:3-Situation im Angriff	060 Torschuß nach vorausgegangenem Zweikampf	060 Zusammenspiel/Konterspiel 8:8 mit TH von Strafraum zu Strafraum	061 Zweikampfverhalten auf Flügel und im Strafraum	061 Zusammenspiel und Dribbling im Spielraum 20×30 m	061 Zweikampfverhalten im Strafraum durch Spiel 1+2:2	061 Zweikampfverhalten und Zusammenspiel durch Spiel 2:2+1 auf 3 Offentore
X												X				
	X	X									X	X				
X			X					X	X	X		X	X			X
X	X		X	X				X	X		X		X		X	X
X	X		X	X		X		X	X		X		X		X	
						X							X		X	
		X			X				X							
						X			X			X				
										X			X	X		
	X				X											
	X															

Vorschläge für entspr. Trainingsformen

Übungsform(en)	Spiel 8:8 über den ganzen Platz mit Schwerpunkt Flügelspiel	Spiel 3:3+1 bzw. 4:4+1 mit Schwerpunkt DP, Spielverlagerung und Ballübergabe	Spiel 1+2:2+1 im doppelten Strafraum auf Normaltore mit TH (Stürmer)	Spiel 3:3 auf 4 Offentore (Mittelfeldspieler)	Spiel 2:2 auf 2 Offentore (Abwehrspieler)	Flügelspiel 4:4+4 in PH auf 2 Normaltore mit TH	Torschuß nach Kombinationsform	Spiel Angriff gegen Abwehr in PH auf Normaltor	Zusammenspiel und Spielverlagerung durch Spiel 8:8 auf viele Offentore	Abwehr von Flanken (Defensivspieler)	Direkter Torschuß nach Flanke (Offensivspieler)
TE-Nr.	061	063	063	063	063	067	068	068	069	070	070
Spielverlagerung		X							X		
Konterspiel											
Raumdeckung											
Pressing, Forechecking											
Eckball Defensive/Offensive											
Kombinationsformen für Torabschluß							X				
Unterzahl, Überzahl, Gleichzahl	X							X			
Zusammenspiel	X								X		
Zweikampfverhalten			X	X	X				X		
Torschuß		X			X						X
Kopfball										X	
Flanken	X					X				X	X
Doppelpaß		X	X								
Passen, Anbieten, Freilaufen, Übernehmen, Übergeben						X					
Dribbling											
Einwurf											
Kopfball											
Torschuß											
Flanke											
Passen, Ballkontrolle, An- und Mitnahme											
Finten											
Dribbling											

Einzel-/Gruppen- und Mannschaftstaktik (Zeilen Spielverlagerung bis Dribbling)

Technik (Zeilen Einwurf bis Dribbling)

Nr.	Beschreibung
071	Torschuß nach vorausgegangener Kombinationsform in 4er-Gruppe
071	Unter-/Überzahlspiel 7:9 über den ganzen Platz
074	Zweikampfverhalten durch Spiel 2:2+4
075	Unterzahlspiel 2:3
075	Überzahlspiel 4:3
075	Überzahlspiel 2+7:7 über den ganzen Platz auf Normaltore mit TH
076	Zusammenspiel 10:6, 9:7, 6:6 in PH
077	Torschuß nach Direkt-Kombination
101	Dribbling in Kombination mit DP sowie Übergeben/Übernehmen

Erste Hilfe am Spielfeldrand

Einen Teil seiner Attraktivität bezieht der Fußball als Wettkampfsport sicher aus der Vielzahl der Zweikämpfe, die gleichzeitig aber auch ein hohes Verletzungsrisiko mit sich bringen. Hinzu kommt die relativ lange Spielsaison, mit teilweise ungünstigen Witterungs- und Bodenverhältnissen, die vielen Spiele und Trainingseinheiten – oft ohne ausreichende Zeit für Regeneration – die zu Ermüdungs- und Verschleißerscheinungen und damit zu einer steigenden Verletzungsanfälligkeit führen.

Tritt dann im Training oder Spiel der Verletzungsfall ein, so sind nicht in jedem Fall Masseur oder Arzt gleich zur Stelle, so daß dem Trainer die Erstversorgung des verletzten Spielers zukommt. Hierzu sind Grundkenntnisse der Verletzungsarten und der entsprechenden Erste-Hilfe-Maßnahmen ebenso unabdingbar, wie das Vorhandensein eines Erste-Hilfe-Koffers.

Bei den meisten, beim Fußball auftretenden Verletzungen (insbesondere Muskeln und Gelenke), gelten **Ruhigstellung, Kühlung, Kompressions-(Druck-)Verband** und **Hochlagerung** des betroffenen Körperteils als **wichtigste Sofortmaßnahme**.

Besonders einprägsam für die Behandlungsfolge ist die von einem Sportmediziner geschaffene Kurzformel **PECH**:

P = Pause (Ruhigstellung)
E = Eis (Kühlung)
C = Compressions-(Druck-)Verband
H = Hochlagerung

Die definitive Diagnose und Therapie ist Sache des Arztes.

Das **Kühlen** bewirkt, daß sich die Blutgefäße zusammenziehen; die innere Blutung wird vermindert bzw. verhindert. Hinzu kommt eine schmerzstillende Wirkung. Die Kühlbehandlung sollte über eine längere Zeit (im allgemeinen etwa 4–6 Stunden) vorgenommen werden (z. B. 4–5 Mal pro Tag zu je 15–20 Minuten), wobei Eis, Kühlpakkungen, Kältesprays oder dgl. nicht direkt mit der Haut in Kontakt gebracht werden sollte (Gefahr durch Erfrierungen der obersten Hautschichten). Mit dem Kompressionsverband soll das weitere Anschwellen des Gewebes verhindert werden.

Die **Wärmebehandlung** beginnt bei akuten Sportverletzungen im Regelfall erst ab dem 4. Tag. Wärmekissen, Heizkissen, Rotlicht, Bäder, Sauna u. a. m. tragen zur Beschleunigung des Heilungsverlaufes bei, indem sie eine Erweiterung der Blutgefäße bewirken und damit die Durchblutung fördern.

Die Nachbehandlungsphase mit den entsprechenden Rehabilitationsmaßnahmen (in Abhängigkeit von der Schwere der Verletzung) sollten Spieler und Trainer immer gemeinsam in Absprache mit dem Arzt planen und durchführen und durch regelmäßige Untersuchungen die Heilungsfortschritte feststellen lassen.

Nachfolgend eine Übersicht über häufig vorkommende Verletzungsarten und ihre Sofortbehandlung:

Verletzungsart	häufige Ursache	Sofortbehandlung
Hautverletzungen, Schürfwunden	insbesondere bei Spielen auf Hartplätzen, bedingt durch Stürze und Tackling	Stark verdreckte Wunden vorsichtig mit klarem Wasser ausspülen. Reinigung anschließend mit antiseptischer Lösung oder Wundspray und Abdeckung der Wunde mit Wundpflaster bzw. Wund- und Salbenkompressen.
Prellungen	Zweikämpfe: stumpfer Stoß auf die Haut (z.B. Pferdekuß), der vielfach innerliche Blutungen nach sich zieht	Betroffenen Körperteil hochlagern und ruhigstellen, um damit die Blutzufuhr zu vermindern und den Abfluß des Ergusses zu steigern. Sofortige Kühlung (in den ersten 24 Stunden) mit kaltem Wasser, Eis oder Alkohol und Anlegen eines Druck- und Stützverbandes.
Zerrungen	Abrupte Überdehnung des Muskels, oft aufgrund mangelhaften Aufwärmens und unzureichender Dehnung	Äußert sich durch einen plötzlich auftretenden stechenden Schmerz. Vertiefungen an der verletzten Stelle deuten gar auf einen Muskelfaserriß oder Muskelriß hin. Auch hier wird die Ruhigstellung, Kälteanwendung (Umschläge, Kompressionsverband) und Hochlagerung praktiziert.
Adduktorenzerrung	z.B. durch mangelndes Aufwärmen, bei Seitwärtsgrätschen oder schnelle Antritte	Äußert sich durch ziehenden Schmerz in der Leistengegend. Kühlung und Kompressionsverband anlegen.
Bänderdehnung	Unnatürliche Dehnung der betroffenen Bänder als Folge von Zweikämpfen oder Bodenunebenheiten	Zieht oft eine vorübergehende Beeinträchtigung nach sich. Kühlung und Kompressionsverband.
Bänderriß	Teilweiser oder vollständiger Abriß der gelenkstabilisierenden Bänder als Folge von Zweikämpfen oder Bodenunebenheiten	Plötzliches Anschwellen des betroffenen Gelenkes. Kühlung und Kompressionsverband.

Verletzungsart	häufige Ursache	Sofortbehandlung
Knochenbruch	Zweikämpfe, Stürze	Ruhigstellung des Gliedes in der vorgefundenen Stellung durch Verbände und Schienen. Kühlung. Sofort zum Arzt.
Nasenbluten	Zweikämpfe	Vorsicht ist geboten, wenn der Spieler weitermachen will. Kühlung im Nacken.
Blasen	Druckstellen durch schlechtsitzende Schuhe oder Socken	Kleine Blasen nicht öffnen – austrocknen lassen. Ansonsten desinfizieren und z.B. mit Schaumgummipolster die Druckempfindlichkeit reduzieren.
Muskelkrampf	Überbelastung und unausgeglichener Mineralienhaushalt	Sofortige Muskeldehnung für ca. 10–20 Sek. (z.B. Wadenkrampf: Bein durch- und Fußspitzen kniewärts drücken). Leicht massieren und mit kühlender Flüssigkeit oder Eiswasser einreiben.

Was sollte der Verletzungskoffer beinhalten?

Jeder Arzt und Apotheker wird gerne behilflich sein, wenn es darum geht, die Minimalausstattung eines Erste-Hilfe-Koffers für den Fußballer festzulegen. Damit nicht genug: Der verbrauchte Inhalt muß stets wieder aufgefüllt werden und das gesamte Material sowie die Instrumente sollten immer in einem hygienisch einwandfreien Zustand sein.
– Isolierbehälter mit weitem Verschluß zum Aufbewahren der Eiswürfel
– Kühlspray
– Pinzette
– Schere

– Spatel (zum Auftragen der Salbe)
– Pflaster in verschiedenen Größen
– Mullbinden in unterschiedlichen Breiten und Längen
– Verbandswatte zum Reinigen und Abpolstern
– Schwamm
– Schaumstoff (ca. 5 mm dick)
– Desinfektionsmittel, Wundspray
– Elastische Binden (zum Anlegen von Kühlungskompressionsverbänden)
– Salben für Prellungen
– Massageöl

Literaturverzeichnis

Das nachfolgende Literaturverzeichnis gibt – ohne Anspruch auf Vollständigkeit – über die üblichen Quellenhinweise hinaus einen Überblick über Buchpublikationen zu den im Buch behandelten Themenbereichen.

a) Fußball-Training/Technik und Taktik des Fußballspiels

BAUER, G.: Fußball. Freistoß, Strafstoß. München – Wien – Zürich 2001.

BAUER, G.: Lehrbuch Fußball. Erfolgreiches Training von Technik, Taktik und Kondition. München – Wien – Zürich 1997[5].

BAUER, G.: Richtig Fußballspielen. München – Wien – Zürich 1996[7].

BIAGGI et al.: 766 Spiel- und Übungsformen für den Fußball-Torhüter. Schorndorf 2001.

BISANZ, G./GERISCH, G.: Fußball. Reinbek bei Hamburg 1996[3].

BISANZ, G.: Fußball von morgen, Bd. 2. Leistungstraining für B-/A-Junioren und Amateure. Münster 2000.

BISHOPS, G./GERARDS, K.: Tips für Spiele mit dem Fußball. Aachen 1992.

BRÜGGEMANN, D.: Fußball-Handbuch 2 – Kinder- und Jugendtraining. Schorndorf 1992[2].

BRÜGGEMANN, D./ALBRECHT, D.: Fußball-Handbuch 1 – Modernes Fußballtraining. Schorndorf 1998.

BRUGGMANN, B. (Red.): 1009 Spiel- und Übungsformen im Fußball. Schorndorf 1998.

BRUGGMANN, B.: 766 Spiel- und Übungsformen für den Fußball-Torhüter. Schorndorf 1996.

DARGATZ, T.: Fußball Konditionstraining. Ausdauer und Beweglichkeit. München 1996.

DIETRICH, K.: Fußball – spielgemäß lernen – spielgemäß üben. Schorndorf 1984[6].

FRANK, G.: Fußball. Kreatives Training. Aachen 2000.

HAMSEN, G./DANIEL, J.: Fußball-Jugendtraining. Reinbek bei Hamburg 1990.

HOEK, F.: Torwarttraining. München – Wien – Zürich 1998.

LAMMICH, G./KADOW, H.: Spiele für das Fußball-training. Berlin 1998.

MAIER, S.: Mit Spaß zum Erfolg. Torwarttraining. Pfaffenweiler 2000.

MAYER, R.: Fußball-Kurzprogramme. Technik, Schnelligkeit, Kraft, Ausdauer, Koordination. Reinbek 1998.

MAYER, R.: Spieltraining Fußball. 120 Programme für Angriff und Abwehr. Reinbek 1992.

MAYER, R.: Torschusstraining. Fußball. Die besten Programme. Reinbek 2001.

MUDERS, P.: Richtig Torwarttraining. München – Wien – Zürich 2000.

SCHREINER, P.: Koordinationstraining Fußball. Reinbek 2000.

SNEYERS, J.: Fußballtraining – Das Jahresprogramm. Aachen 2000.

VIETH, N./BISANZ, G.: Fußball von morgen. Bd. 1. Grundlagen- und Aufbautraining. Münster 2001.

WEINECK, J.: Optimales Fußballtraining, Band 1. Das Konditionstraining des Fußballspielers. Weinheim 1999.

WENZLAFF, F./KOCH, W.: 100 Spiele mit dem Fußball. Taktiktraining. Wiebelsheim 2000[2].

b) Kleine Spiele

BISHOPS, G./GERARDS, K.: Tips für Sportspiele. Aachen 1987.

BISHOPS, G./GERARDS. K.: Tips für neue Wettkampfspiele. Aachen 1993.

DÖBLER, E./DÖBLER, H.: Kleine Spiele. Berlin 1999[21].

MOOSMANN, K.: Kleine Aufwärmspiele. Wiebelsheim 2003[4].

RAMMLER, H./ZÖLLER, H. Kleine Spiele – wozu? Wiebelsheim 2003[5].

c) Aufwärmen/Gymnastik/Streching

ANDERSEN, B.: Stretching. Waldeck-Dehringshausen 1996.

BLUM, B./WÖLLZENMÜLLER, F.: Stretching. Bessere Leistungen in allen Sportarten. Oberhaching 1990[5].

BRUGGER, L./SCHMID, A./BUCHER, W. (Red.): 1000 Spiel- und Übungsformen zum Aufwärmen. Schorndorf 1988.

FREIWALD, J.: Aufwärmen im Sport. Reinbek bei Hamburg 1991.

GROOS, E./ROTHMAIER, D.: Ausdauergymnastik. Reinbek bei Hamburg 1991.

KNEBEL, K.-P.: Funktionsgymnastik. Reinbek bei Hamburg 2000.

KNEBEL, K.-P./HERBECK, B./HAMSEN, G.: Fußball-Funktionsgymnastik. Reinbek bei Hamburg 1988.

MAEHL, O./HÖNKE, O.: Aufwärmen. Ahrensburg 1988.

QUENZER, E./NEPPER, H.-U.: Funktionelle Gymnastik. Wiebelsheim 2002[3].

SPRING, H. u.a.: DEHN- und Kräftigungsgymnastik. Stuttgart 1992.

d) Kondition/Konditionstraining

AUSTE, N.: Konditionstraining Fußball. Reinbek bei Hamburg 1990.

EHLENZ, H./GROSSER, M./ZIMMERMANN E.: Krafttraining. Grundlagen – Methoden – Übungen – Trainingsprogramme. München – Wien – Zürich 1998[6].

GROSSER, M./EHLENZ, H./ZIMMERMANN, E.: Richtiges Muskeltraining. Grundlagen und Trainingsprogramme. München – Wien – Zürich 1996[6].

HOLLMANN, W./HETTINGER, Th.: Sportmedizin – Arbeits- und Trainingsgrundlagen. Stuttgart – New York 2000[4].

MÜHLFRIEDEL, B.: Trainingslehre. Frankfurt a. M. – Aarau 1994[4].

WEINECK, J.: Optimales Training. Erlangen 1997[10.]

WÜRTTEMBERGISCHER FUSSBALLVERBAND (Hg.): Fußball Praxis. 2. Teil: Konditionstraining. Stuttgart 1984[12].

ZINTL, F.: Ausdauertraining. Grundlagen, Methoden, Trainingssteuerung. München – Wien – Zürich 1997[4].

e) Sportmedizin/Sportverletzungen/Rehabilitation

BIENER, K.: Sportunfälle. Bern – Stuttgart 1992[2].

FEUERSTAKE, G./ZELL, J.: Sportverletzungen. Theorie und Praxis. Stuttgart – Jena – New York 1997[2].

KUPRIAN, W. (Hg.): Sport-Physiotherapie. Stuttgart – Jena – New York 1990[2.]

MENKE, W.: Einführung in die Sportorthopädie und Sporttraumatologie. Wiesbaden 2001[2].

MENKE, W.: Spezielle Sportorthopädie und Sporttraumatologie. Wiebelsheim 2000.

PETERSON, L./RENSTRÖM, P.: Verletzungen im Sport. Köln 1987[2].

f) Sporternährung

HAMM, M.: Fitneßernährung. Reinbek bei Hamburg 1990.

KONOPKA, R: Sporternährung. Leistungsförderung durch vollwertige und bedarfsangepaßte Ernährung. München – Wien – Zürich 1996[6].

g) Zeitschriften/Periodika

BULLETIN. Hg. Union Schweizer Fußball-Trainer.

DER FUSSBALL-TRAINER. Zeitschrift für alle Trainings-und Wettkampffragen. Hg. Valdo Lehari. Achalm Verlag, Reutlingen.

FUSSBALLTRAINING. Zeitschrift für Trainer, Sportlehrer und Schiedsrichter. Hg. Gero Bisanz. Phillipka-Verlag, Münster.

LEISTUNGSSPORT. Zeitschrift für die Fortbildung von Trainern, Übungsleitern und Sportlehrern. Hg. Deutscher Sportbund (Bundesausschuß Leistungssport). Phillipka-Verlag, Münster.